Richard E. Burke
TED KENNEDY

Ted Kennedy

und die Macht eines Clans

Der Insiderbericht von

Richard E. Burke

mit William und Marilyn Hoffer

Gustav Lübbe Verlag

Titel der amerikanischen Originalausgabe:
The Senator. My Ten Years with Kennedy
Copyright © 1992 by Richard E. Burke
Für die deutschsprachige Ausgabe:
Copyright © 1993 by Gustav Lübbe Verlag GmbH
Bergisch Gladbach
Übersetzung aus dem Amerikanischen: Annette Burkhardt,
Helmut Dierlamm, Doris Kornau
Bearbeitung: Reinhard Tiffert
Redaktion: Diethelm Kaiser
Umschlaggestaltung: Axel Bertram, Berlin
Satz: Büro Dr. Ulrich Mihr, Tübingen
Druck und Einband: Franz Spiegel Buch GmbH, Ulm

Dieses Buch wurde auf chlorfrei gebleichtem Papier gedruckt.
Die Einschweißfolie ist eine PE-Folie und biologisch abbaubar.

Printed in Germany
ISBN 3-7857-0676-6

INHALT

Meiner Familie,
deren Liebe und Unterstützung
mir die Kraft gab,
diesen Abschnitt meines
Lebens durchzustehen.

VORBEMERKUNG DES AUTORS

Die folgende Geschichte ist wahr. Äußerungen von Personen habe ich so genau wie möglich aus dem Gedächtnis wiedergegeben und ihren Inhalt, wenn andere Quellen vorhanden waren, überprüft. Ein Großteil der in diesem Buch enthaltenen Informationen basiert auf stenografischen Notizen, mit denen ich meinen Tagesablauf in der Zeit von 1977 bis Februar 1981 festgehalten habe. Weitere Informationen stammen aus zahlreichen Ordnern mit persönlicher und beruflicher Korrespondenz, Büronotizen, Wahlkampfpapieren, Fotografien, Redemanuskripten und internen Berichten.

Um ihre Intimsphäre zu schützen, habe ich die Namen, persönlichen Eigenschaften und oft auch die Berufsbezeichnungen und Tätigkeitsmerkmale folgender Personen geändert:

Cindy Marks, Mandi Carver, Sally Ryan, Jeannie, Barbara Logan, Lori Dawson, Richard, Paula, Margo Frye, Kitty Brewer, Pam Farmer, Betty McKay, Michelle, Josh, Peter und Natasha. Cindy Marks, Lori Dawson und Betty McKay sind fiktive Figuren, die aus mehreren Personen zusammengesetzt wurden.

Die Namen dieser Personen sind erfunden, aber ihre Geschichte entspricht den Tatsachen.

EIN STEILER AUFSTIEG

An einem Sonntagmorgen im Oktober 1971 saß ich auf der Empore von Washingtons Holy Trinity Church und wartete auf den Beginn der 10-Uhr-Messe. Wie so oft sang auch an jenem Sonntag unser Gesangverein der Georgetown-Universität. Die Pfarrei der Heiligen Dreifaltigkeit ist 1776 gegründet worden und ist die traditionsreichste katholische Kirchengemeinde Washingtons, der auch viele Würdenträger angehören.

Kurz vor Beginn der Messe ging ein Raunen durch die versammelte Gemeinde. Viele Leute wandten den Kopf, um sich die Ankunft von Senator Edward »Ted« Kennedy nicht entgehen zu lassen. Auch ich reckte den Hals. Da stand er, eine imposante Gestalt von fast ein Meter neunzig, breitschultrig, das dichte braune Haar modisch lang. Sein Kinn, das wie aus Granit gehauen schien, verlieh seinem Gesicht einen Ausdruck, der unmißverständlich in die Zukunft wies.

Vor meinen Augen zog der unumstrittene Erbe des Kennedy-Throns ein. Seine blonde Frau Joan, eine strahlende Schönheit, war an seinem Arm, hinter ihnen kamen ihre Kinder den Gang entlang. Sie boten das Bild der arrivierten und weltoffenen amerikanischen Familie, wie sie im Buche steht. Die tiefblauen Augen des Senators trafen den Blick eines Bekannten; er winkte kurz und zeigte ein breites, strahlendes Lächeln. Edward Kennedy besaß das gleiche Charisma wie seine Brüder, die Luft in der Kirche fing durch seine Gegenwart förmlich an zu knistern.

Damals war ich noch ein milchgesichtiger Collegestudent im ersten Semester. Ich teilte die politischen Ansichten meiner Mutter – einer liberal gesinnten Anhängerin der Demokraten – und geriet dadurch in Opposition zu meinem Vater, einem Geschäftsmann und konservativen Republikaner aus Connecticut. So war es nur natürlich, daß ich beim Anblick des prominentesten Vertreters der libe-

ralen Demokraten in Ehrfurcht erstarrte. Schließlich hatte ich es
ihm zu verdanken, daß ich in meinem Alter schon wählen durfte!
An diesem Tag schmetterte meine Baßstimme ihren Part mit besonderer Begeisterung.

Nach dem Gottesdienst besuchte der Senator den Empfang, den
unser Gesangverein gab. Wie mein Vater war auch er ein Mann,
der die Aufmerksamkeit seiner Umgebung auf sich zog. Wenn Vater
den Raum betrat, drehten sich die Köpfe, und das Gespräch verstummte; Senator Kennedy übte dieselbe Wirkung aus. Ich stellte
mich ihm vor und fügte noch hinzu: »Ich habe früher in Massachusetts gewohnt. Eine meiner Schwestern lebt in Wilbraham und eine
in Westfield.«

Er lächelte: »Ich bin sehr oft in der Gegend.«

Als er mir die Hand gab, spürte ich geballte Kraft und Autorität.
Ich war überwältigt. Der Faszinationskraft der Kennedys konnte
auch ich mich nicht entziehen.

Ich war noch ein Kind gewesen, als Präsident John F. Kennedy,
der Bruder von Ted Kennedy, im Jahre 1962 in einer an der Universität von Yale gehaltenen Rede seine politische Philosophie dargelegt hatte. »Die zentralen Konflikte in der Gesellschaft«, erklärte er,
»ergeben sich heutzutage nicht aus prinzipiellen philosophischen
oder ideologischen Meinungsverschiedenheiten, sondern aus unterschiedlichen Auffassungen über die Mittel und Wege.« Man müsse
sich auf das gesellschaftliche System einlassen, um die notwendigen
Veränderungen herbeizuführen. Leider blieb ihm nicht genug Zeit,
um die Richtigkeit dieser Philosophie in der politischen Praxis zu
beweisen.

Nach der Ermordung des Präsidenten trug Robert »Bob« Kennedy, der zweite der Kennedy-Brüder, die Fackel weiter. Er legte
besonderen Wert auf das persönliche Engagement in der Politik.

Fünf Jahre später wurde auch Robert Kennedy ermordet, und
Ted Kennedy blieb als »letzter Hoffnungsträger« für all jene, die
sich von der Kennedy-Familie eine Lösung der »schwierigen und
drängenden Probleme« dieser Welt erhofften.

Selten in der Geschichte wurde ein Mandat mit der gleichen
Selbstverständlichkeit innerhalb der Familie weitervererbt. Ted
Kennedy avancierte sogleich zum unumstrittenen Fackelträger einer ganzen Generation von Idealisten, die von einem neuen Camelot, einem neuen Artushof träumten, die bereit waren zu fragen,
was denn sie für ihr Land tun könnten.

Würde er als ein neuer König Artus das Schwert aus dem Fels ziehen können?

Eine erste Antwort gab er auf dem Höhepunkt der Demonstrationen gegen den Vietnamkrieg. Senator Ted Kennedy sollte in Yale eine Rede halten, am selben Ort, an dem sein Bruder John sich mit großem Nachdruck dafür ausgesprochen hatte, innerhalb der Gesellschaft mitzuarbeiten. Als Ted Kennedy auf dem Campus eintraf, sah er sich einem wütenden Mob von protestierenden Studenten gegenüber, die ihm den Weg in den Hörsaal versperrten. Der Ausbruch von Gewalt schien unmittelbar bevorzustehen. Kennedy griff sich ein Megaphon, sprang auf einen geparkten Volkswagen und sprach zu der aufgebrachten Menge:

»Hier steht jemand, der erfahren hat, was Gewalt ist – alles was sie bringt, ist Leid und Schmerz. Dafür soll in unserer Gesellschaft kein Platz mehr sein. Protestieren ist heutzutage viel zu bequem geworden, wie auch alles andere in Amerika ... Wir protestieren doch heute gegen alles und jedes, immer nach dem gleichen alten Muster, mit den gleichen alten Parolen auf den gleichen alten Transparenten.

Wenn ihr den Krieg wirklich beenden wollt, dann setzt euch dafür ein, daß Leute gewählt werden, die eure Auffassung teilen. Stellt mit ihnen in diesem Herbst eine politische Kampagne auf die Beine, wie sie schon einmal Erfolg hatte. Wenn ihr euch noch immer für die Gleichberechtigung aller Menschen gleich welcher Hautfarbe einsetzen wollt, dann arbeitet, wo ihr wirklich gebraucht werdet. Bringt Schwarze dazu, sich in die Wahllisten einzutragen, helft ihnen vor Gericht, engagiert euch für ihre Sache. Wenn ihr über die Armut wirklich empört seid, dann lebt und kämpft mit den Armen.

Unterrichtet ihre Kinder, arbeitet mit Süchtigen, unterstützt ihre Selbsthilfegruppen. Kurz, tut etwas, das nicht nur euch selbst, sondern auch anderen etwas bringt.«

Wie schon bei Bob und John wurde ich von den Worten des Senators ergriffen; in ihnen leuchtete eine politische Vision auf. Als ich im ersten Semester Betriebswirtschaft und Finanzwesen an der Georgetown-Universität studierte, hatte ich mich bereits in der Studentenvertretung engagiert, aber die reine Studentenpolitik genügte mir nun nicht mehr. Ich suchte nach einer Möglichkeit, für meine politischen Ideale einzutreten und zu arbeiten.

Also erschien ich im November 1971, einen Monat nach jenem denkwürdigen Sonntagsgottesdienst, in Zimmer 431 des Russell

Building, wo sich damals das Büro des dienstälteren Senators von Massachusetts befand. Judy Epstein, eine Expertin für Fragen der Gesetzgebung im Bundesstaat Massachusetts, vertrat an der Rezeption die langjährige Empfangsdame Melody Miller, die gerade in der Pause war. Judy blickte kurz auf mein schulterlanges Haar – der studentische Habitus der frühen siebziger Jahre – und fragte:»Was kann ich für Sie tun?«

»Ich möchte gerne bei euch mitarbeiten.«

»Großartig«, antwortete sie.»Im Postzimmer weiter hinten im Gang gibt's immer was zu tun. Nummer 437. Fragen Sie dort nach Lillian.«

Lillian machte einen zerbrechlichen Eindruck, war aber eine überraschend resolute Person. Mit ihrem selbstbewußten Auftreten machte sie sofort klar, daß das Postzimmer ihr Reich war. Minuten später saß ich bereits an einem langen Tisch, der mit Briefen bedeckt war. Lillian erklärte mir, daß die meisten Senatoren etwa hundert Briefe in der Woche bekämen, Kennedy aber über tausend. Seit den frühen sechziger Jahren hatte sich in seinem Büro die Zahl der eingehenden Briefe und anderer Drucksachen verdreifacht. Ungeachtet der Tatsache, daß der Senator in jenem Jahr die Schlüsselstellung des»Einpeitschers«, des für die Fraktionsdisziplin Verantwortlichen, verloren hatte, war er immer noch eine der auffälligsten und populärsten, wenngleich auch umstrittensten Gestalten auf der politischen Bühne. Nach der Ermordung seines Bruders Bob hatte ihm der parlamentarische Verwaltungsausschuß zwar zusätzlichen Büroraum bewilligt, um mit der steigenden Postflut fertig zu werden, jedoch nicht das Geld für zusätzliche Mitarbeiter. Der Senator mußte deshalb jährlich bis zu 100 000 Dollar aus eigenen Mitteln zuschießen, um den Etat seines Büros auszugleichen; ehrenamtliche Helfer waren in dieser Situation hochwillkommen.

Lillian wies mich schnell und kompetent ein. Meine Aufgabe bestand darin, die Briefe zu öffnen und die Briefbögen an die Umschläge zu heften, damit die Adresse des Absenders nicht verlorenging. Die Stapel geöffneter Briefe nahm Lillian wieder in Empfang, um sie zu sortieren. Die Post, die sich auf parlamentarische Angelegenheiten bezog, wurde an Susan Riley, eine besoldete Mitarbeiterin, weitergegeben. Susan war eine findige und gewissenhafte Person und hatte die verantwortungsvolle Aufgabe, den Wählern Kennedys in allen Fragen der Gesetzgebung schriftlich Auskunft zu geben. Sie

ging jeden Brief schnell durch, versah ihn mit einem Code und legte
ihn in einem der Fächer ab, die jeweils einem wichtigen Thema
zugeordnet waren und Aufschriften wie SOZIALE SICHERHEIT,
WOHNEN, WOHLFAHRT, BILDUNG, FRAUENRECHTE trugen.
Ich fand mich ein- oder zweimal pro Woche im Postzimmer ein,
und es dauerte nicht lange, bis ich Lillian und Susan zu meinen
Freunden zählen konnte. Ich war ruhig und lerneifrig, und das
schien ihnen zu gefallen.

Allmählich übertrug mir Lillian wichtigere Aufgaben. Ich durfte
einen Teil der Post selbst codieren und sortieren und an die betref-
fenden Mitarbeiter weiterleiten. So war etwa Paul Kirk, ein altge-
dienter Berater der Kennedys und leitender Politischer Referent des
Senators, für die gesamte Korrespondenz zuständig, in der es um
Fragen des Wahlkampfes und allgemeine Belange der Demokratischen Partei ging. Alles, was die Unruhen in Irland betraf, ging
direkt an den leitenden Parlamentarischen Referenten Carey Parker.

Meine Arbeit war sehr eintönig, aber Lillian besaß die Fähigkeit,
sie mir schmackhaft zu machen. Die Routine wurde gelegentlich
durch den Brief eines Verrückten unterbrochen, dem es auf irgendeine Weise gelungen war, seine Botschaft am Sicherheitspersonal
der zentralen Poststelle im Erdgeschoß vorbeizuschmuggeln. Einmal
öffnete ich einen Umschlag, in dem ein Mäusebein steckte. Ein anderer Briefschreiber schickte dem Senator ein gebrauchtes Kondom.
Solche unappetitlichen und abartigen Sendungen kamen in einen
Kasten mit der Aufschrift SCHMUTZ-POST. Wenn es Anzeichen gab,
daß eine in einem Schreiben ausgesprochene Drohung wirklich
ernst gemeint war, wurden Brief und Umschlag dem FBI oder dem
Secret Service zur Untersuchung übergeben. Die Geschichte der
Kennedy-Familie gab allen Anlaß, kein Risiko einzugehen.

Eine weitere Sorte von Briefen bereitete mir Kopfzerbrechen.
Hin und wieder kamen mir Schreiben in die Hand, in denen Kennedy Verfehlungen in seinem Privatleben vorgeworfen wurden. Als
Beweisstücke waren Ausschnitte aus der Boulevardpresse beigefügt. In der Tat geisterten immer wieder Gerüchte durch die Presse,
der Senator pflege einen recht freizügigen Lebensstil und auch mit
seiner Ehe stehe es nicht zum besten. Und natürlich gab es da noch
den tragischen Autounfall von Chappaquiddick aus dem Jahre 1969,
bei dem unter nie ganz geklärten Umständen die Begleiterin des
Senators ums Leben gekommen war. Für mich gehörte jedoch die

Schmutz-Post zu dem groben Unfug, unter dem Prominente eben
zu leiden haben, und ich nahm sie nicht weiter ernst. Die Presse
kannte manchmal wirklich kein Erbarmen. Es gab immer jemanden im Postzimmer, der die Skandalmeldungen durchlas und dann
rief:»Hört mal ... da steht, daß der Senator was mit der und der
hatte ...«

»... Quatsch«, wurde er dann von Lillian unterbrochen, die davon nichts hören wollte.»Völliger Quatsch!«

Wer hätte ihr daraus einen Vorwurf machen wollen? Schließlich
waren alle im Postzimmer leidenschaftliche Kennedy-Anhänger.
Unsere Einsatzbereitschaft wurde noch zusätzlich dadurch verstärkt, daß der Senator höchstpersönlich etwa einmal die Woche
den Kopf durch die Tür steckte, um hallo zu sagen und allen für
ihre Arbeit zu danken. Ich merkte sehr schnell, daß hier niemand,
wenn er über unseren Chef sprach,»Kennedy« oder»Ted« sagte.
Es war, als sei er bereits als»der Senator« getauft worden, so
selbstverständlich und überzeugend wirkte diese Bezeichnung.

Freilich gab es auch Dinge, die nicht ganz so überzeugend waren. Gelegentlich sickerte ins Postzimmer durch, daß der Senator
nach einem besonders langen Mittagessen»ein bißchen benebelt«
sei. Das kam normalerweise an Tagen vor, wo nicht allzuviel auf
dem Programm stand. Es wurde dann, wie wir hörten, praktisch
überhaupt nicht mehr gearbeitet, und der Senator plauderte mit
seinen Mitarbeitern oder mit Freunden am Telefon. Beschwipst war
er sehr leutselig und kam sogar in das Postzimmer, um sich mit
einem jovialen Grinsen zu bedanken.

Nach einiger Zeit meinte Lillian, daß man mir auch verantwor-
tungsvollere Tätigkeiten überlassen könnte. Sie rief Melody Miller
im Hauptbüro des Senators an und gab Bescheid, daß sie jetzt»den
Neuen« mit der Post vorbeischicke. Sie überreichte mir einen dik-
ken Stapel Briefe, die ich direkt»bei Angelique« abliefern sollte.

Melody empfing mich mit einem Lächeln:»Na, wie geht's?«

Sie war eine sehr attraktive junge Blondine und glich auf den
ersten Blick Joan, der Frau des Senators.

In Kennedys Büro waren insgesamt 35 Mitarbeiter beschäftigt.
Hier herrschte soviel Betrieb wie in kaum einem anderen Büro auf
dem Kapitolshügel, hier meldeten sich Anrufer und Besucher aus
der ganzen Welt. Melody bediente eine Telefonanlage mit mehreren
Apparaten, von denen immer mindestens einer klingelte. Außerdem hatte sie täglich mit Dutzenden von Besuchern zu tun, wobei

sie nie vergaß, daß der Eindruck, den sie machte, von Bedeutung für das Image des Senators war. Ihr Platz war darüber hinaus die erste Sicherheitsschleuse. Sie hatte Anweisung, einen Alarmknopf zu drücken, wenn ihr ein Besucher verdächtig vorkam. In diesem Fall würden die Mitarbeiter des inneren Bereichs sofort die Türen verriegeln.

Melody ließ mich passieren und wies mir den Weg zu einem weiter hinten gelegenen Büro.

Dort herrschte drangvolle Enge. An einem Schreibtisch in der Ecke saß mit dem Telefon in der Hand die für die Terminplanung zuständige Sekretärin Chris Capito. Sie war unablässig damit beschäftigt, Flugtickets zu bestellen, Hotelzimmer zu reservieren, organisatorische Details mit Wahlhelfern in verschiedenen Städten zu besprechen und überhaupt jedem Moment im Leben des Senators seinen Platz im Terminkalender zuzuweisen.

Dem Eingang gegenüber stand der mit Papieren übersäte Schreibtisch des Verwaltungsreferenten und Büroleiters Eddy Martin. Er war früher Journalist gewesen und arbeitete schon seit 1962 für den Senator. Er war nur etwa einen Meter fünfundsechzig groß, seine kräftige Statur ließ jedoch immer noch den ehemaligen Marinesoldaten erkennen. Als Persönlicher Referent war er gemeinsam mit seiner Sekretärin Anne Strauss für die Koordination von Kennedys gesamtem beruflichen und politischen Leben verantwortlich.

Anne war ständig in Bewegung und gab Eddy Anweisungen: »Tu jetzt dies. Unterschreibe das. Du mußt noch in Kalifornien anrufen.«

Das Privatleben des Senators war die Domäne seiner Privatsekretärin Angelique Voutselas. Sie war Amerikanerin griechischer Abstammung, eine attraktive Mittvierzigerin, modisch-schick und absolut professionell. Sie sah mich einen Moment lang durchdringend an, schenkte mir dann aber ein herzliches Lächeln. »Sind Sie der Neue?« fragte sie etwas amüsiert.

»Ja«, antwortete ich. »Ich bringe die Post.«

Sie nahm den Stapel entgegen und sagte leise zu ihrer Sekretärin: »Ein süßer Junge, nicht?«

Ich muß rot angelaufen sein wie eine Tomate, aber Angelique wandte sich sogleich wieder ab und sagte scharf: »Beeil dich, Eddy, mach das Memo fertig, sonst kommt es nicht mehr in den Postsack.« Eddy Martin quittierte den Anpfiff mit einem scharfen Blick über den Rand seiner Brillengläser, sagte aber nichts.

Von da an betrat ich mehrere Male täglich zur Ablieferung der

Post das innere Büro. Wie weit der Tag vorangeschritten war, konnte man an Eddy Martins zunehmend lädiertem Erscheinungsbild erkennen. Morgens sah er noch adrett und ordentlich aus. Gegen Ende des Tages aber hing ihm das Hemd aus der Hose, die Krawatte war gelockert, die hochgekrempelten Ärmel wiesen Tintenflecke auf, und seine rosa Gesichtsfarbe war um einige Schattierungen dunkler geworden. Eddys Überlebensstrategie bestand aus einem sarkastischen Humor.

Angelique war eine herzliche, liebenswerte Person, vor allem aber war sie eine Perfektionistin. Sie hatte sich einen nüchternen, geschäftsmäßigen Stil zugelegt, der dazu diente, den Senator soweit wie möglich vor Unannehmlichkeiten zu bewahren. Sie arbeitete seit Mitte der sechziger Jahre für ihn und verstand sich als sein Schutzengel. Ihr Schreibtisch stand direkt neben der Tür zu seinem Büro: Wer zu ihm wollte, mußte erst einmal an ihr vorbei.

Was mich am meisten faszinierte, war die Dynamik der Beziehung zwischen ihr und Eddy. Die beiden hatten ganz offensichtlich ein gespanntes Verhältnis zueinander. Jeder war für einen wichtigen Aufgabenbereich im Büro verantwortlich, und beide strebten sie nach einer bevorzugten Position.

Den ganzen Tag über legten Mitarbeiter Stapel von Papier in Angeliques Fach ab. Sie ordnete sie nach verschiedenen Gesichtspunkten und steckte sie in eine große offene Aktentasche, die im Büro des Senators lag. Immer wenn Ted Kennedy im Senat, auf dem Rücksitz seines Wagens oder sogar zwischendurch beim Mittagessen etwas Zeit fand, arbeitete er sich durch den Papierberg, las, machte Vermerke, unterschrieb. Zu einem Teil verdankte Angelique ihre Macht dem Umstand, daß sie zu den wenigen Leuten gehörte, die die krakelige Handschrift des Senators lesen konnten. Die meisten seiner Anweisungen für die übrigen Mitarbeiter mußten von ihr übersetzt werden.

Wenn der Senator nicht gerade in einer Besprechung war, stand die Tür zu seinem Büro in der Regel offen. Dann rief er laufend Angelique oder Chris zu sich, etwa wenn er einen bestimmten Ordner brauchte oder von Eddy eine knappe Darstellung über einen bestimmten Sachverhalt verlangte. Wenn Angelique im Büro des Senators zu tun hatte, bat sie mich manchmal, ihr die Post hereinzubringen.

Das Büro des Senators hatte etwas Weihevolles. Auf der einen Seite stand ein großer Schreibtisch, der früher einmal dem Vater des Senators gehört hatte und nachfolgend von Präsident Kennedy und Bobby benutzt worden war. Eine Replik des berühmten Schaukelstuhls, den der Präsident ins Weiße Haus mitgebracht hatte, sowie die Präsidentenflagge gehörten zur gediegenen Ausstattung des Büros. Ein offener Kamin gab dem Raum etwas Gemütliches, auch wenn er nie angezündet wurde. Für Besucher standen ein Sofa und zwei bequeme Sessel bereit.

An der Wand neben dem Schreibtisch hing in einem Rahmen ein Briefbogen der Milton Academy mit einer kleinen handschriftlichen Notiz aus dem Jahr 1932. Sie stammte vom 15jährigen John F. Kennedy, der darin seiner Mutter Rose die Frage stellt:»Darf ich Patenonkel des Babys werden?« Bei dem Baby hatte es sich um den Senator gehandelt, den man in der Familie nicht Ted, sondern Eddie nannte. Der Senator wies seine Besucher häufig auf die Notiz hin.

Noch andere gerahmte Erinnerungsstücke zierten die Wände: ein Brief von Teds Mutter, in dem sie sich über seine Rechtschreibung beschwerte; sein eigenes Zeugnis von der Milton Academy; ein Brief von Präsident Kennedy, in dem er seinem Bruder anläßlich seiner Vereidigung als Senator gratulierte; die »Hundemarken«, die der Präsident als Marineoffizier auf dem Torpedoboot PT-109 getragen hatte; Fotografien des Senators zusammen mit den mächtigsten Männern und Frauen der Welt; einige Gemälde; Schularbeiten seiner Kinder; ein Mobile, das sein Sohn Teddy jr. aus den Holzstielen von Speiseeis gebastelt hatte. Das Büro wirkte wie das Museum eines besessenen Sammlers.

Auch ein Ausspruch des Präsidenten John Adams hing an der Wand, gewissermaßen das Motto der Kennedy-Familie:»Ich muß mich« mit Politik und Krieg beschäftigen, damit meine Söhne die Möglichkeit erhalten, sich mit Mathematik und Philosophie zu beschäftigen ... damit deren Kinder das Recht bekommen, sich mit Malerei, Poesie und Musik zu beschäftigen.«

Am hinteren Ende der Zimmerflucht, hinter dem Büro und der separaten Toilette des Senators, befand sich das parlamentarische Büro, das Reich von Carey Parker. Der leitende Parlamentarische Referent war ein ruhiger, unaufdringlicher Mann, der zusätzlich als Redenschreiber für den Senator tätig war. Sein Arbeitstag hatte vierzehn Stunden. Der Senator legte allergrößten Wert auf Parkers Meinung; er startete keine Gesetzesinitiative, wenn Parker nicht dahinterstand.

Zu diesem Büro gehörte noch ein weiterer kleiner Raum für die Mitarbeiter, die spezielle Anfragen von Wählern des Senators bearbeiteten. An der hinteren Wand hatte Dick Drayne, der Pressereferent des Senators, seinen Schreibtisch.

Einen Stock tiefer saß der leitende Politische Referent Paul Kirk. Sein Arbeitsplatz befand sich im Mitarbeiterbüro des Flüchtlingsunterausschusses, in dem der Senator den Vorsitz führte. Je besser ich Kirk kennenlernte, um so mehr gewann ich die Überzeugung, daß er selbst das Zeug zum Politiker hatte. Der 33jährige Rechtsanwalt war der Sohn eines Bostoner Richters irischer Abstammung und hatte in Harvard studiert. Er war über ein Meter achtzig groß, von beneidenswertem Aussehen und mit einer so stabilen und in sich ruhenden Persönlichkeit ausgestattet, daß er wie ein Fels in der Brandung wirkte.

Das kontrollierte Chaos in den Büros faszinierte mich – und schon bald sah ich ein neues Ziel vor Augen. Ja, ich würde die stupide Arbeit im Postzimmer so lange machen, wie es nötig war, aber ich hatte nun die Absicht, in den festen Mitarbeiterstab des Senators aufgenommen zu werden. Ich wollte näher ans Zentrum rücken, wo Angelique und Eddy die Fäden in der Hand hielten. Ich wußte nicht, wie weit ich tatsächlich vorankommen könnte, ich war aber entschlossen, meine Arbeit so gut wie möglich zu machen und im übrigen abzuwarten, was die Zukunft bringen würde.

Lillian und Susan unterstützten mich, wo sie nur konnten. Einmal hörte ich, wie Lillian Eddy Martin vorschlug, mir mehr Verantwortung zu übertragen. »Er ist doch noch furchtbar jung«, bremste Eddy.

»Was soll das heißen?« gab Lillian zurück. »Welche Rolle spielt schon das Alter, wenn jemand seine Arbeit gut macht?«

Meine große Chance kam an einem warmen Frühlingstag im Jahr 1972. »Kannst du Auto fahren, Rick?« wurde ich um die Mittagszeit von Angelique gefragt.

»Natürlich«, antwortete ich.

»Würdest du den Senator fahren?«

»Aber klar«, erwiderte ich rasch.

Sie erklärte mir, daß John Carlin, der Chauffeur des Senators, heute frei habe und sie jemanden brauche, der einspringen könne. Sie bestellte mich in ihr Büro, um mich einzuweisen. Als ich bei ihr eintraf, übergab sie mir die Autoschlüssel und sagte: »Unten steht ein blaues Pontiac-Kabrio. Du fährst einfach zum ›Monocle‹ hinüber, stellst den Wagen ab, gehst hinein und sagst dem Senator, wer du bist. Ihr fahrt nach St. Alban hinüber, sein Sohn Teddy hat dort sein Sportfest.«

Ich kannte das Restaurant »Monocle«. Es war nur ein paar Straßen weiter in der Nähe des Bahnhofs, und viele Parlamentarier gingen gerne dorthin zum Mittagessen. Ich wußte allerdings nicht, wo die Privatschule lag, die Teddy jr. besuchte. »Ich weiß nicht, wo St. Albans ist«, gestand ich.

»Direkt neben der National Cathedral.«

»Ich bin mir auch nicht ganz sicher, wo die National Cathedral liegt.« Mir wurde plötzlich etwas flau, als ich sah, worauf ich mich da eingelassen hatte. Auf keinen Fall wollte ich jemanden enttäuschen.

»Keine Sorge. Der Senator wird dir den Weg zeigen.« Angelique übergab mir eine Aktentasche, damit der Senator die kurze Fahrt durch den Nordwesten von Washington zum Arbeiten nutzen konnte.

Es war ein erhebendes Gefühl, das Kabriolett des Senators – natürlich das neueste Modell – von seinem Standplatz in der abgeteilten und bewachten Parkzone neben dem Kapitol abzuholen. Das Verdeck war zurückgeklappt, das Wetter ideal zum Kabriofahren.

Es war genau zwei Uhr, als ich den Senator im »Monocle« ausfindig machte. Er war in ein angeregtes Gespräch mit dem Senator von Kalifornien, John Tunney, vertieft, das immer wieder von Gelächter unterbrochen wurde. Tunney war ein alter Freund des Senators; er war während seines Jurastudiums an der University of Virginia sein Zimmergenosse gewesen. »Herr Senator«, unterbrach ich höflich. »Ich soll sie heute fahren.«

»Sehr gut«, sagte er, wobei er noch immer über eine Bemerkung Tunneys lachte. »Ich bin in fünfzehn Minuten draußen.«

Eine halbe Stunde später kam der Senator aus dem Lokal geschossen, warf sich neben mir in den Sitz und sagte: »Also dann, auf nach St. Alban.« Ohne ein weiteres Wort öffnete er die Aktentasche und begann zu arbeiten.

»Herr Senator«, sagte ich verlegen, »Ich weiß nicht, wo St. Alban liegt.«

Er sah mich scharf an, als ich ihn aus seiner Konzentration riß, und fragte: »Wissen Sie, wo die Constitution Avenue ist?«

»Ja«, sagte ich. Es war die Hauptverkehrsachse, die an der Nordseite des Kapitols vorbeiführte.

»Fahren sie auf der Constitution bis zur Massachusetts Avenue.«

»Okay.« Ich war sehr nervös, als ich losfuhr. Er ist spät dran, dachte ich, und jetzt muß es schnell gehen. Hoffentlich achtet er auf den Weg. Ich hoffte inbrünstig, einen ruhigen und kompetenten Eindruck zu machen.

Ich fuhr die Constitution entlang und schaffte es auch, die richtige Abzweigung nach halbrechts auf die Massachusetts Avenue zu nehmen. Der Nachmittagsverkehr war schon dicht, aber ich konnte zwischen den zwei Fahrspuren hin und her springen und kam einigermaßen schnell voran. Der Senator sah gelegentlich auf, besonders, wenn ich an einer Ampel halten mußte. Fast immer machte jemand mit einem Hupen auf sich aufmerksam und winkte. Kennedy freute sich, wenn er erkannt wurde, antwortete stets mit einem freundlichen Lächeln und winkte locker zurück.

Wir rasten die Massachusetts Avenue hinauf, vorbei an der Embassy Row und den vielen alten, zum Teil imposanten, zum Teil aber auch überladenen Gebäudefassaden. Ohne von seinen Papieren aufzublicken, murmelte der Senator: »Hm, wenn Sie, äh, an den Botschaften vorbei sind, sagen Sie Bescheid.«

»Okay«, sagte ich und hielt an einer Ampel. »Wir sind vorbei.«

Er sah sich um und sagte: »Hm ja, äh, biegen Sie hier rechts ab.«

Man hat an Ted Kennedy wiederholt bemängelt, er könne offenbar keinen Satz artikulieren, ohne ihn mit diversen Ahs, Ahems, Hms oder Ähs anzureichern. Er selbst pflegte im Gespräch mit Reportern zu scherzen, er habe als das jüngste der Kennedy-Kinder nie die Chance gehabt, einen Satz zu Ende zu bringen. Was immer auch der wirkliche Grund für seine Sprechweise gewesen sein mag, man mußte sehr genau hinhören, um mitzubekommen, was er sagte, besonders während der Fahrt.

Ich stand auf der linken Spur. Als ich nach rechts blickte, sah ich, daß der Fahrer nebenan auf uns aufmerksam geworden war. Ich hob die Hand, um zu signalisieren, daß er mich vorlassen solle. Er nickte freundlich, und als die Ampel auf Grün sprang, wechselte ich unverzüglich die Spur und setzte mich vor seinen Wagen. Der Senator sank in seinen Sitz und schien unangenehm berührt, daß ich ein Privileg in Anspruch genommen hatte. Offensichtlich gab es Augenblicke, in denen es angebracht war, es zu nutzen – und solche, in denen man besser darauf verzichtete.

St. Alban lag jetzt vor uns. Der Senator dirigierte mich zu einem Parkplatz, sprang aus dem Wagen und sagte: »Ahem, stellen Sie den Wagen ab und kommen Sie, äh, mit herein.« Dann entfernte er sich mit raschem Schritt.

Ich folgte ihm zum Sportplatz, wo wir uns einer kleinen Gruppe von Eltern und weiteren Zuschauern anschlossen. »Hallo, Herr Senator«, sagte jemand. Kennedy lächelte und nickte dem Mann zu. St. Alban war eine exklusive Schule, entsprechend exklusiven Kreisen gehörten die Eltern an. Unter den Zuschauern waren Abgeordnete, hohe Ministerialbeamte und sogar ein Botschafter.

Heute war der Leichtathletiktag der Jungen. Der zehnjährige Teddy stand inmitten einer Gruppe von Sportlern, die sich auf den Weitsprung und einen Staffellauf vorbereiteten.

Plötzlich fiel dem Senator ein: »Oh! Ich brauche meinen Fotoapparat.« Er drehte sich zu mir um und ordnete an: »Rick, fahren Sie zu mir nach Hause und holen Sie meine Kamera. Sie ist in dem Einbauschrank vorn in der Eingangshalle. Wenn Sie Rosalie antreffen – das ist Joans Sekretärin –, brauchen Sie ihr nur zu sagen, daß ich Sie geschickt habe. Ich glaube, Theresa ist auch da, mit Patrick. Sie werden Ihnen sagen, wo die Kamera ist.« Er sprach von Theresa Fitzpatrick, die schon lange als Kinderfräulein bei ihm arbeitete und von seinem jüngsten Kind, dem vierjährigen Patrick.

»Es gibt da ein großes Problem«, sagte ich ziemlich kleinlaut.

»Nämlich?«

»Ich weiß nicht, wo Sie wohnen. Ich bin noch nie bei Ihnen zu Hause gewesen.«

Er starrte mich ungläubig an. »Ach … Sie sind noch nie bei mir zu Hause gewesen? Also gut, Sie wissen, wie man zur Chain Bridge Road kommt?« Ich nickte. Chain Bridge ist die Hauptstraße, die den District of Columbia, das Regierungsviertel, mit der vornehmen, schon zu Virginia gehörenden Vorstadt McLean verbindet. Sie führt nahe an der Universität vorbei. »Sie fahren da raus, biegen rechts ab …«

»Kenne ich …«

»Gut, Sie fahren über die Brücke. Wenn Sie an die Ampel in der Chain Bridge Road kommen, biegen sie nach genau 950 Metern rechts ab. Es ist das Haus Nummer 636.« Er warf einen Blick auf den Sportplatz und runzelte die Stirn. »Das dauert hier nur noch etwa eine halbe Stunde. Sie haben zehn Minuten, um wieder zurück zu sein.«

Zehn Minuten? Das war wohl ein Witz. In panischer Hast sprintete ich über den Parkplatz. Ich raste auf der Chain Bridge Road über den Potomac und dachte: Und wenn es nun nicht *genau* 950 Meter nach der Ampel sind? Oder wenn ich mich verfahre? Zu meiner Erleichterung stimmte die Wegbeschreibung haargenau. Ich fand Chain Bridge Road Nummer 636 sofort und bog in die langgezogene Einfahrt ein. Ich war überrascht über das vergleichsweise bescheidene Äußere des Hauses. Es wirkte wie eines der üblichen graugedeckten Farmhäuser. Nicht einmal ein Tor gab es. Was ist mit den Sicherheitsvorkehrungen, wunderte ich mich. Über einen gepflegten Hof kam ich zur Vordertür. Sie war nicht verschlossen. Ich war erstaunt, daß es niemanden gab, der mich wegen meines unerwarteten Auftauchens zur Rede stellte. Ich fand die Kamera in dem Einbauschrank und rannte zurück zum Wagen.

Als ich in der Schule ankam, war die Veranstaltung noch im Gange.

»Sie haben es geschafft!« sagte der Senator strahlend und wandte sich sofort wieder dem Wettkampf zu. Mir wurde klar, daß bei diesem Mann jede Sekunde des Tages zählte. Er schoß Fotos vom Staffellauf, an dem Teddy teilnahm. Eins nach dem anderen, unablässig machte es klick.

Die elfjährige Kara, das älteste Kind des Senators, stand nun neben ihm. Sie besuchte die benachbarte National Cathedral School. »Kara«, sagte der Senator plötzlich, »kennst du Rick schon?«

Sie lächelte und sagte hallo. Sie war ein nettes, noch pausbäckiges Mädchen mit leuchtend grünen Augen.

Teddy hatte seinen Staffellauf hinter sich und kam zu uns herüber. Jungenhaft verlegen wehrte er die Umarmung seines Vaters ab. »Das ist Rick«, sagte der Senator und klopfte ihm auf den Rücken.

»Hallo«, murmelte Teddy. Er machte einen sehr schüchternen Eindruck.

Der Senator bat Sohn und Tochter, sich für ein Foto aufzustellen, was zuerst schwachen Protest hervorrief, dann aber pflichtbewußt ausgeführt wurde.

»Gut Rick, es wird Zeit, daß wir wieder auf den Kapitolshügel kommen. Fahren wir.« Und wir fuhren los.

Am Abend rief ich meine Eltern an und berichtete ihnen von diesem Nachmittag. Ich konnte immer noch nicht fassen, wie glatt alles gelaufen war und daß man mir eine solche Verantwortung übertragen hatte. Meine Mutter war ganz aufgeregt, mein Vater hingegen schien völlig unbeeindruckt. Ich überlegte, ob es vielleicht einen tieferen Grund dafür gab, daß bei meinem Vater jegliche Begeisterung ausblieb. Ich wußte, daß es nichts mit mir, aber sehr viel mit dem Senator zu tun hatte. Obwohl er nie etwas sagte, war mir klar, daß er gegenüber dem Senator stets Vorbehalte hatte.

MIT DEN AUGEN DES CHAUFFEURS

Übers Wochenende flog der Senator sehr häufig nach Boston. Die Sitzungen im Senat dauerten am Freitag bis vier Uhr nachmittags oder kurz danach, und Chris buchte normalerweise den Fünf-Uhr-Flug vom National Airport.

John Carlin, den ich freitags oft vertrat, machte mir klar, daß es keine leichte Aufgabe war, den Senator pünktlich zum Flughafen zu bringen. Dieser galt nicht gerade als souveräner Autofahrer, obendrein war er dafür bekannt, grundsätzlich zu spät dran zu sein.

»Okay Rick«, begann John seine Lektion, »du gehst folgendermaßen vor: Du rufst im Büro der Delta Airlines auf dem National Airport an und fragst nach einem Mann namens Joe, der für Sonderaufgaben bereitsteht. Sage ihm, daß du um Viertel nach vier am Kapitolshügel abfährst und den Fünf-Uhr-Flug erreichen willst. Er soll am Eingang auf euch warten und euch durchlotsen. Du darfst auf keinen Fall den Flug verpassen, denn der nächste geht erst um acht. Und sicherlich hast du keine große Lust, mit einem wütenden Boß drei Stunden im Flughafen herumzusitzen, oder? Wenn ihr da seid, schnappst du dir die Aktentasche und rennst mit dem Senator in das Gebäude.«

»Was mache ich mit dem Auto?« fragte ich nervös.

»Das läßt du einfach vor dem Flughafengebäude stehen. Darüber mach dir keine Sorgen. Die wissen schon, wem es gehört.« John erklärte mir, daß jeder Senator ein kleines Schild mit einer Sondernummer besaß, das dann sichtbar auf das Armaturenbrett des Wagens gelegt wurde. »Die Polizei«, versprach er, »wird das Auto in Ruhe lassen. Und wenn du mit ihm dort angekommen bist, dann warte auf jeden Fall solange, bis er abgeflogen ist. Er wäre furchtbar sauer, wenn mit dem Flug etwas nicht klappte und er dann ohne Auto und Fahrer am Flughafen festsitzen würde.«

»Geht in Ordnung«, sagte ich. Wenn man John so reden hörte, schien es sich eher um einen Routinefall zu handeln. »Das schaffe ich schon.«

John senkte die Stimme und warnte: »Du, das wird ziemlich haarig.«

»Warum?«

»Weil er nie losfährt, wann er soll. Er kommt um halb fünf oder sogar zwanzig vor fünf, und du mußt dich durch den Stoßverkehr kämpfen.«

Ich überlegte laut, ob die Fluggesellschaft den Abflug wohl für den Senator verschieben würde, und sei es auch nur um ein paar Minuten. John sagte, manchmal fänden sie einen Vorwand, um den Start etwas hinauszuzögern. Aber den wirklichen Grund würden sie höchst ungern nennen. In jedem Fall sei es besser, mit dem Senator rechtzeitig am Flughafen zu sein.

Johns Warnungen erwiesen sich als keineswegs übertrieben. Er war Ende zwanzig und hatte nicht die Absicht, den Rest seines Lebens als Chauffeur des Senators zu verbringen. Ich hatte den Verdacht, daß er sich bereits nach einem anderen Job umsah. Und das war auch kein Wunder – den Senator zu fahren war schlimmer, als mit einem Notarztwagen zur Unfallstelle zu rasen.

Kurze Zeit nach diesem Gespräch rief Angelique an einem Freitag um Viertel vor vier im Postzimmer an und wollte wissen, ob ich den Senator zum Flughafen fahren könne. »Du hast keine andere Wahl«, sagte sie. Ihre Stimme klang alarmiert, und auch ich wurde von Panik ergriffen. »Sei um Viertel nach vier an der Treppe zum Kapitol. Der Senator wird herunterkommen, ins Auto springen, und ab geht die Post. Du kennst doch den Weg zum Flughafen?«

»Ja, ich denke schon.«

Pünktlich stand ich um 16.15 Uhr mit dem Kabrio an der Treppe. Zehn Minuten später: noch immer keine Spur von dem Senator. Mein Anzug war durchgeschwitzt. Ich hielt es für besser, Angelique die Verspätung zu melden. Im Eingangsbereich des Kapitols befand sich ein Telefon, allerdings konnte ich, während ich es benutzte, den Wagen nicht im Auge behalten. Wenn nun gerade dann der Senator die Treppe hinunterrannte und in ein Auto ohne Fahrer sprang?

Egal, ich raste in das Gebäude, hastete zum Telefon, wählte Angeliques Nummer und erstattete Bericht.

»Er kommt später«, sagte sie. »Es läuft gerade noch eine letzte Abstimmung. In fünf oder zehn Minuten ist sie vorbei. Hauptsache, du kommst rechtzeitig zum Flughafen, aber sei vorsichtig.« Mir war schleierhaft, wie ich *beides* bewerkstelligen sollte.

Wieder ins Freie. Einem Polizisten, der in der Nähe seinen Dienst tat, erklärte ich, in welcher Klemme ich steckte. Er hatte eine Idee. Augenzwinkernd meinte er: »Es ist doch immer dasselbe mit ihnen.«

»Wenn ich Sie abfahren sehe, funke ich alle meine Kollegen an der Strecke an, damit Sie schnell vom Kapitolshügel herunterkommen. Sobald Sie aber auf dem Highway sind, müssen Sie sich allein durchschlagen.«

Es war 16.40 Uhr, als der Senator in Begleitung von Dick Drayne, seinem Pressereferenten, die Treppe heruntergeschossen kam. Er riß die Tür auf und sagte: »Komm Dick, los geht's.«

»Ich fahre nicht mit«, protestierte Drayne.

»Nun steig schon ein, Dick«, befahl der Senator ungeduldig.

Drayne fügte sich in sein Schicksal. Der Senator warf sich in den Vordersitz, und ich fuhr mit quietschenden Reifen los. Wir fädelten uns problemlos in den Verkehr auf der Independence Avenue ein, und ich beobachtete den Senator aus dem Augenwinkel. Er registrierte genau, daß uns hilfsbereite Polizisten einen Weg durch den hektischen Freitagabendverkehr bahnten; durch ihr Winken angetrieben, rasten wir über mehrere rote Ampeln. Ein feines Lächeln auf dem Gesicht des Senators bestätigte mir, daß ich meine Sache gut gemacht hatte.

Wir passierten in kürzester Zeit den Tunnel, der auf die Schnellstraße führt, und bewegten uns in Richtung 14th Street Bridge. Die Schnellstraße war völlig verstopft. »Scheiße«, entfuhr es mir.

»Da geht's weiter«, kommandierte der Senator. »Fahren Sie dran vorbei.«

Jetzt wurde mir klar, was der freundliche Polizist mit der Bemerkung gemeint hatte, danach müsse ich mich allein durchschlagen. Ich hatte allerdings einen sehr findigen Beifahrer an meiner Seite. »Rechts vorbei!« schlug der Senator vor. Er meinte den Randstreifen. Junge, Junge, der hat Nerven!

Gehorsam steuerte ich nach rechts und trat aufs Gaspedal. Der Wagen schlitterte über die Fahrbahnbegrenzung und fuhr auf den Randstreifen. Wir rasten weiter, die linken Räder auf Beton und die rechten auf Gras.

Drayne preßte sich in die Polster der Rückbank, schüttelte vor Wut den Kopf und schloß die Augen. Der Senator lachte nur.

Ich hoppelte mit dem Auto auf dem Randstreifen weiter, bis der Weg von einem Brückenpfeiler versperrt war. Dann zurück in den Verkehr und über drei Spuren nach links. Wir waren jetzt auf der Ausfahrt, mit Linkskurve zur 14th Street Bridge. Weiter vorn, auf dem anderen Ufer des Potomac, kam das Flughafengelände in Sicht.

Der Senator amüsierte sich köstlich. Er faßte scharf den dünnen Mittelstreifen zur Linken ins Auge und fuchtelte mit den Händen. »Da lang«, rief er, lehnte sich vor und wies den Weg. Drayne war blaß geworden und zitterte vor Angst.

Ich preschte wieder über die Fahrbahnbegrenzung. Uns blieb genug Platz, wenn es mir gelang, die linke Hälfte des Wagens auf dem Mittelstreifen zu halten. Der Wagen schoß vorwärts, mit der rechten Seite gefährlich nahe an den eingekeilten Autos frustrierter, wütender Fahrer vorbei.

Auf der Brücke der nächste Coup: rüber auf die rechte Spur, um die Ausfahrt zum George Washington Parkway zu erwischen. Der Senator beugte sich aus dem Fenster, blickte nach rechts und streckte den überraschten Autofahrern seine Hand entgegen, dann schrie er dreimal »*Jetzt!*«, bis wir die äußere rechte Fahrspur erreicht hatten. Wir fuhren auf der Grasnarbe die Ausfahrt hinunter, links von uns eine lange Schlange wartender Autos. Als wir den Zubringer erreicht hatten, gab ich Gas und betete, daß mir die Autos Platz machen würden.

Eher schleudernd als fahrend näherten wir uns dem Flughafen. Der Senator dirigierte mich zum Ausgang der Delta Airlines am Nordterminal.

Als wir am Ziel waren, machte ich eine Vollbremsung und sah auf die Uhr. Es war 16.55 Uhr, wir waren sogar fünf Minuten zu früh! Ich griff mir die Aktentasche des Senators und hastete hinter ihm her in die Abfertigungshalle. Drayne blieb im Wagen, er war schweißgebadet und mit den Nerven fix und fertig.

Die Anspannung ließ bei mir erst nach, als ich das Flugzeug abheben sah. Auf dem Rückweg zum Auto merkte ich, daß ich am ganzen Körper zitterte. Meine Beine fühlten sich an wie Pudding. Haben wir das wirklich geschafft? fragte ich mich. Nicht zu fassen!

Drayne murmelte: »Das mache ich nicht noch einmal mit!«

Als der Senator aus Boston zurückkehrte, teilte er Angelique mit, daß er von nun an vorzugsweise von mir gefahren werden sollte. Ich arbeitete weiterhin im Postzimmer, stand jedoch immer zur Verfügung, um ihn in Washington zu chauffieren.

Um diese Zeit gingen die Bewerbungen für die Sommerpraktika ein, und Eddy Martin setzte mich als Praktikanten mit 50 Dollar pro Woche auf die Gehaltsliste. Ich hatte es tatsächlich mit neunzehn Jahren geschafft, zu den bezahlten Mitarbeitern des Politikers zu gehören, der mein großes Vorbild war. Ich hätte nicht glücklicher sein können.

Während der Sommer allmählich auf Touren kam, verbrachte ich immer mehr Zeit in der Residenz des Senators. Mir wurde sofort klar, daß mein erster Eindruck von dem Haus irreführend gewesen war. Von vorn wirkte es zwar klein und unansehnlich, aber nur, weil sich der Bau weit nach hinten und den Hang abwärts erstreckte. Durch das Vestibül kam man in ein geräumiges Wohnzimmer, das mit antiken damast- und brokatbezogenen Hepple-withe- und Sheratonmöbeln ausgestattet war. An sämtlichen Wänden hingen Erinnerungsstücke und Familienfotos. Ein langer Flur führte in ein großes Elternschlafzimmer, dessen Terrasse auf den Hof hinausging und einen prächtigen Blick auf den Potomac bot. Das Privatbüro des Senators war mit dem Schlafzimmer verbunden.

Ein Zimmer auf dieser weitläufigen Etage war den Kindern vorbehalten. Hier befanden sich die Zimmer von Kara, Teddy und Patrick, ein Fernsehraum und das Appartment des Kinderfräuleins Theresa Fitzpatrick.

Auf dem gleichen Stockwerk logierte außerdem noch Andres, die ältliche französische Köchin, die früher einmal für die Rothschilds gearbeitet hatte. In der Mitte der mit edlem Holz ausgekleideten und mit Büchern vollgestopften Bibliothek befand sich ein großer offener Kamin. Daneben stand auf einem grauen flauschigen Teppich ein Ohrensessel mit hohem Rückenteil – ein einladender Platz für nächtliche Lektürestunden. An den Sessel herangerückt war ein Tischchen mit einem weißen Telefon, an dem eine Liste mit den Rufnummern der Familienmitglieder befestigt war.

Von der Bibliothek führte eine Treppe in ein Büro im unteren Stock. In die Rückwand des Büros waren gläserne Schiebetüren eingelassen, die sich zum Hof unter der Terrasse des Elternschlafzimmers öffnen ließen. Auf derselben Etage befand sich auch ein großer Empfangssalon. Eine ganze Wand dieses Raums war dekoriert mit Fotos hinter Glas. Neben dem vertrauten Kennedy-Lächeln waren dort die Gesichter der Großen dieser Welt zu sehen.

Wie schon das Büro des Senators auf dem Kapitolshügel diente offensichtlich auch dieses Haus als Familiengedenkstätte. Alle Lebensläufe der Kennedys waren hier zu besichtigen. Man konnte sich des Eindrucks nicht erwehren, daß der Lebensweg des Senators bereits zu einem großen Teil von seinen verstorbenen Brüdern vorgezeichnet war und er, ob er wollte oder nicht, in ihre Fußstapfen treten mußte.

Als ich mich auf der Etage umsah, bemerkte ich, daß es hier noch ein Gästezimmer, einen Wäscheraum, eine Vorratskammer und zwei weitere Büros gab. Das eine wurde von Joans Sekretärin Rosalie Helms genutzt, das andere von dem Hausverwalter George Dalton, der den Senator in dessen Freizeit chauffierte und Mädchen für alles spielte.

Rosalie hatte eine strenge Arbeitsdisziplin; etwas an ihr erinnerte an die Vornehmheit des alten aristokratischen Südens. Sie schien fest entschlossen, Joan in einen schützenden Kokon einzuspinnen. Sie war zwar nominell die Angestellte von Joan, aber ich stellte schon bald fest, daß sie den Senator über Joans gesundheitliche Probleme auf dem laufenden hielt.

George war ein grauhaariger Militärveteran, der schon, wie er mir erzählte, im Nachrichtenzentrum des Weißen Hauses für Präsident Kennedy gearbeitet hatte. Mir gegenüber zeigte er sich von der angenehmen Seite, aber vor anderen Leuten prahlte er doch etwas. Er war ein kräftiger Bursche, schien in seiner Jugend Football gespielt zu haben und erledigte alle schweren körperlichen Arbeiten, die im Haus anfielen. Außerdem übernahm er den größten Teil der Einkäufe für den Haushalt. Wenn man George glauben durfte, hatten er und Präsident Kennedy so manche Flasche zusammen geleert; man wußte freilich nie so recht, ob es stimmte, was George erzählte, aber das war eigentlich auch nicht so wichtig.

Wie in jedem großen Haushalt gab es auch hier Rangkämpfe unter dem Personal. George und Rosalie standen miteinander oft auf dem Kriegsfuß und versuchten, sich in ihrem Einsatz für das Wohl der Familie gegenseitig auszustechen. Manchmal wollten sowohl George als auch Rosalie den Weinvorrat ordern, und beide bemühten sich dann, den Senator auf ihre Seite zu ziehen und zu einem günstigen Urteil über ihre Weinauswahl zu bewegen. Er hielt sich in der Regel aus dem Streit heraus und überließ es den Kombattanten, eine Lösung zu finden, was meistens auch gelang. George kreuzte überdies häufig mit dem Kinderfräulein Theresa die Klinge, was zur Folge hatte, daß sich der untere mit dem oberen Stock gleichsam im Kriegszustand befand.

Mit der Zeit lernte ich die Kinder des Senators ziemlich gut kennen. Kara war ein ernstes, aber nettes Mädchen und schien sehr auf ihre Mutter bezogen zu sein. Wenn Joan gute Laune hatte, zeigte sich auch Kara aufgeweckt und fröhlich; war Joan jedoch mißgestimmt oder krank, zog sich Kara zurück und wurde ein wenig rebellisch.

Teddy wirkte ängstlich und introvertiert. Ich hatte das Gefühl, daß viel in seinem Kopf vorging, was er lieber für sich behalten wollte. Und er schien sich furchtbare Sorgen um die Sicherheit seines Vaters zu machen.

Patrick, der jüngste, war ein schüchternes, zartes Kind. Er litt an Asthma-Anfällen, die manchmal so schwer wurden, daß er Sauerstoff benötigte und auf eine steroidreiche Diät gesetzt werden mußte.

Alle drei machten auf mich den Eindruck von braven, normalen Kindern. Sie hatten ein herzliches Verhältnis zu Theresa, einer Vierzigerin irischer Abstammung. Sie war der Familie sehr ergeben und spielte mit Begeisterung die Ersatzmutter, die die Kinder leider auch brauchten. Selbst in meiner relativ untergeordneten Stellung im Mitarbeiterstab des Senators blieb mir nicht verborgen, daß sowohl im Büro auf dem Kapitolshügel als auch im Haus der Kennedys über die Frau des Senators geklatscht wurde. Jeder wußte, daß es Joan Bennett Kennedy besonders schwer gehabt hatte, ihren Platz in der Dynastie zu finden. Wie ein Historiker später einmal schrieb, mußte sie mit einem doppelten Handikap fertig werden: Sie war nicht nur keine Kennedy, sondern auch kein Mann. Und es war nicht zu übersehen, daß in der Familie und im Haus der Kennedys die Männer herrschten.

Der Senator gab sich jedoch alle Mühe, die Kinder nicht unter seinen Eheproblemen leiden zu lassen. Er konnte noch so sehr in Anspruch genommen sein, er nahm sich trotzdem, ganz gleich, an welchem Ort er sich befand oder was er gerade tat, jeden Nachmittag die Zeit, seine Kinder anzurufen. Wer sich in seinem privaten Büro oder in der Nähe aufhielt, konnte dann hören, wie er am Telefon Tierstimmen nachmachte, wenn er mit Patrick sprach. »Hallo Patrick«, sagte er dann etwa, »ich habe einen kleinen Hund bei mir, *wau, wau.*« Patrick war begeistert, wenn sein Vater Pferde, Kühe, Schweine, Enten, Hühner und andere Tierstimmen imitierte, Teddy dagegen war schon zu »alt« für derartige Spielereien und und verzog oft gequält das Gesicht.

Ohne Zweifel liebten die Kinder ihre Mutter, sie waren aber durch ihr Verhalten manchmal überfordert. Als ich einmal in der Küche wartete, weil ich den Senator zu einer Verabredung fahren sollte, kam Joan herein. Sie machte einen verwirrten und ungepflegten Eindruck. Ihr Haar, das normalerweise elegant frisiert war, befand sich in Auflösung. Das spärliche Make-up konnte die Ringe unter ihren Augen nur unzureichend verbergen. Es war nicht zu übersehen, daß sie schwer getrunken hatte. Sie wollte sich eine Tasse Instantkaffee machen, schien aber vergessen zu haben, wie man den Gasherd anstellte, um Wasser zu kochen. Kara war in besonderem Maße peinlich berührt. Es war wohl nicht das erste Mal, daß so etwas passierte.

Ich machte mir Sorgen um Joan und wandte mich an Theresa. Sie redete nicht um den heißen Brei herum, sondern sagte mir ganz ruhig: »Ich bin sicher, daß Sie Geschichten über Mrs. Kennedy gehört haben. Es ist alles andere als leicht, aber wir müssen Stillschweigen bewahren. Wenn sie etwas Seltsames sagt oder von Ihnen verlangt, dann antworten Sie ihr mit ›Ja, Mrs. Kennedy‹ und holen mich dann.«

Ich stimmte dem zu, blieb aber sehr beunruhigt. Mir dämmerte allmählich, daß bei dieser großen Politikerfamilie nicht alles so war, wie es den Anschein hatte. Die schöne Fassade zeigte Risse, und obwohl man nicht offen darüber sprach, wurden doch erhebliche Anstrengungen unternommen, um den drohenden Gesichtsverlust abzuwenden.

Theresa gab mir noch eine weitere Warnung mit auf den Weg: »Rick, Sie werden hier vielleicht noch andere Dinge erleben, die Ihnen ungewöhnlich erscheinen werden. Wenn Sie etwas auf dem Herzen haben, kommen Sie damit zu mir, aber sprechen Sie mit keinem anderen Menschen darüber.«

»Natürlich«, antwortete ich, viel zu verwirrt, um sie nach einer genaueren Erklärung zu fragen.

An einem Sonntagmorgen, als der Senator nicht in der Stadt war, betrat ich das Haus, um Joan und die Kinder zur Messe zu fahren. Als Joan erschien, sah ich auf den ersten Blick, daß sie getrunken hatte und sich unmöglich so in der Öffentlichkeit zeigen konnte. Ein leuchtender Streifen Lippenstift zog sich vom Mund hinauf zu den Augen; sie hatte nicht bemerkt, daß ihr die Hand ausgerutscht war. Ihre Kleidung war zwar fein genug für den Gottesdienst, aber sie hatte sich schlampig zurechtgemacht. Ein Nylonstrumpf hatte sogar eine große Laufmasche. Ein Seufzer kam mir über die Lippen, denn in diesem Aufzug konnte ich sie auf keinen Fall zur Messe gehen lassen.

»Mrs. Kennedy«, schlug ich vor, »lassen Sie mich die Kinder zur Kirche bringen, und Sie können wieder auf Ihr Zimmer gehen ...« Sie starrte mich an. In ihren Augen war zunächst Verwirrung und dann Ärger zu lesen. Sie protestierte schwach, aber ich blieb hart: »Nein, Mrs. Kennedy, ich glaube, es ist keine gute Idee, wenn Sie heute zur Messe gehen. Bleiben Sie doch lieber zu Hause und ruhen Sie sich aus.« Ihr Blick wanderte von mir zu den Kindern, die um uns herumstanden und nervös mit den Füßen scharrten. Sie sagten kein Wort und warteten ab, was ihre Mutter tun würde. Schließlich ging Joan ins Haus zurück. Ich atmete erleichtert auf und fuhr mit den Kindern zur Messe.

Nicht nur die Tätigkeit als Chauffeur der Familie führte zu überraschenden Einsichten, auch die Begegnung mit der Verwandtschaft des Senators bot mancherlei Unerwartetes. Wir fuhren oft die kurze Strecke nach Hickory Hill hinüber, dem Anwesen in McLean, wo John F. Kennedy mit Jackie gewohnt hatte, als er noch Senator war. Bobby und Ethel hatten es ihnen abgekauft, und Ethel wohnte jetzt mit ihren elf Kindern dort. Jackie Onassis soll einmal von Ethel gesagt haben: »Sie produziert Kinder wie ein Karnickel.« Und sie hatte einmal eine Karikatur von Hickory Hill herumgezeigt, auf der das Haus von Kindern nur so wimmelte; sie hingen aus den Fenstern, lagen auf dem Boden und steckten in allen Ecken.

Der Senator hatte die Rolle des Ersatzvaters für die Kinder seines ermordeten Bruders übernommen – wohl nicht nur aus Liebe, sondern auch aus Pflichtgefühl. Man spürte sofort, daß Bobbys Kinder ein Übermaß an Aufmerksamkeit beanspruchten. Ich hatte gehört, daß Ethel nach Bobbys Tod jahrelang völlig verstört gewesen sein soll. Wer einmal auf Hickory Hill war, erhielt einen lebendigen Eindruck davon.

Das hügelige Gelände des Anwesens, auf dem dreihundert Jahre alte Hickorybäume Schatten spendeten, sah von weitem prächtig aus. Das Haus selbst machte aber einen völlig anderen Eindruck. Viele Möbel wirkten abgewetzt und schäbig. Die Kinder, zum Teil

nur halb bekleidet, liefen Amok. Zwischen ihnen schoß Ethel hin
und her und erteilte schreiend, mit allem, was die Lungen herga-
ben, ihre Anordnungen.

Die Kinder hatten wohl ein Dutzend Hunde und Katzen in Pflege
genommen, die frei herumrannten und wie die Kinder weitgehend
sich selbst überlassen waren. Einige der Tiere schienen stubenrein,
ein paar waren es nicht. Im Keller sah ich Käfige voller Ratten, in
einem lag eine Boa Constrictor. Die Kinder spielten oder stritten
miteinander und schrien ohne Unterlaß. Ethel sah müde aus. Wer
Hickory besuchte, tat das auf eigene Gefahr. Man hat mir erzählt,
daß Ethel einmal bei einem Festessen am St. Patrick's Day, dem
irischen Nationalfeiertag, lebendige Ochsenfrösche in der Mitte der
Tafel plaziert hatte. Auch machte es ihr und ihren Kindern immer
noch Spaß, Gäste zu »taufen«, indem sie sie in voller Kleidung in
den Swimmingpool stießen.

Besonders machte ich mir wegen Bobby und David Sorgen, die
etwa in meinem Alter waren. Sie schienen beide außer Kontrolle zu
sein. Besonders bei David hatte ich den Eindruck, daß er nur noch
einen schwachen Bezug zur Realität hatte. Er bekam oft die ganze
Wut zu spüren, die seine Mutter eigentlich auf Bobby hatte, der sich
in bester Familientradition ausgesprochen rebellisch verhielt.

Es war David gewesen, der mit dreizehn Jahren allein in einem
Hotelzimmer in Los Angeles gesessen und sich im Fernsehen die
Siegesfeier seines Vaters angesehen hatte, als plötzlich der tödliche
Schuß fiel. Wie gebannt war er vor dem Bildschirm sitzen geblieben
und hatte auf den Tumult gestarrt, in dem man um das Leben seines
Vaters kämpfte.

Wenn man sich diese Familiengeschichte vor Augen hielt, ver-
wunderte es nicht mehr, daß beide Jungen ständig Schwierigkeiten
in der Schule hatten. Bobby ging in Pomfret zur Schule und ließ sich
nicht davon abbringen, dort in einem vollkommen schwarz ausge-
malten Zimmer zu wohnen. In Davids Schule in Middlesex kursierten immer häufiger Gerüchte, er nehme Drogen. Ethel war bei beiden mit ihrem Latein am Ende. Auch der Senator zeigte sich
besorgt, als ich ihn auf diese Situation ansprach. Er hatte die Probleme schon seit langer Zeit deutlich kommen sehen. Er wußte, daß
den Jungen ein Vater fehlte, eine starke Hand, die Ethel hätte unterstützen können. Eine Zeitlang hatte Lem Billings, der älteste
Freund der verstorbenen Kennedy-Brüder, versucht, diese Rolle zu
spielen. Aber auch das hatte nicht geklappt. Der Senator selbst tat,

was er konnte – er war stets bei Schulfeiern und anderen wichtigen
Ereignissen im Leben der Kinder anwesend –, aber er mußte sich
um seine eigene Familie und Karriere kümmern. Für die elf Kinder
seines Bruders zu sorgen, war für jeden Mann zuviel, selbst für
einen Kennedy. Eines Tages wurde er sehr ernst, nachdem wir über
die Kinder gesprochen hatten, als wüßte er genau, daß es Schwierigkeiten geben würde, was immer er auch tat. Es war, als würde
man auf den Ausbruch eines Sturms warten. Man konnte nichts
anderes tun, als in Deckung zu gehen.

Die Robert F. Kennedy Memorial Foundation veranstaltete jedes
Jahr zu Wohltätigkeitszwecken eine Kleintierschau auf dem Hickory
Hill. Das Geld kam der Stiftung zugute, die dem Andenken an Robert F. Kennedy gewidmet war und sich zum Ziel gesetzt hatte,
schlechter gestellten Kindern zu helfen. Ethel hatte die Veranstaltung ins Leben gerufen, um die Arbeit ihres Mannes für die Benachteiligten fortzusetzen. Die Gäste wurden aufgefordert, ihre eigenen
Hunde und Katzen mitzubringen, und Spieler von der Football-
mannschaft der Washington Redskins organisierten einen Hinder-
nislauf.

Als das Ereignis 1972 wieder vor der Tür stand, bat mich Angelique, eine Gruppe freiwilliger Helfer aus dem Postzimmer zusammenzustellen. Weil es sehr viel zu erledigen gab, begannen wir
mehrere Tage vor der Schau mit der Arbeit. Eines Morgens hatte
ich oben im Haus von Hickory Hill zu tun, als Bobby und David
erschienen. Sie waren nur mit weißen Shorts bekleidet und sahen
aus, als seien sie gerade erst aus dem Bett gekrochen. Ihre Augen
waren glasig, und sie machten einen benebelten Eindruck. Ihr
schulterlanges Haar – Bobby hatte braune Locken, während Davids
Haar blond und nahezu glatt war – schien schon lange nicht mehr
gewaschen worden zu sein. Sie grüßten mit einem nicht sehr überzeugenden »Guten Morgen« – wahrscheinlich wußten sie nicht einmal genau, welche Tageszeit wir hatten.

Mitten in dem Lärm, der das Haus erfüllte, kam der älteste Sohn
Joe seelenruhig die Treppe herunter, schnappte sich ein Auto und
fuhr weg. Er hatte offensichtlich genug von dem Theater.

Ethels Sekretärin Caroline Croft wies unsere Mannschaft an, die
Gärten und die Umgebung des Swimmingpools zu säubern. Einige
meiner Freunde mähten die verschiedenen Rasenflächen, und ich
kümmerte mich um einen Garten am hinteren Ende des Grundstücks. Ich nahm eine Hacke und begann ein verwildertes Eckchen

zu jäten, wo eine Pflanze mit zackigen Blättern ins Kraut schoß. Plötzlich hörte ich hinter mir jemanden schreien: »Hör auf, Rick, stopp!«

Als ich mich umdrehte, sah ich David auf mich zurennen. Er trug immer noch Shorts, wirkte jetzt aber hellwach und sehr besorgt.

»Wie bitte?« fragte ich.

»Laß die Pflanzen einfach stehen«, sagte er. »Kümmere dich nicht um sie.«

»Aber das ist doch Unkraut.«

»Keine Sorge«, beruhigte mich David. »Wir machen einen Zaun drum herum. Oder tu uns einen Gefallen und bau du den Zaun. Aber laß die Pflanzen in Ruhe.«

»Gut, geht in Ordnung.«

»Okay, Rick«, sagte David. »Vielen Dank.« Dann verschwand er wieder im Haus.

Ich war gerade mit dem Zaun beschäftigt, als Caroline vorbeikam und sagte: »Na, sie haben dich ja schön gebremst, nicht?«

»Ja«, erwiderte ich. »Was ist das für ein Zeug?«

»Das ist Marihuana«, klärte sie mich auf. »Sie bauen es schon lange an. Und rauchen es.«

»Ist ja toll …«, stieß ich gequält hervor und verdrehte die Augen. Pot war Anfang der siebziger Jahre an der Georgetown-University allgegenwärtig. Es hatte jedoch nichts Verlockendes für mich, und schon gar nicht mußte ich mir beweisen, daß ich meine Sachen auch bekifft geregelt bekam.

Natürlich war es gleichwohl eine heikle Angelegenheit, auf Hickory Hill Marihuana anzubauen. Es verstieß nun einmal gegen das Gesetz, und selbst wenn man einräumte, daß Ethels Kinder außer Kontrolle geraten waren, so stand dieses Haus doch im Blickpunkt des öffentlichen Interesses, und Presseleute und Prominente gingen ein und aus. Da jedoch die Kennedys darin kein Problem sahen, hütete ich mich, es zu einem zu machen.

Wenn sich Ethel einmal nicht um ihre wilde Brut auf Hickory Hill kümmern mußte, verbrachte sie den Sommer auf Cape Cod. Jedes Jahr belud sie einen Lieferwagen mit persönlichen Gegenständen und schickte sie mit einem Fahrer voraus. In jenem Sommer bat sie mich, den Wagen nach Massachusetts zu fahren. Ich sagte gerne zu. An einem herrlichen Frühlingssamstag brach ich zum ersten Mal nach Hyannis Port auf. Als ich in der Stadt ankam, hielt ich an einer Tankstelle und fragte, wo es zur Kennedy-Kolonie gehe. Der Tankwart warf einen Blick auf den Lieferwagen mit der Aufschrift HICKORY HILL und zeigte mir den Weg.

Es war so viel über Hyannis geschrieben worden, daß die Legenden, die sich um seine Größe und Bedeutung rankten, die Wirklichkeit schon weit hinter sich gelassen hatten. Ich war mit der Erwartung angereist, ein weitläufiges, luxuriöses und gut bewachtes Anwesen vorzufinden: einen mythischen Ort, ein Camelot aus weißen schindelbedeckten Häusern hinter hohen Mauern. In Wirklichkeit hielt der Stammsitz der Kennedys, das Haus des Botschafters und seiner Frau Rose, dem Vergleich mit anderen extravaganten Landsitzen in der Nachbarschaft nicht stand. Es befand sich am Ende einer kleinen Sackgasse, die von insgesamt sechs Häusern gesäumt war. Das Gebäude selbst war groß, geräumig und komfortabel, aber nicht sonderlich eindrucksvoll.

Als John Präsident wurde, hatte man an der Straße ein Wachhäuschen errichtet, das jetzt aber nicht besetzt war. Ethels Haus lag neben dem ihrer Eltern. Jean Smith, der jüngsten Schwester des Senators, und ihrem Ehemann Steve hatte früher eines der gegenüberliegenden Häuser gehört, aber sie hatten es vor einiger Zeit an eine Familie verkauft, die nicht mit den Kennedys verwandt war. Das Haus neben dem von Ethel war im Besitz von Präsident Kennedy gewesen und dann Jackie zugefallen. Sie hatte jedoch auch ein riesiges Anwesen auf der vorgelagerten Insel Martha's Vineyard und benutzte das Haus in Hyannis Port nur selten. Das Haus neben den Smiths hatte den Shrivers gehört, doch auch sie hatten verkauft und in der Nähe ein neues Eigenheim erworben. Das Haus des Senators stand jenseits einer Brücke auf Squaw Island, ein weißer Holzbau auf einer Klippe, von dem nach Osten der Blick auf den Atlantik ging. Die »Kennedy-Kolonie« hatte ihre große Zeit hinter sich, es war, genauer gesagt, nicht einmal mehr eine richtige Kolonie.

Trotzdem verbrachte ich in Ethels Haus zusammen mit dem Kinderfräulein und zwei von Ethels Kindern, Joe und Courtney, ein erholsames Wochenende. Mit Courtney hatte ich nur wenig zu tun. Sie war anmutig und schien eine vernünftige junge Frau zu sein. Von Joe bekam ich mehr zu sehen, obwohl er auch dort Freunde und seine eigenen Pläne für das Wochenende hatte.

Er war etwas kurz angebunden, aber unter der rauhen Schale schlummerten doch beachtliche Talente. Er hatte ebenfalls in der Vergangenheit seine Schwierigkeiten gehabt, und in der Presse war er nie gut weggekommen. Vor einigen Jahren hatte er mit dem Senator eine Reise durch Spanien unternommen und sich ohne vorheriges Training auf einen Stierkampf eingelassen. Der Versuch hatte in einem Fiasko geendet und die Presse mit einigen blutrünstigen Fotos versorgt, die von der Öffentlichkeit begierig aufgenommen wurden.

Joe war von einer Schule zur anderen abgeschoben worden, auf keiner hatte er es zu glänzenden Noten gebracht. Es hieß, er litte an einer Leseschwäche, aber ich weiß nicht, ob er deswegen je getestet oder behandelt wurde. Es bestanden darüber hinaus erhebliche Zweifel, ob er dem Familienerbe je gerecht werden könnte. An der Milton Academy war er von Leuten aus der Oberschicht gehänselt worden und hatte hemmungslos zurückgeschlagen.

Wollte man der Presse Glauben schenken, dann hatte er seine Sternstunde erlebt, als er auf der langen Zugreise, bei der der Leichnam seines Vaters von Kalifornien nach Washington D. C. überführt worden war, den Trauernden würdevoll und gefaßt gegenübergetreten war.

Jetzt studierte er an der Universität von Massachusetts, visierte eine eigene politische Karriere an und schien gute Zukunftsaussichten zu haben. Als ich mir nach diesem Wochenende in Hyannis meine Gedanken über Courtney und Joe machte, kam ich zu der Einsicht, daß es trotz der chaotischen Zustände in Ethels Haushalt doch noch Hoffnung für einige in dieser Familie gab. Mit den Problemen der anderen Kinder konnte ich mich nicht eingehender befassen. Sie machten mir auch weiterhin Sorgen, aber ich hatte mit meinem eigenen Leben fertigzuwerden und meine eigenen Aufgaben zu bewältigen.

Als ich mich für das zweite Studienjahr an der Georgetown-University einschrieb, legte ich meine Vorlesungen entweder sehr früh oder sehr spät, damit ich tagsüber den Senator fahren konnte. Ich gab Angelique eine Kopie meines Stundenplans, damit sie wußte, wann ich zur Verfügung stand. Die Flughafenhetze am Freitagnachmittag wurde mir so zur Gewohnheit, daß ich die Fahrzeit auf genau neun Minuten senken konnte.

In jenem Herbst des Jahres 1972 verfolgten wir den laufenden Präsidentschaftswahlkampf mit einer Mischung aus Faszination, Schrecken und Mutlosigkeit. Unter dem Banner der Republikaner eilte Richard Nixon seiner sicheren Wiederwahl entgegen. Der Kandidat der Demokraten, Senator McGovern, hatte Sargent Shriver, einen Schwager von Ted Kennedy, als Kandidaten für die Vizepräsidentschaft nominiert. Viele von uns fanden es etwas seltsam, daß Shriver sich hatte aufstellen lassen, denn uns schwebten höhere Ziele vor. Es war ein offenes Geheimnis, daß sich der Senator um die Präsidentschaft bewerben wollte, nur war 1972 die Zeit noch nicht reif. Der Bonus des Amtsinhabers würde Nixon sicher zum Sieg tragen. Außerdem mußte der Senator noch immer darum kämpfen, die politische Überzeugungskraft wiederzugewinnen, die er infolge der Chappaquiddick-Tragödie verloren hatte.

Nixon blieb unangefochten, trotz wachsender Unruhe wegen des Watergate-Einbruchs, der im Juni 1972 entdeckt worden war. In seiner Eigenschaft als Vorsitzender des Untersuchungsausschusses, der sich mit den Amtspraktiken der Regierung zu befassen hatte, stürzte sich der Senator in die Ermittlungen. Er sammelte Beweise dafür, daß Parteigänger von Nixon tatsächlich in das Watergate-Büro der Demokraten eingedrungen waren, und im Zusammenhang mit dieser Affäre weitere Indizien, die den Verdacht der politischen Spionage und Sabotage erhärteten. Im Weißen Haus protestierte man mit dem Argument, die Präsidentschaftswahlen stünden bereits in einem Monat an, der Senator wolle offensichtlich nur alte Rechnungen begleichen und bereite womöglich schon seine eigene Kandidatur im Jahr 1976 vor.

Da ich viel gemeinsame Zeit mit dem Senator im Auto verbrachte, wußte ich, daß diese Anschuldigungen völlig haltlos waren. Kennedy machte sich vielmehr ernste Sorgen um das Ansehen des Präsidentenamts, und zwar ganz unabhängig von der Partei, deren Vertreter gerade im Weißen Haus saß. Seine Reaktion auf die Kritik aus dem Weißen Haus war vorbildlich. Er versicherte, daß er mit den Ergebnissen seiner Untersuchung nicht vorzeitig an die Öffentlichkeit treten werde. Die vorbereitenden Ermittlungen im Untersuchungsausschuß sollten sowohl von den Abgeordneten der Mehrheits- als auch der Minderheitsfraktion durchgeführt werden, und sie würden hinter verschlossenen Türen stattfinden. Natürlich war sich der Senator bewußt, daß er andernfalls ein Risiko eingegangen wäre: Wenn die Ermittlungen wie ein Kreuzzug oder gar wie eine Hexenjagd auf den Präsidenten gewirkt hätten, dann hätten Nixons Leute sicherlich eine lange Liste mit – tatsächlichen oder erfundenen – Charakterfehlern Kennedys an die Presse weitergegeben.

Zum damaligen Zeitpunkt blieb alles ruhig. Die Reporter lauerten, aber der Senator hielt sein Versprechen. Es gab keine undichten Stellen.

Als ich wieder einmal den Senator chauffierte, nutzte er die Zeit, um sich von zwei Mitgliedern des Watergate-Untersuchungsausschusses informieren zu lassen. Ich achtete auf den Verkehr, konnte aber nicht umhin, mit beiden Ohren dem Gespräch zu folgen. Dabei erfuhr ich, lange bevor die Information an die Öffentlichkeit kam, daß der Senator das Opfer eines der »schmutzigen Tricks« geworden war, die von Beauftragten des Komitees zur Wiederwahl Nixons begangen worden sein sollen. Schon im Juli 1971 war offensichtlich gefälschtes Briefpapier des damals aussichtsreichen Präsidentschaftskandidaten Senator Ed Muskie benutzt worden, um die Ergebnisse einer Meinungsumfrage an die demokratischen Kongreßmitglieder zu verschicken. Bei der Umfrage war es um die politischen Folgen der Chappaquiddick-Tragödie gegangen. Jeder wußte, daß Chappaquiddick Ted Kennedys Achillesferse war. Und da die Umfrageergebnisse auf einem Papier mit dem Briefkopf Muskies standen, hatte es den Anschein, als habe Muskie einen hinterhältigen Angriff gegen einen potentiellen Rivalen unternommen, was seine Chancen als Präsidentschaftskandidat beträchtlich gemindert hatte. Nun aber stellte sich heraus, daß es Nixons Leute gewesen waren und nicht Muskie, die den anstößigen Brief verschickt hatten. Das Ziel des Täuschungsmanövers war es gewesen, einen ernstzunehmenden Konkurrenten aus der Demokratischen Partei auszuschalten, um Nixons Wiederwahl zu sichern.

Mehr noch, ursprünglich sollte der Senator selbst das Ziel der schmutzigen Tricks der Clique um Nixon sein. Im April 1971 hatte H. R. Haldeman, Nixons Stabschef, angeordnet, ihm jede neue Information über Ted Kennedy zuzuleiten, da der Senator in den Augen der Mitarbeiter Nixons die größte Gefahr für die Wiederwahl des Präsidenten darstellte.[*] Die Republikaner hatten in der Zwischenwahl von 1970 eine Abfuhr erhalten, und aus den Umfragen ging hervor, daß die Popularität des Senators, obwohl sie durch Chappaquiddick schwer gelitten hatte, wieder anstieg. Als der Senator beschloß, nicht zu kandidieren, hatte Nixon seine Geschütze einfach gegen die verbliebenen Ziele gerichtet.

---

[*] In seinem Buch »The Camera never blinks« bezeichnet der CBS-Moderator Dan Rather die zwanghafte Angst, die die Nixon-Administration vor der möglichen Kandidatur eines Kennedy hatte, als »den Keim von Watergate«.

Ich war in dieser Zeit in einer einzigartigen Position, um den
Senator beobachten zu können. Alle anderen Mitglieder seines
Stabs hatten klar abgegrenzte Verantwortungs- und Zuständigkeits-
bereiche. Ich dagegen erhielt aufgrund meines nicht eindeutig de-
finierten Status Zugang zu einer erstaunlichen Vielfalt von Informationen und legte meiner Neugier keine Zügel an. Ich war fasziniert
von der Politik im allgemeinen und von Ted Kennedy im besonderen. Ich begriff auch sehr schnell, daß der Senator absolute Verschwiegenheit erwartete. Es sollte jedoch noch einige Zeit dauern,
bis ich merkte, daß dies weniger mit Angelegenheiten von nationaler Bedeutung zu tun hatte als vielmehr mit sehr privaten Dingen.

Obwohl der Senator hart arbeitete, um seinen Verpflichtungen gerecht zu werden, brauchte und schätzte er offensichtlich jede Gelegenheit zum Ausspannen. Sein einundvierzigster Geburtstag im
Jahr 1973 bot eine solche Gelegenheit. Steve und Jean Smith veranstalteten für ihn eine »Scheunen-Party« in ihrer New Yorker
Wohnung. Um die richtige Atmosphäre zu schaffen, rollte Jean den
Teppich auf und bestreute den Boden mit Sägemehl. Ja, sie ließ
sogar einen jungen Esel – das passende politische Symbol – mit dem
Lastenaufzug auf die Etage bringen. Der Senator amüsierte sich
köstlich und brüllte vor Lachen, als er mir erzählte, wie der Esel
auf dem Boden der vornehmen Wohnung seiner Schwester sein
tierisches Geschäft verrichtet hatte.

Die Familientreffen in New York, im Haus in McLean, in Hickory
Hill oder am Wochenende auf Cape Cod gaben am besten Aufschluß
darüber, wie sich der Senator gegenüber seinen Geschwistern, seinen Nichten und Neffen und nicht zuletzt seiner Mutter verhielt. Der
Senator und seine Schwestern zankten sich gelegentlich, aber wie
bei vielen großen Familien, die meine eingeschlossen, war das Zu-
sammengehörigkeitsgefühl stark ausgeprägt. Wann immer eine Bedrohung von außen kam, schloß sich der Clan eng zusammen. Bei
den Familientreffen spielten die Ehemänner der Kennedy-Schwestern, mit Ausnahme von Steve Smith, den der Senator fast wie
einen Bruder behandelte, stets nur eine untergeordnete Rolle. Nicht
anders erging es Ethel und Jackie, den Witwen der ermordeten
Brüder, sowie Joan. Sie war freilich, soweit ich mich erinnere, bei
den Treffen ohnehin nie dabei. Nach außen hin anerkannt, blieb sie
trotzdem ausgeschlossen; der Senator ließ sie lieber in der Obhut
des Hauspersonals in McLean zurück. Alle anderen, auch die

Dienstboten der Familie, die als »adoptierte« Kennedys galten,
wurden nur bis zu einem ganz bestimmten Punkt akzeptiert. Immerhin, man konnte seine Beobachtungen machen.

Der Senator war als der einzige überlebende Sohn das unumstrittene Haupt der Familie. Seine Schwestern Jean und Pat folgten
ihm widerspruchslos, nur Eunice legte sich manchmal mit ihm an.

Der Senator wurde von seinen Schwestern noch immer »Eddie«
genannt. In ihren Gesprächen holten sie oft Kindheitserinnerungen
hervor, und von einem zum anderen flogen rätselhafte Bemerkungen, die von spontanem Gelächter begleitet wurden. Es gab, wie ich
feststellte, einen eigenen Kennedy-Jargon. Wer nicht zu den Geschwistern gehörte, konnte die Anspielungen und verschlüsselten
Bezüge nie ganz verstehen. Was man doch verstand, hatte fast
immer mit der Mutter zu tun. War Rose auch dabei, wie meistens
auf Cape Cod, dann pflegte sie nur ein paar Minuten an dem Treffen
teilzunehmen und zog sich dann wieder zurück. Obwohl damals
noch bei guter Gesundheit, war sie nicht mehr ganz so rüstig, und
sie hatte vermutlich alle Geschichten schon einmal gehört. Seltsa-
merweise erwähnten die Geschwister ihren Vater so gut wie nie.
Und von allen Familienmitgliedern war der Senator am wenigsten
geneigt, die Vergangenheit zur Sprache zu bringen.

Ich erfuhr ein paar Neuigkeiten und konnte einige Wissenslük-
ken schließen. Vor der Geburt des Senators am 22. Februar 1932
hatte kurzfristig die Gefahr bestanden, daß das Baby George
Washington Kennedy getauft werden würde – und zwar auf Vorschlag seines fünfzehnjährigen Bruders John. Tatsächlich erhielt er
jedoch den Namen Edward Moore, nach dem treuen Freund und
Kameraden seines Vaters. Allen Berichten zufolge war Eddie ein
fröhliches, liebenswertes Kind, aber sein unbeschwertes Naturell
wurde schon bald einer harten Prüfung unterworfen. Als sein Vater
1938 zum amerikanischen Botschafter in Großbritannien ernannt
wurde, änderte sich das Leben des Jungen von Grund auf. Von da
an mußte er sich ständig an immer neue Umgebungen anpassen.
Bis zu seinem dreizehnten Lebensjahr hatte er bereits zehn verschiedene Schulen besucht. Das waren nicht gerade günstige Verhältnisse für einen Heranwachsenden, auch wenn sie der Außen-
welt noch so glanzvoll erscheinen mochten. Engen Freunden hatte
der Senator erzählt, daß er an die Zeit vom siebten Lebensjahr bis
zur Pubertät keinerlei Erinnerung mehr habe; er hatte diesen Le-
bensabschnitt völlig verdrängt. Er soll kein großes Vertrauen in

seine geistigen Fähigkeiten gehabt und unter dem Spitznamen »Fettkloß« gelitten haben, den ihm seine Brüder verpaßt hatten. Trotzdem bewahrte er sich sein heiteres Gemüt und seine Lebenslust. Sein Vater, Botschafter Kennedy, soll über ihn gesagt haben: »Wenn er auch als Student keine Leuchte ist, so hat er doch das Zeug zu einem guten Geschäftsmann.«

Als er schließlich seinen Brüdern John und Bobby auf die Milton Academy folgte, erwarb er sich dort den Spitznamen »Grinsender Ed«. Aus seiner jugendlichen Perspektive stellte es sich so dar, daß seine Brüder ausgesandt wurden, um die Welt zu führen. Als seine Brüder Joe, John und Bobby bereits Wahlkampfstrategien für das Repräsentantenhaus und den Senat entwarfen, besuchte Teddy noch Spiele der Red Sox in Begleitung seines Großvaters mütterlicherseits und früheren Bürgermeisters von Boston, John J. »Honey Fitz« Fitzgerald.

Je besser ich den Senator kennenlernte, um so deutlicher wurde mir, wie sehr diese frühen Jahre seinen Charakter geformt hatten. Mit der Zeit erklomm ich weitere Stufen in der Hierarchie seines Mitarbeiterstabes. John Carlin fand eine andere Arbeit. Ich war jetzt der offizielle Chauffeur des Senators, und wenn ich nicht mit dieser Aufgabe beschäftigt war, sortierte ich die parlamentarische Post. Ich stellte aus eigenem Antrieb Fragen, und nach und nach fand der Senator Gefallen daran, mit mir Fragen der Gesetzgebung zu diskutieren.

Der Senator war sich wohl bewußt, daß er aus einer privilegierten Familie stammte. Einer der Kernsätze seiner politischen Philosophie lautete, daß die Bessergestellten den Benachteiligten helfen sollten, um in allen Bereichen der Gesellschaft einen Ausgleich herzustellen. Dies war einer der Gründe für seine Ablehnung des Vietnamkrieges. Er war wie ich der Ansicht, daß die Ressourcen unseres Volkes in einem törichten Krieg verschwendet wurden. Wir mußten dafür sorgen, daß die dort vergeudeten menschlichen Energien und Steuergelder wieder den Menschen daheim zugute kamen.

Er hielt es allerdings für sinnvoll, innerhalb des Systems zu arbeiten, wie er es auch den protestierenden Studenten in Yale erklärt hatte. Für ihn war der staatliche Apparat das geeignete strategische Mittel, um soziale Veränderungen durchzusetzen. Deswegen hielt er sich auch einen der besten Mitarbeiterstäbe auf dem

Kapitolshügel, um seinen Gesetzesinitiativen in der parlamentarischen Praxis zum Erfolg zu verhelfen.

Wenn es ein Thema gab, das den Senator in Verlegenheit brachte, dann war es die Gleichberechtigung der Frauen. Als Liberaler unterstützte er jedes neue Gesetz, das die Chancengleichheit der Frauen förderte. Aber als Mann – und insbesondere als ein Kennedy, der in dem festen Glauben aufgezogen worden war, daß die Frauen im Leben eine untergeordnete Rolle spielen – hatte er Schwierigkeiten, seine liberalen Grundsätze auch in die Tat umzusetzen.

Mary Murtaugh, einige Jahre älter als ich und feste Mitarbeiterin, war für gesetzgeberische Initiativen im Staat Massachusetts zuständig. Nachdem sie die Arbeit im Büro aufgenommen hatte, schrieb sie sich nebenher in Georgetown für Jura ein, was den Senator in nicht geringes Staunen versetzte. Mit ihrem Abschluß bewarb sie sich dann erfolgreich um einen mehr als ganztägigen Job im Büro, arbeitete regelmäßig bis Mitternacht und opferte ihr Privatleben dem Beruf.

»Zu Anfang war es sehr schwierig«, vertraute sie mir an. »Er hat es gar nicht gemerkt, aber jedesmal, wenn ich eine Aufgabe erledigt hatte, sorgte er dafür, daß meine Arbeit von seinen *Männern* überprüft wurde. Das ging mir schon sehr gegen den Strich.«

Mary war jedoch eine gescheite Frau und leistete gute Arbeit. Sie zwang dem Senator nie eine Diskussion über männlichen Chauvinismus auf, sondern ließ die Qualität ihrer Arbeit für sich sprechen. Mit Intelligenz und trockenem Humor gelang es ihr, das Vertrauen der Fischer Neuenglands zu gewinnen – sie stellten einen wichtigen Teil der Wählerschaft des Senators – und wurde in allen Rechtsfragen, die diese Gruppe betrafen, zur unumstrittenen Expertin. Mit der Zeit erreichte sie eine einzigartige Position im Büro. Immer wenn es um ein Problem ging, das in ihre Sparte fiel, sagte der Senator: »Hören wir erst einmal, was Mary dazu sagt.«

»Er gibt sich schon Mühe«, sagte Mary mir, fügte aber mit einem Seufzer hinzu: »Aber es braucht seine Zeit.«

DIE BÜRDE, EIN KENNEDY ZU SEIN

Eines Abends blieb ich länger im Dienst und fuhr den Senator zu einem Empfang im Hause Averell Harrimans in der N Street in Georgetown. Die Einladungen waren mit einem Spendenaufruf für die Partei verknüpft. Die bezaubernde Pamela Digby Harriman, zuvor die Ehefrau von Randolph Churchill und Leland Hayward, war durch ihren unermüdlichen Einsatz die *grande dame* der Spendenaktionen für die Demokratische Partei geworden.

Der Senator hatte an jenem Tag lange im Senat zu tun; einige wichtige Abstimmungen standen auf der Tagesordnung. Ich stand vor dem Plenarsaal und wartete mit einer Aktentasche voller Schriftstücke unter dem Arm. Als sich eine längere Pause zwischen den Abstimmungen abzeichnete, nutzte der Senator die Gelegenheit, kam aus dem Saal herausgeschossen, nahm mich ins Schlepptau und rannte zum Wagen. Während ich das Auto durch den schwächer werdenden Verkehr steuerte, öffnete er die Tasche. Da ich gesehen hatte, wie Angelique einen privaten Brief an den Senator mit einer Adresse in einer ausgesprochen femininen Handschrift in die Tasche gelegt hatte, beobachtete ich neugierig aus dem Augenwinkel, wie der Senator den Umschlag aufriß. Er bemerkte es und reagierte mit einem einfältigen Grinsen, sagte jedoch nichts.

Bei den Harrimans angekommen, wies er mich an, in der Nähe des Telefons zu bleiben und jede Viertelstunde in der Garderobe des Senats anzurufen und nachzufragen, ob die namentliche Abstimmung über eine Vorlage anstehe, die für den Senator und seine Partei von großer Wichtigkeit war. Es war zu erwarten, daß die Abstimmung knapp ausgehen würde.

Der Empfang der Harrimans erhielt seinen besonderen Reiz durch die Anwesenheit einiger Berühmtheiten. Der Senator war so nett, mich allen vorzustellen, auch Robert Redford, der damals mit dem Gedanken liebäugelte, für einen Senatorenposten von Utah zu kandidieren.

Nach mehreren ergebnislosen Anrufen informierte mich gegen acht Uhr mein Gegenüber am anderen Ende der Leitung, daß die Abstimmung bereits laufe und der Senator in acht Minuten im Plenarsaal sein müsse, wenn er noch daran teilnehmen wolle. Ich machte ihn rasch ausfindig und platzte in ein Gespräch, das er mit einer atemberaubenden Schönheit führte. »Die Abstimmung läuft«, rief ich. »Sie haben uns nicht vorgewarnt.«

»Keine Sorge«, erwiderte er ruhig. »Wir warten auf den zweiten Aufruf.« Falls ein Senator sich beim ersten Wahlgang enthält oder nicht anwesend ist, hat er eine weitere Möglichkeit zur Stimmabgabe, wenn der Schriftführer die Liste derjenigen durchgeht, die

noch nicht abgestimmt haben. Wir hatten also noch ein dünnes
Zeitpolster.

Ich machte mir dennoch Sorgen und stürmte wieder ans Telefon.
Die Stimme aus der Garderobe sagte mir, daß wir bis zum zweiten
Aufruf genau zehn Minuten und fünfzig Sekunden Zeit hätten.

Ich rannte zurück zum Senator und verkündete:»Wir haben
noch zehn Minuten.«

Er sah die Frau an, warf dann mir einen argwöhnischen Blick
zu, blieb aber immer noch stehen und schäkerte weiter. Ich war
ihm ganz offensichtlich so angenehm wie eine Stechmücke, die man
am liebsten erschlagen würde. Er flirtete weiterhin mit der Frau
und leerte gerade sein Glas, als nunmehr *ich* einen Anruf aus der
Garderobe erhielt:»Bob Byrd«, knurrte eine Stimme,»wünscht,
daß Kennedy sofort hier im Plenum auftaucht!«

Ich fand den Senator immer noch in das Gespräch mit der Frau
vertieft.»Byrd verlangt nach Ihnen«, berichtete ich.

Das ließ ihn aufhorchen. Wenn der Fraktionsvorsitzende seine
Anwesenheit für erforderlich hielt, dann mußte die Abstimmung
außerordentlich knapp sein. Er entschuldigte sich rasch bei der
Frau und wandte sich zu mir:»Na dann los.«

Wir rannten hinaus. Das Auto stand ein kleines Stück vom Haus
entfernt am Bordstein. Ich wollte zur Fahrertür, aber der Senator
bestimmte:»Nein, ich werde fahren.«

Oh Gott, dachte ich. Der fährt doch wie ein Henker. Hat er den
Verstand verloren? Das ist doch Wahnsinn ...

Als ich auf den Beifahrersitz sprang, hatte er schon den Motor
angelassen und kommandierte:»Sie schauen nach rechts, ich nach
links!«

Ich öffnete das Fenster auf meiner Seite und lehnte mich weit
hinaus, um einen besseren Überblick zu haben. Meine Hände zitterten, aber ich versuchte meine Stimme ruhig zu halten und schrie:
»Rechts ist genug Platz.« Oder:»Achtung, da steht ein Auto.« Oder:
»Wechseln Sie auf die linke Spur. *Jetzt!*«

Die Straßen Washingtons huschten undeutlich an uns vorüber.
Bordsteine wurden knapp verfehlt, Autos beinahe gerammt, Fuß-
gänger mußten sich mit waghalsigen Sprüngen in Sicherheit bringen, wütendes Hupen ertönte. An den Keuzungen hielt der Senator
fast nie an, ganz gleich, ob die Ampeln auf Grün oder Rot standen.
Er hatte das Gaspedal durchgetreten und war doch in ständiger
Bereitschaft zu bremsen. Er wollte keine Sekunde verlieren.

Er schaffte die schwierige Strecke zum Kapitol in genau acht Minuten. Als er aus dem Wagen sprang und mich zurückließ, rief er:»Das war gut, Rick. Wir haben es geschafft.« Er war mit sich sehr zufrieden.

Das Herz klopfte mir immer noch bis zum Hals. Ich schrie zurück:»Ja, aber Sie werden *nie wieder* fahren!«

Er lachte nur und spurtete los, um an der Abstimmung teilzunehmen. Erst jetzt wurde mir klar, wie stark er von dem Bedürfnis getrieben wurde, auf des Messers Schneide zu tanzen. Darüber hinaus merkte ich, wie gesellig der Senator im Grunde seines Wesens war. Wann immer er in der Öffentlichkeit auftrat, genoß er es, sich unter die Leute zu mischen, besonders in seinem Heimatstaat Massachusetts. Dieses Verhalten war zweifellos von politischem Kalkül bestimmt, aber auch von echter mitmenschlicher Anteilnahme. Er wußte, daß er ein Mandat hatte – das seiner Brüder und sein eigenes. Er wollte seinen Wählern aufrichtig dienen, so gut er konnte. Deshalb legte er Wert darauf, aus erster Hand zu erfahren, was sie bedrückte. Diese Art von Leutseligkeit mußte jedoch sorgsam gelenkt werden, sonst konnte sie leicht aus der Hand gleiten.

Studentengruppen oder Abgesandte von Industrie- und Handelsverbänden aus Massachusetts, die nach Washington kamen, baten häufig um einen Fototermin mit dem Senator. Ab Frühjahr 1973 war ich öfters beauftragt, diese Treffen zu organisieren. Ich mußte die Gruppen auf den Stufen des Kapitols arrangieren, und ein zweiter freiwilliger Mitarbeiter hielt eine Kamera bereit. Der Senator kam fast immer zu spät, aber das schien niemanden zu stören. Kam er dann endlich herbeigeeilt, mit einem strahlenden Kennedy-Lächeln von einem Ohr zum anderen, konnte man sehen, wie die Augen seiner Wähler vor Begeisterung leuchteten. Für sie war es etwas ganz Besonderes, dieser lebenden Legende persönlich die Hand zu schütteln – wie sie es wahrscheinlich auch schon bei seinen Brüdern getan hatten.

Bei einem dieser Fototermine wartete ich mit drei Wählergruppen auf die Ankunft des Senators. Als er anrückte, brachte ich ihn zur ersten Gruppe, deren Heimatstadt ich auf einen Zettel gekritzelt hatte.

Wir waren noch außer Hörweite, als ich den Senator davon unterrichtete, daß diese Gruppe aus Leominster sei. Ich sprach den Namen so aus, wie man ihn buchstabieren würde:»Li-o-min-ster.«

Das Gesicht des Senators nahm erst einen spöttischen Ausdruck

an, dann verdüsterte es sich. Zwei zusammengekniffene Augen sahen mich scharf an. »Wie haben Sie das gerade ausgesprochen?«
»Li-o-min-ster«, sagte ich und schluckte nervös.
»Aber hören Sie mal, Rick,« sagte er überrascht und empört zugleich. »Wenn Sie zu meiner Truppe gehören wollen ...« Er nahm mir den Papierfetzen aus der Hand, zeigte auf den Namen der Stadt und fragte noch einmal: »Wie war gleich der Name?«
Ich war jetzt völlig verwirrt, wiederholte jedoch gehorsam: »Li-o-min-ster.«
»Um Gottes willen, Rick, es muß sich wenigstens so anhören, als kämen Sie aus Massachusetts.« Er schüttelte den Kopf und erteilte mir mit Bostoner Akzent die Lektion: »Es heißt Lem-en-ster. Lem-en-ster«, wiederholte er. »Es hätte absolut lächerlich geklungen, wenn Sie vor allen Leuten Li-o-min-ster gesagt hätten. Ich brauche wohl nicht zu erwähnen, daß diese Leute es sind, denen ich mein Amt verdanke. Verstanden?«
Und ob ich verstanden hatte.
Als sich Watergate im Sommer 1973 zu einem echten Skandal auswuchs, drängte Ted Kennedy auf die Bildung eines Sonderausschusses, der unter dem Vorsitz von Senator Sam Erwin die Mißstände genauer untersuchen sollte. Zu dieser Zeit gab sich der Senator alle erdenkliche Mühe, sein öffentliches und sein privates Leben streng auseinanderzuhalten. Ich wurde allerdings jetzt zunehmend mit beiden Seiten des Kennedy-Lebens konfrontiert.
George Dalton, das Mädchen für alles im Haus des Senators, benutzte unsere Freundschaft dazu, manche seiner Aufgaben mir zu übertragen. Er bat mich oft, etwas im Laden abzuholen oder die Kinder abends von der Schule heimzufahren. Auch fragte er im Verlauf des Jahres 1973 immer öfter: »Hast du dieses Wochenende Zeit, Rick? Der Senator muß am Samstagabend auf eine Party.« Oder: »Kannst du sie am Sonntag zur Kirche fahren?« Mir machte es überhaupt nichts aus, diese Dinge für George zu erledigen.
Und dann gab es da noch einen alten Freund der Kennedys, den ich regelmäßig zum Flughafen fuhr. Er erzählte mir, daß Steve Smith, der Schwager des Senators, ihn gebeten habe, bei der Sichtung der Bestände für die John-F.-Kennedy-Bibliothek zu helfen, die in etwa fünf Jahren eröffnet werden sollte. Smith regelte von seinem New Yorker Büro aus die geschäftlichen Angelegenheiten des gesamten Kennedy-Clans.
Der besagte Freund schwelgte gerne in Erinnerungen an die

ruhmreichen Zeiten von Camelot, und wenn er mit anderen Freunden der Kennedys gelegentlich für die Bibliothek arbeitete, bekam er eine Menge Klatschgeschichten mit. Eines Tages gestand er mir, worin seine Aufgabe bestand, und ich war sprachlos.

»Wir löschen die Bänder.« sagte er.

»Was meinen Sie damit?«

Und so erfuhr ich lange Zeit vor der Öffentlichkeit von dem Abhörsystem im Oval Office. Es war vor vielen Jahren von Präsident Franklin D. Roosevelt installiert und später von Präsident Kennedy modernisiert worden. Alles, was im Oval Office vor sich ging, wurde auf Tonbändern aufgenommen und im Archiv des Präsidenten aufbewahrt. »Es ist hochbrisantes Geheimmaterial, das wir vernichten müssen«, gestand mir der Freund. »Eigentlich darf man es niemandem sagen, aber ich gehe die Bänder durch und lösche alles, was keinem Außenstehenden zu Ohren kommen sollte. Es gibt da Gespräche mit einigen Leuten, die wir durchaus nicht auf den Bändern haben wollen.«

Treuherzig schenkte ich seiner Erklärung Glauben, daß bestimmte Dinge im Interesse der nationalen Sicherheit gelöscht werden müßten, und machte mir erst viel später Gedanken über die Sache.

Im Mai wurde Archibald Cox zum Sonderstaatsanwalt ernannt; seine Aufgabe war es, die zahlreichen Korruptionsvorwürfe gegen die Nixon-Administration zu untersuchen. Meine Fahrten mit dem Senator waren jetzt weniger unterhaltsam, denn neben dem normalen Papierwust war seine Aktentasche jetzt auch noch mit Dossiers vollgestopft, die die Aufschrift »Streng geheim« trugen. Er studierte sie wortlos, eine Davidoff-Zigarre zwischen den Zähnen. Oft hatte er auch zwei Aktentaschen dabei, eine mit den normalen Papieren und eine weitere, die verschließbar war. Einmal wollte ich ihm an einer Sicherheitskontrolle im Flughafen helfen und nahm die verschlossene Tasche. Er nahm sie mir schnell aus der Hand und sagte scharf: »Die nehme ich, Rick.«

Der Verdacht, daß man sich im Weißen Haus korrupter Methoden bedient habe, erhärtete sich. Am Montag, dem 16. Juli, machte Alexander P. Butterfield, ein ehemaliger Assistent von Nixons Stabschef H. R. Haldeman, vor dem Watergate-Ausschuß des Senats die Aussage, daß ein Abhörsystem im Präsidialamt existiere. Die Kennedy-Familie reagierte schnell, damit sich die Dinge in die richtige Richtung bewegten. Sie räumte ein, daß es eine große Menge von

Bändern aus der Zeit von Präsident Kennedy gebe, und sicherte zu, daß sie in etwa fünf Jahren mit der Eröffnung der JFK-Bibliothek zugänglich gemacht würden. Die Erklärung enthielt natürlich keinen Hinweis darauf, daß ein Freund der Familie bereits zahllose »brisante« Gespräche gelöscht hatte.

Gegen Ende des Sommers wurde die Kennedy-Familie das Opfer einer weiteren Tragödie. Joe Kennedy, der älteste Sohn von Robert und Ethel, verlor die Kontrolle über seinen Jeep, als er einige Freunde vom Strand in Nantucket nach Hause fuhr. Sein Bruder David wurde schwer verletzt, und Pamela Kelly, eine Freundin, wurde für immer zum Krüppel. Der Pressereferent Dick Drayne wurde zur Schadensbegrenzung abgeordnet und versuchte, den negativen Eindruck in der Öffentlichkeit so gut es ging zu neutralisieren. Die Familie handelte über Steve Smith mit Pamela Kelly eine großzügige finanzielle Entschädigung aus.

Joe wurde schließlich vom Bezirksgericht in Nantucket wegen Fahrlässigkeit am Steuer verurteilt. Und Richter George Anastas gab ihm die folgende Ermahnung mit auf den Weg: »Sie hatten einen großen Vater und Sie haben eine große Mutter. Machen Sie etwas aus Ihrem berühmten Namen, anstatt vor den Schranken des Gerichts zu erscheinen.«

Wie alle anderen Mitarbeiter des Stabs wußte auch ich, daß die Bürde, ein Kennedy zu sein, ein Leben ruinieren kann. Wir hofften alle, daß sich Joe die Ermahnung des Richters zu Herzen nehmen würde. Uns war bekannt, in welche Richtung sich einige seiner Geschwister entwickelten, und wir wollten nicht, daß ihm dasselbe passierte. Ethel bat den Senator, Joe ins Gebet zu nehmen, und er sprach mit ihm.

Jeder war gespannt, ob es etwas helfen würde.

KRATZER AUF DEM SCHÖNEN BILD

Lillian wurde zur Wahlkreisreferentin befördert, und Eddy Martin bestimmte mich zum neuen Leiter der Poststelle. Bevor sie ihre neue Aufgabe übernahm, wies Lillian mich ein.

Eine bestimmte Sorte von Briefen gelangte nie in die Hände der freiwilligen Helfer. Lillian prüfte jeden Umschlag, bevor er zum Sortieren kam. Sie zeigte mir, welche Briefe nicht an die Mitarbeiter, sondern direkt an Angelique gehen sollten. Sie trugen alle die Auf-

schrift ACHTUNG ANGELIQUE! Lillian erklärte mir, daß der Senator
seine privaten Briefpartner angewiesen habe, in dieser Form an ihn
zu schreiben. Diese Briefe durften vom Personal des Postzimmers
nicht geöffnet werden.

Es dauerte nicht lange, bis ich einige der Handschriften auf
diesen Briefen unterscheiden konnte. Jeden Monat kamen zwanzig
bis dreißig davon an. Viele stammten von Verwandten; andere trugen eine mir weniger vertraute weibliche Handschrift.

Ich konnte damals nur vermuten, von wem die Briefe waren und
worum es darin ging. Mir fiel Theresa Fitzpatricks Rat ein, und ich
hielt es für klüger, manchen Dingen besser nicht nachzugehen.
Außerdem blieb mir für müßige Spekulationen keine Zeit, weil ich
sowohl in Georgetown als auch im Büro mehr denn je zu tun bekam. Eddy machte den Versuch, mich von meinen Chauffeurspflich-
ten zu befreien, doch der Senator wollte davon nichts wissen. Eine
Zeitlang gelang es mir, die Aufgaben im Postzimmer und den Fah-
rerjob unter einen Hut zu bringen.

Inzwischen hatte ich bemerkt, daß der Senator dazu neigte,
seine Mitarbeiter in bestimmte Schubladen zu stecken. Leute, die
es wissen mußten, erzählten mir, daß John und Bobby nicht anders gewesen waren. Bis jetzt hatte der Senator noch nie jemanden zugleich als Fahrer und als Leiter der Poststelle beschäftigt.
Und ich war fest entschlossen, ihm zu zeigen, daß ich noch mehr
leisten konnte. Eine Möglichkeit, mich auszuzeichnen, bestand
darin, einen Weg zur Senkung der Bürokosten zu finden. Sowohl
die Regierung als auch der Senator könnten auf diese Weise Geld
einsparen. Ich hatte als Rechnungsprüfer des Studentenausschus-
ses in Georgetown verschiedene Sparmethoden kennengelernt.
Außerdem wußte ich, daß sich der Senator ständig darüber aufregte, wieviel von seinen eigenen Mitteln er in das Büro stecken
mußte. Bei meinen Nachforschungen fand ich heraus, daß der
Parlamentarische Verwaltungsausschuß Geld für bestimmte Aufwendungen bewilligte, das nicht nur von dem Senator bislang
noch nicht angefordert worden war. Der Ausschuß machte die
Etats und Ausgabenposten, um die es ging, absichtlich nicht publik, um die Nachfrage so gering wie möglich zu halten. Meine
Sparvorschläge und eine lange, harte und schließlich erfolgreiche
Kampagne für Rationalisierungsmaßnahmen im Postzimmer, bei
der mir Eddy Schützenhilfe gab, nötigten die zuständigen Leute
immerhin, sich weitere Gedanken über mich zu machen. Und ich

hoffte inständig, daß sie erkennen würden, welche Talente in mir schlummerten.

Ich hatte keine Ahnung, was der Senator von mir hielt, aber eines Tages bekam ich einen Hinweis ...

Ich sollte in der Residenz in McLean eine Aktentasche abliefern und fand den Senator und Angelique im unteren Büro bei der Arbeit. Es war im Herbst 1973, Nixon hatte gerade eine Anordnung des Obersten Gerichtshofs, die Tonbänder des Oval Office herauszugeben, mißachtet.

Als ich eintrat, blickte der Senator kurz auf und sagte lächelnd: »Oh, da kommt ja unser Erzbischof.«

Ich war wirklich verblüfft und fragte: »Was meinen Sie damit?«

»Rick«, stichelte der Senator und grinste breit, »Sie haben sicherlich in Ihrem ganzen Leben noch nie eine Sünde begangen.«

Ich lächelte gequält und ging, aber die Bemerkung des Senators ließ mich nicht los. Es war ein Wink, daß ich, wenn ich in der Politik bleiben wollte, manche Dinge lockerer sehen müßte.

Kurz darauf gab Angelique ihre Verlobung mit Dick Lee bekannt, einem erfolgreichen Geschäftsmann, mit dem sie schon seit längerer Zeit liiert gewesen war. Der Senator und Joan luden den Mitarbeiterstab sowie Angeliques und Dicks Freunde am 15. Oktober zu einer Verlobungsparty ein. Als Verbeugung vor Angeliques Herkunft engagierte der Senator eine griechische Musikband.

George Dalton bat mich, eine Gruppe von Freiwilligen zusammenzustellen, die sich um die Wagen der Gäste kümmern sollten. Irgendwann kam dann der Senator heraus, dankte für unsere Hilfe und lud uns alle ein mitzufeiern. Es waren über hundert Leute da, man trank, unterhielt sich und tanzte. Der Senator, der sich prächtig amüsierte, mixte eigenhändig für die Gäste eine Batterie von Daiquiri-Cocktails in der Küche. Joan machte von fern einen passablen Eindruck. Aus der Nähe wirkte ihr Make-up jedoch maskenhaft schwer wie bei einer Tragödin. Im Lauf des Festes schwand ihre aufgeräumte Stimmung, und sie wurde zunehmend lustlos und bedrückt. Bald mehrten sich die Anzeichen von Verwirrung. Schließlich schwankte sie quer durch den Raum und sagte irgend etwas zu Angelique. Soweit ich mithören konnte, redete sie mit schwerer Zunge. Dem Senator, der inzwischen selbst eine beträchtliche Menge getrunken hatte, war dies nicht entgangen Er versuchte die Situation zu retten, indem er sie fest um die Taille faßte und anfeuerte: »Komm Joansie, reiß dich zusammen.«

Joan war jedoch offensichtlich nicht mehr in der Lage, ihre Pflichten als Gastgeberin zu erfüllen. Als der Senator dies erkannte, nahm sein Gesicht einen strengen, ja zornigen Ausdruck an. Er packte George, der gerade vorbeikam, am Arm und sagte sehr bestimmt:»Bringen Sie meine Frau hier raus.« George wechselte einen Blick mit Theresa, dann nahmen die beiden Joan in die Mitte und bugsierten sie Richtung Schlafzimmer. Außerstande, noch einen Schritt vor den anderen zu tun, wurde sie praktisch über dem Boden schwebend aus dem Raum befördert. Joan fügte sich ohne Gegenwehr. George und Theresa schlossen sie für die Nacht ein, und das Fest ging weiter. Die Musik wurde lauter, der Alkohol floß in Strömen.

Die Sängerin der Band war eine ausgesprochen attraktive Griechin. In einer Pause ging der Senator auf sie zu und unterhielt sich sehr angeregt mit ihr. Als die Musik wieder einsetzte, lud er sie zum Tanz ein. Es war eine langsame Nummer, für den Senator eine willkommene Gelegenheit, seinen Körper dicht an den ihren zu drängen. Mein Freund Terry McShane flüsterte:»Ich weiß, was der Senator vorhat ...«

»Nicht doch«, antwortete ich, zunächst zögerlich, dann bestimmt.»Nie im Leben.«

Terry sah mich ungläubig an. Er war ein paar Jahre älter als ich und ein harter Bursche, der bei der Kriegsmarine gedient hatte, bevor er sich an der Georgetown-University einschrieb. Seine Augen sagten:»Ich weiß, wovon ich spreche. Werd' du erst einmal erwachsen.«

Ich zuckte die Schultern und wiederholte:»Nie im Leben.« Aber als ich ihnen weiter zusah, wurde mein Mund trocken. In mir stieg das unangenehme Gefühl auf, daß Terry recht haben könnte.

Wenig später ging George auf einen Wink des Senators zu den Gästen und sagte jedermann ruhig, aber bestimmt, daß die Party zu Ende gehe. Angelique, der Ehrengast, gab mit ihrem Aufbruch das gleiche Signal. Der Senator stand an der Tür und verabschiedete sich herzlich von allen. Unsere Freiwilligentruppe ging hinaus, um den Gästen beim Rangieren ihrer Autos zu helfen.

Als eine knappe Stunde später alle gegangen waren – auch Terry und der Rest meiner Mannschaft –, ging ich kurz zurück ins Haus, um zu sehen, ob es noch etwas zu tun gäbe. Ich stand allein im Salon im oberen Stock und prüfte nach, ob alles aufgeräumt war. Der Bibliotheksraum war während der Party geschlossen gewesen, aber jetzt stand ein Flügel der Doppeltür weit offen. Ich hielt den Atem an, als ich den Senator in enger Umarmung mit der attraktiven Griechin auf dem Boden der Bibliothek liegen sah. Mein Herz stand einen Augenblick still. Ich wich zurück, überzeugt, daß die beiden mich nicht bemerkt hatten.

Als ich hastig ins Foyer hinunterlief, hätte ich beinahe George umgerannt. Ich stürzte an ihm vorbei hinaus in die kalte Nachtluft.

George kam mir nach und fragte:»Hat dich was erschreckt?«

»Ja, aber ich habe keine Lust, darüber zu sprechen.«

George betonte jedes seiner Worte:»Rick«, sagte er.»Du weißt, daß der Senator dich wirklich schätzt. Und die Familie mag dich auch. Du kannst es bei uns weit bringen.« Und dann fügte er hinzu: »Junge, du mußt erwachsen werden. Und du solltest hier nicht vorschnell urteilen. Vor allem aber darfst du niemandem etwas erzählen. Wenn du weiter zu unserer Truppe gehören willst, hältst du einfach den Mund und findest dich damit ab.«

Ich wußte, daß George recht hatte. Ich war viel zu lang naiv gewesen. Im Leben war nicht alles so eindeutig in gut und böse zu unterteilen, wie es die Sonntagsprediger von der Kanzel verkündeten. Es gab nicht nur schwarz oder weiß, sondern auch viele verschiedene Grauschattierungen. Auch Helden waren keine Heiligen. Der Senator war ein Mann wie jeder andere. Und trotzdem, die Vorstellung, daß er mit einer Frau zusammen war, während die Ehegattin im gleichen Haus schlief, machte mir zu schaffen. Es war ein weiterer Kratzer auf dem schönen Bild. Als ich den Senator in den nächsten Tagen zu verschiedenen Terminen fuhr, war ich mürrisch und verschlossen. Und ich fürchtete, daß er meine Reserviertheit spüren könnte.

Terry McShane tröstete mich:»Jedes Ding hat zwei Seiten. Du weißt auch nicht, was er alles erlebt hat. Man muß das von höherer Warte sehen. Du liest doch Zeitung und weißt, wie es in der Welt zugeht.«

Kurz darauf fuhr George Joan zum Flughafen, von wo sie zu einer Urlaubsreise nach Europa aufbrach.

Wenige Tage später flog ein alter Freund des Senators nebst Frau ein und verbrachte das Wochenende in McLean. Am Samstag erhielt ich den Auftrag, jemanden im Haus abzuholen. Als ich ankam, war ich überrascht, eine Schar von Leuten anzutreffen. Der Besucher und seine Frau feierten eine Party mit einem weiteren Senator und mehreren Frauen, die ich nicht kannte. Alle tranken und brüllten vor Lachen. Es wurde immer wieder nachgeschenkt.

Später fragte ich das Kinderfräulein Theresa, was los sei. Sie hob leicht die Augenbraue und äußerte vielsagend:»Die Herrschaften vergnügen sich.«

Im Lauf der Zeit erfuhr ich immer mehr über die persönlichen Verhaltensweisen, die ein Teil der männlichen Kennedys pflegte. Ihr zügelloser Lebensstil hatte Tradition. Seine Wurzeln lagen bei dem Vater von Ted, bei Botschafter Kennedy, dessen Affären legendär waren. Es hieß sogar, er habe versucht, sich an die Freundinnen seiner Söhne heranzumachen. Und er hatte sich seiner Affäre mit Gloria Swanson auf einem Schiff nach Europa gebrüstet, obwohl ihn seine Frau Rose auf dieser Reise begleitete. Ich wußte also, wer das Vorbild des Senators war. Das Schlimmste an diesem Vermächtnis war vielleicht, daß der Botschafter für seine Entgleisungen nie zur Verantwortung gezogen worden war, ebensowenig wie seine Söhne. Auch sie hatten sich mit einer Aura moralischer Unantastbarkeit umgeben.

»Die Männer in dieser Familie«, vertraute mir Theresa eines Nachmittags an, »sind alle gleich. Sie versuchen jeder Frau an die Wäsche zu gehen. Ethels Söhne Joe und David haben auch nach mir gegrapscht.«

»Und wie haben Sie reagiert?«

Sie lächelte.»Joe habe ich geraten, erst einmal erwachsen zu werden. Und David habe ich geohrfeigt, daß ihm Hören und Sehen verging. Man muß sich eben wehren.«

Als die Watergate-Affäre mit der Freigabe der Tonbänder durch Nixon eine ganz neue Dimension erreichte, hielten das Volk und seine Vertreter bestürzt den Atem an. Niemand, auch nicht der Senator, konnte glauben, was für ein ordinärer Ton im Präsidialamt geherrscht haben mußte. Der Wortlaut der Bänder war in der Abschrift gespickt mit den ominösen Worten»Kraftausdruck getilgt«, die ein ganzes Volk in Staunen versetzten.

Im Büro hatte sich freilich auch meine Sprache verändert. Je größer der Druck wurde, desto öfter rutschten mir »Kraftausdrükke« heraus.

Auf meinen Fahrten mit dem Senator stellte ich fest, daß er nicht mehr so leutselig war wie früher. Der Senator wußte, daß Nixon die Justiz behinderte, aber es gefiel ihm ganz und gar nicht, wie der

Skandal sich entwickelte. Er befürchtete, die Affäre werde nicht nur Nixon zu Fall bringen, sondern das Ansehen des Präsidentenamtes auf lange Sicht beschädigen, mit schlimmen Folgen für viele kommende Regierungen und vielleicht sogar für seine eigene.

»Die Zeiten sind hart, Rick, sehr hart«, äußerte er bei Gelegenheit. »Und wir werden alle dafür bezahlen müssen. Die Affäre wird zu Ende gehen, aber in Wirklichkeit frißt sich das endlos weiter.«

Während Nixon im Lauf der folgenden Wochen immer tiefer im Morast des Skandals versank, plagten den Senator andere Sorgen. Aus Pressemeldungen ging hervor, daß Joan zunächst in Paris und dann in einem Schweizer Kurort ihr eigenes Leben lebte. Fotos zeigten, wie sie sich in Discos vergnügte und mit einem europäischen Grafen tanzte. Auf manchen war ihr Make-up verschmiert und ihre Frisur durcheinander. Die Sensationspresse stürzte sich besonders auf ein Foto, das über Joans Alkoholpegel keine Zweifel ließ. Der Senator war bedrückt über diese Berichte. Er hatte seit Jahren versucht, Joan ein anderes Ventil zu verschaffen als das Trinken. Sie war eine begabte Musikerin, hatte beim National Symphony Orchestra gespielt und mit den nicht weniger renommierten Boston Pops gearbeitet, aber nichts schien sie aus dem Klammergriff des Alkohols befreien zu können. Der Senator bemühte sich zwar, ihr mehr Aufmerksamkeit zu schenken, aber es gab einfach zu viele andere Dinge, die ihn beanspruchten.

Im Postzimmer stapelten sich Briefe mit Artikeln und Fotos aus der Boulevardpresse und Kommentaren wie: »Schauen Sie sich an, was Sie aus ihr gemacht haben.« Oder: »In Ihrer Familie taugt doch keiner was, Kennedy.«

Mit jedem kompromittierenden Foto, mit jeder neuen Skandalmeldung verschärfte sich in mir der Konflikt, welcher Vorstellung ich folgen sollte. Du darfst nicht nur auf die Flecken starren, fiel mir die Mahnung von George wieder ein. Denk an all das Großartige, das der Senator für unser Land getan hat – und noch tun kann, hatte er hinzugefügt. Vor diesem Hintergrund wirkten seine persönlichen Schwächen verzeihlich.

EIN TAPFERER JUNGE

Die Ereignisse überschlugen sich. In einer Woche sollte die Hochzeit von Ethels Tochter Kathleen und David Townsend stattfinden. Für mich hieß das, wieder eine Gruppe freiwilliger Fahrer zusammenzustellen. Im zentralen Büro war die Stimmung ungewöhnlich gespannt, was ich auf den Streß wegen der bevorstehenden Hochzeit zurückführte.

In diesen Tagen erhielt ich von Angelique den ungewöhnlichen Auftrag, dem Senator eine Tasche mit wichtigen Unterlagen nach Hause zu bringen. Als ich eintraf, fand ich Theresa und Andres in der Eingangshalle vor. Sie hielten einander in den Armen und weinten. Andres, die kaum Englisch sprach, wandte sich ab, als sie mich kommen sah, und ging weg. Ich übergab die Aktenmappe Theresa und sah sie fragend an.

»Vielen Dank«, schluchzte sie.

»Was ist denn los, Theresa?«

Sie sah mich aus verweinten Augen an. »Es gibt schlimme Nachrichten von Teddy. Er ist sehr krank und wird in zwei Tagen operiert.« Ich war wie vor den Kopf geschlagen. Teddy hatte auf mich immer einen kerngesunden Eindruck gemacht.

Theresa erzählte, daß sie an Teddys linkem Bein, direkt unter dem Knie, eine Beule entdeckt hatte. Die Ärzte hatten daraufhin eine Gewebeuntersuchung durchgeführt und eine alarmierende Diagnose gestellt. Teddy litt an einem Chondrosarkom, einem schnellwachsenden Krebs des Knorpelgewebes. Der Senator sagte später, es sei die schwerste Aufgabe seines Lebens gewesen, Teddy über diesen Befund die volle Wahrheit zu sagen.

Ted Kennedy bezog in der Universitätsklinik von Georgetown ein Zimmer neben dem seines Sohnes, und ich mußte täglich ins Krankenhaus fahren, um ihm eine Aktentasche mit Schriftstücken und eiliger Post zu bringen. Das Klinikpersonal war freundlich und entgegenkommend. Man war daran gewöhnt, sich auf die besonderen Bedürfnisse berühmter Patienten einzustellen. Der Senator erhielt die Erlaubnis, seinen Wagen auf dem Parkplatz bei der Notaufnahme zu parken, und er durfte den rückwärtigen Personalaufgang benutzen, wenn er Teddy besuchen wollte.

Der Senator machte seine parlamentarische Arbeit, so gut er konnte, aber sie hatte offensichtlich nicht mehr oberste Priorität. Er verbrachte viel Zeit am Telefon und ließ sich von den berühmtesten

Ärzten des Landes beraten. Alle waren sich einig, daß man das Bein amputieren müsse.

Joan kam aus der Schweiz zurück, um bei ihrem Sohn zu sein. George reservierte für sie einen zusätzlichen Raum in der Klinik. Rose Kennedy hatte wegen Kathleens Hochzeit bereits einen Flug von Palm Beach nach Washington gebucht. George mietete bei einem lokalen Autohändler eine Fordlimousine und schickte mich damit zum National Airport, um die Mutter des Senators abzuholen.

Inzwischen waren mir die Leute am Flughafen gut bekannt. Gegenüber dem ehrwürdigen Oberhaupt des Kennedy-Clans verhielten sie sich sogar noch zuvorkommender als gegenüber dem Senator. Mrs. Kennedy machte einen zerbrechlichen Eindruck, war jedoch elegant gekleidet und trug den für sie typischen breitkrempigen Hut. Ich war etwas nervös, weil ich in der Presse gelesen hatte, sie sei »arrogant« und »knickrig«.

Aber als ich mich vorstellte und ihr den Arm bot, nahm sie ihn mit einem freundlichen Lächeln.

Während ich sie behutsam durch die Halle führte, drehten sich alle Köpfe: »Oh, da ist Mrs. Kennedy«, wurde geflüstert. Da schon in allen Zeitungen über Teddys Krankheit berichtet worden war, sprachen mehrere Leute Rose Kennedy Mut zu.

Sie war etwas schwerhörig, im übrigen aber hellwach und alles andere als senil. Nachdem ich sie sicher auf dem Rücksitz untergebracht und darauf geachtet hatte, daß ihr Gepäck vollständig im Kofferraum verstaut war, setzte ich mich ans Steuer und teilte ihr mit: »Ich soll sie nach McLean ins Haus des Senators bringen, Mrs. Kennedy.«

»Nein, Rick,« erwiderte sie bestimmt, »fahren Sie mich zum Krankenhaus. Teddy hat so viel durchmachen müssen. Ich möchte ihn sehen.«

»Okay.«

»Ich ruhe mich ein bißchen aus«, fügte sie hinzu. »Sagen sie kurz bevor wir ankommen Bescheid.« Sie nahm achtsam den Hut ab, ich machte es ihr mit einer Decke bequem und fuhr vorsichtig los. Vom Rücksitz her waren in dem mir sehr vertrauten Rhythmus Worte unseres Glaubens zu vernehmen, unterbrochen von Bitten für ihren Enkel. »Gegrüßet seist du, Maria, voll der Gnade ... Er ist noch so jung, gib ihm Kraft ... Heilige Maria, Mutter Gottes ... Warum kann Joan nicht stärker sein? ... Vater unser, der du bist im Himmel ...«

»Mrs. Kennedy, wir sind in etwa zwei Minuten da.«

Sie richtete sich auf, überprüfte ihr Make-up und rückte den Hut zurecht

Als wir durch den Flur der Notaufnahme zum Aufzug gingen, schenkte Mrs. Kennedy allen Anwesenden ein freundliches Lächeln und winkte ihnen zu. Die Tür ging auf, und wir traten in den Aufzug, der bereits voller Leute war. Auf einer Bahre lag eine Frau, die offensichtlich Schmerzen hatte. Aber sie machte große Augen, als sie bemerkte, wer da gerade zu ihr in den Aufzug gekommen war. Mrs. Kennedy unterhielt sich leise mit der Patientin und erfuhr, daß sie auf dem Weg zur Operation war. Voller Mitgefühl legte sie ihre Hand auf die der Patientin.

Die Kranke erzählte, wie sehr sie John und Bobby geliebt habe und daß sie für den jungen Teddy bete. Mrs. Kennedy fragte sie nach ihrem Namen und versprach, ein Gebet für sie zu sprechen.

Auf einem der oberen Stockwerke wurden wir von dem Senator erwartet, der über unsere Ankunft unterrichtet worden war. Er nahm den Arm seiner Mutter und führte sie zu Teddys Zimmer. Ich folgte ihnen und beobachtete interessiert, wie der Senator auf jede Nuance in Stimme und Gestik seiner Mutter achtgab. Teddys Gesicht leuchtete auf, als er seine Großmutter sah. Ich begrüßte meinen jungen Freund, dann ließ ich die Familie allein. Nach etwa zwanzig Minuten geleitete der Senator seine Mutter auf den Gang hinaus und vertraute sie wieder meiner Obhut an.

Mrs. Kennedy schlug vor, in der Notaufnahme vorbeizugehen. Dort sprach sie mit den Patienten und ihren Familienangehörigen, spendete Trost und versprach, für sie zu beten. Danach fuhren wir ins Haus des Senators. Als ich Mrs. Kennedy am Nachmittag zu dem gemeinsamen Abendessen vor Kathleens Hochzeitstag fuhr, unterbrach sie ihre Gebete und fragte: »Teddy hat so sehr leiden müssen. Warum muß er das alles durchmachen?«

Sie erwartete keine Antwort, und ich hätte auch keine geben können.

Später auf der Rückfahrt sagte sie leise: »Ich verstehe nicht, warum Joan nicht aufhören kann, so viel zu trinken. Sie ist wirklich eine nette junge Frau, aber beim Trinken hat sie nie Maß halten können. Wenn ihr das nur gelänge, würde es ihr und den Kindern sehr viel besser gehen.«

Mrs. Kennedy wurde von Terry McShane zu Kathleens Hochzeit gefahren, denn ich war für die Braut zuständig. Ich holte sie in ihrem kostbaren Oleg-Cassini-Kleid auf Hickory Hill ab und raste mit ihr zur Dreifaltigkeitskirche. Inzwischen hatte George den Senator und Joan vom Krankenhaus abgeholt. Wir trafen uns an einem vorher vereinbarten Punkt in der Nähe der Universität. Der Senator war bereits in festlicher Kleidung, er sprang zu mir in den Wagen, und wir fuhren zum Gottesdienst.

In der Kirche drängte sich die Prominenz, darunter Angie Dikkinson, die einmal John F. Kennedys Geliebte gewesen sein soll, sowie Art Buchwald, Joe Califano und der Sänger Andy Williams, der fast nie von Ethels Seite wich.

Kurz vor Beginn der Trauung eilte Jackie Onassis mit einem kleinen Gefolge in die Kirche. Außer ein paar Familienmitgliedern drehten sich alle zu ihr um. Ihr berühmtes Gesicht und ihr berühmtes Lächeln verliehen der Hochzeit sogleich die unverwechselbare Aura eines echten Kennedy-Ereignisses.

Der Senator übte sich wieder einmal in der Rolle des Ersatzvaters und führte die strahlende Braut zum Altar, aber ich wußte, daß er mit den Gedanken bei seinem Sohn war.

Als ich später den Senator vom Empfang auf Hickory Hill wieder ins Krankenhaus fuhr, sagte er: »Rick, seien Sie so gut und kümmern Sie sich um meine Mutter. Sie hat nach Ihnen gefragt.«

Mrs. Kennedy blieb nach der Hochzeit noch mehrere Tage in der Stadt, und ich stand ihr während dieser Zeit als Chauffeur zur Verfügung. Sie besuchte einen Schönheitssalon und ging auf einen Abendempfang in Averell und Pamela Harrimans Haus. Der Band »Johnny, we Hardly Knew Ye« von den früheren JFK-Mitarbeitern Kenneth P. O'Donnell und David F. Powers war gerade als Taschenbuch erschienen, und Mrs. Kennedy fragte mich, ob mir Kenny O'Donnell bekannt sei. Ich verneinte. »Also«, sagte sie, »ich bin wirklich empört über manche Sachen, die sie schreiben.« Sie erzählte mir, Powers und O'Donnell hätten berichtet,daß John F. Kennedy manchmal nackt in den Swimmingpool des Weißen Hauses gesprungen sei. »So etwas hätten sie nicht schreiben sollen«, stellte sie fest, noch immer besorgt um den guten Ruf ihres toten Sohnes.

Als ich Rose Kennedy am Ende ihres Aufenthalts wieder zum National Airport fuhr, nahm sie 150 Dollar aus der Brieftasche und reichte sie mir.

»Nicht doch, Mrs. Kennedy«, lehnte ich ab. »Ich will doch kein ...«

»Dann spenden Sie es eben für einen wohltätigen Zweck.«

Teddy erholte sich erstaunlich schnell. Während der Operation war von seinem kranken Bein ein Abguß gemacht worden, nach dem man eine provisorische Prothese angefertigt hatte. Nicht lange nach der Operation konnte Teddy mit der Gehhilfe, unterstützt von seinen Therapeuten und nicht zuletzt dank der unermüdlichen Zuwendung seiner Familie, bereits wieder gehen. Später erhielt Teddy eine raffiniertere Prothese, die durch Unterdruck an seinem Bein haftete und mit einem Gürtel um seine Hüfte befestigt war. Teddy war erstaunlich guten Mutes. Er freute sich, als er hörte, daß man sein amputiertes Bein zu Forschungszwecken verwendet hatte. Er vertrieb sich die Zeit mit dem Zeichnen von Weihnachtskarten und Cartoons für Freunde und Verwandte.

Der Senator sorgte dafür, daß Teddy ständig Besuch von Freunden bekam, damit er nicht in Depressionen fiel. Joan und er hatten eine kleine Auseinandersetzung darüber gehabt, wieviel Besuch dem Jungen zuträglich sei. Joan war der Ansicht, daß der Junge viel Ruhe brauche, um gesund zu werden. Der Senator aber sah das anders und hatte sich wie üblich durchgesetzt. Auch Teddys Geschwister waren ein Problem für die beiden. Patrick war noch sehr jung und hatte keine echte Vorstellung, wie ernst die Krankheit seines Bruders war, aber Kara wußte Bescheid. Sie bekam Angst, daß der Krebs ihres Bruders vielleicht ansteckend sein könnte, ließ sich aber überzeugen, daß dies nicht der Fall war.

Teddys Zimmer wurde von Blumen und Geschenken überschwemmt. Der Künstler Jamie Wyeth, ein Freund der Familie, zeichnete eine Bauernhofszenerie eigens für Teddy. Aus der ganzen Welt traf Spielzeug ein. Der Senator riet seinem Sohn, nur ein paar Geschenke selbst zu behalten und den Rest an andere Kinder im Krankenhaus zu verschenken.

Als der Senator und Joan gemeinsam Teddy von der Klinik nach Hause brachten, fuhr ich mit einem Wagen voller Geschenke und Blumen hinterher. In McLean mußte Teddy lachen, als ich, die Arme voller Geschenke, so tat, als verlöre ich das Gleichgewicht und fiele in den Springbrunnen vor dem Haus.

Einige Tage später erhielt ich eine selbstgemalte Postkarte von ihm, in der er mir für meine Hilfe dankte.

Während dieser bewegenden Ereignisse im Privatleben des Senators kamen in der Politik Dinge ins Rollen, die gewaltige Folgen haben sollten. Ende November erfuhren wir, daß man an einer kritischen Stelle der Nixon-Bänder eine rätselhafte Lücke von achtzehneinhalb Minuten Dauer entdeckt hatte. Daß es auch auf den Kennedy-Bändern Lücken gab, machte mir einiges Kopfzerbrechen, aber ich redete mir ein, daß ein gewichtiger Unterschied bestehe. Die Passagen auf den Nixon-Bändern waren sicherlich aus politischen Motiven gelöscht worden, stellten also einen illegalen Versuch dar, die Watergate-Ermittlungen zu behindern. Was auf den Kennedy-Bändern getilgt wurde, war dagegen rein privater Natur, wie ich glaubte. Ich wurde in dieser Einschätzung noch bestärkt, als einer der Büromitarbeiter sagte: »Der Senator sollte in die Offensive gehen und ihnen wegen der Bänder die Hölle heiß machen.« Kennedy nahm sich den Rat zu Herzen und hielt mehrere Reden, in denen er Nixon wegen der Bänder hart ins Gericht nahm.

Trotzdem wollte mir die ganze Geschichte nicht aus dem Kopf gehen. Ich war sicher, daß jener Freund der Familie, der das Löschen besorgte, im direkten Auftrag von Steve Smith handelte. Aber war auch dem Senator bekannt, daß der Freund die Bänder seines Bruders redigierte? Auf die eine oder andere Weise mußte er wissen, was da vor sich ging. Schließlich verbrachte dieser Mensch viele Wochenenden in der Bibliothek in Boston. Bestimmt hatten die beiden miteinander gesprochen. Vielleicht aber auch nicht. Ich hatte gemerkt, daß der Senator es manchmal vorzog, offiziell »nicht informiert« zu sein.

Eines Tages vertraute ich Theresa meine Bedenken an.

»Halte dich da raus«, sagte sie schnell. »Vergiß es. Erzähle keinem Menschen davon. Es ist besser für dich, wenn du den Mund hältst.«

Eines Montags beschwerte sich der betreffende Freund bei seiner Rückkehr aus Boston, daß er ein wirklich hartes Wochenende gehabt habe. »Wir haben mehrere Stunden auf den Bändern löschen müssen, weil Marilyns Telefongespräche mit dem Präsidenten darauf waren. Junge, Junge, worüber die so gesprochen haben ...«

Ich fragte damals nicht einmal, wer denn Marilyn sei. Schließlich gab es Wichtigeres, mit dem ich mich zu beschäftigen hatte.

Nach Teddys Operation schien die Familie bereit, einen Neubeginn zu wagen. Joan beschloß, daheim zu bleiben, aber selbst in McLean sah ich sie kaum einmal an der Seite des Senators. Sie aßen fast immer getrennt und kümmerten sich nur sehr selten gemeinsam um die Kinder. Wenn Joan mit ihrem Mann zusammen war, wirkte sie zahm und gehorsam, eher wie eine Tochter als wie eine Ehefrau. Der Senator gab sich große Mühe, mehr Zeit mit seiner Familie zu verbringen als früher. Lew Wassermann, der Chef der Firma MCA, zu der die Universal-Filmstudios gehörten, war ein alter Freund von Kennedys Vater. Er schickte die Kopien neuer Filme herüber, und die Familie sah sie sich in einem Projektionsraum im Keller des Hauses an. Die Kinder luden Freunde ein und bewirteten sie mit Popcorn und Limonade. Häufig eröffnete der Senator selbst die »Show«, räumte dann aber das Feld und machte sich wieder an die Arbeit.

Die Zahl der Briefe, die bei uns in der Poststelle eintrafen, nahm in den Wochen und Monaten nach der Operation stark zu. Zusätzlich kamen Telegramme, Blumen und Geschenke. Da unser Washingtoner Mitarbeiterstab mit dieser Flut nicht mehr fertig werden konnte, rekrutierte das Bostoner Büro zusätzliche freiwillige Helfer. Jede Woche schickten wir mehrere riesige Säcke mit Post nach Boston, wo sie sortiert und ihr Empfang bestätigt wurde. Teddy entwarf ein kurzes Dankschreiben, das vervielfältigt und als Standardantwort verwendet wurde.

Im März 1974 gewann der Senator die Unterstützung von Dr. Phil Caper, der dem Stab des zu dieser Zeit vom Senator geleiteten Gesundheitsausschusses angehörte. Die beiden versammelten eine Expertenrunde in McLean, an der Dr. Hugh H. Fudenberg von der University of California in San Francisco, Dr. Emil Frei III. aus Boston, Dr. James F. Holland von der New Yorker Mount Sinai School, Dr. Kent C. Johnson jr. vom Pathologischen Institut der Streitkräfte und Dr. Joseph Ballant von der Universitätsklinik in Georgetown teilnahmen. Nach einem vierstündigen Gespräch war man sich darüber einig, daß Teddy einer neuen, noch in der Erprobung befindlichen Chemotherapie unterworfen werden sollte, um etwaige Reste des bösartigen Tumors zu beseitigen. Jeden dritten Freitag brachte ich den Senator zum National Airport, wo entweder George oder Theresa mit Teddy auf uns warteten. Ganz gleich welcher Stimmung der Senator gerade war, in Teddys Beisein versprühte er immer Optimismus, wußte er doch, wie sehr sich der Junge vor der Tortur fürchtete, die ihm bevorstand. Vater und Sohn flogen nach Boston und verbrachten das Wochenende im medizinischen Zentrum der dortigen Kinderklinik, wo Teddy Methotrexat injiziert wurde – ein Präparat, das so giftig war, daß zusätzlich ein

Gegenmittel gespritzt werden mußte. Der Senator schlief auf einem
Stuhl in Teddys Krankenzimmer und stand ihm bei, so gut er konnte. Ohnehin durch die Allergiebehandlung von Patrick im Umgang
mit Spritzen geübt, konnte er Teddy bald das Gegengift selbst inji-
zieren, so daß der Junge nicht mehr bis Montag oder Dienstag in
der Klinik bleiben mußte, sondern schon am Sonntag heimfahren
durfte. Die Nebenwirkungen der Chemotherapie waren gravierend,
zu ihnen gehörten starke Übelkeit und Haarausfall. Der Senator
äußerte sich mir gegenüber anerkennend über Teddys Durchhaltevermögen, aber ich wußte, daß der Junge ständig zwischen Optimismus und tiefer Verzweiflung schwankte.

Die Anspannung, die alle Familienangehörigen während Teddys
langwieriger Krebsbehandlung erfaßte, zerrte an den Nerven. Kara
war eifersüchtig auf die Aufmerksamkeit, die man Teddy widmete,
und wurde zugleich von Schuldgefühlen deswegen geplagt. Alle
wurden ausgesprochen dünnhäutig und reagierten beim geringsten
Anlaß sehr empfindlich.

Nach einiger Zeit wurde Teddy zur weiteren Behandlung in die
Universitätsklinik von Georgetown verlegt, und wir stellten eine
Gruppe von Betreuern zusammen, die sich abwechselnd um ihn
kümmerten, so daß er nie allein sein mußte. Ich meldete mich
gemeinsam mit George, Theresa und Louella Hennessy, dem alt-
gedienten Bostoner Kinderfräulein der Familie, freiwillig zum Be-
suchsdienst. Außerdem konnten wir Teddys Vetter Joey Gargan
gewinnen, der aus Massachusetts einflog, sowie Freunde von
St. Alban, darunter Senator Tunneys Sohn, der ebenfalls Teddy
hieß, und einen Jungen, der auf den Spitznamen Broadway Jackson hörte.

Von Freitagnachmittag bis Sonntag leisteten wir Teddy in Vier-
stundenschichten Gesellschaft, munterten ihn auf und standen ihm
bei, wenn er einen seiner Anfälle von Übelkeit bekam. Der Senator
selbst übernahm die achtstündigen Nachtschichten.

Mir gefiel die Aufgabe, denn ich hatte Teddy gern und bewunderte ihn wegen seiner tapferen Haltung. Wenn wir vor dem Fernseher saßen oder Monopoly und Scrabble spielten, klagte er kaum
je über das Gift, das aus dem Tropf in seine Venen sickerte.

Mit der Zeit besserte sich Teddys Zustand, zugleich wurde er
reifer und erwachsener. Er war nicht mehr so versponnen, sondern
ging aus sich heraus und packte das Leben entschiedener an.

Eines Nachmittags, als sich Teddy zur Chemotherapie in der Klinik befand und Rosalie mit Joan ausgegangen war, forderte Theresa mich auf:»Du mußt mir suchen helfen.«
»Wonach bitte?« fragte ich verblüfft, ging ihr aber nach. Zu meinem Erstaunen begab sie sich geradewegs ins elterliche Schlafzimmer und begann die Schubladen durchzuwühlen. »Such in den Schränken nach Pillen«, sagte sie,»und räum sie weg.« Wir fanden mehrere Flaschen Schnaps und Glasröhrchen mit Valium, die ganz hinten in den Schubladen der Kommode verstaut oder zwischen Matratze und Bettrost versteckt waren.

Weil der Senator so viele Leute empfing, hatte er immer einen Vorrat an Spirituosen im Haus. Theresa verfügte, daß man den Alkohol künftig vor Joan wegschließen müsse. Wir nahmen uns vor, den Bestand sorgfältig zu kontrollieren.

Einige Tage später gab mir der Senator am Nachmittag die Anweisung, zu einem Ort in der K Street nahe der Georg- Washington-University zu fahren. Als wir dort ankamen, sprang der Senator nicht wie sonst aus dem Wagen, sondern blieb sitzen und beschäftigte sich weiter mit den Papieren in seiner Aktentasche. Er sah nur kurz auf und sagte:»Geben Sie mir Bescheid, wenn Joan eintrifft.«

Einige Minuten später fuhr George mit Joans Wagen vor, einem weißen Pontiac-Kabrio mit dem Nummernschild USS1 von Massachusetts.»Sie ist da«, sagte ich.

Der Senator schloß seine Aktentasche, stieg aus, traf sich mit Joan auf dem Gehweg, und zusammen verschwanden sie in einem Bürogebäude.

Dieselbe Prozedur wiederholte sich jede Woche. Beim dritten oder vierten Mal überkam den Senator offenbar das Bedürfnis, mir die Sache zu erklären. Als Joan diesmal mit Theresa eintraf, sagte er zu mir:»Wir machen eine Beratung.« Er öffnete die Tür, setzte einen Fuß auf die Straße und fügte ruhig hinzu:»Ich weiß nicht, ob es etwas helfen wird.«

Wie ich schon bald feststellte, half es nichts.

Das Archibald-Glover-Anwesen war ein weitläufiges Grundstück am Nordrand von Georgetown, hinter dessen drei Meter hohen stuckverzierten Mauern Schafe und Esel weideten. Ich brachte den Senator ein paarmal zu einem pittoresken kleinen Haus an der äußeren Begrenzung des Anwesens. Es trug die Bezeichnung »Pförtnerhäuschen« und hatte früher dem Verwalter als Wohnung gedient, war aber nun im neuesten Stil umgebaut worden.

Bei unseren ersten Besuchen in diesem Haus wartete ich im Wagen, während der Senator drinnen beschäftigt war. Ich war neugierig, wem dieses architektonische Juwel gehörte, hatte aber nicht den Mut, ihn danach zu fragen. Statt dessen wandte ich mich bei Gelegenheit an George. »Einem Freund des Senators«, antwortete er kurz angebunden.

Es dauerte nicht lange, bis »Das Ohr«, eine respektlose und populäre Klatschkolumne im »Washington Star«, zu berichten wußte, der Senator habe eine Affäre mit Page Lee Hufty, einer Dame der High-Society. Dies war wieder einmal ein Gerücht von der Art, die Lillian als »Humbug« bezeichnete. Und in der Tat gab Dick Drayne im Namen des Senators ein deutliches Dementi heraus.

Als wir das nächste Mal das Pförtnerhäuschen besuchten, nahm mich der Senator mit hinein und stellte mich der Besitzerin, Page Lee Hufty, vor, einer freundlichen und sehr attraktiven Frau. Sie bot mir einen gemütlichen Platz im Erdgeschoß und etwas zum Lesen an, bevor sie mit dem Senator nach oben verschwand.

Ich kam zu dem Schluß, daß dies nun einmal die Art der Kennedy-Männer war. Über Bobby hatte ich ähnliche Geschichten gehört, und über Präsident Kennedy wußte ja inzwischen jeder Bescheid.

Die Beziehung des Senators zur Familie des früheren Präsidenten war weniger eng als die zu Ethel und der Rasselbande von Hickory Hill. Er hielt Jackie Onassis für eine sehr gute Mutter und war sehr darauf bedacht, ihre Privatsphäre zu respektieren. Ihr Wohlergehen und das ihrer Kinder John junior und Caroline war ihm so wichtig, daß er sich persönlich um die ersten finanziellen Arrangements gekümmert hatte, als Jackie die Ehe mit Aristoteles Onassis eingegangen war.

Jackie und ihre Kinder kamen bei wichtigen Anlässen nach Washington, verbrachten jedoch die meiste Zeit in New York. Sie hielt Abstand zum größten Teil der Verwandtschaft und achtete darauf, daß ihre Kinder nicht mehr als unbedingt erforderlich mit dem Kennedy-Clan in Berührung kamen. Es gab jedoch noch einen anderen Grund für diese Distanz. Jackie fand das Verhalten der meisten Kinder von Ethel vollkommen unerträglich. Davids Leben drehte sich fast nur noch um Drogen, und Bobby bildete zusammen mit Christopher Lawford und Lem Billings, dem alten Freund von John, ein fatales Trio, in dem ebenfalls Drogen eine Rolle spielten.

Selbst die Shrivers versuchten, ihre Kinder von Ethels Familie fernzuhalten.

Jackie blieb also in New York und regelte ihre Angelegenheiten
meist über ihr eigenes New Yorker Büro, wenn auch der Senator
natürlich immer bereit war, ihr auf jede Weise behilflich zu sein.

Einmal wurde ich dazu ausersehen, einen Dienst für sie zu leisten. Angelique rief mich an und verkündete:»Du wirst einen Gast
bekommen.«

»So, und wer soll das sein?« fragte ich.

»Christina Onassis kommt in die Stadt. Jackie hat gerade angerufen und einen guten Fremdenführer bestellt, der Christina die
Stadt zeigen könne. Sie ist noch nie in Washington gewesen.«

Ich holte die berühmte Erbin am National Airport ab und dachte,
oh Gott, die Frau hat ein millionenschweres Vermögen, und ich soll
sie in meinem VW-Käfer durch die Stadt kutschieren?

Sie war jedoch unkompliziert und eine angenehme Gesprächs-
partnerin. Als sie meinen Käfer sah, lächelte sie und sagte:»Der ist
aber putzig!« Sie war kaum älter als ich. Wir fuhren zuerst zum
Senat, wo sich Ted Kennedy ein paar Minuten freinahm, um sie zu
begrüßen. Dann führte ich sie auf dem Kapitolshügel umher und
erklärte ihr die Aufgaben und die Arbeitsweise des Parlaments.

Danach machte ich mit ihr die übliche Stadtrundfahrt, zeigte ihr
das Gebäude des Obersten Gerichtshofs, alle wichtigen Denkmäler,
das Forschungszentrum der Smithsonian Institution und natürlich
auch die Kennedy-Gräber auf dem Nationalfriedhof Arlington. Als
wir am Weißen Haus vorbeifuhren, bemerkte Christina schnippisch:»Das ist aber nicht besonders groß. Jackie hat nämlich immer damit geprahlt, wie groß es sei. Aber so groß ist es gar nicht.«
Christina schien sich über diese Entdeckung sehr zu freuen.

Gleich nach der ersten Vorlesung am frühen Morgen fuhr ich jeden
Tag auf den Kapitolshügel. Später raste ich, wenn mir der Zeitplan
des Senators etwas Luft ließ, wieder zurück nach Georgetown, um
an einer Vorlesung teilzunehmen.

Als wir einmal durch Washington fuhren, fragte mich der Senator, der doch selbst einer der meistbeschäftigten Leute war, die ich
je gekannt habe:»Wie schaffen Sie das nur, Rick? Wie bringen Sie
so vieles gleichzeitig unter einen Hut?«

Ich zuckte die Schultern. Die Antwort lautete, man *tat* es einfach, wenn auch nicht alles so gut, wie man vielleicht gekonnt hätte.

Vermutlich litt mein Studium unter der Arbeit bei den Kennedys, aber ich hatte keinen Zweifel, daß es das wert war. Von Bekannten wurde ich darauf aufmerksam gemacht, daß ich mittlerweile manche Angewohnheiten des Senators übernommen hatte. Und tatsächlich, seine starke Persönlichkeit schien jedermann, der viel Zeit mit ihm verbrachte, ihren Stempel aufzudrücken. Die rechte Hand, die wichtige Aussagen mit einer schnellen Bewegung unterstrich, sein Sprechstil, die unvollendeten Sätze, die von Ähs und Ahs unterbrochen waren, das rasche Grinsen und die fast ständige motorische Bewegung, all diese Züge hatte ich mir zu eigen gemacht.

Ich faßte die Bemerkungen als Kompliment auf. Es sollte noch mehrere Jahre dauern, bis ich merkte, daß es auch seine Nachteile hatte, sich allzu sehr einem Kennedy anzugleichen.

DER SENATOR TRITT NOCH NICHT AN

Der Rechtsausschuß des Repräsentantenhauses hielt in drei Anklagepunkten die Einleitung eines Impeachments gegen Richard Nixon, eines Verfahrens gegen den Präsidenten wegen strafrechtlich belangbarer Handlungen, für gerechtfertigt.

Am 9. August 1974 schwirrten im Büro Gerüchte umher, daß der Präsident endlich zurücktreten werde. Wie wir alle war auch der Senator froh, daß Nixon freiwillig abdankte. Dem Vizepräsidenten Gerald Ford galten sein Respekt und seine Hochachtung, aber Ford war kein politischer Star. Gleich nachdem Ford als Präsident vereidigt worden war, wuchs der Druck auf den Senator, sich 1976 um die Nominierung als Präsidentschaftskandidat der Demokratischen Partei zu bewerben.

Gegen die Kandidatur sprach allerdings, daß Kennedys Amtsperiode als Senator ebenfalls 1976 auslaufen würde und er nicht für beide Ämter zugleich kandidieren konnte. Deshalb konzentrierte er sich vorerst auf die Senatskampagne, hielt sich aber alle Optionen offen.

Auf einer der ersten Spenden-Galas für den Senatswahlkampf sah ich viele der wichtigsten Anhänger des Senators, so den Historiker Arthur Schlesinger jr., die Dunfeys von der Bostoner Hotelkette, das Gespann Adolph Green und Betty Comden, die als Librettisten bei vielen Musicals mitgewirkt hatten, sowie Lauren Bacall, eine gute Freundin von Steve und Jean Smith. Auch Barbara Walters war in Begleitung von Mort Zuckermann gekommen, aber der Senator wich der Journalistin geflissentlich aus.

Die ebenfalls anwesenden Jamie und Phyllis Wyeth verband eine enge Freundschaft mit dem Senator. Jamies Vater Andrew Wyeth war ein bekannter Maler. Jamie selbst, ein gutaussehender Mann Ende zwanzig, der mit seinem ungekämmten, lockigen Haarschopf die Frisur des Senators kopierte, hatte als Mitglied der Nationalen Kunststiftung Kontakt zur politischen Szene. Wyeth hatte einmal von seinem Hausschwein Baby Jane gesagt, es habe »die gleichen Augen wie die Kennedys, nur mit weißen Wimpern, flinke Äuglein, denen nichts entgeht«. Jamies Gattin Phyllis, geborene Overton Mills, war die attraktive Erbin der Familie Du Pont und auch sonst eine bemerkenswerte Frau. Seit 1968, als sie kurz vor der Heirat mit Jamie mit dem Auto verunglückte, war sie gelähmt. Sie hatte dann einen zähen Kampf gegen ihr Gebrechen aufgenommen und war eine unermüdliche Anwältin für die Sache der Behinderten geworden. Größer als Jamie und gertenschlank, gelang es ihr, sich auf ihren Krücken mit einer unbestreitbaren Eleganz zu bewegen. Der Senator kämpfte Seite an Seite mit ihr um Verbesserungen in der Gesetzgebung, durch die das Leben der Behinderten erleichtert werden konnte. Der Hauptwohnsitz der Wyeths befand sich in Chadds Ford im vornehmen Bezirk von Bucks County in Pennsylvania, sie besaßen darüber hinaus ein Haus in Neuengland unweit der Kennedy-Kolonie und eine Wohnung im Watergatekomplex in Washington. Ich fand heraus, daß sie überwiegend getrennt lebten. Phyllis war die meiste Zeit in Washington, während Jamie in Chadds Ford blieb.

Auf der Spenden-Gala erklärten sich Gäste bereit, ihren Beitrag zur Finanzierung der politischen Arbeit des Senators zu leisten, machten jedoch deutlich, daß ihr Geld »eigentlich für die Präsidentschaftskampagne bestimmt« sei.

Der Senator wollte kandidieren. »Haben Sie die Meinungsumfragen gelesen?« fragte er mich jedesmal, wenn neue Zahlen belegten, daß seine eigene Beliebtheit gestiegen oder die von Ford gesunken war. »Was ist Ihnen zu Ohren gekommen, Ricky? Wie ist die Stimmung auf dem Campus?« Aber seine Schlüsselfrage lautete: »Ob Teddy wohl stark genug ist?«

Teddy ging es zwar langsam, aber stetig besser, doch die Familie war immer noch sehr besorgt um ihn. Zudem hatte sich Patricks Asthma verschlimmert, und Kara, von der ich mindestens einmal

mitbekommen hatte, daß sie von zu Hause weggelaufen war, galt
ebenfalls als Sorgenkind. Der Senator argwöhnte, daß sie gelegentlich Drogen nahm, hatte aber bis jetzt keinen sicheren Beweis. So
war er in Gedanken viel mit seinen Kindern beschäftigt.

Und dann gab es noch das »Problem« Joan.

Sie hatte die ersten zaghaften Schritte gemacht, sich und der
Familie einzugestehen, daß es ein Suchtproblem für sie gab. Sie
hatte sich sogar zu einer Entziehungskur entschlossen und war, in
der Hoffnung, daß die Sache nicht publik würde, in eine Klinik in
Connecticut, in die Silver Hill Foundation gegangen. Die Familie
hatte jedoch nicht verhindern können, daß die Nachricht an die
immer aufdringlicher werdende Presse durchsickerte. Joans Lage
verschlimmerte sich zusätzlich, als sie nach ihrem Aufenthalt in
Silver Hill wegen Trunkenheit am Steuer festgenommen und in das
städtische Krankenhaus von New York eingewiesen wurde. Fast
einen Monat blieb sie dort auf der Rehabilitationsstation für Alko-
holiker.

Der Senator schien weniger denn je zu wissen, was er mit ihr
tun sollte. Wenn bei unseren Fahrten das Gespräch auf sie kam,
pflegte er nur tief zu seufzen, als sei er des langen Kampfes müde.

Nicht genug mit den Sorgen um Joan, lastete noch immer der
Schatten jener tragischen Nacht auf ihm, als er am 18. Juli 1969 auf
der Insel Chappaquiddick am Steuer seines Oldtimers von der
Dike-Brücke gestürzt war. Bei dem Unfall war seine Beifahrerin
Mary Jo Kopechne ums Leben gekommen, mit der er zuvor in einem nahegelegenen Landhaus gefeiert hatte. Viel schlimmer freilich als der Unfall selbst war in den Augen der Bevölkerung das
Verhalten des Senators danach. Es war von einer beinahe kriminell
zu nennenden Verantwortungslosigkeit geprägt. Als Mary Jo Kopechne bereits tot unter Wasser lag, hatte Ted Kennedy in Edgar-
town, einem Ort auf dem gegenüberliegenden Festland, die Kleider
gewechselt und sich um 2.30 Uhr im Foyer seines Hotels sehen
lassen, um sich ein Alibi zu verschaffen. Danach hatte er von seinem Hotelzimmer aus siebzehn Telefongespräche geführt, von denen jedoch keines dazu diente, die Polizei zu verständigen. Diese
war erst knapp sieben Stunden nach dem Auftritt in der Hotelhalle
und fast zehn Stunden nach dem Unfall informiert worden.

Der Senator bemühte sich geflissentlich, dieses Thema zu vermeiden. Wenn er sich dennoch dazu äußern mußte, wiederholte er
nur seine bekannte Stellungnahme, wonach sein Verhalten nach

dem Unfall »irrational und unvertretbar, unverzeihlich und unverständlich« gewesen sei. Nie ließ er sich auf weitere Erklärungen ein. So gern er Chappaquiddick vergessen hätte, es war nicht möglich. Der Einfluß dieses Ereignisses auf seine Wähler blieb unkalkulierbar. Im Büro schien man sich allerdings darüber einig zu sein, daß eventuelle Nachwirkungen von Chappaquiddick durch den Watergate-Skandal neutralisiert worden seien; die Republikaner waren nicht in der Position, sich auf eine Schlammschlacht einzulassen. Als sich die Tragödie im Sommer zum fünften Mal jährte, wurde im Büro überlegt, ob Kennedy Joseph und Gwen Kopechne, die Eltern des Opfers, anrufen solle; er und sein Stab entschieden sich jedoch dagegen.

Der Senator brauchte nicht lange, um sich über die Ausgangslage für eine eventuelle Präsidentschaftskandidatur Klarheit zu verschaffen. Seine Familie hatte sich von der psychischen Belastung durch Teddys Operation noch nicht erholt, und Joan würde den Anforderungen einer Präsidentschaftskampagne nicht gewachsen sein. Es war nicht der richtige Zeitpunkt. Am 23. September 1974 verkündete der Senator, daß er im Nominierungsrennen für die Präsidentschaftskandidatur in zwei Jahren nicht antreten werde. Fast unmittelbar danach hieß es im Büro und in der Familie, daß Sargent Shriver daran denke, in den Ring zu steigen.

Als ich den Senator nach einer möglichen Kandidatur Shrivers fragte, verdrehte er nur die Augen und machte auf diese Weise deutlich, wie gering er Shrivers Chancen auf eine Nominierung einschätzte. Aber was hätte er auch sagen sollen? Schließlich war Eunice seine Schwester, und sicherlich war sie dank ihres tiefen Glaubens von allen Kennedys diejenige mit der unerschütterlichsten Moral. Die Gründung von Special Olympics, einer Institution, die eine eigene Olympiade für behinderte Kinder ausrichtete, war zu einem wesentlichen Teil ihr Werk. Eines Tages waren wir gemeinsam unterwegs zu einer Vorstandssitzung der Joseph-P.-Kennedy-Jr.-Stiftung im Büro von Special Olympics in der K Street. Der Senator saß neben mir und Eunice auf dem Rücksitz.

»Mußte das wirklich sein, Eddie?« fragte Eunice den Senator.

»Was denn?« fragte er und studierte weiter seine Akten.

»Daß du deine Finanzen offengelegt hast.«

Der Senator sah seine Schwester an und schnitt eine Grimasse. In einem leicht resignierten Ton erinnerte er seine Schwester daran, daß er im Gefolge von Watergate eine Reihe von Gesetzen mit-

verantwortet hatte, die eine bessere Kontrolle der Regierung ermöglichen sollten. Der Senator selbst hatte seine Einkommenssteu-
ererklärung von 1973 an die Bostoner Presse gegeben. Der ganzen
Welt war nun bekannt, daß sein zu versteuerndes Einkommen im
Vorjahr 385 995 Dollar betragen hatte.

Eunice fuhr fort: »Das ist mir schon klar, Eddie. Ich weiß, daß
zur Zeit ein Klima herrscht, das an eine politische Hexenjagd erinnert. Die *Gründe* sehe ich schon ein, aber trotzdem ... es ist ein
bißchen bedrückend. Alle starren auf die Liste unserer Vermögenswerte und versuchen herauszufinden, wieviel die Kennedys wirklich besitzen. Es war doch schon so schwer genug. Alle glauben,
wir seien reich. Das Schlimmste ist«, scherzte sie, »daß die Angestellten der Stiftung nun auch noch eine Gehaltserhöhung verlangen.«

Der Senator warf den Kopf in den Nacken und lachte.

Eunice war sich der Doppelbödigkeit ihrer Worte durchaus bewußt, aber sie ließ nicht locker: »Ich meine es ernst, Eddie, wirklich
ernst. Sie verlangen alle eine Gehaltserhöhung. Was soll ich tun?
Ich sage ihnen, daß du der Reiche bist, nicht ich.«

Wieder lachte der Senator. »Ach Eunice, deine Sorgen möchte
ich haben ... nicht wahr, Rick?«

Ich lächelte, sagte aber lieber nichts. Er hatte wirklich recht. Ihn
drückten schwerwiegendere Sorgen, und mir ging es 1974 nicht
anders. Vor allem wußte ich nicht, wie es mit mir weitergehen
sollte. Im Frühjahr 1975 würde ich an der Georgetown-University
meinen Abschluß machen. Zwar war ich bis jetzt mit meiner Rolle
im Büro des Senators noch zufrieden, aber ich begann mir doch
schon Gedanken über meine weitere Karriere dort oder anderswo
zu machen.

Der Senator selbst nahm mir einen Teil meiner Sorgen ab, indem er meiner Beförderung zum Büroleiter zustimmte. Außerdem
blieb ich für das Postzimmer verantwortlich. In meiner neuen
Funktion als Büroleiter mußte ich mit Steve Smith, dem Schwager
des Senators, zusammenarbeiten, der das New Yorker Büro der
Familie Kennedy leitete. Es trug die Firmenbezeichnung Park Agency, Inc. und hatte seinen Sitz im dreizehnten Stock des Pan-Am-Ge-
bäudes. Smith stammte aus einer Bostoner Familie, die ihren Wohl-
stand einer Flotte von Schlepperbooten verdankte. Er war Ende
fünfzig, grauhaarig und manchmal etwas schroff im Umgang, aber
ohne jeden Zweifel ungewöhnlich kompetent. Der Senator fungierte

zwar als Präsident der Agentur, die Geschäftsführung lag jedoch in
den Händen von Smith. Er hatte einen hervorragenden Überblick
über das Anlagevermögen der Familie. In dem Büro waren zehn Buchhalter und zwei ehemalige Beamte des Bundesfinanzamts beschäftigt. Steve allerdings galt als der
gewiefteste und erfolgreichste Geschäftsmann. Über ihn und seinen
Schützling Joe Hakim wickelte die Agentur fast alle privaten Geld-
geschäfte der Familienmitglieder ab, bis hin zur Vorbereitung ihrer
Steuererklärungen. Hakim behielt mittels eines IBM-Computersy-
stems den Überblick über die Geldbewegungen. Er hatte den größten Teil des Familienvermögens in Grundstücken (vor allem in Florida und Texas), Aktien, Obligationen, steuerbefreiten Wertpapieren
und Öl- und Gasfirmen angelegt. Seit 1945 bildete der 25stöckige
Chicago Merchandise Mart mit Ausstellungsräumen mehrerer Ein-
zelhandelsfirmen das Herzstück des Vermögens. Die Schätzungen
des Gesamtvermögens der Familie bewegten sich zwischen 330 und
500 Millionen Dollar. Die Agentur überwachte außerdem die Arbeit
verschiedener gemeinnütziger Stiftungen und Vereine wie etwa der
Joseph-P.-Kennedy-Jr.-Foundation,   der   John-F.-Kennedy-Biblio-
thek, des Robert-F.-Kennedy-Memorial, der Park Foundation und
von Special Olympics, Inc.

Die Kinder von Jackie Onassis verfügten über sehr viel mehr
Vermögenswerte als die anderen Kinder des Clans. Die 1959 vom
Botschafter Kennedy für seine Enkel gegründete Stiftung sah für
die Kinder jeder einzelnen Familie etwa 10 Millionen Dollar vor,
aus der unterschiedlichen Kinderzahl ergab sich aber eine unglei-
che Verteilung. Der ermordete Präsident hatte nur zwei Kinder,
Caroline und John junior, hinterlassen, Robert Kennedy dagegen
elf, von denen jedes nur eine vergleichsweise niedrige Summe
beanspruchen konnte. Zusätzlich bestand für Caroline und John
die Aussicht, beträchtliche Summen von ihrem Stiefvater Aristoteles Onassis zu erben, der, schlimmen Gerüchten über seine Ehe
mit Jackie zum Trotz, deren Kinder sehr ins Herz geschlossen
hatte.

Verglichen mit den finanziellen Möglichkeiten von Jackie, die
nach Schätzungen der Presse jährlich sieben Millionen Dollar vom
Geld ihres Ehegatten ausgab, war das Einkommen des Senators –
immerhin auch das Mitglied einer wohlhabenden Familie – relativ
bescheiden. Seine Ausgaben waren dagegen hoch und drohten
ständig aus dem Ruder zu laufen. Steve Smith war darüber einiger-

maßen besorgt. Unterbreitete er dem Senator einen Vorschlag, versuchte er es zunächst auf die sanfte Tour; nötigenfalls aber konnte er auch hart werden. Und in finanziellen Angelegenheiten setzte er sich meistens durch.

»Der Senator sagt, wir müssen Kosten einsparen«, berichtete Eddy. »Du mußt etwas unternehmen.«

Ich beschäftigte mich eingehend mit der Organisation des Büros und machte verschiedene Vorschläge bezüglich des Personals. Einer betraf einen Ausschußmitarbeiter, den ich in Anbetracht seiner Position und Erfahrung für entschieden überbezahlt hielt. Ich schlug vor, ihn zu entlassen.

Der Senator bekam vor Schreck große Augen: »Aber Rick, das ist völlig unmöglich.« Er erklärte mir, daß der Mann schon lange für ihn arbeite und er sich ihm sehr verpflichtet fühle.

Ich machte noch einen Vorstoß, aber er wollte meinen Vorschlag nicht einmal diskutieren. Das kam mir zwar seltsam vor, denn es wäre die einfachste Art gewesen, Kosten zu sparen, aber ich gab nach.

Mit der Zeit gelang es uns immerhin, den persönlichen Beitrag des Senators zum Haushalt des Büros von 100 000 auf 30 000 Dollar im Jahr zu reduzieren. Außerdem wurde die Abstimmung zwischen den einzelnen Bereichen der betriebsamen Büroetage verbessert. Ich erhielt die zusätzliche Aufgabe, mich um einen Teil der parlamentarischen Arbeit für Massachusetts zu kümmern.

Je zahlreicher die Gelegenheiten wurden, den Senator im Zusammenspiel mit seinen Kollegen im Kongreß zu beobachten, um so mehr beeindruckte mich die Zielstrebigkeit, mit der er seine Aufgaben wahrnahm. Er hatte einen gewinnenden persönlichen Stil, durch den so mancher Neuling überrumpelt worden war, und eine angenehme Form von Humor, die mehr sich selbst als andere aufs Korn nahm. Besonders seitens der Presse war in den letzten Jahren der Verdacht geäußert worden, dem Senator fehle es an überragender Intelligenz. Meiner Ansicht nach war er jedoch sehr gescheit und bewies ein verblüffendes Verständnis für die jeweils relevanten Themen. Während Präsident Kennedy durch Charme und Redegewandtheit und sein Bruder Robert Kennedy durch leidenschaftlichen Einsatz beeindruckt hatten, war der Senator *der* überzeugende Vertreter des Liberalismus. Er hielt die Ideale seiner Brüder und seiner Partei hoch und brachte gleichzeitig den Mut auf, in wichtigen aktuellen Streitfragen wie dem Problem der Abtrei-

bung, der Waffenkontrolle und der Gesundheitsfürsorge eine un-
mißverständliche Position zu beziehen.

Er war ein fleißiger Parlamentarier, der stets seine Hausaufga-
ben machte. Leider blieb dies nicht ohne negative Auswirkungen
auf seinen Gesundheitszustand. Aufgrund seiner schweren Rücken-
verletzungen, die er sich beim Absturz eines Privatflugzeugs im
Jahr 1964 zugezogen hatte, litt er ständig unter Schmerzen. Nachmittags zwischen vier und fünf Uhr wurden sie häufig so stark, daß
sie ihn fast um den Verstand brachten. Er suchte dann regelmäßig
eben jene Bäder des Senats auf, die in letzter Zeit von verärgerten
Wählern als überflüssiger staatlicher Luxus kritisiert worden sind.
Die reich mit Ornamenten verzierten Räume befanden sich im Rus-
sel-Gebäude und erinnerten an ein antikes römisches Bad. Saftige
grüne Farne gediehen in der feuchten Luft der Bäder, eine Marmor-
ausstattung verlieh dem Ort zusätzlich eine exklusive Atmosphäre.
In diesem feucht-schwülen Reich, das allein den Senatoren der Vereinigten Staaten vorbehalten war, führten zwei riesige, respektge-
bietende Masseure das Regiment. Die Brüder Johansson, wie sie
genannt wurden, verstanden sich bestens auf die Kunst, den Senator von den Schlacken der Parlamentsarbeit zu befreien. Erfrischt
und verjüngt konnte er danach die Dinner-Partys, Empfänge oder
was sonst für den Abend anberaumt war ins Auge fassen.

Später, wenn er zu Hause war, ging er häufig noch die Vorlagen
für das Hearing des folgenden Tages durch – der Senator nahm an
über hundert solcher Anhörungen im Jahr teil – oder schlug sich
bis ungefähr um Mitternacht mit sonstigen Papieren herum.

Am nächsten Morgen wirkte er trotzdem frisch und bereit für
die nächste Runde.

Und er stand immer im Ring. Einladungen zu Reden und An-
sprachen nahmen stetig zu. Mit der Vorbereitung von Auftritten
seines Chefs war Jim King vom Bostoner Büro des Senators betraut.
Aber auch in der Umgebung von Washington war die Nachfrage
nach Veranstaltungen mit dem Senator gestiegen, und so lag es
nahe, für die Vorbereitung der hiesigen Auftritte eine weitere Kraft
heranzuziehen. Als der Senator sich bereit erklärte, auf einer Veranstaltung der Demokratischen Partei im nahegelegenen Baltimore
vor 3000 Menschen zu sprechen, bat mich sein politischer Berater
Paul Kirk, die nötigen Vorkehrungen zu treffen.

Ich fuhr ein paar Wochen vor der Rede zu einer Besprechung
mit den Organisatoren der Veranstaltung nach Baltimore und

sprach jedes Detail, das mir erwägenswert schien, mit dem Sicherheitspersonal und einem Vertreter der Polizei durch. Die Staatspolizei von Maryland erklärte sich bereit, unseren Wagen an der Grenze des District of Columbia zu empfangen und uns ins Stadtzentrum
von Baltimore zu eskortieren.

Als wir am vorgesehenen Abend nach Baltimore gefahren wurden, war ich sehr nervös, wußte ich doch, daß sowohl Kirk als auch
der Senator sehr genau aufpassen würden, ob ich alles richtig gemacht hatte. Ich war erleichtert, als ein Wagen der Staatspolizei wie
verabredet an der Distriktgrenze von Maryland wartete. Wir schlossen uns ihm an und fuhren auf der Bundesstraße 95 nach Norden.

Der Abend verlief glatt. Die Sicherheitsvorkehrungen funktio-
nierten tadellos. Auch das Essen war ordentlich, der Senator hielt
eine gute Rede, und die Menge geizte nicht mit Applaus.

Danach nahm mich der Senator aufs Korn und sagte barsch:
»Ins Auto mit Ihnen!«

Oh je, dachte ich, was habe ich falsch gemacht?

In den ersten Minuten der Fahrt nach Washington las er mir die
Leviten. »Eine Veranstaltung steht und fällt mit der Vorbereitung«,
belehrte er mich. Ich sackte in meinem Sitz zusammen, als er meine
Fehler aufzählte: Der vordere Tisch war so gestellt worden, daß zu
viele Leute nach vorn kommen konnten, um mit dem Senator zu
plaudern. »Ich hatte keine Gelegenheit«, beschwerte er sich, »meine Rede noch einmal durchzusehen.« Er sprach von der Notwendigkeit, natürliche Barrieren zwischen dem Podium und der Menge
zu errichten; alle Politiker berücksichtigten diese Regel, aber ein
Kennedy müsse besonders darauf achten, sich so unauffällig wie
möglich von der Menge abzugrenzen. Wenn die Bürger ohne Ein-
schränkung zu ihm vordringen könnten, würde er zu gar nichts
mehr kommen. Schließlich besprachen wir die Route, auf der wir
den Saal verlassen hatten und durch die Hotelhalle zurück zum
Auto gelangt waren. »Ich habe einen schnelleren Weg gesehen«,
sagte er. »Sie hätten an der einen Stelle nicht rechts abbiegen sollen.« So hätten wir ein paar kostbare Sekunden sparen und wieder
einmal das Risiko für den Senator verringern können.

Ich sah ein, daß der Senator in allen Punkten recht hatte, und
dachte schon, ich hätte die Sache vermasselt.

Der Fahrer setzte mich in Georgetown ab und fuhr nach McLean
weiter. Als ich ausstieg, lächelte der Senator, schüttelte mir die
Hand und sagte: »Rick, Sie haben großartige Arbeit geleistet!«

Ich dankte ihm schwach und ging völlig verwirrt zu Bett. Am Morgen suchte ich Kirk auf und fragte ihn, ob ich tags zuvor gestümpert hätte.

»Nein, du hast deine Arbeit sehr gut gemacht.«

»Aber es hat ihm so vieles nicht gepaßt.«

Kirk gab mir die Erklärung. »Rick, er hat dich nicht ohne Grund auf diese Details hingewiesen. Niemand kann einen Rednerauftritt besser vorbereiten als Ted Kennedy.« Kirk erinnerte mich daran, daß der Senator während der Präsidentschaftskampagne seines Bruders John mit dieser Aufgabe befaßt war. »Er weiß ganz genau, was er will und wie es organisiert sein sollte. Er hat dich nur korrigiert, damit du nicht zweimal die gleichen Fehler machst.«

Und so übernahm ich, zusätzlich zu all den anderen Aufgaben, auch noch jene, die Auftritte des Senators in Washington und Umgebung vorzubereiten.

Am 17. Mai 1975 erhielt ich mein Abschlußzeugnis an der Universität. Viele Mitarbeiter des Kennedy-Stabs kamen zu der Verleihungsfeier, der Senator selbst schickte eine Karte mit herzlichen Glückwünschen. Meine Eltern freuten sich sehr, und ich war überrascht, gleich mehrere Ehrungen entgegennehmen zu können; so wurde ich vom Dekan wegen meiner »herausragenden Verdienste ... für das Ansehen der Universität« belobigt.

Nach der Feier saßen wir noch beieinander in dem Reihenhaus in der 36. Straße direkt gegenüber dem Eingang der Universität, das ich erst kürzlich gemietet hatte. Es war mein erstes eigenes Heim nach dem Auszug aus dem Haus meiner Eltern. Meine Mutter fragte verwundert, wie ich das nur alles geschafft hätte.

Mein Vater, der sich inzwischen damit abgefunden hatte, daß ich immer noch für den Senator arbeitete, ließ es bei einem knappen: »Und was kommt als nächstes?« Vielleicht war es ein Glück, daß keiner von uns diese Frage beantworten konnte.

VATER UND SOHN

Teddys Genesung hatte zwar gute Fortschritte gemacht, aber seine Stimmungslage schwankte noch immer zwischen Zuversicht und Verzweiflung. Um seinen Optimismus zu stärken, setzte ihm der Senator ein konkretes Ziel. In den vorangegangenen Jahren hatte Teddy im Sommer immer in Begleitung eines Lehreres eine Reise mit einigen Schulkameraden gemacht. »Diesen Sommer gibt es wieder eine Reise«, versprach der Senator seinem Sohn.

Es stellte sich jedoch heraus, daß im Sommer 1975 kein Lehrer von St. Alban als Aufsichtsperson zur Verfügung stand. Da der Senator aber sein Versprechen halten wollte, initiierte er eine private Tour für Teddy und drei seiner Freunde, die ihm während der Chemotherapie beigestanden hatten: Teddy Tunney, Joey Gargan und Broadway Jackson.

Theresa machte als erste Andeutungen, daß der Senator mich dazu ausersehen hatte, die Jungen auf der Reise zu begleiten. Und sie warnte mich gleich: »Das ist keine leichte Sache, mit vier Jungen, die schon in die etwas wilderen Jahre kommen, durch das Land zu zigeunern.«

Eine Woche nach dem Gespräch mit Theresa, als ich wieder einmal in McLean war, rief mich der Senator zu sich in die Bibliothek. Er fragte, ob ich die Reise mitmachen wolle; sie werde sechs oder sieben Wochen dauern. »Die meiste Zeit werden Sie mit den Jungs allein sein, Rick, aber an ein paar Wochenenden werden Tunney und ich Washington den Rücken kehren und zu euch stoßen.« Der Senator und Tunney wurden von den Jungen und ihren Freunden »die Dads« genannt. Der Senator betonte, es sei ihm sehr wichtig, daß ich mitführe.

»Das hört sich verlockend an«, erwiderte ich, »aber was wird aus meiner Arbeit im Büro?«

»Eddy wird dafür sorgen, daß die Arbeit im Postzimmer auch so weiterläuft. Und es ist ohnehin an der Zeit, daß wir einen neuen Fahrer suchen.«

Der Senator, Teddy, Angelique und ich arbeiteten in den nächsten Wochen ein detailliertes Programm für die Reise aus, damit die vier Rabauken auch ausreichend beschäftigt werden konnten. Je mehr Zeit ich mit dem Senator verbrachte, desto mehr lernten wir uns gegenseitig schätzen. Er legte immer häufiger seine Kennedy-Attitüde ab und spielte dann eher die Rolle des Vaters oder älteren Bruders als die des Senators und Arbeitgebers. Er gab mir Ratschläge und machte des öfteren gepfefferte Witze, um mich aus der Reserve zu locken. Es entging ihm nicht, daß ich meine steife, »erzbischöfliche« Haltung allmählich ablegte und zu einer toleranteren Betrachtung der Welt fand. Und daran hatte er großen Spaß.

Je vertrauter das Verhältnis zwischen dem Senator und mir wurde, desto mürrischer zeigte sich der Hausverwalter George Dalton mir gegenüber. Ich mochte George wirklich gern, aber ich konnte nichts daran ändern. Ich sah meine Aufgabe darin, dem Senator zu dienen.

Und das tat ich, so gut ich konnte.

Teddy Kennedy, Teddy Tunney, Joey Gargan, Broadway Jackson und ich flogen nach Colorado und mieteten einen Kombi für den ersten Teil der Reise. Wir verbrachten einen Tag in Aspen und machten uns dann zu der alten Minenstadt Silverton auf; unser Besuch dort war als einer der Höhepunkte der Reise gedacht. Wir hatten vor, den nach Butch Cassidy und Sundance Kid benannten Zug zu besteigen, der uns genau bis zu der Stelle bringen würde, wo die beiden legendären Banditen von einem Felsen gesprungen waren, um ihren hartnäckigen Verfolgern zu entkommen. Der Zug sollte uns mitten in der Wildnis absetzen, wo wir die Nacht im Freien verbringen wollten. Wir gerieten jedoch in eiskaltes Regenwetter, in das sich auf dieser Höhe sogar ein paar Schneeflocken mischten.

Unser Auto blieb im Schlamm stecken. Als wir es mit der Hilfe von einigen freundlichen Holzfällern wieder flottgemacht hatten, waren wir alle naß bis auf die Knochen und zitterten vor Kälte. »Du, Rick«, sagte Teddy, »wie wäre es, wenn wir die Route ändern und in Richtung Sonne fahren?«

»Dein Vater wird schäumen vor Wut, wenn wir uns nicht an den Reiseplan halten.«

»Uns ist aber furchtbar kalt!« widersprach Teddy. »Laß uns doch einen Platz suchen, wo es schön warm ist.«

Und einer der anderen Jungen murrte: »Auf den blöden Zug können wir verzichten.«

Also gut. Wir wendeten und fuhren zum nächsten Zielpunkt auf unserer Route, dem Mesa-Verde-Nationalpark an der Grenze zwischen Colorado und Utah, wo wir einen gut ausgestatteten Campingplatz fanden. Wir meldeten uns an und stellten unsere Zelte nebeneinander auf, eines für mich und das andere für die vier Jungen. Sie gingen unter die warme Dusche, und danach erledigte Teddy seinen täglichen Pflichtanruf bei seinem Vater. Er zwinkerte mir zu, als er in den Hörer sprach: »Dad, wir fahren jetzt in eine wirklich einsame Gegend. Da können wir uns ein paar Tage nicht melden, okay?«

Die Jungs kletterten auf in der Nähe stehende Bäume und machten von dort mit einer Polaroidkamera Fotos, die den Eindruck erweckten, wir würden in einer unberührten Wildnis lagern. Teddy steckte sie in einen Umschlag und schickte sie nach Hause. »Er wird glauben«, lachte er, »daß wir ein richtiges Trapperleben führen.«

Als ich abends in meinem Zelt ein Buch las, fiel mir plötzlich auf, daß es nebenan viel zu ruhig war. Und tatsächlich hatten die Bengel heimlich einen Sechserpack Dosenbier aus meinem Zelt mitgehen lassen und sich einen Schwips angetrunken. Der Senator wird mir die Hölle heiß machen, dachte ich, beschlagnahmte das restliche Bier und redete ihnen ins Gewissen, während sie sich vor Lachen krümmten.

Teddy hielt sich den größten Teil der Reise recht gut, obwohl es mitunter anstrengend und gefährlich für alle war, wie etwa bei unserer Wildwasserfahrt auf einem reißenden Fluß. Ich war natürlich sehr besorgt um ihn, aber der Senator hatte mir eingeschärft, daß Teddy lernen müsse, das Leben trotz aller persönlichen Schwierigkeiten so zu nehmen, wie es ist. Also versuchte ich, ihn genauso wie seine Kameraden zu behandeln. Andererseits aber konnte ich nicht ignorieren, daß er seine besonderen Probleme hatte. Er konnte sich dem Gedanken an seine Behinderung nicht entziehen, und ich konnte es auch nicht. Manchmal half ich ihm beim Verbinden des Beinstumpfes, der ihm immer noch Beschwerden machte. Wenn ich ihn verband, starrte er oft auf die Stelle, wo früher einmal sein Fuß gewesen war. Das gab mir jedesmal einen Stich ins Herz. Als er einmal besonders bedrückt und niederge-schlagen wirkte, nahm ich ihn beiseite und sagte sanft: »Nimm es nicht so schwer, Teddy. Du mußt einfach damit umgehen lernen.«

»Ich weiß, Rick«, sagte er wehmütig. »Ich denke nur daran, was wohl die Zukunft bringen wird.«

Ein andermal wurde er von einem netten älteren Ehepaar er-kannt und freundlich angesprochen. Er war durchaus an solche Situationen gewöhnt und konnte eigentlich gut damit umgehen, an diesem Tag aber war er kurz angebunden und fauchte: »Können Sie mich nicht mal in Ruhe lassen?«

Ich bekam die Szene zufällig mit und sprach anschließend mit ihm unter vier Augen: »Versteh doch, Teddy, du vertrittst hier deinen Vater, und das ist wichtig. Du mußt freundlich sein. Du schüttelst ihnen die Hand, sagst guten Tag, und dann gehen wir weiter. Es ist vielleicht manchmal lästig, aber du bist es deinem Namen schuldig.«

Teddy nickte. Reumütig machte er das Paar ausfindig, entschul-digte sich und gab ihnen ein Autogramm. Von da an bot er jeder

Herausforderung entschlossen die Stirn – jeder Zoll ein echter Kennedy.

Wir fuhren weiter nach Utah und statteten Robert Redfords Landsitz Sundance einen Besuch ab. Der Schauspieler war in Hollywood bei den Dreharbeiten zu »Die Unbestechlichen«, aber seine Frau Lola umsorgte uns liebevoll. Den Film sahen wir uns später in Los Angeles an.

Als wir zum Lake Tahoe kamen, waren »die Dads« bereits unterwegs, um ein paar Tage mit uns zu verbringen. Wir mieteten zwei Ferienwohnungen am Seeufer. Unsere Gastgeberin war eine hübsche junge Frau.

Die Dads trafen zur rechten Zeit ein, und wir freuten uns alle auf ein kurzweiliges Wochenende mit Schwimmen, Bootfahren und einer Tour im Heißluftballon.

Die Jungs schlossen ein Abkommen mit ihren Vätern: Sie erklärten sich bereit, am Freitagabend zu kochen, wenn die älteren Herrschaften die Lebensmittel einkauften. Ich begleitete Senator Ted Kennedy und Senator John Tunney hinunter zum Supermarkt am Lake Tahoe – wahrscheinlich war es seit Jahren das erste Mal, daß sie wieder eine solche Einrichtung von innen sahen. Sie verhielten sich, als wären sie auf einem fremden Planeten gelandet. Im Laden dachte kein Mensch mehr ans Einkaufen. Aller Augen waren auf die beiden Männer gerichtet, die in dem für sie unbekannten Terrain herumirrten, mit ihren Einkaufswagen überall anstießen, Waren von den Regalen fegten, sich über die Preise beschwerten und mühevoll die Etiketten zu entziffern versuchten. Sie griffen sich jeder eine Armvoll verschiedenartiger Keksschachteln, fochten einen harten Kampf mit einer Lammkeule aus und mußten am Gemüsestand eine schwere Niederlage einstecken. Tunney warf eine Handvoll Tomaten so schwungvoll in seinen Wagen, daß sie auf dem Drahtgeflecht platzten und Freund und Feind mit roten Tupfern übersäten. Der Senator erspähte währenddessen die Tiefkühltruhen und startete einen Großangriff auf die Eiscreme-Kartons. Wir kehrten schließlich mit einem riesigen Haufen Lebensmittel in die Wohnung zurück, von denen die wenigsten für die Zubereitung einer ordentlichen Mahlzeit zu verwenden waren.

Als ich in der Küche eine Bestandsaufnahme machte, stellte ich fest, daß den Jungen nichts anderes übrig blieb, als eine Ladung Spaghetti zu kochen.

Die Vorbereitungen waren schon im Gange, als unsere hübsche

Gastgeberin mit einer Freundin im Schlepptau in der Tür erschien.
Bis wir mit der Pasta fertig waren, hatten sie sich schon mit Kennedy und Tunney angefreundet und eine Weinflasche geköpft.

Broadway Jackson und Joey Gargan stießen einander in die
Rippen und kicherten außer Hörweite der Erwachsenen:»Onkel
Ted wird heute Nacht seinen Spaß haben.«

Teddy war die Bemerkung nicht entgangen, und er sah plötzlich
bedrückt aus. Er beobachtete, wie sein Vater bei einer der Frauen
Süßholz raspelte, nahm mich beiseite und seufzte:»Hoffentlich
macht Dad das nicht. Na, du weißt schon ...«

»Ach wo, die sind doch bloß guter Laune und wollen sich entspannen«, beschwichtigte ich ihn.»Es wird schon nichts passieren.
Mach dir keine Sorgen.« Aber Teddy wußte inzwischen, was er zu
erwarten hatte.

Nach dem Essen, das überraschend gut und reichlich mit Gelächter gewürzt war, verkündete der Senator plötzlich:»Okay Rick,
Zeit, die Bälger in die Falle zu bringen.« Nur das.

Ich nahm die Jungen mit in die Wohnung nebenan und brachte
sie zu Bett. Durch die geöffneten Fenster konnte ich hören, wie das
fröhliche Kleeblatt in einem Whirlpool am Seeufer weiterzechte –
und ich wußte, daß die Jungen ebenfalls hinaus in die Nacht horchten.

Wir standen am nächsten Morgen früh auf und waren gerade
draußen, als die Frauen aus Kennedys Wohnung kamen. Der junge
Teddy warf ihnen einen Blick zu, dann drehte er sich rasch weg, um
seinen Schmerz zu verbergen. Er hielt den Kopf gesenkt und stieß
mit dem Fuß nach einem imaginären Gegenstand. Zu keinem anderen Zeitpunkt seit dem Ende der Chemotherapie hat er so verwundbar gewirkt wie in diesem Augenblick. Die Frauen waren völlig blind
für seinen Zustand. Sie winkten uns zu und riefen:»Bye-Bye.«

Teddy brummte etwas vor sich hin, das sich offensichtlich auf
die Frauen bezog. Ich verstand ihn zwar nicht, aber ich konnte mir
denken, was er meinte. Ich legte ihm den Arm um die Schulter und
sagte:»Na komm, schauen wir mal, was es hier noch aufzuräumen
gibt.«

Die Traurigkeit in Teddys Augen ließ mich an eine ähnliche
Szene denken, die sich einige Zeit zuvor abgespielt hatte. An einem
Freitag – Joan war an diesem Wochenende nicht zu Hause – schickte mich George Dalton zum National Airport, um Margaret Trudeau
abzuholen, die Frau des kanadischen Premierministers. Ich er-

kannte sie sofort, als sie durch die Absperrung kam, und stellte
mich vor. Auf der Fahrt nach McLean wurde mir klar, daß sie das
ganze Wochenende mit dem Senator verbringen wollte, und ich
fühlte mich ausgesprochen unwohl bei dem Gedanken. Wie der
Senator und seine Frau ihre Ehe gestalteten, ging mich nichts an,
aber in McLean waren die Kinder mit im Spiel.

Ich brachte Margaret Trudeau bis zur Tür der Residenz und
wandte mich zum Gehen, als ich für einen kurzen Moment Kara am
Fenster ihres Zimmers stehen sah. Ihr Gesicht hatte einen melan-
cholischen Ausdruck. In diesem Augenblick wurde mir bewußt, wie
schrecklich einsam die Kinder des Senators waren. Sie lebten als
Gefangene einer alkoholsüchtigen Mutter, die immer wieder für längere Zeit aus ihrem Gesichtskreis verschwand, und eines leichtle-
bigen Vaters, der keine Gelegenheit zu sexuellen Eskapaden ausließ. Vor allem aber waren sie Gefangene ihres Namens. Das
Schicksal, ein Kennedy zu sein, würde ihr ganzes Leben bestim-
men. Es war eine quälende Vorstellung, und ich versuchte sie
schnell wieder zu vergessen.

Aber nicht nur die Kinder des Senators waren ihrer Familiengeschichte ausgeliefert. Im Büro kursierten ständig Gerüchte über
Ethels Kinder. David und Bobby schienen immer mehr den Drogen
zu verfallen. Die Kinder der anderen Kennedy-Geschwister kamen
besser zurecht, trotzdem war Jackie überaus wachsam und an-
scheinend mit einer Art sechsten Sinn dafür ausgestattet, wann sie
John jr. und Caroline von den rebellischeren Mitgliedern des Clans
fernhalten mußte.

»Jackie legt Wert auf Distanz«, sagte der Senator, »und das kann
man ihr auch nicht verdenken ...«

Doch Jackie war auch entschlossen, die Kinder des Präsidenten
mit ihrem Erbe vertraut zu machen. Sie sollten den Regierungsap-
parat aus der Nähe kennenlernen. In jenem Sommer machten Caroline und ihre Freundin ein Praktikum im Büro des Senators. Ich
lernte sie kennen, nachdem ich mit den vier Jungen von unserer
Reise zurückgekehrt war. Caroline verbrachte ihre Freizeit teils im
Haus des Senators in McLean, teils in Hickory Hill. Die Überspannt-
heit einiger ihrer Verwandten, die sich hin und wieder in Verrückt-
heiten Luft machte, schien sie keineswegs aus der Fassung zu bringen. Sie war eher schüchtern und ein wenig reserviert, aber sie
machte ihre Arbeit gut, war sehr kollegial und entwickelte sich zu
einer Stütze unserer Hallenbaseballmannschaft.

Ich hatte die Aufgabe, die Praktikanten mit Arbeit zu versorgen, und schonte auch Caroline nicht, die ich genauso behandelte wie die anderen. Damit die Praktikanten einen Überblick über die Abläufe im Senat bekamen, wechselten sie jede Woche ihren Tätigkeitsbereich. Caroline stellte zusammen mit Carey Parker juristische Nachforschungen im Zusammenhang mit Gesetzesinitiativen an, aber sie erfüllte auch bescheidenere Aufgaben, wie etwa den Dienst im Postzimmer, mit der gleichen Begeisterung.

Sie sprach kaum je von ihrem Vater, und wenn ihr jemand sagte, wie sehr er den Präsidenten bewundere, dankte sie ihm freundlich und wechselte das Thema. Trotzdem bewahrte sie sich eine tiefe Liebe zu ihrem ermordeten Vater. Als ich sie eines Tages zu einem Hallenbaseballspiel fuhr, sagte sie plötzlich: »Ach Rick, können wir hier abbiegen?«

Wir fuhren langsam eine Straße im Nordwesten von Georgtown entlang, und wehmütig lächelnd sagte sie: »Ich erinnere mich an diesen Ort aus der Zeit, als ich mit meinem Vater hier war.«

Nein, dachte ich, diese Kinder werden nie vergessen, wer sie sind, und das ist Segen und Fluch zugleich.

Für die im Jahr 1976 anstehenden Senatswahlen begann der Senator schon jetzt zu planen. Sein Herausforderer galt nicht als besonders gefährlich. Der Senator peilte seine Wiederwahl mit siebzig Prozent der Stimmen seines Bundestaates an, womit sein Mandat auf eine noch solidere Basis gestellt werden würde.

»Ich werde meinen Neffen Joe bitten, die Wahlkampagne zu übernehmen«, sagte er eines Tages auf der Fahrt zum National Airport. Bobs ältester Sohn, der gerade an der University of Massachusetts seinen Abschluß gemacht hatte, sollte der offizielle Wahlkampfleiter werden. Dem Senator war jedoch auch klar, daß Joe nicht genügend Erfahrung besaß, um die Organisation der Kampagne bis in alle Details überblicken zu können. »Wie wäre es, wenn Sie nach Massachusetts gingen und sich um die finanziellen Fragen und den Aufbau eines Büros kümmerten?«

Der Senator hatte dabei noch einen speziellen Auftrag für mich. Es hatte ihm imponiert, wie ich die Bürokosten reduziert hatte. Und er meinte, es wäre schön, wenn der bevorstehende Wahlkampf nicht in den roten Zahlen enden würde. Das schien reines Wunschdenken zu sein, wenn man sich vor Augen hielt, daß immer noch Spenden-Veranstaltungen organisiert wurden, um den Schuldenberg abzutragen, den Bob Kennedys Präsidentschaftskampagne von 1968 hinterlassen hatte. Andererseits wäre es töricht gewesen, ein solches Angebot nicht anzunehmen, und so sagte ich ja. Kurz bevor wir das Abfertigungsgebäude erreichten, wechselte der Senator plötzlich das Thema: »Was wollen Sie eigentlich weiter mit Ihrem Leben anfangen«, fragte er mich unvermittelt. »Ich weiß, daß Sie es nicht nötig hätten, hier zu arbeiten. Was versprechen Sie sich von der Zukunft?«

Mir blieb wenig Zeit für eine Antwort, denn wir standen bereits auf dem Flugsteig. Ich gab eine etwas vage Auskunft, denn in Wahrheit wußte ich selbst nicht genau, was ich wollte. Und es war mir auch nicht wichtig. Ich war einfach glücklich, der neue Finanzchef und Büroleiter des Komitees zur Wiederwahl Ted Kennedys zu sein.

Bevor ich mich um die Finanzierung der Kampagne kümmern konnte, galt es einige Probleme in der Residenz des Senators in McLean zu lösen. Dort war der schon lange schwebende Konflikt über die Frage, wer im Haushalt das Kommando führe, nun voll entflammt. Theresa Fitzpatrick und George Dalton lagen ständig im Streit miteinander. Sie hielt George vor, daß er Bestellungen mache, ohne auf die Kosten zu achten. Wenn der Senator sich über die hohen Haushaltsrechnungen beschwerte, sagte George einfach, es sei eben alles so teuer geworden. George und Rosalie bezichtigten sich gegenseitig, das Geld aus dem Fenster zu werfen.

George fühlte sich vermutlich unterbezahlt und fand wohl auch, daß seine Arbeit zu wenig gewürdigt wurde, aber es war nicht meine Aufgabe, mich darum zu kümmern. Als die altgediente Köchin Andres ihren Abschied nahm und in ihr Heimatland Frankreich zurückkehrte, ging ihre Nachfolgerin, eine Absolventin der Bostoner Schule für Kochkunst, schon bald ein Bündnis mit Theresa ein. Damit wuchs sich der Streit vollends zu einem »Krieg der Stockwerke« aus.

Die Verhältnisse in McLean wurden noch dadurch kompliziert, daß Joan wieder auf der Bildfläche erschien. Ihre Entziehungskur war beendet, und sie schien ihr Alkoholproblem jetzt besser im Griff zu haben. Nüchtern aber war sie weit eher gewillt und auch in der Lage, sich durchzusetzen. Ihr Gesicht war längst nicht mehr so aufgedunsen wie früher, als man den Eindruck haben konnte, sie nehme Kortison. Sie kleidete sich jetzt mit größerer Sorgfalt und war nicht mehr so stark geschminkt. Wie sehr sich ihr Zustand gebessert hatte, ließ sich an der Entschlossenheit ablesen, mit der sie sich um das Chaos in ihrem Haus zu kümmern begann. Sie verkündete, daß sie »reinen Tisch machen« und die Ausgaben des Haushalts in McLean auf ein vernünftiges Maß reduzieren wolle. Außerdem nahm sie sich vor, die ständige Spannung und den Kleinkrieg zwischen den Hausangestellten zu beenden oder wenigstens zu begrenzen.

Der Senator wich, wenn irgend möglich, persönlichen Konflikten aus. Deshalb beauftragte er Eddy Martin, die Sache zu bereinigen. Eddy schob wiederum mich vor. »Wir müssen etwas unternehmen«, stöhnte er und war von seiner Aufgabe alles andere als begeistert.

Nachdem er sich mit dem Senator beraten hatte, entschied er, man müsse sich von allen drei Hausangestellten trennen. Dies war jedoch ein äußerst heikles Unterfangen, denn Theresa, Rosalie und George waren schon sehr lange im Haus und in all seine Geheimnisse eingeweiht. Wir mußten einen Weg finden, wie man sie loswerden und trotzdem zufriedenstellen konnte.

Wir wollten die Sache langsam angehen und zuerst nur Theresa entlassen. Rosalie und George würden später folgen.

Wir überzeugten den Senator, daß er den unangenehmen Part in dieser Geschichte selber übernehmen müsse, und bereiteten ihn auf die Stunde der Wahrheit vor. Er absolvierte schlecht und recht mehrere Probeläufe und schien verärgert, daß er selbst in den sauren Apfel beißen mußte. Eddy meinte, es wäre für alle Beteiligten besser, bis nach den Weihnachtsferien zu warten.

Er nickte und schien erleichtert zu sein, die Entlassungen noch aufschieben zu können, aber dann wurde er zu unserer Verblüffung vorzeitig aktiv. Kurz vor Weihnachten nahm er all seinen Mut zusammen, kippte ein paar Drinks und ging zum Angriff über. Er setzte sich mit Theresa zusammen und legte los: »Also Theresa, Sie wissen ja, Joan ist jetzt wieder mehr zu Hause, und der Wahlkampf kommt immer näher. Die Kinder werden auch älter und, nun ja ...«

Theresa war völlig perplex. »Sie erhalten natürlich eine sehr großzügige Abfindung«, fügte er rasch hinzu. »Außerdem habe ich dafür gesorgt, daß Sie bei uns im Büro als Assistentin von Dick Berliner – Sie wissen schon, das ist der Nachfolger unseres ehemaligen Pressereferenten Dick Drayne – anfangen können. Das heißt, wenn sie wollen.«

Theresa blieb vor Schreck der Mund offen. Und dann verkündete der Senator, daß er jetzt wirklich nach Aspen aufbrechen müsse, wo die Familie immer ihren Weihnachtsurlaub verbrachte.

Theresa war am Boden zerstört – und empört über den Zeitpunkt dieser Eröffnung. Sie verbrachte die Weihnachtsferien allein in McLean, und danach schien sie sich mit ihrem Schicksal abgefunden zu haben. Sie zog für einige Zeit zu Mary Carney, der neuen Leiterin des Postzimmers, und konzentrierte sich auf ihre neue Aufgabe.

Joan ergriff die Initiative und hielt Ausschau nach einem neuen Kinderfräulein, die den älteren Kindern eher eine Freundin sein und die auch besser mit Rosalie und George auskommen sollte.

Wir hofften alle inständig, daß sie jemanden finden würde, und zwar bald.

Anfang 1976 mietete ich eine Wohnung in Boston und machte mich daran, die Wahlkampagne des Senators zu organisieren. Die Buchhalterin Kay Mulcahy und ich verabredeten im geheimen, 200 000 Dollar der Wahlkampfgelder auf einem Spezialkonto zu deponieren, von dem nur wir beide Kenntnis hatten. Wir argwöhnten nämlich, daß der Senator, sein Neffe Joe oder ein anderer leitender Mitarbeiter des Wahlkampfteams gewiß Mittel und Wege finden würden, das Geld auszugeben, wenn sie von dessen Existenz wüßten. Also beschlossen wir, niemandem von den 200 000 Dollar zu erzählen, sofern wir nicht in eine Finanzkrise gerieten.

Joe Kennedy hatte eine rauhe Schale. Er trat sehr schroff auf, und ich bemühte mich darum, ihm einen gemäßigteren Umgangsstil beizubringen. Er hatte einen besonderen Verteidigungsmechanismus entwickelt, der darin bestand, sich von seiner Familie zu distanzieren, und er hatte sich im großen und ganzen von Drogen ferngehalten. Es sprach einiges dafür, daß der Jeepunfall in Nantucket, der 1973 seine Freundin Pam Kelly zum Krüppel gemacht und seinem Bruder David chronische Schmerzen beschert hatte, für Joe zu einem Wendepunkt in seinem Leben geworden war. Er hatte sich seither gewissenhaft seinen Aufgaben gewidmet und war durchaus dem Rat des Richters gefolgt, sich seines berühmten Namens würdig zu erweisen. Nach dem erfolgreichen College-Abschluß hatte er sich freiwillig beim Daniel Marr Boys Center im Süden von Boston gemeldet, wo er Jungen aus der Arbeiterschicht in der vornehmen Kunst des Segelns unterrichtete. Jetzt schien er bereit zu sein, auch im politischen Leben die ihm von der Familie zugewiesene Rolle auszufüllen. Kardinal Cushing bezeichnete es als

»einen großen Vertrauensbeweis«, daß der Senator ihn zu seinem Wahlkampfmanager ernannt hatte. Je besser ich Joe kennenlernte, um so sympathischer wurde er mir. Er war ein stämmiger junger Mann mit langem lockigen Haar, der vernünftige Ansichten hatte und in seinen persönlichen Bedürfnissen erstaunlich genügsam war. Zur allgemeinen Verblüffung trug er nur Anzüge, die er von seinem Vater geerbt hatte. Da Bob aber von eher schmächtiger Statur gewesen war, wirkten seine Anzüge an dem kräftigen Joe wie eingelaufen. Ein Wahlkampfmanager durfte einfach nicht so aussehen. Ich ging daher mit ihm zu einem Herrenausstatter, und wir kauften ihm einen neuen Anzug.

In den folgenden Wochen riß Joe seine Witze über die zweite Wahlkampagne, die zu dieser Zeit die Familie in Atem hielt: Sargent Shriver, der schon 1972 als Vizepräsidentschaftskandidat von McGovern gescheitert war, hatte sich nun auf eine ebenfalls wenig aussichtsreiche Präsidentschaftskandidatur eingelassen. Nachdem Shriver seine Bewerbung offiziell bekanntgegeben hatte, erklärte der Senator Eunice, daß er nach außen hin neutral bleiben müsse, privat jedoch alles tun werde, um Shriver zu unterstützen. Wenn der Senator wirklich jemals hinter den Kulissen für Shriver aktiv geworden sein sollte, dann haben wir jedenfalls nichts davon gemerkt.

Joe und Rick Grogan, ein als Wahlhelfer zu uns gestoßener cleverer junger Geschäftsmann von der Wall Street, riß es fast von den Socken, als eines Tages eine strahlende Schönheit in unserem Büro erschien und sich für die Kampagne meldete. Die junge Frau hatte langes, tiefschwarzes Haar, das ihr bis auf die Schultern reichte. Obendrein konnte sie Wahlkampferfahrung vorweisen. Wir setzten sie in die Telefonzentrale, und Joe und Rick begannen sofort, mehr oder weniger kameradschaftlich, um ihre Gunst zu buhlen.

Eines Tages brachte ich ein paar Akten zum Telefondienst, und wir kamen in ein lockeres Gespräch. Ich schlug ihr vor, nach der Arbeit noch etwas trinken zu gehen. Sie war einverstanden, und wir verbrachten einen netten Abend zusammen. Als ich das nächste Mal dem Senator begegnete, konnte er sich eine Bemerkung nicht verkneifen:»Joe hat mir erzählt, Sie hätten die schönste Frau im ganzen Laden.« Das ist aber schnell bei ihm angekommen, dachte ich.

Der Senator und Joan beschlossen, vor dem Wahlkampf ein Apartment auf dem Beacon Hill in Boston zu kaufen, das nach außen hin als gemeinsame Privatwohnung galt. In Wirklichkeit war die Wohnung jedoch in erster Linie für Joan bestimmt. Sie lebte überwiegend getrennt vom Senator, obwohl sie nach der offiziellen Sprachregelung nur »ihre Zeit teilte«. Ihre Bemühungen waren in erster Linie darauf gerichtet, gesund und stabil zu bleiben. Ihre Mutter war in jenem Jahr an den Folgen von Alkoholismus gestorben. Vielleicht war ihr Tod für Joan ein Anstoß, im Kampf gegen die Sucht nicht nachzulassen.

Da Joan sich angewöhnte, zwischen McLean und Boston hin und her zu pendeln, waren gemeinsame öffentliche Auftritte mit dem Senator praktisch nicht mehr möglich. Andere mußten einspringen, wenn es darum ging, dem Senator in wichtigen Momenten den Rücken zu stärken. Gelegentlich wurde auch Jackie eingeladen, mit Caroline und John an Wahlveranstaltungen teilzunehmen. Man trat immer vorsichtig an sie heran; niemand wollte Jackie unter Druck setzen. Wenn sie ihre Kinder zu einem Auftritt nach Boston schickte, war dies an strenge Bedingungen geknüpft, denn sie wollte nicht, daß die Kinder in der Schule etwas versäumten; ihre Besuche waren selten, kurz und rein geschäftsmäßig.

Caroline begrüßte mich immer mit einem Lächeln und einem freundlichen »Hallo Rick«, und auch John war ausgesprochen höflich. Jackie stand ihren Kindern bei den öffentlichen Veranstaltungen behutsam zur Seite; sie sprach mit der leisen, rauchigen Stimme, die so berühmt war.

Der Ablauf folgte immer dem gleichen Schema. Nach der Wahlrede des Senators sagten Jackie, Caroline oder John ein paar Worte zum Publikum. Sie erschienen dann erst wieder beim Empfang. Der Hauptzweck dieser Veranstaltungen war, den Fotografen Gelegenheit für Aufnahmen zu geben. Caroline und John absolvierten die Auftritte stets mit großer Gelassenheit.

Jackie hatte sich in der Öffentlichkeit schon vorher rar gemacht. Damals aber war sie besonders zurückhaltend, da sie gerade zum zweiten Mal Witwe geworden war und die »New York Times« einen großen Rummel um die Nachricht gemacht hatte, Onassis sei kurz davor gewesen, die Scheidung einzureichen. Der Senator hatte Jackie bei Onassis' Beerdigung begleitet. Er soll schuld daran gewesen sein, daß Christina, die mit ihnen im gleichen Wagen saß, auf der Fahrt in Tränen ausgebrochen und ausgestiegen war und den gesamten Autokonvoi gestoppt hatte. Angeblich, weil er zu Christina gesagt hatte, es sei »an der Zeit, sich um Jackie zu kümmern«.

Jackie wurde nach Onassis' Tod von einer unerbittlichen Neugierde verfolgt. Verständlicherweise hatte sie nicht das Verlangen, sich den bohrenden Fragen der Presse in bezug auf das Onassis-Erbe auszusetzen. Der Senator tat daher alles, um sie während der Wahlveranstaltungen abzuschirmen. Allerdings spielten dabei auch politische Motive eine Rolle: Weniger Aufmerksamkeit für Jackie bedeutete mehr Aufmerksamkeit für den Kandidaten.

Die Senatskampagne verlief reibungslos. Wir waren uns eines eindrucksvollen Sieges so sicher, daß wir schon vor den Wahlen nach Washington zurückkehrten. Mein Programm für den 4. Juli, den Nationalfeiertag, führte mich in drei verschiedene Städte. Am Morgen sahen wir uns eine Segelregatta im New Yorker Hafen an, dann flogen wir zur Mittagsparade nach Philadelphia, und abends besuchten wir in Washington eine Party, die unsere Kollegin Mandi Carver auf dem Dach ihres Apartmenthauses in der Connecticut Avenue gab. Als der Senator erschien, sah ich, wie Mandis Augen aufleuchteten. Ich war mir nicht ganz sicher darüber, ob der Glanz in ihren Augen auf die Begeisterung über den erfolgreichen Wahlkampf oder eine intimere Bekanntschaft mit dem Senator zurückzuführen war.

Das geht dich gar nichts an, ermahnte ich mich.

Die Affären der Kennedys waren mittlerweile zur Legende geworden. So wie die Presse nach dem Tod von Aristoteles Onassis über Jackie hergefallen war, so überboten sich die Zeitungen in diesem Jahr mit Enthüllungen über Präsident Kennedy und eine dunkelhaarige Schönheit namens Judith Campbell, heute Judith Campbell Exner. Die »Washington Post« hatte über diese Liaison gerade einen Bericht mit dem Titel »Eine merkwürdige Episode im Weißen Haus« herausgebracht. Weitere Nachforschungen ergaben, daß die Dame auch mit dem Mafia-Boss Sam Giancana ein Verhältnis gehabt hatte, der wiederum mit dem CIA zusammen Pläne ausgeheckt hatte, um Fidel Castro zu ermorden.

Judith Campbell war offenbar John und Ted Kennedy von Frank Sinatra während der Präsidentschaftskampagne im Februar 1960 vorgestellt worden. Bald darauf hatte John, wie es hieß, eine ungestüme Liebesaffäre mit Judith Campbell begonnen. All das war zu einer Zeit passiert, als die Presse bei amourösen Abenteuern von Politikern noch beide Augen zudrückte. Aber diese Epoche war vorbei. Nun wurde behauptet, Judith Campbell sei *gleichzeitig* mit Kennedy und dem Mafia-Boss Giancana liiert gewesen.

In Washington wie im gesamten Land griff man diese Geschichten begierig auf, nur ich bemühte mich verzweifelt, die Enthüllungen als Unsinn abzutun. Ich konnte nicht glauben, daß Präsident Kennedy die nationale Sicherheit auf eine so frivole Art hatte gefährden können. Allerdings war mir bei meinem Umgang mit dem Senator nicht entgangen, daß es in der Tat Risse in der Fassade der Kennedys gab.

Die Auszählung ergab, daß der Senator fast 75 Prozent der Stimmen gewonnen hatte, 5 Prozent mehr als von ihm angestrebt. Sein Neffe Joe war zuerst wütend, dann verblüfft, als er erfuhr, daß ich 200 000 Dollar an Wahlkampfgeldern zurückgehalten hatte. Der Senator allerdings war in Hochstimmung, und Steve Smith nicht weniger. Meine Aufgabe lautete, nicht in die roten Zahlen zu gelangen; ein Plus von 200 000 Dollar hatte es noch nie gegeben. Wir verwandten einen Teil der Summe für Veranstaltungen in mehreren Städten und gaben Parties für die Wahlhelfer und Wahlkreisreferenten des Bostoner Büros. Damit schmolz der Überschuß auf etwa 70 000 Dollar zusammen.

Als sein berühmter Onkel eine weitere Amtszeit als Senator antrat, überlegte Joe ernsthaft, in Massachusetts für einen Sitz im Repräsentantenhaus zu kandidieren. Statt dessen gründete er jedoch sein erstes Unternehmen, die New England Energy Coalition, einen Mineralöl-Großhandel. Er hätte mich gern als Mitarbeiter gewonnen und machte mir ein lukratives Angebot. Trotzdem lehnte ich ab, denn ich hatte das Gefühl, daß mein Stern am Washingtoner Himmel weiter stieg.

ACHTUNG! PERSÖNLICH!

Angelique bat mich, ein Exemplar des Buches »My Story« von Judith Exner zu besorgen, das 1976 neu erschienen war und sogleich für Schlagzeilen sorgte. Als ich es ihr brachte, kam gerade der Senator herein. Sein Blick fiel auf das Buch, er nahm es kommentarlos an sich und ging in sein Büro.

Ich kaufte mir ebenfalls einen Band und las ihn mit gemischten Gefühlen. Zum großen Teil hielt Exners Buch einer kritischen Betrachtung durchaus stand. Für die Kennedys war das Datum seines Erscheinens ein rabenschwarzer Tag in der Familiengeschichte. Bevor es veröffentlicht wurde, soll besonders Eunice, wie man mir erzählte, über die Anwürfe gegen den Präsidenten empört gewesen sein. Immerhin war es das erste Mal, daß die ganze Nation in Kennedys Schlafzimmer in der ersten Reihe saß. Der Senator hatte aber Eunice versichert, daß die Beschuldigungen ganz einfach unwahr seien.

Und dann schlug das Buch wie eine Bombe ein.

Judith Exner schrieb, Frank Sinatra habe sie – damals noch Judith Campbell – im Copa Room in Las Vegas mit John und Ted Kennedy sowie mit Peter Lawford bekannt gemacht. Nach der Show ging die Gruppe in den Gesellschaftsraum des Hotels, um etwas zu trinken. Judith Exner saß neben Ted, und nach einigen Drinks »lehnte er sich zu mir herüber und fragte, ob ich ihm die Stadt zeigen könnte«. Sie war einverstanden. Sie fühlte sich geschmeichelt, daß Teddy so großes Interesse an ihr zeigte und alles über sie wissen wollte. Offenbar war es nur er, der Fragen stellte; Exner schrieb, sie habe damals nicht gewußt, daß Teddy verheiratet war. Sie fügte hinzu, daß ihm die Kultiviertheit und der Charme seines Bruders gefehlt habe. »Er war der Benjamin«, schrieb sie, »der im Schatten seines großen Bruders stand.«

Später begleitete Ted Judith Exner zu ihrem Zimmer. Er ließ sich den Schlüssel geben, öffnete die Tür und verbeugte sich, als sie eintrat. Er wollte mit hineingehen, aber sie wies ihn zurück, und so blieb er im Flur stehen. Allerdings gab er so schnell nicht auf, bis Judith Exner sagte: »Sie wollen doch wohl nicht, daß ich mit ihnen die Geduld verliere.«

»Oh nein, das natürlich nicht«, antwortete er lachend. »Das wäre das letzte, was Sie verlieren sollten.« Er wandte sich nun zum Gehen und sagte: »Nichts für ungut, ich hab' eben mein Glück versucht.«

In Wirklichkeit hatte er noch nicht alle Hoffnung aufgegeben. Er wollte sie unbedingt dazu überreden, mit ihm nach Denver zu fliegen, wo er für die Präsidentschaftskampagne zu tun hatte. Noch vom Flughafen rief er sie mehrmals an und drängte sie, ihn zu begleiten. Er wußte nicht, daß bereits John ein Auge auf Judith Exner geworfen hatte. Die beiden stürzten sich in eine Liebesaffäre, die sogar noch andauerte, als John schon ins Weiße Haus gezogen war.

In ihrem Buch schildert Judith Exner, wie der Präsident bei einem seiner Besuche nach Ted fragte:

»Hast du etwas von Ted gehört?«
Die Frage machte mich stutzig. »Meinst du deinen Bruder?«
»Ja. Hat er dich angerufen?«
»Natürlich nicht. Wie kommst du überhaupt darauf?«
»Ach, ich dachte nur so.«
John vergaß nie, daß Ted in Las Vegas versucht hatte, bei mir
zu landen. Wenn wir miteinander im Bett waren, sagte er mehr-
mals: »Junge, Junge, wenn Ted das wüßte. Der würde vor Neid
platzen.« Ich glaube, es machte ihm einen Riesenspaß, dort Erfolg
zu haben, wo Ted gescheitert war.

Ich knallte das Buch auf den Tisch und ging wieder an meine Arbeit.
Ich hätte die Behauptungen gern als »Quatsch« abgetan, wie Lillian
zu sagen pflegte. Doch ich begann darüber nachzudenken, wieviel
von ihrer Geschichte die Kennedys wohl im Lauf der Zeit umge-
schrieben haben mochten, um von ihrer Dynastie das Bild zu zeichnen, das ihnen genehm war.   Mir fiel ein, daß ein Freund der
Familie die Tonbänder von Präsident Kennedy gelöscht hatte. Ich
dachte an die Art und Weise, wie sie ständig Joans »Problem«
verharmlosten … an die beschönigenden Formulierungen, mit denen sie den Drogenmißbrauch von David und Bobby Kennedy be-
mäntelten …
Judith Exners Bericht ließ die ganze Kontroverse über die Ermordung Kennedys wieder aufleben. Es deutete jetzt einiges darauf
hin, daß Giancana vom CIA engagiert worden war, um bei diversen
Aktionen gegen Castro mitzuwirken. Die ganze Angelegenheit roch
sehr verdächtig. Im Kongreß fanden zu dem Thema ausführliche
Anhörungen statt. Der Senator beauftragte ein eigenes Team, um
Nachforschungen in dieser Sache anzustellen. Er las ihre Berichte
sorgfältig, behielt jedoch seine Einschätzung für sich. Daß er selbst
Ermittlungen führte, war für einige von uns ein Hinweis, daß er den
offiziellen Gutachten, die zur Ermordung des Präsidenten vorlagen,
nicht ganz traute. Offensichtlich war für den Senator noch nicht
alles restlos geklärt. In der Öffentlichkeit allerdings bezog er stets
die Position, auf die sich die Familie in der Frage einer möglichen
Verschwörung geeinigt hatte. Sie lautete, daß bereits eine ord-
nungsgemäße Untersuchung stattgefunden habe und daß die Familie die Schlußfolgerungen des Warren-Berichts teile.
Durch Privatgespräche erfuhr ich freilich im Lauf der Jahre, daß
ein Teil der Kennedy-Kinder anderer Meinung war. Joe Kennedy

neigte zu der Verschwörungstheorie und glaubte, daß die mysteriö-
se Gruppe, die für den Tod des Präsidenten verantwortlich gewesen
sein soll, auch seinen Vater Robert auf dem Gewissen habe.
Die Kinder des Senators hielten sich mit Äußerungen zurück. Als
ich einmal mit Teddy und einigen seiner Freunde vor dem Fernseher saß, kam ein Bericht über die altbekannte Kontroverse um die
Ermordung Kennedys. Ich sprang auf und schaltete um.
Teddy sagte kein Wort, aber offensichtlich war er genauso wie
ich froh, sich etwas anderes anschauen zu können.

Anfang 1977 reichte Angelique, die Privatsekretärin des Senators,
ihre Kündigung ein. Sie hatte seit ihrer Hochzeit ein aufreibendes
Doppelleben geführt. Unter der Woche hatte sie in Washington für
den Senator gearbeitet und war jeweils an den Wochenenden zu
ihrem Ehemann nach Boston gefahren. Um dieselbe Zeit sprach
auch Paul Kirk, der politische Berater des Senators, offen von seiner
Absicht, das Büro zu verlassen. Und Eddy Martin sagte fast jeden
Tag, er wolle raus hier. Aber an Eddys Gemecker waren wir gewöhnt und betrachteten es als eine ganz natürliche Folge des
Drucks und der vielen Ärgernisse, die mit seiner Arbeit verbunden
waren.
»Willst du meinen Platz einnehmen?« fragte mich Angelique
eines Abends beim Essen in einem kleinen französischen Restaurant.
»Wie bitte?«
Susan Riley hatte mir gegenüber schon eine Andeutung gemacht, daß im Zusammenhang mit dem Job mein Name gefallen
sei. Mir kam das allerdings sehr unwahrscheinlich vor. Ich war
wirklich *sehr* jung für eine derart verantwortungsvolle Position,
und es gab Dutzende fähiger Mitarbeiter, die viel mehr Erfahrung
hatten. Es wäre wirklich ein riesiger Sprung nach vorn. Außerdem
war der Posten bisher immer mit einer Frau besetzt gewesen, und
in solchen Dingen war der Senator konservativ. Trotz Susans Ankündigung war ich daher nach Angeliques Frage einen Augenblick
lang sprachlos.
»Ja«, fuhr Angelique fort, » in den Besprechungen kam die Rede
darauf, daß du der Mitarbeiter bist, mit dem der Senator am besten
zurechtkommt. Und außerdem kennst du alle.« Sie betonte, daß für
den Job absolute Diskretion Voraussetzung sei. Sie ging auch davon
aus, daß ich mich von Eddy nicht einschüchtern lassen würde; er

wolle ohnehin mit dem Privatleben des Senators nichts zu tun haben. »Du wirst Connie zum Tippen, Sarah für die Wählerpost und Chris für die Termine haben. Du mußt nur alles koordinieren. Hättest du Lust dazu?«

Ich dachte einen Moment nach. Der Senator und ich kamen sehr gut miteinander aus, und er wußte, daß er Vertrauen zu mir haben konnte. Also antwortete ich: »Wenn du mich so fragst, ja! Das wäre schon toll.«

»Fein«, sagte Angelique, »der Senator hatte seine Zweifel, ob du den Job machen willst. Er wird morgen mit dir sprechen.«

»Hat Angelique mit Ihnen gesprochen?« fragte mich der Senator am nächsten Tag.

»Ja«, antwortete ich.

»Und was halten Sie davon?« Ich spürte, daß er zögerte und überlegte, ob er Angelique wirklich durch einen Mann ersetzen sollte.

»Ich fände es schon großartig, habe aber doch noch ein paar Bedenken. Ich habe in Georgetown meinen Abschluß gemacht und würde gern den Magister dranhängen. Nur Ihr Privatsekretär zu sein, würde mir nicht reichen.«

»Das kann ich verstehen«, sagte er.

»Und außerdem will ich meine Aufgabe als Büromanager nicht verlieren. Ich möchte schon das Gefühl haben, das, was ich auf der Universität gelernt habe, auch einsetzen zu können. Wie wäre es, wenn Sie mich zu ihrem Persönlichen Referenten ernennen würden?«

Er dachte kurz nach und begriff, daß er durch diesen kosmetischen Eingriff am Titel den Eindruck vermeiden konnte, er habe einen Mann auf eine typische Frauenstelle gesetzt. Und sollten Feministinnen Anstoß daran nehmen, daß er keine Frau auf einer vergleichbaren Position beschäftigte, würde er die Kritik aus dieser Ecke schon wegstecken können. »Ausgezeichnet«, stimmte er zu. »Das ist kein Problem. Besprechen Sie doch mit Angelique, wann wir die Sache bekanntgeben.« Und er lehnte sich zufrieden lächelnd in seinem Schaukelstuhl zurück.

Angelique schien sich ehrlich für mich zu freuen, ganz unabhängig davon, was sie von dem Titeltausch hielt. Als Vertrauensbeweis verriet sie mir die Kombination für das Schränkchen mit den Geheimakten neben ihrem und nun bald meinem Schreibtisch.

Am folgenden Freitag richteten wir den Raum, in dem sich gewöhnlich die Fraktionsspitze traf, für Angeliques Abschiedsparty
her. Der Senator berief eine Betriebsversammlung ein und informierte alle Mitarbeiter über meine Ernennung. Dann erklärte er
dem engeren Stab die neue Struktur des Büros. Sarah Milam, die
einen Großteil der Korrespondenz des Senators erledigte, die Terminsekretärin Chris Capito sowie Angeliques Sekretärin Connie waren mir direkt unterstellt, während ich als unmittelbaren Vorgesetzten den Senator hatte. Eddy Martin wurde in seiner bisherigen
Position bestätigt. Ich versicherte ihm, daß ich mich in allen politischen und parlamentarischen Angelegenheiten vertrauensvoll an
ihn wenden würde.

Laß dir das bloß nicht zu Kopf steigen, sagte ich mir immer
wieder. Je schneller der Aufstieg, desto schneller der Fall. Du bist
jetzt der Vorgesetzte von einigen sehr kompetenten Mitarbeitern,
die meist älter sind als du. Verliere nicht das rechte Maß.

Das war allerdings nicht so einfach, wie ich gedacht hatte. Tom
Brokaw brachte in der »Today Show« eine Reportage über den
neuen und sehr jungen Referenten des Senators. Die »Washington
Post« und der »Boston Globe« berichteten über meine Ernennung.
Als ich am Wochenende zu meinen Eltern nach Connecticut fuhr,
sagten beide, daß sie sehr stolz auf mich seien, aber sie äußerten
es auf unterschiedliche Weise. Meine Mutter erzählte mir begeistert,
daß ihre Freundinnen mich im Fernsehen gesehen hätten. Sie
strahlte. Meinem Vater gefiel es, daß ich auf diese Weise meine
Fähigkeiten unter Beweis gestellt hatte, erwartungsgemäß war er
jedoch viel zurückhaltender.

Später nahm er mich beiseite und sagte: »Hör mal Rick, du bist
nun in einer sehr wichtigen Position. Hoffentlich hast du dir auch
genau überlegt, warum sich Leute dir gegenüber auf eine solche
Weise verhalten.« Was du nicht sagst, dachte ich. Für mich gab es
keinen Zweifel, daß mein Vater ein Mann war, der eine eingefleisch-
te Abneigung gegen die Demokraten im allgemeinen und gegen die
Kennedys im besonderen hegte. Mein steiler Aufstieg hatte mich so
berauscht, daß ich auf eine sichere Landung keinen Gedanken verschwendete. Und ich war leider viel zu beschäftigt, um über die
tiefere Bedeutung seiner Worte weiter nachzudenken. Erst Jahre
später sollte ich mich im Rückblick fragen, warum ich meinem
Vater nicht genauer zugehört hatte.

Mein Vater war übrigens nicht der einzige, der sich seine Ge-

danken über meinen Job machte. Eddy Martin sagte eines Tages
mit einem verschmitzten Gesichtsausdruck zu mir: »Warum machst
du das eigentlich? Du hast es doch bestimmt nicht nötig, hier zu
arbeiten.«

»Wie meinst du das?« fragte ich. »Ich arbeite gern hier.« Ja,
ich kam aus einer wohlhabenden Familie, aber ich wollte – und
mußte – meinen eigenen Weg gehen. Ich hatte sieben Geschwister,
und meine Eltern erwarteten zu Recht, daß wir für uns selbst
sorgten. Ich sagte: »Woher willst du wissen, ob ich diesen Job
brauche oder nicht?«

Eddy antwortete geheimnisvoll: »Das weiß man eben.«

Das verwirrte mich allerdings ein wenig. Meine Eltern waren
sicher keine extravaganten Leute. Es ging uns gut, weil mein Vater
mit seinem Geschäft Erfolg hatte. Meine Mutter hatte ein ausgepräg-
tes soziales Gewissen und war ehrenamtlich tätig. Sie hatte uns ein
bestimmtes Verantwortungsgefühl für die Schwächeren mitgegeben.
Ja, sie erwartete, daß wir uns für die Belange anderer Menschen
einsetzten, daß wir ihnen zu einem besseren Leben verhalfen. Ihr
Wahlspruch lautete: Tu möglichst vielen möglichst viel Gutes. Schon
als Heranwachsender war ich bestrebt gewesen, diesen Anspruch
zu erfüllen, und hatte mehrere Sommer mit großem Enthusiasmus
in einem Ferienlager für sozial benachteiligte Kinder gearbeitet.

Nein Eddy, dachte ich, ich habe hier die Chance, zusammen mit
einem großen Mann erstrebenswerten Zielen nachzueifern. Und
dafür lohnt sich, so sagte ich mir, jeder Einsatz.

Ich war von dem Ehrgeiz besessen, hervorragende Arbeit für
den Senator zu leisten. Um kein einziges Detail aus dem Auge zu
verlieren, hielt ich von da an alles, was ich für den Senator zu
erledigen hatte, auf einem einfachen Spiralblock fest. Wir trafen uns
gleich morgens und danach mehrmals pro Tag, und er gab mir in
Windeseile Anweisungen, die ich fieberhaft auf meinem Block notierte.

Eines Tages fragte er: »Schreiben Sie Steno?«

»Nein«, sagte ich. »Nur schnell.«

In der Fülle meiner Notizen spiegelte sich das unglaubliche Tempo, in dem sich das Leben des Senators abspielte. Die Notizen er-
faßten einen Großteil seines Tagesablaufs, sowohl den privaten als
auch den politischen Teil. War ein Block voll, begann ich den nächsten. Während meiner gesamten Zeit als Persönlicher Referent des
Senators habe ich an dieser Gewohnheit festgehalten, mit Ausnah-

me bestimmter Perioden während der Präsidentschaftskampagne von 1980.

Da ich von Natur aus ein Sammler bin, hob ich alle Notizbücher auf; ich besitze sie noch heute.

Während ich mich in meinen neuen Aufgabenbereich einarbeitete, stellten sich die engeren Freunde des Senators rasch darauf ein, mit wem sie es zu tun hatten. Als mich Suzie Chaffee das erste Mal am Privattelefon des Senators erwischte, kicherte sie: »Jetzt sitzt du also auf dem heißen Stuhl, Rick. Das ist aber Spitze!« Ich kannte die olympische Skisportlerin schon geraume Zeit. Begegnet waren wir uns zuerst auf dem National Airport, als sie zu einem Besuch des Senators eintraf. Danach hatte ich sie, wenn sie in Washington war, zu verschiedenen Veranstaltungen begleitet. Suzie verbrachte häufig das Wochenende mit dem Senator, wenn Joan nicht aus Boston herüberkam. Natürlich stellte ich sie zum Senator durch. Ich merkte schnell, daß es nur wenige Anrufe von Frauen gab, die nicht durchgestellt wurden.

Ich hatte meine neue Stellung gerade eine Woche, als ein Päckchen mit der Post kam. Es war etwa zwölf Zentimeter lang und zweieinhalb Zentimeter dick. Aus einer handschriftlichen Notiz auf der Verpackung ging hervor, daß es von einem Arzt kam; es war an »Senator Edward M. Kennedy« adressiert und mit der Aufschrift ACHTUNG PERSÖNLICH: ANGELIQUE versehen. Das Päckchen glich einer Zigarrenschachtel, und ich nahm an, daß es Davidoff-Zigarrillos, die Lieblingsmarke des Senators, enthielt.

Ich machte mich gerade damit vertraut, wie mit der persönlichen Korrespondenz des Senators zu verfahren war. Wenn der Brief von einem Familienmitglied kam, öffnete und las ich ihn und teilte den Inhalt dem Senator mit. Unverkennbar private Briefe wurden ungeöffnet in seine Aktentasche gesteckt; oft zeigte er sie mir, nachdem er sie gelesen hatte. Das Päckchen paßte jedoch in keine Rubrik. Da es zu Händen von Angelique gehen sollte und ich Angeliques Nachfolger war, entschloß ich mich, es zu öffnen und riß das braune Packpapier auf. Zum Vorschein kam eine kleine Pappschachtel; in ihr lagen, unter einer Abdeckung aus Gaze, etwa zweihundert große gelbe Kapseln.

»Was ist das für Zeug?« murmelte ich.

Ich untersuchte den Inhalt genauer. An einer Seite der Schachtel stand die Aufschrift AMYLNITRIT.

Verwirrt rief ich Stu Shapiro vom Gesundheitsunterausschuß an, in dem der Senator den Vorsitz führte. Stu war Arzt, und ich fragte ihn auf eine sehr beiläufige Art:»Neulich hat jemand das Gespräch auf das Thema Amylnitrit gebracht. Wozu braucht man das eigentlich?«

»Man verwendet es«, sagte Shapiro,»um Herzpatienten wiederzubeleben. Wenn man eine Kapsel aufbricht und sie dem Patienten unter die Nase hält, wirkt es wie Riechsalz und bringt ihn mit einem Ruck wieder zu sich.«

»Vielen Dank«, stammelte ich. Mit zittrigen Händen legte ich auf und sah meine schlimmsten Befürchtungen bestätigt: Oh Gott, er ist krank. Senator Kennedy hat ein schwaches Herz, und ich bin einer der wenigen Menschen, die davon wissen ...

Tief besorgt wollte ich zunächst einmal herausfinden, worin die gesundheitlichen Probleme des Senators genau bestanden. Ich sah in seinem Adreßbuch nach und fand den Namen und die Telefonnummer des Arztes, der das Päckchen geschickt hatte. Ich rief ihn sofort an, stellte mich vor und fragte:»Soll ich ihm diese Kapseln verabreichen? Ich weiß, sie werden bei einem Herzanfall verwendet ...«

»Nein, nein«, antwortete der Arzt.»Es geht um etwas anderes.« Er zögerte.»Also – Sie brauchen sich da wirklich keine Sorgen zu machen.«

»Wie Sie meinen«, gab ich klein bei.

Ich stellte daraufhin diskrete Nachforschungen an und fand heraus, daß der Arzt seit Jahren mit dem Senator befreundet war.

Ich war nun völlig verwirrt und schloß die Schachtel zunächst in meinem Schreibtisch ein.

An diesem Abend besuchte mich eine Sekretärin aus unserem Büro, die mit einem meiner Kommilitonen befreundet war, und brachte ein paar ihrer Bekannten mit. Ich wußte, daß einige von ihnen Kontakt zur Drogenszene in Georgetown gehabt hatten und fragte nach den ersten Drinks so unauffällig wie möglich:»Kennt sich einer von euch mit Amylnitrit aus?«

»Oh, Poppers«, kicherte einer meiner Gäste.»Du kannst das Zeug in den Discos riechen. Es stinkt nach ungewaschenen Socken. Die Leute knacken die Kapseln auf und halten sie sich unter die Nase. Sie werden high davon.«

»Du machst Witze.«

»Nein. Man kriegt damit echt ein tolles Gefühl beim Tanzen – und beim Vögeln.«

Am nächsten Morgen ging ich mit der Schachtel ins Büro des
Senators. »Diese Schachtel ist für Sie gekommen.« Ich öffnete sie
und zeigte ihm den Inhalt. »Ich habe tatsächlich geglaubt, Sie hätten ein schwaches Herz, und habe deswegen den Arzt angerufen.«
»Ein schwaches Herz?« Der Senator brüllte vor Lachen. »Das ist
stark ... also Ricky, das haben Sie nicht schlecht gemacht. Von jetzt
an können Sie alles öffnen, was für mich hier ankommt.« Er nahm
eine Handvoll Poppers aus der Schachtel und gab sie mir. »Hier, die
sind für Sie. Probieren Sie mal. Es wird Zeit, daß Sie sich im Leben
auch mal was gönnen. Gehen Sie aus, vergnügen Sie sich! Ich nehme den Rest mit nach Aspen, für die Feiertage.« Ein Funkeln in
seinen Augen verriet mir, was in Aspen passieren würde.

Sich etwas im Leben gönnen? Ausgehen, sich vergnügen? Mit
anderen Worten, locker werden, wie er mir schon früher einmal zu
verstehen gegeben hatte. Ich wäre fast wütend geworden, merkte
dann aber, daß er es eigentlich wohl gut mit mir meinte: Für seinen
Geschmack war ich noch immer zu solide. Wer für ihn arbeitete,
mußte lernen ... flexibler zu werden. Vielleicht hatte er gar nicht so
unrecht.

Vor einem Jahr hatte ich noch das College besucht, und jetzt,
gerade vierundzwanzig geworden, war ich die rechte Hand eines
der mächtigsten Senatoren Amerikas. Die Dinge hatten sich wirklich rasant entwickelt ... und das konnte einem katholischen Jungen aus Connecticut schon zu Kopf steigen. Mein Traum, aktiv an
der Arbeit im Senat teilzunehmen, war in Erfüllung gegangen; aber
das hieß in der Tat nicht, daß ich keinen Spaß haben durfte. Der
Senator jedenfalls war kein Kind von Traurigkeit. Und das letzte,
was er brauchen konnte, war ein »Erzbischof«, der sich in seine
persönlichen Angelegenheiten einmischte. Erst viel später sollte mir
aufgehen, daß er vermutlich genau das gebraucht hätte ...

An diesem Wochenende besuchte ich mit Freunden den Club
»The Third Edition« in Georgetown. Während ich auf der oberen
Etage mit einer Frau tanzte, zog ich eine Kapsel Amylnitrit aus der
Tasche und knackte sie auf. Wir nahmen beide einen tiefen Zug ...
und brachen fast sofort in Gelächter aus. Die Droge war stark – wir
wurden von einem euphorischen Gefühl überwältigt, das jedoch
nicht lange anhielt.

Erst Jahre später, als ich dieses Buch zu schreiben begann, wurde mir bewußt, daß ich damals in diesem Club eine moralische
Grenze überschritten hatte ... ein kleiner Schritt nur, ein Atemzug

Amylnitrit, und doch hatte sich mein Wertesystem verschoben. Einerseits habe ich es sicherlich getan, um dem Senator zu imponieren, um ihm zu zeigen, daß ich auch nicht von gestern war; andererseits wollte ich mich endlich wie ein Erwachsener fühlen und mich auch austoben wie ein Erwachsener. In Washington ist das Leben vor allem von Konkurrenz bestimmt, jeder versucht den anderen auszustechen. In einer solchen Atmosphäre kommt es leicht zu Exzessen auf allen Gebieten, ob es sich nun um Drogen, Alkohol, Sex oder Macht handelt.

Dank meiner Freunde war ich schnell auf dem laufenden: Es gab verschiedene Arten von Poppers, manche waren nicht rezeptpflichtig und wurden in einschlägigen Drugstores – sogenannten »head shops«, die mit Drogenzubehör handeln – oder in den Diskotheken selbst verkauft. Sie trugen Namen wie »Große Sause«, »Kugelblitz« oder »Super-Fitness«. Das rezeptpflichtige Amylnitrit galt jedoch als das beste und sauberste Mittel.

Und so wurde ich tatsächlich lockerer, wenn auch nur an den Wochenenden, da wir unter der Woche extrem viel zu tun hatten. Jimmy Carters Amtseinführung im Januar 1977 hatte im Büro gemischte Gefühle ausgelöst. Daß die Demokraten endlich das Weiße Haus zurückerobert hatten, war zu begrüßen und gleichzeitig zu bedauern. Natürlich war der Senator erfreut darüber, daß ein Mann seiner Partei an der Macht war, aber das bedeutete eben auch, daß er selbst erst in acht Jahren wieder eine Chance auf das Amt haben würde, wenn er sich nicht gegen seine eigene Partei stellen wollte.

Als Persönlicher Referent des Senators war ich für seine privaten Angelegenheiten zuständig, und es gab keinen offiziellen Grund, warum ich an politischen Beratungen und parlamentarischen Sitzungen hätte teilnehmen sollen. Ich wollte jedoch der Tendenz des Senators entgegenwirken, seine Mitarbeiter in bestimmte Schubladen zu stecken, und nahm deshalb an den Versammlungen teil. Ohne viel zu fragen, setzte ich mich einfach dazu. Anfangs war ich nur ein stiller Beobachter, aber allmählich gewöhnte ich mich daran, zu verschiedenen Themen meine Meinung zu sagen. Nach einiger Zeit war meist ich derjenige, der die Tagesordnung ausarbeitete und sicherstellte, daß die richtigen Leute anwesend waren, gleichgültig, wer die Sitzung einberufen hatte. Es dauerte nicht lange, und ich hatte auch vollen Anteil am politischen Leben des Senators, was ebenso spannend wie aufreibend war.

In meiner neuen Stellung war für ein Privatleben kein Platz

mehr. Der Tag hat nur vierundzwanzig Stunden, und ich begriff
schnell, daß ich dem Senator in jeder einzelnen davon zur Verfügung stehen mußte.

Eines Tages saß ich mit ihm und Joan im unteren Stockwerk
seines Hauses – einer der seltenen Momente, in denen ich die beiden zusammen sah. Seit Joan in Boston lebte, machte sie eine
Therapie in der McLean-Klinik am Stadtrand von Boston, die jedoch
nur bedingt erfolgreich war. An jenem Tag allerdings waren ihre
Augen nicht verschwollen, und sie hatte ihr Make-up nicht zu dick
aufgetragen. Sie war also nüchtern, als Teddy von der Schule heim-
kam, uns kurz begrüßte und auf sein Zimmer rannte.

Der Senator hatte seinen Sohn kurz gemustert und dann mit
Entsetzen festgestellt: »Hast du das gesehen, Joansie? Er trägt einen Ohrring.«

Joan wirkte ebenfalls beunruhigt.

Der Senator schien geradezu peinlich berührt. Endlich wandte
er sich zu mir: »Was meinen Sie, Rick, ist dieser Ohrring ein Zeichen dafür, daß er, na ja ... schwul ist?«

»So würde ich das nicht sehen«, entgegnete ich, »soweit ich
weiß, sind Ohrringe gerade der letzte Schrei. Jeder Schuljunge läßt
sich ein Loch ins Ohr machen. Deswegen ist er nicht gleich vom
anderen Ufer.«

»Oh Gott, nein ...«, sagte der Senator kopfschüttelnd. »Und
wenn es doch so ist? Ich meine, es gibt natürlich Schlimmeres. Wir
haben viele Freunde, die schwul sind, aber Sie wissen schon ... Es
ist einfach so viel leichter, wenn man das nicht alles durchmachen
muß ...«

»Ich glaube, Sie brauchen sich keine Sorgen zu machen.«

Der Senator bat mich, der Sache auf den Grund zu gehen. Ich
rief ein paar Freunde an, und sie erklärten mir, daß St. Alban zwar
eine exklusive Schule sei, aber trotzdem von mehr oder weniger
durchschnittlichen Teenagern besucht werde. Es sei derzeit eben
Mode, daß Jungen Ohrringe trügen.

Der Senator wirkte ziemlich erleichtert.

Ich kam im inneren Büro jetzt gut zurecht. Bald merkte ich
freilich, daß es auch seine Nachteile hat, wenn man seine Aufgaben
stets zur vollen Zufriedenheit des Chefs erfüllt. An einem meiner
seltenen freien Abende, als ich mit Freunden bei mir eine ruhige
Dinnerparty feierte, erhielt ich zu sehr später Stunde einen aufge-
regten Anruf des Senators. Er war selbst mit dem Auto zu einer

Benefizveranstaltung in einem Museum gefahren und hatte einen Unfall gehabt. Daß er mich anrief und nicht die Polizei, war für ihn typisch. Nur nichts mit Außenstehenden zu tun haben, lautete die Devise. Nie die Kontrolle aus der Hand geben.

»Ist jemand verletzt?« fragte ich und machte mich auf einiges gefaßt.

»Nein, nur ein Blechschaden«, antwortete er, noch immer aufgeregt.

»Wo befinden Sie sich jetzt?«

Er gab mir die Adresse durch – Connecticut Avenue, in der Nähe des Außenministeriums – und forderte mich auf, ihn abzuholen. Ich entschuldigte mich hastig bei meinen Gästen und fuhr hin.

Es war nur ein leichter Unfall, und offensichtlich war der andere Fahrer schuld. Aber bis ich mir seine Versicherungsnummer aufgeschrieben, der Polizei die Einzelheiten erläutert und veranlaßt hatte, daß der Pontiac in die Werkstatt geschleppt wurde, war meine Dinnerparty nicht mehr zu retten.

In jener Nacht dachte ich: Hätte er das nicht selbst regeln können?

So sehr der Senator den Umgang mit anderen Leuten genoß, er zog es vor – und seine privilegierte Stellung machte es ihm auch leicht –, sich mit den häßlichen Seiten des Zusammenlebens nicht zu befassen. Es war so viel einfacher, durch eine Hintertür abzutreten und eine andere Person die Scherben wegräumen zu lassen. Diese Person war jetzt ich. Daran hatte er mich an jenem Abend wieder einmal in aller Deutlichkeit erinnert.

GRENZGÄNGE

AUF DEN SPUREN DES MEISTERS

»Hallo Rick«, sagte die Stimme in der privaten Telefonleitung des Senators. »Hier ist Barbara Logan. Der Senator hat mir seine Nummer gegeben und gesagt, ich solle nach Ihnen fragen.«

»Hallo«, erwiderte ich.

»Ist der Senator da?«

»Nein, aber wenn Sie mir Ihre Nummer geben, wird er Sie zurückrufen.«

»Okay.«

Als ich dem Senator später von dem Anruf erzählte, sagte er: »Das ist eine heiße Frau. Die wird Ihnen gefallen.« Er erzählte mir, daß Barbara aus Florida stammte und er sie auf einer Gesellschaft kennengelernt hatte. »Sie kommt am Wochenende in die Stadt«, verkündete er.

»Ach ja?« fragte ich vorsichtig.

»Und sie bringt eine Freundin mit«, sagte er mit Kennermiene.

»Wie schön.«

»Sie wollen den Senat besichtigen.«

»Was, Sie wollen die Damen wirklich in diese heiligen Hallen führen?« fragte ich ungläubig. Diskretion gehörte nun einmal zu den wichtigsten Regeln im Geschäft, und es schien mir nicht gerade ratsam, eine »heiße Frau« ins Kapitol zu bringen. »Wie soll das denn gehen?« fragte ich.

»Ich weiß nicht recht«, brummte er resigniert. »Ich habe versucht, es ihr auszureden, aber sie will unbedingt in den Senat kommen. Was soll ich tun?« Er machte eine Pause und erläuterte mir dann seinen Plan. »Ich sage den Frauen, daß sie nach Ihnen fragen sollen. Barbaras Bruder wird die beiden auf dem Flughafen abholen und hierherfahren. Sie führen sie im Senatsgebäude und in meinem Büro herum und schicken sie dann mit einem der ehrenamtlichen Mitarbeiter in den Plenarsaal. Anschließend laden

Sie sie zum Essen ein.« Ich wußte, daß der Senator am fraglichen Abend zu mehreren wichtigen Empfängen gehen mußte. »Später«, fuhr er fort, »rufe ich Sie dann an, und Sie kommen mit den Frauen herüber.«

»Gut«, stimmte ich zu. Ich wußte, daß Joan nicht da war, hatte aber trotzdem meine Bedenken. Die Kinder lebten bei ihrem Vater, und obwohl sie inzwischen älter waren, konnten sie doch noch leicht verunsichert werden.

Als Barbara das nächste Mal anrief, erläuterte ich ihr Punkt für Punkt unseren Plan und ermahnte sie: »Es muß alles sehr diskret ablaufen.« Am Freitag schickte ich ein Stoßgebet zum Himmel: Lieber Gott, bitte verschone uns mit Skandalnudeln.

Melody Miller, die Empfangsdame, fand es gar nicht komisch, als Barbara und ihre Freundin Lori Dawson in das Büro hereinplatzten und munter verkündeten: »Wir sind Freundinnen von Rick, aus Florida.«

»Ricky«, kam Melodys spöttische Stimme über den Bürolautsprecher, »deine Freundin Barbie ist da.«

Als ich die Frauen zu Gesicht bekam, stöhnte ich innerlich auf. Wir hatten erst März, und um diese Zeit ist es in Washington noch recht winterlich. Vor mir standen aber unsere beiden Besucherinnen in luftigen, grellen Strandkleidern mit Spaghettiträgern, die der Phantasie kaum noch Raum ließen.

Barbara war eine rassige, sonnengebräunte Brünette so gegen Ende zwanzig. Sie hatte einen athletischen Körper und war über ein Meter siebzig groß. Eine Frau, die auffiel. Lori, eine dunkelhaarige Schönheit, war etwas kleiner und vermutlich jünger.

Ich machte mit ihnen eine kurze Führung durch das Büro, wobei ich das anzügliche Grinsen meiner Kollegen geflissentlich ignorierte, und sagte dann ohne allzu große Hoffnung: »Sie wollten doch nicht im Ernst den Senat besichtigen, oder?«

»Doch, doch«, kicherten die beiden.

Ich bat einen der Helfer aus dem Postzimmer, sie in den Plenarsaal zu begleiten. Als sie zurückkamen, verkündeten sie, sie würden sich jetzt zu ihrem Bruder nach Virginia aufmachen und sich dort umziehen. Gott sei Dank! dachte ich. Danach wollten sie mich anrufen und zu meinem Haus in Georgetown hinüberfahren.

Kaum hatten sie das Büro verlassen, da klingelte schon das Telefon. Der Senator rief aus der Garderobe an. »Einfach unglaublich!« sagte er. »Die sind in Strandkleidern hereingekommen. Alle

Senatoren haben zur Galerie hinaufgestarrt. Der halbe Senat mit gespitztem Horn!«

Als ich mich mit Barbara und Lori an diesem Abend bei mir zu Hause unterhielt, erfuhr ich, warum sie so überdreht waren. Barbaras Bruder hatte sie wie verabredet vom Flughafen abgeholt, sie dann aber zunächst ins »Foundry« in Georgetown gebracht. Ich hatte das Lokal erst kürzlich dem Senator empfohlen, weil es im oberen Stockwerk Séparées gab, wo der Kellner nur kam, wenn man einen Knopf drückte. Der Senator hatte es ausprobiert und es offensichtlich gleich seinen Besucherinnen empfohlen. Die Frauen waren schon high, als sie auf der Galerie des Senats erschienen.

Jetzt wollten sie zum Abendessen wieder in dasselbe Lokal gehen. Ich rief also dort an und reservierte ein Séparée. Im Lauf des Abends setzte sich einer der Barkeeper zu uns und plauderte mit den Frauen wie ein alter Freund. Barbara stellte ihn mir vor. Er hieß Richard, war groß und jung, hatte einen Schnurrbart und schien ziemlich von sich eingenommen zu sein. Offensichtlich ein Frauenheld.

Um seinem unwiderstehlichen Charme noch etwas nachzuhelfen, zog er ein Gläschen mit weißem Pulver heraus und reichte es uns. Ich hatte schon früher Kokain gesehen – auf Schülerparties –, es jedoch immer gemieden.

Nun war es wieder da – auf dem Tisch direkt vor meiner Nase.

Barbara hatte offensichtlich Erfahrung mit Kokain. Sie zog eine einschneidige Rasierklinge aus der Tasche und teilte damit das Kokainpulver in dünne, etwa fünf Zentimeter lange Linien. Als sie fertig war, sagte sie: »Schau her, Rick. Ich zeige dir, wie man's macht.« Sie rollte einen Hundertdollarschein zu einem dünnen Röhrchen und zog damit eine der Linien des feinen weißen Pulvers wie durch einen Strohhalm in die Nase.

Danach wollte sie mir den Hundertdollarschein geben, aber ich stotterte: »Nein, nein, vielen Dank … das ist nicht mein Geschmack.« Statt dessen kippte ich meinen Scotch mit Soda hinunter. Durch den Alkohol geriet ich noch mehr in Panik, obwohl ich versuchte, ruhig und sachlich zu überlegen. Ich rauchte zwar selbst kein Marihuana, aber es schien mir doch eine relativ harmlose Droge zu sein. Ich mochte den Geruch einfach nicht. Auch Poppers konnten nicht so schlimm sein, wenn der Senator sie von einem befreundeten Arzt erhielt. Aber Kokain? Bei Leuten, die es sich leisten konnten, kam es offenbar groß in Mode. Auch hieß es, daß man davon keinen Kater bekomme und nicht süchtig werde, aber ich war mir da nicht so sicher. Ich zweifelte nicht, daß es eine gefährliche Droge war. Nicht gerade Heroin, aber doch harter Stoff, und vor allem illegal.

»Das ist ja verheerend«, überkam es mich, und für einen Moment vergrub ich den Kopf in meine Hände, während die anderen drauflosschnupften. »Ich kann den Senator doch nicht mit zwei vollgekoksten Frauen zusammenbringen.«

Aufgeregt kippte ich noch ein paar Drinks, das Kokain aber lehnte ich weiterhin ab.

Nach dem Essen fuhren wir wieder zu mir nach Hause. Ich war froh, daß wir Richard und dem von ihm so bereitwillig angebotenen Pulver entkommen waren. Barbara studierte meine Schallplattensammlung. Ich hatte Dutzende von Alben, die noch immer verschweißt waren, weil ich nie die Zeit gefunden hatte, sie anzuhören. Sie wählte eine neue Platte von Fleetwood Mac aus und drehte die Stereoanlage satt auf.

In meinen eigenen vier Wänden und ohne die Gegenwart des lüsternen Barkeepers konnte ich mich endlich entspannen.

»Es wird Zeit, daß Sie sich im Leben etwas gönnen«, hatte der Senator gesagt, als er mir die Poppers gab.

Die beiden Frauen waren voller Leben. Barbara erwies sich als sehr intelligent, schien sich jedoch ausschließlich für die gehobene Gesellschaft zu interessieren. Sie erzählte mir von ihrer gescheiterten Ehe. Mehrere Jahre lang hatte sie mit ihrem sehr erfolgreichen Mann ein Leben in Saus und Braus geführt und es geschafft, bis in den äußeren Kreis der »oberen Zehntausend« vorzudringen. In dieser Zeit hatten sie eine Abmachung getroffen, wonach jeder dem anderen volle sexuelle Freiheit zugestand, und sich bei allen möglichen Abenteuern ausgelebt.

Plötzlich klingelte es an der Haustür. Als ich öffnete, stand zu meinem Entsetzen Richard auf der Schwelle und kam ohne Aufforderung herein. Einen Augenblick später war mein Couchtisch mit dünnen Linien des weißen Pulvers übersät. Das wächst sich zu einem echten Alptraum aus, dachte ich. Ich sollte doch die Frauen bei der Stange halten, bis der Senator anrief ...

»Nun komm schon, Rick«, versuchte mich Barbara wieder einmal zu überreden. Sie holte den schon mehrfach verwendeten Hundertdollarschein aus der Tasche, schnupfte eine Portion und reichte mir den »Strohhalm«.

Ich starrte auf das Kokain und hörte in mir eine Stimme immer wieder sagen: Es wird Zeit, daß Sie sich im Leben etwas gönnen, Rick. Der viele Scotch, den ich getrunken hatte, tat ein übriges. Ich war im Begriff, zum zweitenmal eine moralische Grenze zu überschreiten; und hier ging es um etwas ganz anderes als nur um Poppers. Nein, ein »Erzbischof« war ich wahrlich nicht. Was ich statt dessen war, wußte ich allerdings nicht.

Ich starrte immer noch auf die Linie Kokain ... Die anderen warteten.

Was soll's, dachte ich. Wenigstens sind wir hier in meinem Haus sicher. Ich folgte Barbaras Beispiel und hielt mir ein Nasenloch zu, steckte den Hundertdollarschein in das andere, beugte mich zum Tisch hinab und schnupfte eine Linie des weißen Pulvers. Ich spürte einen sofortigen Energieschub und ein Hochgefühl, genau wie bei dem Amylnitrit, nur ungleich intensiver. Und es war wirklich kein schlechtes Gefühl. Das Leben ging weiter, und ich fühlte mich Herr der Lage.

Als der Senator schließlich anrief und mich bat, die Frauen nach McLean zu bringen, war ich voll mit Koks und Scotch und dachte: Es wäre eigentlich nicht schlecht, wenn wir dort mit der Party weitermachten. Aber zuerst mußte ich den Barkeeper loswerden. Ich darf ihn auf keinen Fall zum Senator mitnehmen, schoß es mir durch den Kopf. Ich nahm Barbara beiseite und erklärte ihr die Situation. Ein paar Minuten später teilte sie Richard mit, ihr Bruder habe angerufen, weil er sich Sorgen mache, und sie habe beschlossen, nach Hause zu gehen. Die Hoffnungen auf ein sexuelles Abenteuer hatten sich damit für den Barkeeper zerschlagen, aber er traf schon Vorsorge für die Zukunft und übergab den Frauen einen kleinen Vorrat an Kokain. Dann ging er endlich.

Wir brachen nach McLean auf.

Trotz der erheblichen Mengen Alkohols, die ich konsumiert hatte, zweifelte ich nicht an meiner Fahrtüchtigkeit; ich fühlte mich auf eigentümliche Weise allmächtig. Meine einzige Sorge war, daß Kara, Teddy und Patrick schon zu Bett gegangen waren und schliefen.

Es war elf Uhr vorbei, als wir leise das Haus betraten; selbst Barbara und Lori sahen ein, daß ein gewisses Maß an Zurückhaltung angebracht war. Der Senator begrüßte uns im Sporthemd mit offenem Kragen und in bequemen Freizeithosen. Er führte uns in die Bibliothek, schloß die Schiebetüren und entkorkte eine Flasche Wein für die Frauen. Der Senator und ich tranken lieber Scotch.

Barbara ließ sich auf der einen Seite des blaugemusterten Sofas vor dem schön gemaserten Couchtisch nieder. Lori setzte sich in die andere Ecke und zog mich zwischen sich und Barbara. Der Senator rückte seinen geliebten blauen Ohrensessel an den Tisch, in die Nähe von Barbara. Wir schlüpften aus den Schuhen, nippten an unseren Drinks und redeten. Mit Barbara lief die Unterhaltung locker. Sie erzählte munter von ihrem Flug, von dem Besuch im Senat und dem Essen am Abend. Lachend verkündete sie, daß sie und Lori mich »verdorben« hätten.

Der Senator lachte, fragte aber nicht, wie.

Nach einiger Zeit zog Barbara das Päckchen Kokain aus der Handtasche, brachte die Rasierklinge zum Vorschein und machte auf dem Couchtisch vier Portionen zurecht.

Der Senator lehnte sich im Sessel zurück und sah ihr kommentarlos zu. Unsere Blicke trafen sich kurz, und jeder wußte, was der andere gerade dachte. Ich wollte sehen, wie er reagierte, und er tat das gleiche mit mir.

Der Hundertdollarschein wurde um den Tisch herumgereicht. Barbara kam zuerst, dann Lori. Als nächster griff sich der Senator den Schein, beugte sich vor und schnupfte eine der beiden verbliebenen Linien. Ich nahm die letzte Portion.

Die Stimmung auf unserer Party stieg. Wir tranken gehörig und bemühten uns, nur leise zu lachen, damit wir die Kinder nicht aufweckten.

Wir schnupften eine weitere Runde Kokain.

Das Gelage ging noch etwa eine Stunde weiter. Dann entschuldigte sich der Senator und ging ins Bad, das auf dem Flur gleich neben der Bibliothek lag. Als ich wenige Augenblicke später aufsah, stand er in der Tür und gab mir durch sein Mienenspiel zu verstehen, daß ich zu ihm auf den Flur kommen sollte.

Barbara und Lori, die gerade wieder über irgend etwas lachten, bemerkten nicht, daß ich vom Sofa aufstand und den Raum verließ.

Der Senator wartete am Balkongeländer in der Nähe der Treppe, die zu den Büroräumen im unteren Stockwerk führte. Als ich zu ihm trat, flüsterte er heiser: »Zeit zum Aufbrechen!«

»Gut«. Ich zog die Wagenschlüssel aus der Tasche.

»Aber nehmen Sie sie mit!«, brachte er mühsam hervor, nachdem er händeringend nach Worten gesucht und mit dem Finger auf die Frauen gezeigt hatte.

»Ich soll die Frauen mitnehmen?« fragte ich ziemlich benebelt.

»Nein!« Nur mit Mühe konnte er sich ein Lachen verkneifen.
»Gehen Sie«, setzte er noch einmal an. Wieder verknoteten sich
seine Finger. Seine Augen waren blutunterlaufen und seine Pupillen
geweitet. Er legte mir einen Arm auf die Schulter und drehte mich
in Richtung der Frauen. Barbara und Lori bekamen unsere Dick-
und-Doof-Nummer nicht mit. »Mit *ihr*«, sagte der Senator und zeigte wieder auf die Frauen. Aber ich begriff erst, was er meinte, als
er es aussprach. »Nicht mit Barbara«, sagte er genervt und verdrehte die Augen.

»Mit Lori? Aber wo soll ich sie denn hinbringen? Sie wohnt doch
bei Barbaras Bruder.«

»Haben Sie sie nicht mehr alle?« fuhr er mich an. »Sie nehmen
sie mit zu sich nach Hause.«

Lori und ich schwankten Arm in Arm davon und schafften es
irgendwie, nach Hause zu kommen.

Am nächsten Morgen weckte uns in aller Frühe das Telefon. Die
Stimme am anderen Ende der Leitung klang etwas heiser und holp-
rig, aber an diesem Morgen war ohnehin nichts normal. Barbara
war am Telefon und wollte Lori sprechen. Reichlich benommen
hörte ich, was Lori sagte.

»Es war unglaublich«, berichtete sie.

Sie schwieg einen Moment, dann zwinkerte sie mir zu und über-
trieb: »Rick ist ein echter Steher. Er hat die ganze Nacht nicht
aufgehört.«

Nach dem Anruf zogen wir uns langsam an, schlenderten hinaus
in das gleißende Sonnenlicht und machten uns auf die Suche nach
einem Frühstück. George brachte Barbara aus McLean herüber.

Beim Kaffee setzte Lori, die sich in der politischen Szene gut
auskannte, eine Kennermiene auf und ließ die Bemerkung fallen:
»Übrigens, Ted ist nicht der einzige Draufgänger. Ich kenne Gary
Hart wirklich *sehr* gut, Süßer. Wir hatten eine stürmische Affäre
miteinander. Er ruft mich immer noch an ... wahrscheinlich weil er
nicht genug kriegen kann.«

Mein Kopf dröhnte, nicht nur wegen des Katers, sondern auch
wegen der Schuldgefühle, die sich nach einer solchen Nacht bei
einem katholisch erzogenen jungen Mann unweigerlich einstellen.
Herr, flehte ich zum Himmel, erlöse mich von der Plage dieser
Frauen. Aber der Herr prüfte mich weiter, denn das Wochenende
war schließlich noch nicht vorbei. Glücklicherweise hatte der Senator an diesem Tag zu tun, und ich war erleichtert, als ich hörte, daß

auch die Frauen etwas vorhatten. Sie wollten am Abend mit Barbaras Bruder essen gehen.

Der Rest des Samstags verlief angenehm ruhig. Ich versuchte mein schlechtes Gewissen mit Arbeit zu betäuben und erledigte zahlreiche Kleinigkeiten für den Senator.

Am Sonntagnachmittag war ich halbwegs wiederhergestellt. Als ich Barbara und Lori abholte und sie zum Tennisspielen nach McLean fuhr, schmolzen meine Schuldgefühle allmählich dahin. Ich hatte es überstanden, der Senator ebenfalls und die Frauen sowieso. Sie waren nicht mehr ganz so überdreht wie zuvor, und es machte tatsächlich Spaß, mit ihnen zusammenzusein. Das Leben zeigte sich von seiner schönen Seite.

Als wir in McLean eintrafen, waren die Kinder mit dem Kinderfräulein unterwegs. Barbara und Lori spielten nicht gut Tennis, und mit meinen Fähigkeiten konnte ich auch nicht gerade brillieren. Dagegen war der Senator ein guter Spieler, und wie ich merkte, war er etwas enttäuscht, daß er keinen echten Gegner hatte. Danach mixte er ein paar Daiquiris, wir setzten uns in die Frühlingssonne, tranken und plauderten.

Als die Kinder zurückkehrten, stellte ihnen der Senator in aller Ruhe Barbara und Lori als *meine* Freundinnen vor. Die Kinder waren zwar höflich, musterten die Frauen jedoch mißtrauisch. Sie lebten schon zu lange mit ihrem Vater zusammen, als daß sie ihm seine Ausrede abgekauft hätten. Sie wußten, wohin der Hase lief.

Am Montagmorgen wollte der Senator sich nicht gleich an die Arbeit machen, sondern erst noch eine Weile in den Erinnerungen an unser gemeinsames Wochenende schwelgen. Wie zwei unanständige Schuljungen trumpften wir mit unseren Erlebnissen bei den Frauen auf, scheuten uns jedoch davor, das Kokain auch nur zu erwähnen.

»Nicht schlecht, Ricky«, lachte der Senator. »Sie haben es vom Erzbischof zum wilden Hengst gebracht.«

Er amüsierte sich, als ich ihm von Loris Bemerkung über ihre Affäre mit Gary Hart berichtete.

»Ich wette, das stimmt sogar«, gluckste er.

Kurze Zeit später trafen wir Hart zufällig im Plenarsaal des Senats. Der Senator warf mir einen boshaften Blick zu und sagte zu Hart: »Wissen Sie, Gary, Rick ist ein guter Freund von Mrs. Dawson.«

»Ach wirklich?« meinte Hart mit großen Augen.

Einen Augenblick später war er verschwunden.

An einem der nächsten Samstage ging ich mit dem Senator bei ihm zu Hause den Terminplan für die kommende Woche durch. Plötzlich kam ihm ein Gedanke. Er ging mit mir zu seinem Privatbüro, das gleich neben dem elterlichen Schlafzimmer war. »Kommen Sie herein«, sagte er. »Ich will Ihnen etwas zeigen.«

Ich folgte ihm zu seinem Schreibtisch, und er machte mich auf einige Schubladen aufmerksam, die verschlossen waren. Dann führte er mich zu einem Einbauschrank und zeigte mir, wo der Schlüssel versteckt war. Während er die mittlere Schublade aufschloß, schärfte er mir ein: »Wenn mir etwas passieren sollte, Rick, dann räumen Sie den Schreibtisch aus und werfen alles weg.« Er zog eine Seitenschublade auf, so daß ich einen Blick hineinwerfen konnte. Sie enthielt stapelweise private Korrespondenz, verschiedene Erinnerungsstücke und eine hölzerne Zigarrenkiste.

»Das müssen Sie alles vernichten«, wiederholte er.

DAS LEPORELLO DES SENATORS

»Die Ausgaben des Senators laufen völlig aus dem Ruder«, sagte mir Steve Smith eines Tages – es war im Jahr 1977 – am Telefon. »Haben Sie seine Kontoauszüge gesehen, Rick? Was macht er bloß mit all dem Bargeld?«

Ich wußte es nur zu gut, dachte aber nicht daran, es Smith mitzuteilen. Diskretion war oberstes Gebot. »Ich werde mir die Zahlen ansehen und überlegen, was sich machen läßt, einverstanden?«

Smith schien fürs erste beruhigt. Seine Sorgen waren allerdings berechtigt. Das jährliche Einkommen des Senators aus dem Stiftungsfonds mochte, wenn man es an normalen Verhältnissen maß, überaus großzügig erscheinen, aber der Senator ging nicht besonders geschickt damit um, und seine Ausgaben waren hoch. Über John F. Kennedy hatte es einmal geheißen, mit ihm über private Geldangelegenheiten zu reden sei dasselbe, wie wenn man mit einer Nonne über Sex sprechen wollte. Der Senator stand ihm an Naivität in dieser Hinsicht nicht nach. Er konnte sehr genügsam sein und beispielsweise alte Schuhe neu besohlen lassen, anstatt neue zu kaufen. Aber er konnte auch bei »Louis of Boston« im Handumdrehen mehrere tausend Dollar für Kleidung ausgeben.

Und wie Steve Smith richtig festgestellt hatte, war er in der Lage, in kürzester Zeit erstaunliche Mengen von Bargeld loszuwerden. Wenn das Wochenende bevorstand, gab er mir oft einen Scheck, der auf das Privatkonto bei seiner Bostoner Hausbank ausgestellt war, und bat mich, ihn bei der Bank des Senats einzulösen. Die Schecks beliefen sich auf drei-, vier- oder fünftausend Dollar, und er hatte seine Gründe, warum er so hohe Summen abhob. Wenn ihn etwa eine Frau über das Wochenende besuchte, bezahlte er ihr die Reise; aus Gründen der Diskretion durfte natürlich seine Kreditkarte nicht mit dem Betrag belastet werden. Er brauchte sich nie Sorgen zu machen, wenn er sein Konto überzog. In diesem Fall rief die Bank den Vermögensverwalter Steve Smith in New York an, und die Park Agency glich das Defizit sofort wieder aus.

Wir erhielten von der Agentur jeden Monat eine detaillierte Aufstellung über die Summen, die für das Bostoner und das Washingtoner Büro des Senators sowie für den Haushalt in McLean ausgegeben wurden.

Steve Smith und sein Assistent Joe Hakim, der den normalen Geschäftsbetrieb der Park Agency weitgehend selbständig erledigte, wandten sich in regelmäßigen Abständen an den Senator mit Fragen zu verschiedenen Ausgabensparten. Dank der Sparmaßnahmen, die ich eingeführt hatte, waren die Etats der Büros kalkulierbarer geworden, aber die Ausgaben für den Haushalt in McLean waren immer noch außerordentlich hoch. Schließlich sagte der Senator zu Eddy Martin: »Rick hat bei den Büroetats hervorragende Arbeit geleistet, er soll sich auch um mein Haus kümmern.« Eddy war einverstanden.

»Sehen Sie sich das an«, beschwerte sich der Senator und zeigte mir einen Kontoauszug der Park Agency. »Wir haben 500 Dollar für Toilettenpapier ausgegeben!«

Ich befaßte mich daraufhin eingehend mit den Kontoauszügen, um Sparvorschläge zu erarbeiten.

Ich war verblüfft, als ich feststellte, wie hoch die Kosten allein für den Garten waren. Ein alter Mann hatte noch immer eine Vollzeitstelle als Gärtner, und weil sein Lohn jedes Jahr automatisch stieg, erhielt er inzwischen 40 000 Dollar pro Jahr, plus Sozialleistungen. Als wir die Kosten für das Gartenmaterial und diverse Teilzeitkräfte hinzuzählten, ergab sich, daß der Senator nur für die Pfege seines Grundstücks 100 000 Dollar im Jahr aufwendete. Da der Gärtner kurz vor der Rente stand – und außerdem fast blind war –, überzeugte ich den Senator, keinen Nachfolger für ihn zu

suchen; statt dessen beauftragten wir einen Gartenpflegedienst und
sparten auf diese Weise etwa 30 000 Dollar pro Jahr.
Der Garten war jedoch nicht das größte Problem. Der Senator
hatte die Kontrolle über seinen Haushalt praktisch aus der Hand
gegeben, indem er sowohl George als auch Rosalie ermächtigt hatte, seine Schecks zu unterzeichnen. Dies mußte zwangsläufig zu
Verschwendung führen. So hatte beispielsweise George einen
Scheck über 500 Dollar für eine Weinbestellung ausgestellt, obwohl
der Senator sich nicht erinnern konnte, einen so teuren Wein geor-
dert zu haben. »Rosalie glaubt, sie sei für den Haushalt zuständig«,
sagte ich. Der Senator nickte zustimmend und erwiderte: »Und
George glaubt dasselbe.«
    »Ach ja«, seufzte er und stützte resigniert den Kopf in die Hand.
Sein Gesicht nahm einen gequälten Ausdruck an. Er wußte, daß es
höchste Zeit war, wegen George und Rosalie etwas zu unternehmen.
    Zunächst einmal hoben wir die Zeichnungsberechtigung der bei-
den für das Bankkonto auf. Der Senator mußte nun alle Ausgaben
für den Haushalt erst bewilligen. Es gab viel böses Blut deswegen,
aber uns blieb keine andere Wahl.
    Je gespannter das Verhältnis zu den Hausangestellten wurde,
desto größere Sorgen machte sich der Senator um den Schutz seiner Privatsphäre. »Was passiert, wenn wir George und Rosalie entlassen und einer von ihnen plötzlich zur Presse rennt? Können wir
sie nicht dazu bringen, eine Erklärung zu unterschreiben, die sie
zum Schweigen verpflichtet?«
    »Ich werde das überprüfen«, versicherte ich ihm und machte
mir eine entsprechende Notiz. Ich fragte herum und bat Paul Kirk,
Joe Hakim und Steve Smith um Rat. Sie waren alle der Ansicht, daß
keine derartige Erklärung vor Gericht Bestand hätte. Schließlich
kam der Senator zu der Überzeugung, daß wir uns die Verschwiegenheit von George und Rosalie am besten durch eine großzügige
Abfindung und hervorragende Referenzen für den nächsten Arbeit-
geber erkaufen könnten.
    Rosalie ging zuerst. Sie war wütend und verbittert, aber sie
behielt ihren Groll für sich. Die Entlassung von George machte uns
noch mehr Kopfzerbrechen. Er war der Familie und besonders dem
Senator treu ergeben wie ein alter Jagdhund. Wir wollten ihn nicht
verärgern, sondern lediglich dazu ermuntern, sich eine andere Be-
schäftigung zu suchen.

In New York entwickelte Joe Hakim ein Finanzierungsmodell,
das George den Kauf mehrerer Tankstellen ermöglichte; er wurde
ein sehr erfolgreicher Unternehmer.
Die Stelle von George wurde nicht neu besetzt. Statt dessen
übernahm ich den Großteil seiner Pflichten.

Eines Abends saß ich nach einem besonders aufreibenden Tag mit
einem Freund in einer Bar. Er gehörte zum Stab des Rechtsausschusses im Senat. Seit jener Nacht mit den Frauen im Haus des
Senators hatte ich mich verstärkt um »Entspannung« bemüht. Und
dazu gehörte in der Dampfkesselatmosphäre von Washington, daß
man dem Alkohol ordentlich zusprach und vielleicht hin und wieder
einen Tanzclub aufsuchte, wo an Poppers – und anderen Dingen –
kein Mangel herrschte.
    »Nimmst du Koks?« fragte mein Freund beiläufig, mehr aus
Neugier als aus anderen Motiven.
    Ich blickte auf und fragte mich besorgt, ob er es mir irgendwie
ansehen könnte. Wie rasch hatte ich mich doch diesem rasanten
und aufgedrehten Lebensstil angepaßt – und das war sicher nicht
nur positiv zu sehen. Wie kam es, daß mich die Leute noch vor ein
paar Monaten für ein Unschuldslamm gehalten hatten, während
heute ein relativ neuer Bekannter keine Scheu hatte, mich auf Drogen anzusprechen? Wurde ich einfach erwachsen und hatte den
naiven Jungen aus gutem katholischen Haus endgültig hinter mir
gelassen? Oder hatte der Lebenshunger des Senators auf mich ab-
gefärbt? Ich grübelte nicht weiter, sondern redete mir rasch ein,
daß ich im Grunde immer noch der gute alte Rick war.
    »Ja, ich habe es probiert«, gab ich zu, ohne ins Detail zu gehen.
Nach dem ersten Versuch mit dem Senator, Barbara und Lori diente
mir das Kokain immer öfter an den Wochenenden zum Ausspannen.
    Mein Freund lehnte sich vertraulich zu mir herüber. »Wenn du
mal was brauchst, Rick, ich kann dir Stoff besorgen.«
    Mit aller nötigen Vorsicht fing ich an, kleine Mengen über einen
Mittelsmann zu kaufen, vermied es jedoch, je solche Geschäfte auf
dem Kapitolshügel zu tätigen. Dabei bekommt jeder, der mit der
Droge auch nur einigermaßen vertraut ist, schnell ein Gespür dafür,
wer sie benützt, auch wenn das äußere Anzeichen oft nur eine
laufende Nase ist. Und auf dem Kapitol schien es nicht wenige junge
Leute und sogar einige bekannte Kongreßabgeordnete und Senato-

ren zu geben, die ungewöhnlich häufig Schnupfen oder eine Trief-
nase hatten, auch außerhalb der naßkalten Jahreszeit.

Es gab sogar eine Anzahl von konservativen Abgeordneten aus
den Reihen der Republikaner, die bei Tag schärfere Drogengesetze
forderten und gegen das Laster der Drogensucht wetterten, während sie bei Nacht selbst zum Kokain Zuflucht nahmen. Ich hatte
dies von meinem Lieferanten erfahren, der sich über die Heuchelei
dieser Leute köstlich amüsierte. Ich führte das Phänomen auf den
enormen Druck zurück, unter dem wir alle standen. Außerdem
schienen tolerantere Zeiten anzubrechen.

Barbara war in ihrer Lebenslust kaum zu bremsen und rief, ohne
sich groß um die Regeln des Anstandes zu kümmern, den Senator
eine Zeitlang fast jede Nacht zu Hause an. Als er ihr klarmachte, daß
das unklug sei, änderte sie die Taktik und rief fast jeden Tag im Büro
an. »Ricardo«, neckte sie mich, denn diesen Spitznamen hatte sie
mir verpaßt, »Lori läßt dich grüßen. Wann kommst du nach Florida?
Lori will mal wieder mit dir ausgehen.« Laß die Scherze, dachte ich
mir. Aber wie zur Bestätigung schickte mir Lori ein Foto, das sie nur
spärlich bekleidet und in verführerischer Pose zeigte.

Barbara begnügte sich nicht mit Fotos. Sie flog häufig nach Washington, um den Senator zu besuchen, und da ihre Familie nicht
wissen sollte, daß sie in der Stadt war, quartierte sie sich bei mir
ein.

»Regeln Sie das«, sagte der Senator, als ich ihn auf Barbaras
Reisekosten ansprach. Also bezahlte ich Barbaras Flugtickets mit
meiner Kreditkarte. Ich schickte die Belege an die Park Agency mit
der Bitte, sie mir als »persönliche Unkosten« zu erstatten, was ohne
weitere Rückfragen geschah.

Barbara war anfangs fest davon überzeugt, daß der Senator sich
von Joan scheiden lassen und sie heiraten würde. Joan hielt sich
damals nahezu die ganze Zeit in Boston auf, sah ihre Kinder kaum
noch und war manchmal tagelang »krank«. Wir behielten sie über
unser Bostoner Büro im Auge und wußten, daß ihre Probleme mit
dem Alkohol schlimmer wurden. Sie mußte oft mehrmals in der
Woche ihren Psychiater aufsuchen. Der Senator schien sich damit
abgefunden zu haben, daß sie sich wahrscheinlich nie ändern würde. Er hatte Barbara sein Herz ausgeschüttet, und sie hatte seine
Offenheit als Beweis dafür genommen, daß er kurz vor der Scheidung stand.

Barbara plagte mich ständig mit Anrufen. Sie liebäugelte mit dem Gedanken, nach Washington zu ziehen, und überlegte, wie das Leben mit dem Senator wohl sein würde, wenn Joan erst einmal aus dem Weg wäre, wie die Kinder auf ihre neue Stiefmutter reagieren würden und so weiter und so fort. Ich seufzte und hörte mir das alles an, hielt mich jedoch mit meiner Meinung zurück.

»Barbara hat heute fünfmal angerufen«, beschwerte ich mich beim Senator.

Mitleidig lächelte er: »Wir haben sie an der Angel, Ricky ...«

»Sie denkt daran, hierherzuziehen«, warnte ich.

Das ließ ihn aufhorchen. Er sagte, jetzt sehr ernst: »Kümmern Sie sich darum.«

Als sie das nächste Mal anrief, wurde ich deutlich: »Ich glaube, die Lage ist schwieriger, als dir bewußt ist. Politisch könnte ihm eine Scheidung sehr schaden, und da ist auch noch das Problem mit der Kirche ... Mach dir also nicht zuviel Hoffnungen.«

Schließlich fand sich Barbara mit den Tatsachen ab. Sie erkannte, daß mehr als ihre gelegentlichen Treffen mit dem Senator nicht in Frage kämen, und sie war wenigstens für den Moment bereit, sich damit zu begnügen. Dennoch blieb sie bis über beide Ohren in den Senator verliebt und versuchte eifrig, mich über seine Beziehungen zu anderen Frauen auszuhorchen. »Was soll das heißen«, fragte sie beispielsweise, »daß er heute nacht nicht nach Hause kommt? Was macht er? Trifft er sich mit jemandem? Gibt es noch eine andere Frau? Was ist eigentlich los?«

»Barbara«, sagte ich. »Ich kann dir nicht seinen Terminkalender durchgeben.«

»Ach, stell dich doch nicht so an.«

»Nein, das wäre nicht richtig«, antwortete ich. »Ich arbeite schließlich für ihn, wie du vielleicht weißt.«

»Er treibt es mit einer anderen«, schmollte sie. Und Barbara war nicht gewillt, dies einfach so hinzunehmen. Wenn er sie nicht zu seiner einzigen Geliebten krönen wollte und noch andere Gespielinnen hatte, dann würde sie ihm mit gleicher Münze heimzahlen. Für diesen Anschlag hatte sie mich auserkoren. Als wir eines Nachts in meinem Haus getrunken und ein paar Linien Kokain geschnupft hatten, machte sie sich an mich heran. Sie war wirklich verführerisch und ohne jeden Zweifel ungeheuer sexy, aber ich hatte größte Bedenken, mit der Geliebten meines Chefs zu schlafen – auch wenn sie in seinem Leben nur vorübergehend eine Rolle spiel-

te. Sie ließ sich jedoch nicht aufhalten, und naiv wie ich war, durch-
schaute ich nicht, was sie eigentlich bezweckte. Da ich sehr viel
Scotch und Soda und einige Linien Kokain intus hatte, war mein
Widerstand bald gebrochen. Bevor ich wußte, wie mir geschah,
lagen wir miteinander im Bett.

Jack Leslie, ein alter Studienfreund, der bei mir im Haus wohnte
und zur Zeit ebenfalls im Büro arbeitete, sah Barbara aus meinem
Zimmer kommen und schüttelte mißbilligend den Kopf.

Dabei war – ironischerweise – überhaupt nichts passiert. Der
Alkohol und das Kokain hatten das verhindert. Trotzdem fand Barbara ein fast perverses Vergnügen daran, den Senator mit Erzäh-
lungen von der Nacht aufzuziehen, in der sie »mit Rick geschlafen«
habe. Ich mußte wirklich lachen, als sie das sagte ... Wenn der
Senator nur wüßte ...

Barbara hatte keinerlei Hemmungen, mich mitten in der Nacht
anzurufen. Und so war es fast unvermeidlich, daß wir Freunde und,
zumindest von ihrer Seite aus, Vertraute wurden.

An einem Samstag hatte Barbara fast den ganzen Nachmittag in
McLean verbracht, da der Senator jedoch am Abend zu einem Termin mußte, sollte ich Barbara zum Essen ausführen und sie später
wieder in sein Haus zurückbringen. Es war kalt draußen, und sie
trug einen langen Pelzmantel. Sie war bekokst und kicherte hemmungslos auf der ganzen kurzen Fahrt. Es war abzusehen, daß ich
mit ihr einige Schwierigkeiten bekommen würde.

Als wir ausgestiegen waren und in der Dämmerung auf das
Restaurant zugingen, sagte sie: »Du hast dich noch gar nicht dafür
interessiert, was ich anhabe.«

Oh Gott, dachte ich, sie wird sicherlich einen Ausschnitt bis zum
Bauchnabel haben. Schon auf einiges gefaßt, sagte ich: »Vermutlich
werde ich eine kleine Überraschung erleben.«

»Und ob du überrascht sein wirst«, neckte sie mich.

»Aber Barbara, was machst du denn?« Ich sah mich hastig um,
ob auch niemand in der Nähe war.

Barbara hatte mitten auf der Straße ihren Pelzmantel geöffnet.
Sie war darunter völlig nackt und gurrte: »Das ist nur ein kleiner
Vorgeschmack auf das, was ich später tun werde ... für meinen
großen bösen Wolf.«

»Jetzt reicht's aber!« zischte ich und zog ihren Pelzmantel zu.
»Ich bringe dich nicht splitternackt zum Haus des Senators.« Wir
fuhren zurück zu mir. Dort kam sie mir immerhin so weit entgegen,

daß sie einen schmalen Slip anzog. Während des Essens behielt sie
den Pelzmantel an.

Es war schon sehr spät, als wir in McLean eintrafen. Die Kinder
waren zu Hause, wir konnten jedoch sicher sein, daß sie um diese
Zeit im Bett lagen. Der Senator hatte gesagt, wir sollten uns dem
Haus von hinten nähern und über die Terrasse zur Balkontür seines
Schlafzimmers kommen. Er hatte versprochen, sie offenzulassen.

Obwohl ich unter Alkohol und Kokain stand, gelang es mir, den
Wagen leise in der Einfahrt zu parken. Barbara und ich schlichen
auf Zehenspitzen zur Rückseite des Hauses. Während wir durch
Gebüsch und Gestrüpp zu der einfachen Holztreppe pirschten, die
zur Terrasse hinaufführte, ermahnten wir uns gegenseitig mit einem ständigen »pst«. Ich machte mir Sorgen, daß die Kinder uns
sehen oder hören könnten, zumal Barbara ihr Kichern nicht unterdrücken konnte. Als wir endlich bei der Balkontür angekommen
waren, schob ich Barbara hinein und ließ sie aufs Bett fallen. Sie
hatte den Pelzmantel schon abgelegt, noch bevor ich mich zurückziehen konnte. Was nun geschah, war sein Problem, ich war sie
jedenfalls los.

Wie der Senator später berichtete, verbrachten die beiden eine
»ziemlich wilde Nacht« miteinander, und dann flog Barbara zurück
nach Florida. Kurz darauf war sie jedoch schon wieder nach Washington unterwegs. Der Senator sagte zu mir: »Sie soll unseren
Freund anrufen.« Da wurde mir klar, daß er über Barbara Kokain
besorgte. Sie kaufte den Stoff bei Richard, dem Barkeeper aus
Georgetown.

Am 12. Juni 1977 stand der Senator auf einem schlammigen Grund-
stück in einem heruntergekommenen Gebiet namens Dorchester
Section, das auf einer Halbinsel im Bostoner Hafen lag. Der Anlaß
war die Grundsteinlegung für die John-F.-Kennedy-Gedächtnisbi-
bliothek, die von dem bekannten Architekten I. M. Pei als moderner
Bau aus Glas und Beton entworfen worden war und 12 Millionen
Dollar kosten sollte. Auch Jackie Onassis, Caroline, John jr. und
Rose nahmen an der Zeremonie teil.

Präsident Kennedy hatte für die Bibliothek schon vor langer Zeit
einen Bauplatz in der Nähe der Harvard Business School ausge-
wählt. Aber die Familie war auf den Widerstand der dortigen Bevölkerung gestoßen, die ihr Viertel ohnehin schon für viel zu eng
bebaut hielt, und war deshalb auf das neue Grundstück ausgewi-

chen. Jackie nahm es positiv und meinte, dieser Platz sei »einsamer, stärker dem Wind ausgesetzt und mit seiner weiten Aussicht auch viel imposanter«.

Der Senator versprach in seiner Rede, daß die Bibliothek mehr sein werde »als nur eine Sammlung von Dokumenten unter Glas. Sie wird auch eine sehr persönliche Gedenkstätte sein, eine Brücke zwischen Vergangenheit und Zukunft.« Seine Stimme brach, als er verkündete, die Dokumente und Zeugnisse in der Bibliothek würden »das Leben und die Leistungen seines Bruders auf eine Weise vergegenwärtigen, daß seine Gestalt auch künftigen Generationen wieder nahe und bedeutungsvoll sein wird«. Und er versicherte, daß die Bibliothek »ihn so zeigen wird, wie er war«.

Ich selbst bildete mir allmählich meine eigene Meinung über den ermordeten Präsidenten, die nicht mit dem Bild übereinstimmte, das die Familie zeichnete. Zu meinen Aufgaben gehörte es, alte Akten zu bündeln, die noch aus der inzwischen legendären Kennedy-Ära stammten. Dieses Material schickte ich an Steve Smith, der es dann an die Bibliothek weitergeben sollte. Hierzu mußte ich den Inhalt des verschlossenen Aktenschränkchens durchgehen, das im inneren Büro neben meinem Schreibtisch stand. In einer Schublade befand sich ein Vorrat von Krawattennadeln mit dem Kürzel PT-109 – so hieß das Torpedoboot, das der Präsident im Krieg befehligt hatte – und von Silberdollars mit dem Bildnis Kennedys, in einer anderen lagen Gerichtsakten über Chappaquiddick.

Das Schränkchen enthielt außerdem einen etwa zehn Zentimeter dicken Stapel mit Auszügen aus den Kennedy-Bändern vom Oval Office; es handelte sich um das Material, das der Freund der Kennedy-Familie vor einiger Zeit bearbeitet hatte. Zum Teil waren es unredigierte Abschriften der Bänder, denen redigierte Fassungen – mit geschwärzten Passagen – beigefügt waren. Bei einem Vergleich der Fassungen konnte ich sehen, was gelöscht worden war. Es handelte sich ausnahmslos um Privatgespräche, darunter mehrere Telefonanrufe von Marilyn Monroe. Auch ein langes romantisches Geplauder mit der Frau, die damals Judith Campbell hieß, war gelöscht worden. Ich sah mir nur einen Teil der Abschriften an. Manche Gespräche waren ziemlich schwül und anzüglich. Man hätte Stunden gebraucht, um sie alle zu lesen, aber in keinem schien es um politische Sachverhalte zu gehen. Ohne mir weitere Gedanken zu machen, packte ich den Stapel ein und schickte ihn an

Smith. Ich habe nie erfahren, ob das Material vollständig – oder auch nur zum Teil – in der Bibliothek ankam.

Als ich den Inhalt des Aktenschränkchens untersuchte, stieß ich auch auf eine Reihe von Liebesbriefen, die mit »M.« signiert waren. Ich erkannte die Handschrift sofort. Sie stammte von Mandi Carver, die zum Stab des Senators gehörte. In einem günstigen Moment fragte ich den Senator, ob er eine Liaison mit ihr habe.

»Ja«, sagte er, »aber das ist aus und vorbei.«

Das stimmte nicht ganz. Ich fand heraus, daß ihre Beziehung sich dem Rhythmus von Ebbe und Flut angeglichen hatte. Wenn der Senator mit seinen Gefühlen wieder einmal auf dem Trockenen saß, machte er den Versuch, die Beziehung zu Mandi neu zu beleben, was bisweilen auch auf Kosten ihres gerade aktuellen Partners ging. Mandi war nicht nur schön, sondern auch intelligent, aber sie schien dem unwiderstehlichen Charme des Senators, seinem scharfen Witz und dem besonderen Selbstbewußtsein eines Kennedy immer wieder zu erliegen. Seine starke Persönlichkeit wirkte wie ein Schwarzes Loch, wer einmal hineingeraten war, konnte sich kaum mehr daraus befreien, so groß war die Anziehungskraft. Und die meisten Mitarbeiter des Büros hätten ihm auch gar nicht entrinnen wollen. Wir waren ihm in Loyalität verbunden.

Im Lauf der Zeit wurde mir klar, daß Mandi nicht die einzige Verehrerin des Senators im Büro war. Auch einige andere Frauen, die entweder direkt im Stab oder in einem der Ausschußbüros beschäftigt waren, opferten einen Teil ihrer Freizeit dem Chef.

Nach sieben Jahren im Stab des Senators gab der politische Berater Paul Kirk seinen Posten auf und trat in die Washingtoner Kanzlei der Bostoner Anwaltsfirma Sullivan & Worcester ein. Der Senator kümmerte sich nicht sofort um einen Nachfolger, sondern hielt weiterhin engen Kontakt zu ihm und rief ihn oft an, um seinen Rat einzuholen.

Auch der Verwaltungsreferent Eddy Martin tat, worüber er schon lange gesprochen hatte: Er kündigte und nahm eine Stelle beim Wohnungs- und Städtebauamt in Boston an, die ihm Präsident Carter angeboten hatte. Daran, daß er ihre Kündigung zwar bedauerte, aber dennoch weiterhin freundschaftlichen Kontakt zu ihnen pflegte, konnte man ermessen, wie sehr der Senator Kirk und Martin schätzte. Wenn andere Mitarbeiter gingen, hegte er oft einen unüberwindlichen Groll gegen sie. Zu Beginn von Carters Amtszeit hatte Jim King, ein früherer Wahlkampforganisator des Senators, seine Stelle aufgegeben, um für Carter zu arbeiten. Der Senator war damals beinahe vor Wut geplatzt und hatte sich seither standhaft geweigert, wieder mit King zu verkehren.

Durch Eddys Kündigung wurde die Stelle des Verwaltungsreferenten frei. Bei ihr handelte es sich zweifellos um den attraktivsten Posten im Mitarbeiterstab, und ich wäre verrückt gewesen, wenn ich nicht auch ein Auge darauf geworfen hätte. Zwar stellte es eine echte Herausforderung dar, für die persönlichen Belange des Senators verantwortlich zu sein, aber es war etwas ganz anders, an seinem politischen Wirken entscheidend beteiligt zu werden. In einer solchen Position hätte ich wirklich meinen Beitrag zu vielen wichtigen Fragen der Gesetzgebung und der parlamentarischen Arbeit leisten können. Sie hätte mir außerdem Gelegenheit gegeben, dem alten Wahlspruch meiner Mutter Folge zu leisten, möglichst vielen Menschen möglichst viel Gutes zu tun. Ich war eben in mancherlei Hinsicht noch immer der gute Junge aus katholischem Hause.

Der Senator zögerte, weil ich eben doch sehr jung war. Außerdem wollte er mich nicht als Persönlichen Referenten verlieren.

»Ich kann beides machen«, versicherte ich ihm. »Und wir können Connie mehr Aufgaben im persönlichen Bereich übertragen.«

Er lehnte ab, und ich mußte erkennen, daß ich noch immer ein Opfer seiner Tendenz war, den Leuten einen Stempel aufzudrücken. Er war sehr zufrieden mit meiner Arbeit als Persönlicher Referent und Büromanager und wollte in diesen Aufgabenbereichen nichts verändern.

Schließlich sagte ich herausfordernd: »Gut, dann suchen Sie mal jemanden, der das besser kann als ich.«

Er ging die Bewerbungen durch und führte mit mehreren Aspiranten Gespräche. Er zog ernsthaft in Erwägung, Rick Grogan einzustellen, den er während der Senatskampagne durch Joe Kennedy kennengelernt hatte. »Wie denken Sie über die Möglichkeit, Rick Grogan aus New York kommen zu lassen?« fragte er mich. »Sie bleiben für das Büro und die persönlichen Angelegenheiten zuständig, und er würde die politische Arbeit machen.«

Ich antwortete ganz offen: »Sie wissen doch, daß mich gerade die politische Arbeit reizen würde.«

Schließlich ernannte er sehr zu meinem Leidwesen Kenneth Feinberg zum neuen Verwaltungsreferenten. Feinberg war ein her-

vorragender Jurist und früher einmal Staatsanwalt im südlichen
Distrikt des Staates New York gewesen; er hatte im Stab des Rechtsausschusses an der schwierigen Reform des Strafrechts mitgearbeitet. Er machte sich mit Feuereifer und mit den besten Absichten an
die Arbeit, aber es fehlte ihm das diplomatische Geschick, das Eddy
ausgezeichnet hatte. Wann immer der Senator von Eddy verlangt
hatte, daß etwas *sofort* getan werden müsse, war dieser klug genug
gewesen, seine Anordnungen mit den notwendigen Steicheleinhei-
ten zu versehen und so seine Untergebenen bei Laune zu halten.
Wenn der Senator jedoch Ken auftrug, etwas *sofort* zu erledigen,
dann war das Büro zumeist binnen kürzester Zeit von Geschrei
erfüllt.

Im Sommer 1977 herrschte in Washington die übliche große Hitze
bei hoher Luftfeuchtigkeit. Wir im Kapitol waren alle schweißgebadet, auch wenn wir nur leichte Kleidung trugen. Zu jener Zeit begann der Senator ein Verhältnis mit einer jungen Frau namens
Paula, die ebenfalls auf dem Kapitolshügel arbeitete. Ich sprach
mehrmals die Woche am Telefon mit ihr und arrangierte oft für die
Mittagspause ein Treffen im Privatbüro des Senators.
    Dieses Privatbüro lag im Senatsgebäude, in der Nähe des Ple-
narsaals. Der Senator hatte in dieser Legislaturperiode mit seinem
hohen Dienstalter das Anrecht auf spezielle Büroräume erworben,
die eigentlich nur kleine Schlupfwinkel gleich neben der Rotunde
darstellten. Er konnte sich dort zu einem Privatgespräch zurückziehen oder auch die Tür hinter sich abschließen, um ein Nickerchen
zu halten. Angelique hatte das Büro eingerichtet, bevor sie wegging,
aber es war dem Senator trotzdem noch zu steif. Er bevorzugte eine
einfachere, zwanglosere Atmosphäre. Der Raum wurde also reno-
viert und mit einem bequemen Sofa, mehreren Stühlen, einem Eß-
tisch und einer Bar ausgestattet.
    Paula war sehr darauf bedacht, daß niemand von ihrer Bezie-
hung erfuhr, und das konnte dem Senator nur recht sein.
    Eines Morgens rief der Senator aus der Garderobe im Senatsge-
bäude an und sagte: »Würden Sie bitte eine Dame abholen und sie
zu meinem Privatbüro herüberbringen?«
    Ich nahm an, daß er von Paula sprach, und wunderte mich, daß
sie einen Begleiter brauchte. »Kann ich jemand anderes schicken?«
fragte ich. »Ich habe gerade viel zu tun.«
    »Nein, nein, Sie müssen das schon selbst erledigen. Ich habe ihr

gesagt, daß Sie sie abholen werden. Also, sie sieht folgendermaßen aus: dunkles Haar und viel Holz vor der Hütte.« Also war es nicht Paula. Jetzt begriff ich, warum ich die Aufgabe selbst erledigen sollte.»Bringen Sie sie in mein Privatbüro und fragen Sie, was sie zum Mittagessen möchte.«

Ich traf die junge Frau auf der Straße an einer Ecke des neuen, zum Senat gehörenden Bürogebäudes und fand auf den ersten Blick, daß sie gar nicht der Typ des Senators war. Er bevorzugte normalerweise große blonde Frauen, die ihn an eine jüngere, noch nicht vom Alkohol gezeichnete Joan erinnerten. Diese braunhaarige Praktikantin – eine Collegestudentin, die kaum älter sein konnte als achtzehn – war zwar attraktiv, aber nicht gerade überwältigend. In einem Punkt hatte er allerdings recht: Sie war mit einem ausgesprochen üppigen Busen gesegnet.

»Hallo, ich bin Rick«, sagte ich und versuchte möglichst unbefangen zu wirken.

»Hallo«, sagte sie mit einem entwaffnenden Lächeln und zeigte makellose Zähne.

»Ich bringe Sie zum Senator.«

Auf dem Weg unterhielten wir uns ein bißchen. Sie erzählte lebhaft von ihrem Ferienjob und war entzückt darüber, daß sie mit dem Senator in seinem Privatbüro speisen durfte. Ich machte es ihr gemütlich, und das Essen stand auf dem Tisch, als der Senator kam. Ich ließ ihn eintreten und verabschiedete mich. Als ich die Tür hinter mir schloß, dachte ich: und wieder eine vernascht.

Auf dem Rückweg machte ich mir meine Gedanken über den gewaltigen Frauenverschleiß des Senators. Sein Pensum wäre schon für jeden normalen Mann eindrucksvoll gewesen, aber bei den schwierigen Aufgaben, dem gefüllten Terminkalender und dem ständigen Zeitdruck konnte man sich wirklich nur wundern, wie der Senator all das bewältigte.

Eine Erklärung bot zumindest teilweise das Kokain, mit dem er sich in Stimmung brachte. Mein eigener Konsum war parallel zu seinem gestiegen, auch wenn ich versuchte, ihn auf das Wochenende zu beschränken. Der Senator bemühte sich erst gar nicht, sein Laster vor mir geheimzuhalten. Ganz im Gegenteil, er bat Barbara immer wieder, unseren Kontaktmann Richard, den Barkeeper, aufzusuchen; wenn Richard gerade nichts hatte, sollte ich etwas über meine Verbindungen besorgen.

Wir glaubten beide, mit der Droge den Anforderungen unseres

aufreibenden beruflichen und gesellschaftlichen Lebens besser gewappnet zu sein. Der Senator führte ein besonderes schwarzes
Notizbuch mit einer Vielzahl von Namen und Telefonnummern. Die
delikaten Einträge lauteten: Amber, Annie, Bonnie, Carla, Cindy,
Claudia, Debbie, Felicia, Florence, Greta, Hillary, Janice, Jo Ellen,
Kathy, Laura, Libby, Margaret, Mary Ann, Maureen, Nancy, Nicole,
Norma, Patti, Peggy und Stephanie – um nur einige zu nennen. Da
es zu meinen Aufgaben gehörte, die Reisepläne und gesellschaftlichen Verpflichtungen des Senators zu koordinieren, kaufte ich mir
mein eigenes schwarzes Notizbuch und kopierte die wichtigsten
Daten.

Die aufgeführten Frauen kamen aus den verschiedensten Bereichen. Die meisten waren blond, einige mit Köpfchen, andere einfach nur Flittchen, die einen rasanten Lebensstil pflegten und es
nicht so genau nahmen. Es waren professionelle Callgirls darunter,
aber auch solche, die für ihre Karriere von einem Bett eines mächtigen Mannes ins nächste hüpften. Allerdings gab es auch wirklich
wunderbare Frauen, die dem fatalen Kennedy-Charme erlagen. So
etwa Margo Frye, die im Stab eines der Unterausschüsse des Senats
arbeitete und immer wieder mal eine Rolle in seinem Leben spielte.
Wie einige andere Frauen teilte auch sie seine wachsende Leidenschaft für Kokain.

Zu den treuen und anspruchsvollen Freundinnen des Senators
gehörte Helga Wagner. Auch sie war eine blonde Schönheit und
besaß in Palm Beach ein Geschäft für Muschelschmuck. Sie hatte
den Senator 1967 auf einer Cocktailparty im Palm Bay Club kennengelernt, als sie noch mit Robert Wagner verheiratet war, dem
Vizepräsidenten der American Eastern Company. Die Wagners
ließen sich 1970 scheiden, aber Helga blieb eine der besten Freundinnen des Senators. Sie rief mich jede Woche ein- oder zweimal
an und fragte nach seinem Terminplan, um zu sehen, wann und
wo sie sich treffen könnten. Manchmal fand das Rendezvous in
Florida statt, manchmal in New York. Helga hatte einen anderen
Status als die meisten anderen Geliebten des Senators. Die beiden
waren alte Freunde und ließen gelegentlich auch ihre Liebe wieder
aufleben. Er rief sie oft zwischendurch an, einfach nur um Dinge
mit ihr zu besprechen. Und Helga behauptete, sie habe zu den
Personen gehört, mit denen der Senator in den ersten neun Stunden nach dem Unfall von Chappaquiddick telefoniert hatte. Helga
schien nicht der Illusion nachzuhängen, eines Tages Mrs. Kennedy

zu werden. Wie so viele vor ihr – und nach ihr – konnte sie nur sehr bescheidene Ansprüche stellen, solange der Senator mit Joan verheiratet war.

Die Bühne für die politischen Anliegen des Senators war immer noch der Senat, und ich konnte jetzt besser als je zuvor verfolgen, mit welchem Geschick er seine Verhandlungen führte. Es ging um die Strafrechtsreform des Jahres 1977. Ted Kennedy wußte, welche Bedeutung die Reform für Senator McClellan aus Arkansas, einen der führenden konservativen Politiker im Rechtsausschuß, hatte. Er wußte aber auch, daß viele Bestimmungen des Entwurfs für Liberale schlicht inakzeptabel waren. Also setzte er sich nach der Devise, daß eine wie auch immer geartete Strafrechtsreform besser sei als gar keine, mit McClellan zusammen und arbeitete mit ihm einen Kompromiß aus. Er konnte ihn dazu bewegen, einige Punkte des Reformentwurfs, die das bestehende Strafrecht verschärfen würden und daher den Liberalen am meisten Kummer bereiteten, nochmals zu prüfen. McClellan erklärte sich schließlich bereit, diese Bestimmungen zu streichen und andere Punkte liberaler auszugestalten. Im Gegenzug versprach der Senator, bei seinen liberalen Kollegen für das gesamte Gesetzespaket zu werben.*

Die komplizierten Verhandlungen waren eine klassische Lektion in der Kunst des politischen Kompromisses. Sie waren auch ein Beispiel für die pragmatische Philosophie des Senators, nach der es besser sei, das Machbare zu gestalten, als für ein unerreichbares Ideal zu kämpfen. Mein Respekt vor ihm als Gesetzgeber war nie größer gewesen.

Wieder einmal klingelte das Privattelefon des Senators, das immer für eine Überraschung gut war.

»Oh, hallo Rick«, sagte eine weiche Stimme am anderen Ende der Leitung. »Hier ist Mrs. Onassis. Der Senator sagte, ich solle Sie anrufen.«

Ich mußte mich stark konzentrieren, um alle ihre Worte mitzubekommen. Sie schien sich an mich zu erinnern, obwohl wir uns während der Senatskampagne nur einmal kurz begegnet waren.

»Ich habe ihn gestern abend zu Hause angerufen«, berichtete

---

* Die bundesweit geltende Strafrechtsnovelle wurde vom US-Senat am 30. Januar 1977 mit 72 zu 15 Stimmen verabschiedet.

sie. »Es geht um meine Haushälterin. Sie hat Schwierigkeiten mit ihrer Aufenthaltserlaubnis.«

»Und worin besteht die Schwierigkeit?« fragte ich.

»Die Frist ist abgelaufen, und man will sie nicht verlängern. Ob Sie wohl etwas für sie tun könnten?«

»Wir werden uns sofort um die Sache kümmern und sehen, was sich machen läßt. Können Sie mir genauere Hinweise geben?«

»Würden Sie dazu bitte Nancy Tuckerman anrufen? Sie wird ihnen das Nötige sagen.«

»Selbstverständlich«, sagte ich.

Ich rief Jackies Sekretärin an und notierte mir die erforderlichen Daten. Die Haushälterin stammte aus Mittelamerika und schien einen berechtigten Anspruch auf die Verlängerung ihrer Aufenthaltsgenehmigung zu haben, mit der sie weiter in den Vereinigten Staaten leben und arbeiten könnte.

Jeder Senator und Kongreßabgeordnete erhält solche Gesuche. Aber unser Büro wurde geradezu von ihnen überschwemmt, da der Senator der Vorsitzende des Flüchtlingsunterausschusses war. Wir hatten eigens eine Mitarbeiterin namens Matilda in unserem Bostoner Büro eingestellt, deren Aufgabe darin bestand, den Leuten mit ihren Anträgen bei den Melde- und Einbürgerungsbehörden zu helfen. Normalerweise dauerte die Bearbeitung der Anträge mehrere Monate. Aber in diesem Fall beschleunigten Matilda und ich die Sache. Ich veranlaßte, daß die Unterlagen der Haushälterin nach Boston geschickt wurden, und Matilda besorgte schnell eine vorläufige und kurz darauf eine offizielle Aufenthaltsgenehmigung.

»Hallo Rick«, sagte Jackie, als sie wieder anrief. »Vielen Dank für Ihre Hilfe.«

»Gern geschehen«, antwortete ich.

»Ach übrigens«, fuhr sie fort, »Sie werden einen Anruf von meiner Schwester bekommen. Ihre Haushälterin hat ein ähnliches Problem.«

Noch am gleichen Tag rief mich Lee Radziwell an, und Matilda und ich wurden erneut aktiv.

Am Samstag, dem 1. Oktober 1977, verlieh die Georgetown-University Rose Kennedy einen Doktor honoris causa in Humanwissenschaften für ihre herausragenden Verdienste um die Förderung geistig Behinderter und die Erforschung ihrer Krankheiten. In der

Verleihungsurkunde hieß es:»… als sie erfuhr, daß eines ihrer Kinder geistig behindert war, versuchte sie nicht wie so viele andere, diese Tatsache zu vertuschen. Sie nahm das Leiden vielmehr zum Anlaß, einen Kreuzzug für alle anderen Menschen zu führen, die unter einer ähnlichen Krankheit leiden …«

In der Urkunde wurde auch Rosemary Kennedy, die Schwester des Senators, gewürdigt, die in einem Pflegeheim in Wisconsin lebte. Ungefähr um die gleiche Zeit hatte die Familie mit Mitteln der Park Agency an der Georgetown-University ein Institut für pränatale Diagnostik gegründet. Die Familie wollte durch die Förderung solcher Forschungsprojekte ihren Beitrag zu einem langfristigen Rückgang der Abtreibungszahlen leisten.

Das Abtreibungsproblem gehörte zu den schwierigsten Fragen, mit denen sich der Senator in seiner politischen Arbeit auseinandersetzen mußte. Er war ein liberaler Katholik, der an die Gebote der Kirche glaubte, andererseits aber auch die freie Willensentscheidung des einzelnen verteidigte. Über die Jahre hatte er sich eine Kompromißformel zurechtgelegt, nach der er zwar gegen die Abtreibung war, aber im konkreten Fall der Frau das Recht einräumte, sich frei für oder gegen einen Eingriff zu entscheiden. Er sagte, er wolle dafür arbeiten, daß es insgesamt weniger Abtreibungen gebe, war jedoch gegen eine Ergänzung der Verfassung, die Abtreibungen unter Strafe gestellt hätte. Und er trat dafür ein, daß der Staat für bedürftige Frauen die Kosten der Abtreibung übernahm. Dies war eine schwierige Gratwanderung, und er wünschte oft, daß sich das Problem irgendwie bereinigen ließe.

Abtreibungsgegner wie Terence Kardinal Cooke waren mit seiner halbherzigen Einstellung überhaupt nicht zufrieden. Der Senator führte gelegentlich Gespräche mit Cooke in dessen Residenz gegenüber der St. Paul's Cathedral in New York. Der konservative Kardinal dachte über viele strittige Fragen anders als der Senator. Kennedy kommentierte solche Begegnungen oft nur mit dem einen Satz:»Es hat ihm wieder mal ganz und gar nicht gefallen, was ich zum Thema Abtreibung zu sagen habe.«

Eunice, die Schwester des Senators, war ebenfalls sehr engagiert in der Anti-Abtreibungs-Bewegung, und zwischen den beiden kam es zu hitzigen Debatten über das Thema.»Eddie«, pflegte sie zu sagen,»dir ist bekannt, daß das Leben erwiesenermaßen mit der Zeugung beginnt.«

»Nein, Eunice«, entgegnete er,»das ist nicht erwiesen.«

Es schien unvermeidlich, daß das Thema eines Tages im Privatleben des Senators eine Rolle spielen würde.

In der Öffentlichkeit setzte er sich für die Gleichberechtigung der Frauen ein, in seinem Privatleben aber wollte er ihnen oft nur untergeordnete Positionen zugestehen. Und in sexueller Hinsicht waren sie für ihn nichts anderes als reizvolle Spielfiguren.

Kurz nachdem Barbara von einem ihrer Besuche beim Senator zurückgekehrt war, rief sie über die private Leitung im Büro an. Ich nahm das Gespräch am Nebenanschluß auf meinem Schreibtisch entgegen, und Barbara verlangte, daß ich sie *sofort* zum Senator durchstellte.

»Er ist nicht da«, sagte ich. »Warte eine Sekunde.« Ich stellte das Gespräch durch, ging in das Büro des Senators, machte die Tür hinter mir zu, setzte mich an seinen Schreibtisch und nahm den Hörer ab.

Barbara sagte: »Ricardo, meine Regel ist überfällig. Ich mache mir Sorgen. Ich weiß nicht, was los ist.«

Ich dachte: Es ist doch nicht zu fassen, daß diese Frau mit mir über solche Dinge spricht. Und laut fragte ich in ungläubigem Tonfall: »Habt ihr denn nicht vorgesorgt?«

»Na ja, ich nehme zwar die Pille, aber ich habe Mist gebaut, und jetzt bin ich nicht sicher, ob ...«

Sie plapperte weiter. Oh ja, dachte ich, da hast du wirklich Mist gebaut. So etwas hat uns gerade noch gefehlt. Schließlich sagte ich: »Also ich hoffe, du kümmerst dich um das Problem.«

»Das werde ich«, antwortete Barbara.

Als ich dem Senator von dem Gespräch berichtete, runzelte er beunruhigt die Stirn.

In den nächsten Tagen meldete sich Barbara häufig bei mir, sowohl im Büro als auch bei mir zu Hause, und immer spät in der Nacht. Ich war mir sicher, daß sie auch den Senator in seinem Haus anrief, obwohl er dort nur ungern mit ihr sprach.

Während ich ihrem endlosen Redefluß zuhörte, erfuhr ich mehr über den weiblichen Fortpflanzungsmechanismus, als ich je hatte wissen wollen. Über eine Woche später verkündete sie schließlich: »Es war falscher Alarm. Wir sind in Sicherheit. Du brauchst dir keine Sorgen mehr zu machen.«

Ich gab die Neuigkeit gleich an den Senator weiter, der darauf einen tiefen Seufzer der Erleichterung ausstieß.

DER SIEGER NIMMT ALLES

»Kommen Sie in den Senat herüber«, bat mich die Stimme mit dem vertrauten Massachusetts-Akzent am anderen Ende der Leitung. Ich sah auf die Uhr. Es war schon ziemlich spät am Abend und außerdem Freitag. Warum wollte der Senator mich jetzt noch sprechen?

Als ich dort eintraf, saß Cindy Marks bei ihm im Büro, eine Frau, die er ein Jahr zuvor in Palm Beach kennengelernt hatte. Die beiden hatten aus der Ferne eine Beziehung angeknüpft, von der ich nicht wußte, wie weit sie gediehen war. Jetzt war sie nach Washington gekommen und wollte einige Zeit mit ihm gemeinsam verbringen.

Der Senator wünschte, daß ich sie kennenlernte. Sie war einfach atemberaubend: etwa ein Meter siebzig groß, schlank und wohlgeformt, mit glänzendem kastanienbraunem Haar. Wir tranken etwas zu dritt in seinem Büro, und dann trollte ich mich wieder. Cindy aber ging mir nicht mehr aus dem Kopf.

Ich war überrascht, als sie mich am nächsten Tag von McLean aus anrief. Der Senator und seine Familie waren zu einem Kurzbesuch nach Cape Cod geflogen, und er hatte ihr angeboten, für den Rest des Wochenendes in seinem Haus zu wohnen. Sie war allein und wollte mit jemandem reden. Ich schlug vor, sich im »Foundry« zu treffen, und erwartete, daß sie mit mir über den Senator reden wollte.

Ich hatte mich nicht getäuscht. Schon beim ersten Drink sagte sie: »Der Senator meint, ich könne mit Ihnen über alles reden. Er vertraut Ihnen, also sagen Sie mir die Wahrheit. Was wird passieren, wenn ich ein Verhältnis mit ihm beginne? Ich überlege mir nämlich hierherzuziehen; ich bin sicher, daß ich einen Job finden könnte. Aber womit habe ich zu rechnen?«

Ich fühlte mich verpflichtet, ehrlich zu sein. »Es würde eine schwierige Beziehung werden. Er ist verheiratet. Sie sollten nichts von ihm erwarten. Wenn Sie nur wegen ihm hierherziehen wollen, kann ich Ihnen nur abraten.«

Wir wechselten das Thema. Cindy schien meinen Rat beherzigt zu haben und entschied sich ganz unabhängig von ihrem Verhältnis zum Senator für den Umzug. Sie wollte mehr über Washington wissen und bat mich, ihr die Stadt zu zeigen. Ich fuhr sie mehrere Stunden herum und zeigte ihr die üblichen Sehenswürdigkeiten – die Denkmäler, das Museum der Smithsonian Institution, das Kennedy Center. Danach gingen wir essen und tanzen, und es wurde ein vergnüglicher Abend. Schließlich überraschte mich Cindy mit den Worten:»Rick, eigentlich sind *Sie* es, der mir gestern abend wirklich gut gefallen hat.«

Ich war geschmeichelt und erstaunt zugleich; immerhin hatte sie gerade die Nacht im Haus des Senators verbracht. Oft versuchten Leute, sich bei mir lieb Kind zu machen, nur um näher an den großen Kennedy heranzukommen. Sie schien es jedoch ernst zu meinen, und ich überlegte, was daraus wohl werden könnte. Wie würde der Senator auf die Nachricht reagieren, daß wir eine Beziehung eingegangen waren?

Ich hatte allerdings wenig Muße, weiter darüber nachzudenken, denn die Familie des Senators erhielt jetzt, Ende 1977, eine formelle Einladung in die Volksrepublik China. Der Senator würde einer der ersten offiziellen Besucher sein, seit Richard Nixon die diplomatischen Beziehungen zwischen den beiden Ländern wiederaufgenommen hatte. Er beschloß, einen Abstecher nach Japan zu machen und den US-Botschafter Mike Mansfield zu besuchen. Die Reise sollte am Weihnachtsabend beginnen – ein idealer Zeitpunkt, denn so konnte der Senator dieses Jahr nicht mit Sack und Pack nach Aspen fliegen. Darauf eingeschworen, jede Gelegenheit zur Kostenreduzierung zu ergreifen, freute ich mich, auf diese Weise Tausende von Dollars einsparen zu können.

Joan freute sich aus anderen Gründen. Endlich konnte sie einmal ein traditionelles Weihnachtsfest zu Hause feiern, auch wenn es etwas verfrüht stattfinden mußte. Sie verbrachte nur einen Teil ihrer Zeit auf dem Washingtoner Präsentierteller und zog sich oft in die private Wohnung zurück, die sie gemeinsam mit dem Senator in Boston hatte. Wenn sie an keinem dieser beiden Orte war, reiste sie oder erholte sich am Cape Cod. Leider machte ihre Behandlung keine großen Fortschritte. Ja, es kam ziemlich oft vor, daß niemand sie in den Ferien zu Gesicht bekam – weder der Senator noch die Kinder, nicht die Freunde und auch nicht der Rest der Familie. Joan zog es vor, mit ihrem Problem allein zu bleiben, was unvermeidlich zu verstärktem Alkoholkonsum führte. Auf die Chinareise freute sie sich jedoch. Sie wurde lebhafter, nahm aktiv an der Planung teil und bemühte sich, wieder zu ihrem alten Selbst zu finden. Ich wußte, wie schwierig das sein würde, denn Alkoholismus ist eine Krankheit, die sich nicht abdrehen läßt wie ein Wasserhahn. Der entscheidende Schritt ist, zuzugestehen, daß es ein Problem gibt, das stärker ist, als man selbst – aber so weit war Joan noch nicht. Die Reisevorbereitungen und die allgemeine Ferienstimmung halfen ihr jedoch eine Zeitlang, ihren Alkoholkonsum zu kontrollieren. Der Senator ließ gerne andere Familienmitglieder an wichtigen Ereignissen teilhaben und wollte außer seinen drei Kindern auch noch seine Schwestern Eunice, Pat und Jean sowie Caroline Kennedy und Ethels Sohn Michael mitnehmen.

Da wir nur einen knappen Monat für die Vorbereitungen hatten, drängte die Zeit, und das Büro summte wie ein Bienenstock. Die neue Terminsekretärin Joanne Reagan war für die Koordination mit dem Außenministerium zuständig. Zu meinen Aufgaben gehörte es, Fachleute nach McLean einzuladen, die sich in der Geschichte, Politik und Kultur Chinas und Japans auskannten. Die Familie hatte oftmals mehrere Gelehrte zu Gast, die im Anschluß an das Abendessen regelrechte Seminare abhielten. Häufig stießen auch noch Experten des Außenministeriums dazu sowie unser eigener außenpolitischer Berater Jan Kalicki, der ebenfalls Chinaexperte war.

Wir gingen das Programm der Reise noch einmal Punkt für Punkt durch: Am 28. Dezember 1977 besucht der Senator ein Krankenhaus in einer Pekinger Volkskommune und spielt anschließend Tischtennis. An den folgenden zwei Tagen ist er in Shanghai, um die lokale Gesundheitsfürsorge, die Energieversorgung sowie das Rechtssystem kennenzulernen. Von dort aus nimmt die ganze Reisegruppe den Zug nach Hankau, wo eine Bootsfahrt auf einem idyllischen See und der Besuch eines buddhistischen Klosters auf dem Programm stehen.

Nach einem Monat fieberhafter Vorbereitung war es endlich so weit. Ich brachte die Familie zum Flugzeug, in dem auch zahlreiche Pressevertreter mitflogen. Volle zehn Tage würden sie fort sein, weshalb ich ein Flugzeug nach Connecticut nahm, wo ich einige Zeit bei meinen Eltern verbrachte und ein spätes, aber glückliches Weihnachtsfest feierte.

Nach ihrer Rückkehr aus China machte sich wieder verstärkt Joans Alkoholabhängigkeit bemerkbar. Der Senator erschien immer häufiger im Büro und brummte: »Verbinden Sie mich mit Schwester Hargrove.« Sie war die Rektorin des Manhattanville College – der Hochschule, an der Joan studiert hatte – und eine langjährige

Freundin und Beraterin. Der Senator und Joan liebten und bewun-
derten diese großartige Frau, die sich nach Kräften bemühte, ihnen
zu helfen. Wenn der Senator mit ihr gesprochen hatte, lauteten
seine fast schon verzweifelten Worte:»Wir müssen etwas unternehmen.« Manchmal hatte dies einen Anruf bei Dr. Hawthorne, dem
Bostoner Therapeuten von Joan, zur Folge, manchmal bedeutete es
auch, daß sie zu ihm kommen mußte.

Wir durchsuchten in regelmäßigen Abständen Joans Schlafzimmer nach eingeschmuggelten Alkoholika, wie Theresa Fitzpatrick
und ich es schon vor Jahren getan hatten, als Joans Sucht unkon-
trollierbare Ausmaße angenommen hatte. Als Joan merkte, daß wir
nach Wodka und Gin suchten, kaufte sie Mundwasser mit hohem
Alkoholgehalt. Wir nahmen ihr die Vorräte weg, wann immer wir
sie ausfindig machen konnten.

Joans Probleme blieben der Öffentlichkeit nicht verborgen. Der
Senator drängte sie, ihre chronische Sucht öffentlich einzugestehen,
um weiteren Gerüchten vorzubeugen. Aus ihrer Umgebung verlau-
tete, das öffentliche Eingeständnis könnte ihr erster wirksamer
Schritt zu einer echten Genesung sein. Da sie aber nicht aus eigenem Antrieb gehandelt hatte, blieb der erwünschte Effekt aus, und
schon nach wenigen Wochen holten wir mehr Flaschen aus ihrem
Schlafzimmer als je zuvor.

Man war einhellig der Meinung, daß Joan dem Streß in Washington nicht gewachsen war. Sie selbst wollte in Boston einen
Neubeginn wagen. Statt wie zuvor zwischen den beiden Städten
hin- und herzupendeln, beabsichtigte sie, sich jetzt ständig in Boston niederzulassen. Zumindest, bis sie wieder ganz gesund sein
würde. In Boston wurde die Privatsphäre mehr respektiert; die Leute dort waren nicht so neugierig. Diesmal drängte sie der Senator
nicht. Er wußte, daß sie ihre Entscheidung selbst treffen mußte. Als
ihr Entschluß feststand, nach Boston zu ziehen und an der dortigen
Universität Vorlesungen zu belegen, unterstützte er sie.

Kara, Teddy und Patrick blieben in McLean. Sie taten es nicht
etwa deshalb, weil sie ihren Vater ihrer Mutter vorgezogen hätten,
sondern weil sie nicht die Schule wechseln und ihre Freunde verlieren wollten. Sie waren alle traurig, daß Joan eine andere Stadt
zu ihrer Heimat machte, hofften aber, daß es zu ihrem Besten sein
würde. Und sie besuchten ihre Mutter an den meisten Wochenenden.

Joan bemühte sich darum, ihr Leben wieder in den Griff zu

bekommen. Sie suchte sich Beschäftigungen, richtete ihre Wohnung neu ein und engagierte sich zusammen mit ihrer Cousine Sally Fitzgerald am Tanglewood Music Center in den Berkshires.

Manchmal fuhr der Senator nach Boston und nahm an einer der Therapiesitzungen bei Dr. Hawthorne teil. Von diesen Treffen mochte er normalerweise nicht gern berichten, aber einmal machte er seinem Ärger Luft, als ich ihn am Wochenende nach Boston begleitet hatte. Eine Lokalzeitung hatte behauptet, Joans Probleme seien durch die Schürzenjägerei ihres Mannes verursacht worden. Dagegen verwahrte sich der Senator ganz entschieden und meinte wütend, daß schon Joans Mutter eine Alkoholikerin gewesen sei. »Tatsächlich hatte sie schon vor unserer Heirat mit der Sucht zu kämpfen«, verteidigte er sich. »Laut Schwester Hargrove hat sie sogar schon auf der Schule getrunken – und mir versucht man jetzt die Schuld in die Schuhe zu schieben!«

Inzwischen warteten in Washington neue Probleme auf den Senator, sowohl in seiner eigenen Familie als auch in der Verwandtschaft. Kara traf sich häufig mit Michael Richardson, dem Sohn des früheren Justizministers Elliot Richardson, der eine wichtige Rolle bei der Aufklärung des Watergate-Skandals gespielt hatte. Die Richardsons und die Kennedys waren Nachbarn, sowohl in McLean als auch am Cape Cod. Aber die Richardsons waren *Republikaner.*

»Ricky«, fragte der Senator, den Kopf in die Hände gestützt, »meinen Sie, das wird Probleme geben?«

»Michael ist schon in Ordnung«, antwortete ich.

Der Senator mußte über seine väterliche Besorgnis lächeln und witzelte: »Ich werde wohl mit Elliot reden müssen.«

Ein gravierenderes Problem kam ans Licht, als der Senator und ich eines Tages unerwartet in McLean auftauchten. Laute Rockmusik und das Gelächter mehrerer Teenager drang aus den Zimmern der Kinder. Dann stieg uns beiden ein verdächtiger Geruch in die Nase. »Was ist denn das?« fragte der Senator.

Die Frage war rhetorisch, da wir beide genau wußten, daß es Marihuana war. Der Senator dachte laut nach: »Soll ich da reingehen und sie alle rausschmeißen? Oder soll ich mich hinsetzen und mit ihnen reden? Wenn ich sie zu hart anfasse, dann werden sie es in Zukunft einfach heimlich tun.« Es dauerte einige Zeit, bis ihm eine Idee kam. Dann hellte sich sein Gesicht auf, und er sagte halb als Vorschlag und halb als Befehl: »Gehen Sie doch rein, Rick, und reden Sie mit ihnen.«

Ich weigerte mich rundweg. Der Senator wollte meinen Aufgabenbereich offensichtlich noch weiter ausdehnen, aber hier war für
mich eine Grenze erreicht. Als ich das Haus verließ, überlegte er
immer noch, was er wohl am besten tun könnte.

Am nächsten Tag erzählte er mir im Büro, daß er mit Kara und
Teddy gesprochen habe. Er habe ihnen erstens gesagt, daß sie seiner Ansicht nach nicht Marihuana rauchen sollten. Und zweitens,
daß sie es nicht bei ihm zu Hause tun sollten.

»Und wie haben sie reagiert?« fragte ich.

Er warf mir einen einfältigen Blick zu und sagte: »Eigentlich
haben sie nur gelacht.«

War das verwunderlich?

Ethel Kennedy verfügte über Geld aus ihrer eigenen Familie – das
Vermögen der Skakels stammte aus einer großen Kohlegesell-
schaft –, aber sie vermochte genausowenig wie der Senator ihre
Ausgaben unter Kontrolle zu halten. Vor allem besaß sie keinen
Überblick. Steve Smith reiste regelmäßig nach Washington, um
Ethel einen Vortrag über ihre Ausgabenpolitik zu halten. Und je-
desmal stabilisierte sich die Situation, freilich nur kurzfristig.

Ich führte häufig mit Joe Hakim von der Park Agency Telefongespräche wie das folgende: »Warum habt ihr Ethels Lebensmittel-
rechnung nicht beglichen? Ihr Lebensmittelhändler hat bei mir angerufen und behauptet, sie habe seit Monaten nicht bezahlt.«

Hakim sah dann in seinen Unterlagen nach und sagte: »Wir
haben die Rechnung nie bekommen. Wie können wir dann zahlen?«

Es riefen ständig irgendwelche Schuldner an, so etwa die Gärt-
nerei, die Ethels Garten betreute, oder ihr Klempner. Ein Mann
tobte: »Sie schuldet mir 11000 Dollar, und das schon seit einem
Jahr. Wir werden sie verklagen!« Es blieb mir nichts anderes übrig,
als jeden Fall einzeln zu regeln.

Seine Rolle als Ersatzvater für Ethels Kinder bereitete dem Senator zunehmend Sorgen, besonders was Bobby und David betraf.
Nachdem Bobby in Hyannis Port wegen Marihuanabesitz festgenommen worden war, hatte er sich nach Kalifornien abgesetzt und
war angeblich auf dem Campus von Berkeley gesehen worden, als
er Leute um Geld anbettelte. Ich war dabei behilflich, ihm einen
Therapieplatz im Krankenhaus von McLean zu besorgen, und mit
der Zeit schien es ihm besser zu gehen.

David plagten seit dem Unfall, den er 1973 in dem Jeep von Joe erlitten hatte, chronische Rückenschmerzen, und er war mit der Zeit abhängig von Schmerzmitteln wie Demerol und Percodan geworden. Allerdings blieben dies nicht die einzigen Suchtstoffe, die er konsumierte. Auch über ihn machten sich alle Sorgen.

Bei den jüngeren Kindern war mangelnde Disziplin das Hauptproblem, und dies hatte zur Folge, daß Ethel ihre Hausangestellten nicht halten konnte. Eines Tages rief sie mich an und sagte:»Rick, ich bin am Verzweifeln. Ich brauche unbedingt ein Kinderfräulein.« Diese neue Aufgabe kostete mich viel Zeit, zumal ich noch immer eine geeignete Person für die Kinder des Senators suchte. Joan hatte mit ihren Bemühungen keinen Erfolg gehabt: Seit der Entlassung von Theresa Fitzpatrick hatten sich mehrere Frauen in dieser Rolle versucht, aber keine hatte durchgehalten. Da Joan nun nicht mehr da war, wurde noch dringender eine geeignete Ersatzmutter gesucht.

Nach zahlreichen Bewerbungsgesprächen fand ich eine Frau, die ich Ethel empfehlen konnte. Sie hatte früher in der Universitätsklinik von Georgetown als Krankenschwester gearbeitet. Es dauerte jedoch nur ein paar Wochen, bis sie mich spät in der Nacht weinend anrief und berichtete, die Kinder hätten ihr eine Schlange ins Bett gelegt. Ich fuhr nach Hickory Hill, erlöste sie aus dem Alptraum und brachte sie für den Rest der Nacht in einem Hotel unter. Auch dieses Kinderfräulein war nur ein kurzes Intermezzo.

»So ein Tollhaus«, beschwerte ich mich beim Senator.

»Ethel soll sich von nun an selbst darum kümmern«, riet er mir.

Schließlich empfahl Ethels frühere Sekretärin Caroline Croft, die inzwischen für den Senatsausschuß für Verfahrensfragen arbeitete, Gretchen Geiger für die Dompteursnummer. Gretchen war eine robuste Persönlichkeit, an der jede noch so schwere Prüfung spurlos vorüberging. Sie zog in Hickory Hill ein und brachte es fertig, sowohl mit Ethel als auch mit den Kindern gut auszukommen. Die Kinder verpaßten ihr schon bald den liebevollen Spitznamen »Grouch« – die »Meckerliese«.

Der Senator war von Grouch beeindruckt und fragte sie, ob sie nicht jemanden wüßte, der die gleiche Aufgabe für seine Sprößlinge übernehmen könnte. Grouch war sicher, daß ihre Schwester, eine staatlich geprüfte Krankenschwester, bereit sei, die Stelle anzutreten, und der Senator nahm sofort Kontakt zu ihr auf.

Grouchs Schwester Carol hatte eindrucksvolle Referenzen vor-

zuweisen und verfügte über ein gerütteltes Maß an gesundem Men-
schenverstand. Außerdem war sie attraktiv und charmant, sie ver-
einigte somit alle Vorteile auf sich. Der Senator schloß sie sofort ins
Herz, und seine Kinder mochten sie ebenfalls. Auch ich war froh,
denn sie übernahm einen Großteil der Haushaltspflichten, die ich
von George geerbt hatte.

Obwohl sich die Situation verbessert hatte, blieb das Haus auf
Hickory Hill weiterhin ein Zoo. Die Kinder besorgten sich ein
Schwein und hielten es im wahrsten Sinne des Wortes als Haustier:
Es raste durch die Zimmer und besaß die lästige Angewohnheit,
sein Geschäft zu verrichten, wann und wo immer es ihm gerade
einfiel. Im Lauf der Zeit löste sich das Problem allerdings von selbst,
denn als das Schwein den Reiz des Neuen verloren hatte, dachte
niemand mehr daran, es zu füttern, und es verhungerte.

Unter Ethels Kindern begannen einige, sich über Onkel Ted lustig zu machen, der doch eigentlich ihr Vorbild hätte sein sollen.
Zwar hatten sie nach wie vor Respekt vor dem großen Senator, aber
ihnen war nicht entgangen, daß er privat ziemlich viel trank und
eine Party wie jeder andere auch genoß. Wenn man sich unter den
Kindern aufhielt, konnte man Bemerkungen aufschnappen wie etwa: »Onkel Ted hat sich gestern aber köstlich amüsiert; er hat
schwer einen sitzen gehabt.«

Natürlich wußten wir alle, daß sich der Senator zu sehr gehenließ, aber keiner vermochte es, seine Hemmungen zu überwinden
und ihn auf das Problem anzusprechen. Er arbeitete hart – wirklich
hart – und schien von daher auch das Recht zu haben, sich entsprechend vergnügen zu dürfen. Ein Arzt, der als Stabsleiter im Unterausschuß für Gesundheit arbeitete, war der einzige Mitarbeiter, der
das Problem mir gegenüber je zur Sprache brachte. Besonders bei
offiziellen Zusammenkünften nahm er mich gelegentlich beiseite
und sagte: »Rick, Sie müssen auf ihn einwirken, daß er mit dem
Trinken aufhört.«

»Das geht über meine Kompetenzen«, sagte ich und dachte, daß
es sowieso die pure Heuchelei gewesen wäre, da ich mich doch
selbst auch nicht zurückhielt. Ich sprach dem Scotch kräftig zu und
ließ kaum eine Linie Kokain aus. Aber das brauchte der Doktor
nicht zu wissen.

Cindy Marks fand eine Stelle in einem Washingtoner Architektur-
büro und zog in die Nähe, nach Arlington in Virginia. Wir trafen

uns jetzt regelmäßig. Sie war eine der wenigen Frauen, die Verständnis dafür hatten, wie sehr mich mein Terminplan unter Druck setzte. Da sie selbst berufstätig war, sah sie ein, daß ich nur über wenig freie Zeit verfügen konnte. Und außerdem war ihr Terminkalender kaum weniger voll als meiner.

Der Senator hatte erfahren, daß Cindy und ich Freunde geworden waren, aber mehr wußte er nicht. Daher versuchte er, mich als Informationsquelle für seine eigenen erotischen Ziele zu benutzen. Oft rief er spät in der Nacht an und fragte: »Was macht eigentlich Cindy?«

»Sie trifft sich mit anderen Männern«, erwiderte ich, hütete mich aber, ihm zu verraten, daß sie just im selben Moment an meiner Seite saß.

»Soso«, war seine übliche Antwort. Es machte ihm offensichtlich zu schaffen, daß sein berühmter Kennedy-Charme bei einer Frau versagte. Das kam so selten vor, daß es ihn tief verstörte. Man sah ihn förmlich, wie er sich am anderen Ende der Leitung den Kopf kratzte und überlegte, was da wohl schiefgelaufen war. Ich hatte nicht den Mut, ihm zu sagen, daß sich Cindy nicht mehr für ihn interessierte, sie hatte jedoch keine Hemmungen, es ihm deutlich zu zeigen. Von Zeit zu Zeit rief er in ihrer Wohnung an und wollte sie ausführen, doch sie wies all seine Anträge freundlich, aber bestimmt zurück.

Bei ihr sagte er nicht »soso«, aber sie merkte, daß er völlig konsterniert war.

Als Jack und ich in ein Haus an der Beecher Street zogen, gaben wir ein Einweihungsfest. Wir luden viele Freunde und Kollegen ein und baten auch den Senator zu kommen. Cindy überlegte, wie er wohl reagieren würde, wenn er sie an meiner Seite sähe. »Wir werden einfach ehrlich sein und ihm reinen Wein einschenken«, sagte ich.

Als der Senator eintraf, war das Fest bereits in vollem Gang. Er war tatsächlich sehr überrascht, Cindy auf der Party anzutreffen. Zuerst sah er sie an und dann mich. Man konnte fast hören, wie bei ihm der Groschen fiel. Es war ein heikler Augenblick. Am nächsten Tag im Büro zog er mich mit meiner Eroberung auf.

Ich reagierte nicht, sondern versuchte, seine Aufmerksamkeit auf die Arbeit zu lenken. Aber er ließ sich nicht beirren. Das war genau der Anreiz, den er gebraucht hatte. Wie ein grimmig entschlossener Jäger seiner Beute nachjagt, verfolgte er Cindy nun

aggressiver denn je. Und er hatte einen einzigartigen Vorteil: Er war
es, der meinen Reiseplan festlegte.

Ich warnte sie: »Er wird versuchen, bei dir zu landen. Sag einfach nein.«

In den nächsten Wochen setzte er ihr ständig mit Anrufen zu.
»Je öfter ich dich sehe, Rick, desto hartnäckiger wird er.«

Nun ging mir das Spiel doch langsam auf die Nerven. Cindy war
eine Frau, die mir viel bedeutete. Aber der Senator sah das Ganze
als einen sportlichen Wettkampf an ... und er war entschlossen, ihn
zu gewinnen. Vielleicht tat er es deshalb, weil er immer gegen John
und Bob hatte konkurrieren müssen. In der Kennedy-Familie lautete die Regel: »Der Gewinner nimmt alles« – und zwar in der
Politik wie im Schlafzimmer.

Es kam mehrmals vor, daß Cindy mit großem Aufwand ein gemütliches Abendessen für uns zwei vorbereitete, ich dann aber in
letzter Minute wegen dringender Verpflichtungen absagen mußte.
Wir versuchten mit diesen Belastungen fertig zu werden, doch die
Situation wurde immer unerträglicher. Meine Beanspruchung
durch den Beruf nahm weiter zu – und in gleichem Maße wuchs
ihre Frustration. Obwohl wir uns immer noch sehr gern hatten,
stand unsere Beziehung auf der Kippe.

Der Senator schickte mich nach Boston, wo ich mich um organisatorische Fragen im Zusammenhang mit der JFK-Bibliothek zu
kümmern hatte. Während ich verreist war, lud er Cindy zu sich
nach Hause ein. Sie war einsam und niedergeschlagen, also nahm
sie, vielleicht aus Rache, weil ich sie wieder einmal allein gelassen
hatte, die Einladung an. Als ich nach Washington zurückkehrte,
war sie konfus und reizbar, unzufrieden mit sich selbst, mit mir, mit
Washington, mit der ganzen Welt. Irgend etwas mußte in meiner
Abwesenheit passiert sein. Ich mußte sie lange mit meinen Fragen
bedrängen, bis ich die Wahrheit erfuhr, aber schließlich brach ihr
Widerstand zusammen und sie gestand, daß sie in McLean gewesen
war. Darauf also hatte der Senator gewartet. Er hatte seinen Kennedy-Charme spielen lassen und dann die Gelegenheit gnadenlos
ausgenutzt. Sie hatten etwas getrunken und Kokain geschnupft, und
schließlich waren sie miteinander im Bett gelandet. Als ich das
hörte, flüchtete ich mich in die Ironie: »Na so eine Überraschung.«
Dabei hätte ich selbst das Drehbuch dazu schreiben können. Ich
kannte jeden Zug, den er bei diesem Verführungsspiel machte; das
Verfahren war praktisch immer das gleiche.

Mein zweiter Gedanke war: Ich bin ein kompletter Idiot, und er ein noch größerer ... Ich war wütend auf mich selbst, weil ich es zugelassen hatte, und auf den Senator, weil er es darauf angelegt hatte. Er hatte bedenkenlos ein Tabu verletzt, und mir wurde jetzt klar, daß genau dies typisch war für einen Kennedy. Er ging einfach davon aus, für bestimmte Taten keine Rechenschaft ablegen zu müssen, nicht weil er von Natur aus arrogant gewesen wäre, sondern weil er so aufgewachsen war. Das Leben war ein Spiel, das ein Kennedy gewinnen mußte, ganz gleich wie; die üblichen Spielregeln zählten dabei nicht.

Tief enttäuscht sagte ich zu Cindy: »Das war dumm von dir.«

Zu mir selbst sagte ich: Es hilft nichts, ich muß mit ihr Schluß machen.

Als ich den Senator am nächsten Morgen traf, war der schärfste Kommentar, den ich herausbrachte: »Sie haben es geschafft, meine Beziehung zu Cindy kaputtzumachen.«

Er tat dies mit einem beiläufigen Lachen ab. Und diesmal war er es, der das Gespräch rasch auf die Arbeit lenkte.

DER SENATOR VERGNÜGT SICH

Mit seinem Charme und seiner schon draufgängerischen Art hatte Kennedy schließlich Cindys Herz erobert. Unsere Romanze war zu Ende, doch wir beschlossen, trotzdem gute Freunde zu bleiben. Da ich tagaus, tagein mit dem Senator zu tun hatte, machte dieser Entschluß die Situation für uns alle erträglicher.

Die Affäre der beiden nahm rasch Formen einer echten Liebesbeziehung an, worüber der Senator vermutlich genauso überrascht war wie ich selbst, war doch Cindy seit langer Zeit die erste Frau, die es vermochte, ihn in ihren Bann zu ziehen. Ich konnte ihn nur zu gut verstehen – man mußte sich einfach in Cindy verlieben. Sie war intelligent, besaß einen hinreißenden Humor und sah mit ihrem langen kastanienbraunen Haar wunderschön aus. Sie war einfach etwas Besonderes. Auch den Senator hatte es mächtig erwischt.

Eine Weile versuchten sie, ihr neues Verhältnis zueinander vor den Kindern des Senators geheimzuhalten, aber Cindy war oft in McLean, und die Kinder, die ganz und gar nicht auf den Kopf gefallen waren, merkten schnell, woher der Wind wehte. Selbst ein Tauber hätte nicht überhören können, wie es zwischen dem Senator und seiner »Freundin« knisterte.

Während der Senator zumindest einen schwachen Versuch unternahm, seine Beziehung mit Cindy vor den Kindern zu verbergen, hatte er seiner Mutter gegenüber nicht die geringsten Skrupel. Bei einem Wochenendbesuch in Palm Beach befanden Rose und ich uns gerade in der Küche, als der Senator und Cindy durch die Tür zum Garten hereingeplatzt kamen. Sie trugen nur ihre Badesachen und hinterließen eine nasse Spur auf dem Fußboden. Sie holten Getränke aus dem Kühlschrank, hakten sich unter und rannten lachend wieder hinaus zum Schwimmbecken.

Mit resigniertem Unterton sagte Rose daraufhin zu Nellie, ihrer Köchin: »Ach ja, Teddy und seine Mädchen ... was kann eine Mutter da schon ausrichten?«

Rose war eine wunderbare Frau, die wohl weit besser als jede andere Person wußte, was ihren Kindern alles zuzutrauen war. Aber sie wurde auch älter, und es erschien mir fast respektlos, sie derart zu schockieren. Später nahm ich Cindy beiseite: »Denk daran«, sagte ich zu ihr, »seine Mutter hat viel durchgemacht. Mußtet ihr euch wirklich so aufführen?«

Cindy winkte ab. »Komm, Rick, Ted erzählt ihr alles. Sie weiß Bescheid.«

Nun, das bezweifelte ich sehr, aber warum sollte ich mich streiten?

Die Kinder kamen natürlich schnell hinter die Wahrheit. Kara und Teddy schienen zu dieser Zeit kaum noch Hoffnung zu haben, daß ihre Eltern wieder zusammenfinden würden. Sie liebten ihre Mutter und besuchten sie auch häufig in Boston, doch sie begriffen, daß sie krank war und während ihrer Genesung keine Kinder um sich herum brauchen konnte. Und Dad war eben Dad. Sie wußten, daß dies nicht seine erste Liebesaffäre war, und ahnten wohl auch, daß es nicht die letzte sein würde. Aber abgesehen davon mochten sie Cindy wirklich gern, und auch sie hatte die Kinder in ihr Herz geschlossen.

Wie lange der Senator von ihr fasziniert sein würde, war eine ganz andere Frage. Oft verhielt er sich wie ein Kind vor dem Bonbonglas, das von all den Süßigkeiten nie genug bekommen konnte. Dessen war sich Cindy genauso bewußt wie ich. Sein Appetit auf Sex schien manchmal unstillbar – genauso wie sein Verlangen nach Hochprozentigem oder Kokain.

Da gab es zum Beispiel noch Barbara. Sie beschwerte sich bei mir am Telefon: »Ich soll ihn nicht mehr zu Hause anrufen. Was ist da los? Wer ist diese Frau? Was tut sie dort, Rick? Sie arbeitet doch nicht für ihn?«

Ich wußte, um wen es ging, trotzdem war ich versucht zu fragen, welche Frau sie eigentlich meine.

Barbara klagte: »Ich habe das ganze Theater satt. Eigentlich müßte ich ihm sagen, er soll sich verziehen.«

Dieser Rivalität zum Trotz mochten sich Barbara und Cindy auf Anhieb, als sie sich zum ersten Mal trafen. Die Begegnung fand an einem Wochenende statt, als Barbara in Washington war. Der Senator hatte am Samstagnachmittag zu tun, also kam Barbara zum Essen zu mir nach Georgetown und traf Cindy in meiner Wohnung. Ich fühlte mich an jenem Tag nicht wohl. Als ich mich deswegen zurückzog, beschlossen die beiden Frauen, zusammen irgendwo zu Mittag zu essen und einkaufen zu gehen. Sie liehen sich meinen Wagen aus und versprachen, ihn gegen Abend wieder zurückzubringen.

Der Abend kam, es wurde später und später, und noch immer waren die beiden nicht zurück.

Etwa um halb zwei Uhr in der Nacht klingelte das Telefon, und eine Stimme fragte nach Barbara.

»Sie ist nicht da«, antwortete ich schläfrig.

»Ach, Rick, hier spricht Warren«, sagte die Stimme betont lässig.

»Hallo, Warren.«

»Kannst du Barbara ausrichten, sie soll mich anrufen? Ich bin im Carlyle in New York.«

»Okay.«

Er gab mir seine Nummer und legte auf.

Cindy brachte meinen Wagen erst spät am darauffolgenden Morgen zurück. Sie kurvte mit kreischenden Bremsen in eine Parklücke, stürmte wütend in meine Wohnung, knallte die Tür hinter sich zu und legte los. Sie wolle mit dem Senator Schluß machen, und der werde dann vor Kummer hoffentlich tot umfallen. Als ich sie etwas beruhigt hatte, fragte ich, was denn los sei. Während sie mir den Grund für ihre Empörung erläuterte, geriet sie in immer größere Verwirrung.

»Barbara und ich haben zuerst Einkäufe gemacht, und danach sind wir irgendwo eingekehrt. Wir tranken eine Menge Champagner. Ich hatte einen richtigen Schwips, und plötzlich – ich weiß selbst nicht wie – waren wir auf dem Weg zum Haus des Senators. Er war bester Laune und zu jeder Schandtat bereit. Also tranken wir weiter, koksten ein bißchen ... und, nun ja – plötzlich war ich mit beiden im Bett.«

Ich verdrehte die Augen. Gleich mit zweien? Da war er wieder, der kleine Junge vor dem Bonbonglas. Je länger wir über ihr Erlebnis redeten, desto mehr kam Cindy zu der Ansicht, daß sie zu heftig reagiert hatte. Als Barbara schließlich auftauchte, hatte Cindy sich wieder beruhigt. Die beiden fingen sogar an, über die vergangene Nacht zu kichern – sie waren jetzt Freundinnen, keine Rivalinnen mehr. Cindy, die sich zuerst gegen ein Techtelmechtel mit dem Senator gesträubt hatte, verwandelte sich vor meinen Augen in eine andere Person. Vielleicht verändern wir uns alle zu schnell, dachte ich.

Während ich noch versuchte, meine Gedanken zu ordnen, sagte ich beiläufig zu Barbara: »Ein gewisser Warren hat aus New York angerufen und wollte dich sprechen.«

»Ah, das war Warren Beatty«, sagte sie, aber ich war im Moment zu sehr mit meinen Gedanken beschäftigt, um auf den Namen des berühmten Schauspielers überrascht zu reagieren. Ich brummte nur: »Erstens hat er mich mitten in der Nacht geweckt, und zweitens, woher wußte er meinen Namen?«

»Nun, ich habe ihm alles von dir erzählt«, gab Barbara zurück und grinste.

Sie rief Beatty im Carlyle an und verabredete sich mit ihm in New York. Zu meiner Überraschung beschloß Cindy, sie zu begleiten – ganz wie eine alte Freundin.

Der Senator führte sein zügelloses Sexualleben munter weiter. Cindy fügte sich seiner Vorliebe für einen flotten Dreier, kam aber mit ihren Gefühlen nicht ins reine. »Ich habe niemanden, mit dem ich reden kann«, beklagte sie sich eines Sonntagmorgens am Telefon, als ich gerade dabei war, Frühstücksgebäck zu toasten. »Ich muß mit jemandem reden, Rick, sonst platze ich ...«

»Also gut, schieß los«, forderte ich sie auf und bemühte mich, Einfühlungsvermögen zu zeigen.

»Dieses Wochenende ging es hoch her. Du wirst es nicht glauben, aber er – er hat Kitty Brewer eingeladen.«

»Ach, ja?« meinte ich. Kitty Brewer war aus Rhode Island; er hatte sie auf einer Schiffsreise kennengelernt.

»Ja«, sagte Cindy gedehnt. »Sie ist bei ihm zu Besuch. Sie ist im großen und ganzen wirklich nett, aber plötzlich waren wir alle zusammen im Bett. Zuerst konnte ich noch widerstehen, doch du weißt ja, wenn man kokst und trinkt und so weiter, hat man sich nicht mehr in der Hand.« Der Senator wollte, daß Cindy und Kitty eine »Nummer für ihn machen«.

Ich hielt entgegen: »Nun, noch triffst du deine eigenen Entscheidungen. Du hättest nein sagen können, Cindy. Und auch was das Koksen und alles weitere betrifft – wenn es dir nicht gefällt, sagst du es ihm besser.«

»Du hast recht«, stimmte sie mir zu und war sichtlich erleichtert.

Wenige Tage später meldete sich auch Kitty bei mir. Sie hatte vergeblich versucht, den Senator in McLean zu erreichen, und rief mich dann im Büro an, um herauszufinden, wo er sich aufhielt. Sie war von Natur aus eine rappelige Person, aber an jenem Tag war sie ganz aus dem Häuschen. Ich fragte nach dem Grund, obwohl ich die Antwort im voraus kannte.

»Cindy war das *ganze* Wochenende über da«, seufzte sie. »Ich wußte nicht, daß sie auch kommen würde. Jedenfalls tranken wir etwas, feierten, und du weißt ja, wie er ist ... eines führte zum anderen ...«

Ich sagte ihr, was ich zuvor schon zu Cindy gesagt hatte: Daß sie selbst dafür verantwortlich war, was sie tat; daß sie nein sagen konnte.

Nicht daß ein Nein den Senator gebremst hätte. Wenn eine nicht mitspielen wollte, hatte er stets eine andere zur Hand, auf die er zurückgreifen konnte.

Offensichtlich war der Senator dabei, einen Harem zu gründen. Neben seiner wachsenden Vorliebe für Dreierkonstellationen verfolgte er eine neue Idee. Er erzählte mir, daß er sich unbedingt eine Einrichtung besorgen müsse, die er in Aspen entdeckt habe.

Dort hatte sich der Senator von den Vorzügen des Whirlpools überzeugen können. Von dem Vergnügen, das der Aufenthalt im Pool gewährte, einmal ganz abgesehen, taten die Wärme und das sprudelnde Wasser seinem Rücken gut. Er teilte mir mit, er werde keine Ruhe geben, bis er seinen eigenen Whirlpool im Haus habe. Ich erkundigte mich bei unserem Büro in New York, ob wir die Kosten als Aufwendungen für eine Heilmaßnahme steuerlich absetzen könnten, und bekam zur Antwort: »Beschaffen Sie ein ärztliches Attest, daß er es für seinen Rücken braucht.« Das Attest bekam ich, aber bis heute weiß ich nicht, ob die Kosten tatsächlich von der Steuer abgesetzt wurden.

Der Innenarchitekt schlug vor, das Bassin in eine Vertiefung im Boden einzulassen, so daß der Senator sich in das warme Wasser begeben könne, ohne Treppen steigen zu müssen.

Es stand außer Frage, daß das Bad dem Rücken des Senators die dringend benötigte Linderung verschaffte. Aber ich wußte auch, daß er noch anderes damit im Sinn hatte.

»Ich brauche das schwarze Buch«, sagte der Senator plötzlich eines Morgens im Büro. Er suchte nach einer Telefonnummer in Europa, die in meiner Version seines privaten Adreßbuches nicht enthalten war. »Fahren Sie raus nach McLean und holen Sie es. Es liegt in der rechten oberen Schublade in meinem Schreibtisch.«

Dieser Botengang kam mir gar nicht recht, weil er mich mindestens eine Stunde kosten würde, aber ich fuhr trotzdem gehorsam zum Haus des Senators. Dort öffnete mir Carol Geiger, das neue Kinderfräulein. Sie war ebenso professionell wie diskret, und mit ihrer Wahl hatte man eine ausgesprochen glückliche Hand bewiesen. Während sie wieder an ihre Arbeit ging, betrat ich das private Büro des Senators, fand den Schlüssel an seinem geheimen Ort und öffnete den Schreibtisch.

Das schwarze Buch war nicht in der rechten oberen Schublade, also sah ich auch in den anderen Schubladen nach.

In der zweiten Schublade lag auf der rechten Seite eine Schachtel mit Amylnitriten, den sogenannten Poppers. In der rechten unteren Schublade fand ich eine alte Zigarrenkiste. Neugierig schaute ich hinein, um zu erfahren, was für geheime Schätze der Senator wohl hier beiseite geschafft haben mochte. Ich entdeckte ein kleines, braunes, mit weißem Pulver gefülltes Plastikfläschchen. Außerdem fand ich mehrere Bogen Papier, deren Ecken säuberlich gefaltet waren. Ich wußte, daß auf diese Weise kleine Mengen von Kokain aufbewahrt und unauffällig mitgeführt werden konnten. Schließlich entdeckte ich eine Kapsel aus Plastik und Aluminium: Wenn man auf das eine Ende einen leichten Druck ausübte, trat aus dem Reservoir eine Prise Kokain aus, die dann durch ein Loch in der Spitze der Kapsel geschnupft werden konnte.

»Wenn Sie so etwas finden, vernichten Sie es«, hatte mir der Senator für den Fall, daß ihm etwas zustieß, aufgetragen.

Mittlerweile war ich keineswegs mehr überrascht, im Schreibtisch des Senators solche Utensilien verwahrt zu finden. Unklar war mir allerdings, weshalb Reis in der Zigarrenkiste lag. Bei der nächsten Gelegenheit fragte ich Cindy danach. »Reis saugt die Feuchtigkeit auf«, verriet sie mir. »So bleibt das Kokain trocken.« Cindy gestand, daß sie es gewesen sei, die dem Senator das Utensil geschenkt habe. Es sei praktisch, da man es gut mit auf Reisen nehmen und nach Belieben schnupfen könne, wo man wolle. »Damit geht es rasch und problemlos«, lautete ihr abschließendes Urteil. Bald darauf schenkte mir Cindy auch solch ein Gerät zum Kokainschnupfen. Ich verstaute es zusammen mit einem Vorrat an Koks bei mir zu Hause in einer leeren Scheckbuchschachtel in meinem Schreibtisch. Auch eine großzügige Portion Reis hatte ich hinzugefügt.

Am meisten in Anspruch genommen wurde ich von meinen Aufgaben als Privatsekretär des Senators – es waren ganz gewiß auch die schwierigsten –, gleichzeitig aber war ich noch immer für die Organisation im Büro zuständig. Dort gab es oft beglückende Momente, wenn zum Beispiel ein von Kennedy unterstützter Gesetzesentwurf verabschiedet wurde. Umgekehrt gab es auch tieftraurige Augenblicke. Jahrelang hatte Mary Murtaugh sechzig bis siebzig Stunden in der Woche für den Senator gearbeitet. Die Anstrengung hatte sich insofern für sie gelohnt, als sie allmählich in der Achtung des Senators gestiegen war und bald sein ganzes Vertrauen besaß. Aber ihr Privatleben hatte darunter sehr gelitten. Nun ging im Büro das Gerücht um, Mary habe endlich einen Freund. Tatsächlich bekam ihr Gang etwas Anmutiges, und ihre Augen leuchteten.

Eines Tages erzählte Mary jedem, der es hören wollte, sie habe sich mit ihrer Freundin etwas Besonderes für den Abend vorgenommen. Sie wollten mit ihren Partnern im Kennedy Center in ein Theaterstück gehen.

Nach dem Ende der Aufführung beschlossen die beiden Paare, noch auf ein Glas Wein zu Mary zu gehen. Dort klagte Mary über leichte Kopfschmerzen und kündigte an, sie wolle ein Aspirin holen.

Kaum war sie in ihr Schlafzimmer gegangen, hörten die anderen, daß sie stürzte. Sie eilten ins Schlafzimmer und fanden Mary tot auf dem Boden liegen. Die Autopsie ergab, daß sie an einem Aneurysma gestorben war, an einer krankhaften Erweiterung einer Schlagader.

Im Büro waren alle schockiert. Am Grab hielt der Senator eine

ergreifende Trauerrede. Marys plötzlicher Tod löste tiefe Betroffen-
heit in ihm aus. Später, unter vier Augen, sagte er zu mir: »Wissen
Sie, Rick, man muß das Leben in vollen Zügen genießen.«

Daß er sich an diese Devise hielt, wußte niemand besser als ich.
Doch es gehörte auch zu meinen Aufgaben, ihn, soweit ich es vermochte, im Zaum zu halten ...

Manchmal ertappte ich ihn während einer öffentlichen Veranstaltung dabei, wie er ein Auge auf eine Frau warf. Ich pflegte in
solchen Situationen mit freundlicher, aber fester Stimme zu sagen:
»Nein, nicht jetzt ... das ist jetzt nicht der Augenblick.«

»Aber, aber, Ricky«, sagte er dann immer mit einem Stirnrunzeln.

»Nehmen Sie sich zusammen«, flüsterte ich ihm zu.

Er wollte es zwar nicht eingestehen, aber er wußte sehr wohl,
daß dies das einzig Richtige war.

Damit will ich nicht behaupten, daß er meinem Rat stets folgte.
Ihn im Zaum zu halten, war etwa so schwierig, wie einen gereizten
Stier vom roten Tuch fernzuhalten. Eine meiner Aufgaben bestand
darin, die Bewerbungen von Praktikanten zu sichten und eine Vor-
auswahl zu treffen. Wir hatten jeden Sommer ungefähr ein Dutzend
dieser Jobs zu verteilen, wobei immer einige grundlegende Voraussetzungen zu erfüllen waren. Zum Beispiel bestimmte der Senator,
daß einer der Praktikanten ein guter Tennisspieler sein müsse. So
stellten wir einen Bewerber ein, nicht etwa weil er ein brillanter
Harvardstudent war, sondern weil er in der dortigen Tennismann-
schaft spielte.

In einem Sommer boten wir dem Sohn von Roger Mudd eine
Praktikantenstelle an. Sein Vater hatte für seinen Sprößling bei uns
angerufen, und wir taten ihm gern den Gefallen. Mudd, ein beim
Fernsehsender CBS beschäftigter Journalist, war nicht nur Nachbar
des Senators in McLean, ihn verband weitaus mehr mit den Kennedys. Er war es gewesen, der Ethel Kennedy einen Weg durch die
Menge bahnte, als ihr Gatte in Los Angeles tödlich verwundet wurde. In den darauffolgenden Jahren nahm er immer regelmäßig am
Tennisturnier zum Gedenken an Robert Kennedy teil.

Ich kann mich noch gut daran erinnern, wie mich der Senator
eines Tages ganz nebenbei fragte, ob eine junge Frau namens Pam
Farmer sich beworben habe. Ich ging einen Stapel von Bewerbungen durch, stieß auf den Namen und sah mir das Schreiben nochmals an. Während die meisten anderen Bewerber schon studierten,
ging dieses Mädchen noch zur Schule.

»Ja«, antwortete ich schließlich, »aber ich habe ihre Bewerbung nicht berücksichtigt, weil sie die Voraussetzungen nicht erfüllt.«

»Ich möchte aber, daß sie trotzdem ihre Chance erhält«, sagte der Senator. Ich sah ihn mißtrauisch an und fragte: »Wo kommt sie eigentlich her?«

Sie kam aus Mobile in Alabama. »Ich habe sie vor kurzem kennengelernt«, erklärte er. »Sie wird nächste Woche in der Stadt sein. Gehen Sie doch mal mit ihr essen und reden Sie ein bißchen mit ihr.«

Und das tat ich. Nein, von der lassen wir besser die Finger, sagte ich mir sofort, als ich ihr kastanienbraunes Haar und ihre attraktive Figur zu Gesicht bekam. Während des Mittagessens fragte ich sie, wo sie den Senator kennengelernt habe.

»In einem Restaurant am Cape Cod«, antwortete sie gedehnt in ihrem südlichen Akzent, der so schwer war wie Zuckersirup. »Ständig hat er angerufen und wollte etwas mit mir trinken gehen.« Schließlich habe sie zugesagt, den Senator in einer Bar zu treffen, und gleich auch ihre Eltern mitgebracht ... Um ein Haar wäre ich in schallendes Gelächter ausgebrochen. Ich konnte mir lebhaft die Verblüffung im Gesicht des Senators vorstellen, als er den Eltern dieser jungen Gans gegenüberstand. »Er war schon ein bißchen überrascht«, erzählte sie treuherzig. »Wir haben etwas zusammen getrunken, und das war's.«

Die Flammenschrift an der Wand war nicht zu übersehen. Zwar bemühte ich mich, freundlich zu bleiben, konnte aber das ungute Gefühl nicht abschütteln, hier eher als Kuppler denn als die rechte Hand eines Senators tätig zu sein. »Wie alt sind Sie denn?« fragte ich Pam. »Siebzehn«, antwortete sie gedehnt.

Sie war süß, naiv und leider viel zu geschwätzig. Eine Zeitlang erzählte sie von ihrem Verlobten zu Hause in Mobile. Sie wollten heiraten, sobald sie im folgenden Jahr mit der Schule fertig sein würde. Sie schien davon auszugehen, daß ihre Erfahrung als Stimmungsmacherin bei Sportveranstaltungen sie für ein Praktikum bei uns qualifiziere.

Kurz bevor wir unsere Mahlzeit beendet hatten, fragte ich: »Wo wohnen Sie dieses Wochenende?«

»Ich esse heute mit Ted zu Abend, und dann fliege ich wieder nach Hause.«

Ich kritzelte ein paar Zahlen auf ein Stück Papier und reichte es ihr mit den Worten: »Schön, hier ist meine Telefonnummer. Wenn

Sie Hilfe brauchen oder irgendwelche Probleme haben, können Sie mich gern anrufen.«

Einige Tage verstrichen, dann meldete sie sich aus Mobile. »Ted« habe ihr aufgetragen, mich anzurufen, damit ich einen Flug für sie buche. Sie werde ihn an diesem Wochenende am Kap treffen.

Bei der nächsten Gelegenheit nahm ich mir den Senator vor.

»Wissen Sie eigentlich, was Sie da tun?« fragte ich ihn.

»Aber ja, keine Sorge«, versicherte er mir. Doch er hatte ein Grinsen aufgesetzt, das ich nur zu gut kannte.

»Sie ist noch sehr jung«, warnte ich ihn. »Ich glaube nicht, daß sie den Mund halten wird.«

Aus dem Grinsen wurde ein breites Lachen.

»Sie ist für ein Praktikum nicht hinreichend qualifiziert«, raunzte ich erbost.

»Darüber entscheide ich«, beschied er knapp.

Einen großen Teil des darauffolgenden Sommers verbrachte ich damit, unsere junge, lebhafte Praktikantin unter Kontrolle zu halten. Sie verliebte sich bis über beide Ohren in den Senator und wurde rasend eifersüchtig, als sie von seinen anderen Beziehungen erfuhr. Sie machte mich zu ihrem Vertrauten, dem sie ohne Scheu offenbarte, daß sie mit dem Senator geschlafen habe. Sie schilderte eingehend, wie sie von ihm mit Kokain und Amylnitrit bekannt gemacht worden sei. Nur einmal habe sie nicht mitgespielt, als er sie nämlich dazu überreden wollte, mit einer anderen Frau und ihm zu dritt ins Bett zu steigen.

»Das war mir dann doch zu viel«, flüsterte sie mit ihrem südlichen Akzent.

Pams Verlobter, ein robuster Ringer, der aufs College ging, fragte sich mit berechtigtem Mißtrauen, was sich in jenem Sommer in Washington wohl abspiele. Immer wenn er anrief, redete Pam ausschließlich über Ted. Ich sah schon die fetten Schlagzeilen der Boulevardpresse vor mir: EIFERSÜCHTIGER RINGER RÜCKT KENNEDY AUF DIE PELLE. Vielleicht um seine Befürchtungen zu zerstreuen, lud ihn der Senator auf ein Wochenende nach Washington ein. Ich fragte Pam, wo sie ihn unterzubringen gedenke.

»Tja, der Senator sagte, wir können bei ihm wohnen«, antwortete sie.

»Wirklich?« fragte ich ironisch.

»Ja, wirklich«, gab sie zurück, ohne die Ironie herauszuhören. »Wir spielen Tennis und gehen schwimmen.«

Darauf würde ich nicht wetten, kleine Pomeranze, dachte ich im stillen, ich kenne ihn weit besser als du. Am Samstagnachmittag rief mich der Senator plötzlich zu Hause an und befahl: »Schaffen sie mir bloß diesen Kerl vom Hals!« Oh Gott, durchzuckte es mich, die Posse, die ich mir ausgemalt habe, wird tatsächlich gespielt! Der Junge war eifersüchtig. Ich wollte den Senator noch fragen, was denn vorgefallen sei, aber er war nicht mehr in der Verfassung, Genaueres zu sagen. Statt dessen knallte er den Hörer auf die Gabel. Bevor ich auch nur irgendwelche Spekulationen anstellen konnte, standen Pam und ihr Freund vor meiner Tür und suchten Unterschlupf. Sie waren offensichtlich sowohl aufeinander als auch auf den Senator wütend.

Etwas mußte passiert sein ...

Bloß keine Geschichten, sagte ich mir. Vor allem mußt du dafür sorgen, daß sein Ansehen nicht beschädigt wird; das ist deine Aufgabe. Ich ermunterte die beiden, hereinzukommen und mir alles zu erzählen, bot ihnen alkoholfreie Getränke an und gab mir größte Mühe, nett zu sein. Doch ich erfuhr nur wenige Einzelheiten. Sie waren zu dritt in den Whirlpool gestiegen und hatten sich im Wasser entspannt, jeder hatte etwas getrunken. Die Stimmung war gut, sie lachten, tranken noch mehr, koksten, und dann ...

»Dann wurde es – heikel«, sagte Pam.

Ihr Freund warf ihr einen finsteren Blick zu.

»Wir beschlossen zu gehen«, fügte Pam hinzu.

Die beiden verbrachten das restliche Wochenende bei mir. Bald darauf brach Pam ihr Praktikum ab und ging zurück nach Mobile.

Für den Senator mag es traurig gewesen sein, daß sie wegging, doch ich empfand es als Segen, sie endlich vom Hals zu haben.

Eines Tages eröffnete der Senator unser morgendliches Treffen mit den Worten: »Rufen Sie den Doktor an, er soll mir eine Kiste schicken.«

Ich notierte dies auf meinem Schreibblock: Der Senator braucht Nachschub an Amylnitriten.

Dann sagte er: »Rufen Sie Jamie an, und vereinbaren Sie für Montag einen Termin.«

Jamie Wyeth kam nach Washington, um ein Aquarell vorzustellen, das er für die Eröffnung der JFK-Bibliothek gemalt hatte. Es zeigte Präsident Kennedy an Bord seines Bootes »Victura«. Wyeth wollte 150 signierte Drucke an gute Freunde und Familienangehörige verschenken.

Wie es sich so traf, bereitete das von Wyeth behandelte Thema dem Senator gerade keine große Freude. Sein eigenes Boot, die »Curragh«, war ihm schon lange eine Quelle ständigen Verdrusses. Der Skipper war ein Farbiger von den Bahamas, der – soweit ich weiß – nie seinen Nachnamen benutzte. Er war bekannt dafür, in vier verschiedenen Häfen vier Bräute zu haben, und das schon seit ewigen Zeiten. Hin und wieder bat er uns, der einen oder anderen Geld zu schicken, und wir hatten große Schwierigkeiten, die Namen und Adressen nicht durcheinanderzubringen. Die Forderungen des Skippers wurden mit der Zeit immer lästiger, und der Senator hatte bald die Nase voll von ihm. Doch was konnte er schon tun? Der Skipper wie auch Theresa, Rosalie und George – alle wußten eine Menge über das Privatleben des Senators, was mit äußerster Diskretion zu behandeln war. Der Senator konnte es nicht riskieren, den Mann einfach hinauszuwerfen.

Zu dieser Zeit traten weitere Probleme auf. Ich sah meine Notizen durch und berichtete: »Nach allem, was der Kapitän sagt, braucht das Boot ein neues Radio. Eines mit 96 Kanälen kostet 1295 Dollar, eines mit 112 Kanälen kostet 4478 Dollar.«

Der Senator runzelte die Stirn. »Holen Sie per Telefon noch mehr Angebote ein«, knurrte er. »Sehen Sie zu, daß Sie etwas Billigeres finden!«[*]

»Heute gibt es keine Mittagspause«, ordnete ich an. »Wir arbeiten durch.«

Ich beauftragte einen unserer Mitarbeiter, die Gelben Seiten von Cape Cod durchzugehen und Angebote für Schiffsradios einzuholen.

An jenem Nachmittag rief der Meinungsforscher Lou Harris an. Er hatte sowohl John als auch Bob Kennedy nahegestanden und war der Ansicht, daß der Senator 1980 in das Rennen um die Präsidentschaft gehen sollte. Seine letzten Umfragen hatten ergeben, daß der Unmut über Präsident Carter deutlich zunahm und zugleich der Senator an Rückhalt gewann. Im Büro waren wir einhellig der Meinung, daß eine erneute Nominierung von Präsident Carter die sicherste Methode wäre, den Republikanern den Weg ins Weiße Haus zu ebnen. Carter war schon lange nicht mehr in der Lage, effektiv mit dem Kongreß zusammenzuarbeiten. So hatte zum Bei-

---

[*] Der Senator beriet sich mit der Park Agency, und es gelang ihm schließlich, das Boot an eine Firma zu verkaufen, die auch den Kapitän übernahm. Ab und zu mietete der Senator dann das Boot. Der Kapitän war damit zufrieden und schwieg.

spiel vor einiger Zeit der Oberste Gerichtshof verfügt, es sei nicht mit der Verfassung zu vereinbaren, daß jemand gegen seinen Willen in eine Heilanstalt eingewiesen werde, wenn er nicht eine Gefahr für sich oder andere darstelle. Dieser Beschluß setzte Tausende von kranken Obdachlosen auf die Straße. Der Senator beschäftigte sich intensiv mit dem Problem und unterstützte Gesetzesinitiativen, die die Einrichtung von Rehabilitationszentren im ganzen Land vorsahen. Auch Rosalynn Carter meldete sich zu Wort und trat für den Gesetzentwurf ein, der schließlich auch verabschiedet wurde. Doch Carter vermochte den Kongreß nicht dazu zu bewegen, die erforderlichen Gelder zu bewilligen.

Persönlich ärgerte den Senator die Amtsführung Carters; der Präsident besaß die starke Tendenz, sich mit den Trivialitäten der Regierungsgeschäfte herumzuschlagen. Nach Meinung des Senators hatte der Präsident dagegen nur die Richtung anzugeben und die Einzelheiten seinem Stab zu überlassen. Was den Senator, über spezielle Fälle hinaus, vor allem umtrieb, war die Sorge um den Niedergang der Moral im Land.

Uns allen hing es zum Hals heraus.

»Unter Carters Vorsitz wird die Demokratische Partei ruiniert«, jammerte Harris. Nach seinen Erhebungen galt Kennedy als ein Politiker, der sich für die Interessen des Volkes wirklich einsetze. Er sei eine charismatische Führerpersönlichkeit und vermutlich der einzige, der es mit einem republikanischen Herausforderer aufnehmen könne. Eines der Hauptargumente von Harris war, daß die weit zurückliegende Chappaquiddick-Affäre auf die Entscheidungen der Wähler keinen großen Einfluß mehr habe. Dies war vor allem deshalb wichtig, weil dieser Fall nie eindeutig geklärt worden war und letztlich nur die allseits bekannte Kennedysche Version zur Verfügung stand. Unabhängige Ermittlungen hatten mehr neue Fragen aufgeworfen als alte beantwortet. Nun aber schien der Senator endlich den Mühlstein loszuwerden, der ihm seit der Affäre um den Hals hing.

In der Politik pflegen Koalitionen nach dem Motto zustande zu kommen: Eine Hand wäscht die andere. In dieser Hinsicht hatte der Senator im Sommer 1978 noch einige Schulden zu begleichen, so daß er kreuz und quer im Land herumreiste und zur Unterstützung mehrerer seiner Kollegen Wahlkampfreden hielt. Das Programm war strapaziös. Zuerst reisten wir in den Mittleren Westen und

machten einen Abstecher nach South Dakota, um dort in einer Rede
für einen Kongreßkandidaten zu werben, der einst für Bob Kennedy
gearbeitet hatte. Über das Wochenende ging es nach Kalifornien,
wo sich der Senator mit John Tunney traf – in der Bel-Air-Residenz
von Carroll Rosenbloom, dem alten Freund der Kennedy-Brüder
und Besitzer der Footballmannschaft von Los Angeles. Rosenbloom
verfügte über beste Beziehungen zu einflußreichen Leuten in Washington und Hollywood.

An diesem Wochenende ließ sich zwanglos das Nützliche mit
dem Angenehmen verbinden. Was letzteres betraf, so feierte der
Senator ausgiebig mit Tunney, dessen Leben sich nach dem Verlust
seines Senatssitzes bei der Wahl von 1976 von Grund auf verändert
hatte. Er hatte sich scheiden lassen und im April 1977 wieder geheiratet. Seine neue Frau, Kathinka, war eine sehr hübsche, dunkelhaarige Schweizerin, die als Skiläuferin bereits an einer Olympiade teilgenommen hatte.

Was den Senator auf dem politischen Feld vordringlich beschäftigte, war die an ihn ergangene Einladung, im September die Eröffnungsansprache bei der Tagung der Weltgesundheitsorganisation
zu halten. Die Konferenz sollte in Alma Ata stattfinden, der Hauptstadt der im Süden der Sowjetunion, unweit der chinesischen Grenze gelegenen Sowjetrepublik Kasachstan. Der sowjetische Generalsekretär Leonid Breschnew hatte außerdem vorgeschlagen, daß der
Senator sich bei dieser Gelegenheit über das Gesundheitswesen
seines Landes informieren solle. Der Senator nahm die Einladung
gerne an, denn die Gesundheitsfürsorge der Sowjetunion wurde als
die modernste und umfassendste der ganzen Welt gepriesen. Das
Konzept einer kostenlosen Betreuung für jedermann stieß naturge-
mäß auf großes Interesse bei dem Senator, der sich jahrelang dafür
eingesetzt hatte, in den USA ein besseres Gesundheitssystem aufzubauen.

Stillschweigend fügte der Senator noch einen weiteren Programmpunkt hinzu: Er wollte ein geheimes Treffen mit russischen
Bürgern, hauptsächlich Juden, arrangieren, denen die Ausreiseer-
laubnis verweigert worden war.

An diesem Wochenende nutzte er den Aufenthalt bei Tunney, um
sich ausgiebig mit ihm zu beraten und ihn über die Sowjetunion
auszufragen. Tunney war Sozius in der Rechtsanwaltspraxis Ma-
natt, Phelps, Rothenberg & Tunney in Los Angeles, aber nebenbei
machte er Geschäfte mit den Russen. Einer seiner Partner war der

im Ausland lebende amerikanische Industrielle David Karr. Dieser beteiligte sich an einem großen Projekt, dem Bau eines Luxushotels für die Olympischen Spiele 1980 in Moskau. Tunney und Karr unterhielten einen sehr nützlichen Kontakt zu einem gewissen Andrei, einem Funktionär im Politbüro. Tunney beschrieb Andrei als einen freundlichen Herrn Ende Dreißig oder Anfang Vierzig, dem man vertrauen konnte – soweit dies bei einem russischen Beamten überhaupt möglich war. Tunneys Augen begannen zu strahlen, als er dem Senator von Natascha erzählte, einer blonden Russin, die für Andrei arbeitete. Sie sei sehr für den Westen und – wie Tunney andeutete – recht sexy. Tunney erwähnte, daß er einige Zeit mit Natascha auf Karrs Yacht im Mittelmeer verbracht habe, und schlug vor, die Dame in der Angelegenheit der jüdischen Ausreisewilligen als Kontaktperson mit Breschnew einzusetzen.

Am Montag ließen wir uns auf zwei Spendenveranstaltungen in Los Angeles sehen. Eine wurde für eine farbige Abgeordnete, eine gute Bekannte Tunneys, durchgeführt, die zweite für eine politische Gruppe zur Unterstützung spanischsprechender Amerikaner.

Am Mittwoch kamen wir um sechs Uhr morgens wieder in Washington an. Ich hatte mich gerade an die Arbeit gemacht, als ein gewisser Sergeant Udell von der für den Schutz des Kapitols zuständigen Polizeieinheit anrief und berichtete, daß ein Mann, der sowohl gegen Präsident Carter als auch gegen Senator Kennedy Drohungen ausgestoßen hatte, von Buffalo nach Washington unterwegs sei und angeblich Flinten im Wagen mit sich führe. Der FBI und der Secret Service waren schon eingeschaltet.

Ich schnappte einen Stapel Akten und ging hinüber in den Senatsflügel. In der Garderobe bat ich einen Saaldiener, den Senator zu rufen. Kennedy, der etwas schläfrig wirkte, kam heraus und fing an, mechanisch seine Unterschrift unter die üblichen Schriftstücke zu setzen. Ruhig sagte ich: »Der Secret Service hat angerufen. Irgendein Verrückter aus Buffalo macht Theater. Er soll hierher unterwegs sein.«

Der Senator hörte mir aufmerksam zu, ohne eine Reaktion zu zeigen. Fast konnte man ihn seufzen hören – wieder drohte die Woge der Gewalt über ihm zusammenzuschlagen. Ein zuverlässiger Schutz ließe sich wohl nur durch seinen völligen Rückzug aus dem öffentlichen Leben erreichen, doch das würde für ihn, der auf seine Nähe zum Volk immer stolz war, zugleich auch das Ende seiner Wirksamkeit bedeuten. Jedesmal, wenn wir auf der Straße von

einem Wagen mit knatterndem Auspuff überholt wurden, setzte
mein Herz einen Schlag lang aus. Ich warf dem Senator dann einen
flüchtigen Blick zu und bemühte mich, meine Unruhe zu verbergen,
doch auch aus seinen Augen sprach die gleiche Besorgnis, als wolle
er sagen: Ja, ich weiß … das ist eben Teil meines Erbes. Man mußte
sich damit abfinden. Normalerweise brauchten wir uns um die Drohungen nicht weiter zu kümmern. Diese jedoch war ernster zu
nehmen als die anderen, schon einfach deshalb, weil sich die Be-
hörden eingeschaltet hatten. »Bleiben Sie mit dem Secret Service
und mit dem FBI in Kontakt«, meinte der Senator schließlich, »und
lassen Sie mich wissen, was passiert.«

Kurz darauf fingen die Beamten den Mann auf der Autobahn ab
und nahmen ihn fest. »Nichts passiert«, berichtete ich dem Senator.

Und doch, dachte ich, was immer passieren kann, passiert wieder.

IN DEN FESSELN DER SUCHT

Im Sommer 1978 war außergewöhnlich viel los. Eine der vielen
Veranstaltungen, die auf dem Plan standen, war das jährliche Pro-
minenten-Tennisturnier in Forest Hills zugunsten der Robert-F.-
Kennedy-Stiftung. Der Sänger Andy Williams, Hamilton Jordan, der
Stabschef des Weißen Hauses, sowie einige andere berühmte Leute
kamen zu diesem Anlaß in die Stadt, und der Senator präsentierte
mir eine besonders umfängliche Gästeliste. Kitty, Cindy und Barbara – alle würden kommen, außerdem eine Frau namens Michelle,
die ich noch nicht kannte. Die Situation war delikat, wie immer,
wenn es um des Senators Frauen ging. Es gelang mir, für alle einen
Platz in den VIP-Räumen zu besorgen, wobei ich darauf achtete, daß
Michelle möglichst weit von den anderen entfernt saß. Der Senator
wohnte offiziell bei Pat Lawford, aber ich ließ trotzdem zwei Suiten
im Plaza und einem weiteren Hotel auf meinen Namen reservieren.
Ich wußte, daß der Senator ausgiebigen Gebrauch davon machen
würde.

Während des Turniers eilte ich dann ständig von einer VIP-Ka-
bine zur anderen, immer darauf bedacht, daß die Gespielinnen des
Senators den gehörigen Abstand zueinander wahrten. Ich kam mir
vor wie einer der Balljungen unten auf dem Spielfeld.

Eines Abends beschloß ich, Dampf abzulassen, und lud einige

unserer Mitarbeiter ins Studio 54 ein. Barbara wollte mitkommen, und auch Cindy sagte, sie würde uns dort treffen. Es war damals der exklusivste Nachtclub New Yorks. Das Studio befand sich in einem ehemaligen Opernhaus und faßte dreitausend Leute. Vom Börsenmakler bis zum Transvestiten traf sich alles dort. Vor dem Club stand die Menge stundenlang auf der Straße und hoffte, einen Blick auf die Berühmtheiten drinnen werfen zu können. Der Mitbesitzer des Schuppens, Steve Rubell, hatte die Angewohnheit, sich am Eingang aufzustellen und den Allmächtigen zu spielen. Er sah sich die Leute an und entschied, wer hinein durfte und wer nicht. Da ich an diesem Abend nichts dem Zufall überlassen wollte, bat ich meine Sekretärin Connie, vorher dort anzurufen und Plätze reservieren zu lassen. Leider nahmen sie keine Vorbestellungen entgegen, jemand versprach lediglich, am Eingang meinen Namen zu hinterlassen.

Als wir den Senator mit dem Wagen zum Abendessen zu Jean und Steve Smith fuhren, erzählte ich ihm, was ich für den Abend geplant hatte. Seine Augen fingen an zu leuchten, und als er halb im Spaß sagte, er wolle sich uns anschließen, war ein sehnsüchtiger Ton in seiner Stimme nicht zu überhören. Tatsächlich wäre er nur zu gerne in den Club mitgegangen. Dort schien die Nacht nie zu enden, und gewiß hatte auch in Washington der Klatsch über die dekadenten Seiten der Nobeldisco – wie zum Beispiel die VIP-Katakomben oder die für beide Geschlechter gemeinsamen Toiletten, auf denen, so hieß es, nichts unmöglich war – die Runde gemacht. Doch wir wußten beide, daß es für ihn schlicht undenkbar war, ein Lokal zu besuchen, in dem er sich öffentlich hätte kompromittieren können. Er ließ sich in seinen Sitz zurücksinken und leistete schweren Herzens Verzicht. Der Chauffeur brachte den Senator zum Haus seiner Schwester, dann fuhr er mich zum Studio 54.

Dort angekommen, sagte ich ihm, er solle auf uns warten, für den Fall, daß wir nicht eingelassen würden.

Ich mußte mich durch die Menge kämpfen, bis ich schließlich vor dem Eingang stand. Dieser war flankiert von mehreren großen, breitschultrigen Türstehern, welche die Andrängenden abwehrten. Steve Rubell war auch da und frönte seiner Lieblingsbeschäftigung. Ich sagte meinen Namen und verkündete frohgemut: »Ich stehe auf der Liste.«

Das habe ich schon oft gehört, schienen Rubells Augen zu sagen. Er warf einen flüchtigen Blick auf ein Blatt Papier und antwortete:

»Ich kann Ihren Namen nicht finden.« Plötzlich glitt sein Blick über die Menge hinweg, und er vergaß unseren kleinen Disput. »Schafft Platz dort drüben«, schrie er. Die Menge wurde geteilt, und Cindy schritt zum Eingang. Im Studio 54 war immer Platz für eine schöne Frau.

»Hallo Rick«, sagte sie..

Rubell ließ uns sofort hinein.

Auf den verschiedenen Ebenen der großen, terrassenförmig angelegten Tanzfläche wimmelte es von schönen Menschen beiderlei Geschlechts. Das Spektrum reichte von Frauen in Lederanzügen ohne Top bis zu Jungs in paramilitärischen Uniformen und von Jungs in Tanzstundenkleidern bis zu Mädchen im Smoking. Ihr Schmuck glitzerte im Schein mehrfarbiger, wild zuckender Blitze aus den Lichtorgeln. Die Kellner an der Bar waren muskulös, zeigten ihre behaarte Brust und erweckten den Anschein, als wären sie gegen ein Aufgeld genauso erhältlich wie ihre Drinks.

An den Tischen rauchten viele Gäste ungeniert Pot, während Schwaden von Amylnitrit und Äthylchlorid – einem ebenfalls in Mode gekommenen Schnüffelstoff mit rauschartiger Wirkung – von der Tanzfläche herüberwehten. Andere Leute schnupften völlig unbekümmert Kokain. In schummerigen Ecken konnte man einige Paare dabei beobachten, wie sie sich im Schutz des Halbdunkels dem Zustand sexueller Erfüllung näherten: Jungs mit Mädchen, Mädchen mit Mädchen, Jungs mit Jungs. Und Mädchen mit Jungs und Mädchen.

Ja, der Senator wäre auf seine Kosten gekommen, hätte er dabeisein dürfen.

Und die Presse auch.

Als Cindy und ich auf die Tanzfläche gingen und wir auch unsererseits einen tiefen Zug Amylnitrit nahmen, kam mir schlagartig – zugleich mit dem schockartigen Einsetzen des Rausches – die Ironie meiner Situation zu Bewußtsein: In nur drei Jahren war aus dem »Erzbischof« ein Hedonist geworden, der das Leben in vollen Zügen genoß. Das Gefühl war überwältigend. Es erinnerte mich stark an ein Erlebnis, das ich zu Anfang des Sommers gehabt hatte.

An einem Samstagnachmittag hatte ich an der offenen Tür eines kleinen Flugzeuges gestanden und Maryland von oben betrachtet. Vor mir waren schon ein halbes Dutzend abgesprungen, ich war – abgesehen vom Lehrer – der letzte. Mach dir keine Sorgen, sagte ich mir. Der Fallschirm öffnet sich automatisch, spring einfach.

Ich atmete tief durch, beugte meine Knie und sprang. Mein Körper fiel ins kühle Freie, doch mir blieb keine Zeit, Angst zu empfinden. Nach wenigen Augenblicken spürte ich, wie die Riemen der Gurte sanft in meine Schultern schnitten. Über mir öffnete sich der Schirm, und ich schwebte zwischen Himmel und Erde. Das könnte ich tausendmal machen, dachte ich.

Noch in derselben Woche, am Ende des Tennisturniers, ließ Steve Ross, der strahlende Direktor des Unterhaltungskonzerns Warner Communications, Jean und Steve Smith mit seinem Diensthubschrauber zu den Hamptons bringen. Der Senator und Cindy wollten zum Kap fliegen und von dort aus eine Bootstour unternehmen. Als Barbara von den Ausflugsplänen des Senators hörte, wollte sie sich anschließen, aber der Senator legte im Augenblick keinen Wert auf ihre Gesellschaft. Genausowenig Wert legte er allerdings darauf, sich in dieser Hinsicht die Hände schmutzig zu machen.

»Lassen Sie sich etwas einfallen, um sie loszuwerden, Ricky.«

Ich wollte schon das Gesicht verziehen, statt dessen aber hörte ich mich »Okay« sagen. Also mußte ich mir rasch eine Notlüge ausdenken. Das wird langsam wirklich verrückt, dachte ich.

Immer wenn ich die Feuerwehr für den Senator spielte, wußte ich nur zu gut, daß er nicht der einzige Kennedy war, der ständig seine Probleme, und mochten sie auch noch so trivial sein, von anderen Menschen lösen ließ. Es wurde oft behauptet, es gäbe Leute, die bezahlten, um für die Kennedys arbeiten zu dürfen – und nicht umgekehrt –, aber manchmal mußte man sich wirklich fragen, warum das so war.

An einem Wochenende in jenem Sommer waren wir auf Squaw Island. Der Senator und Cindy waren mit den Kindern unterwegs, und ich unterhielt mich draußen mit Carol, dem Kinderfräulein.

Irgendwann kam Carol auf den Gedanken, kurz bei ihrer Schwester anzurufen, die bei Ethel und ihrer Familie war. Während des Telefonats fing sie auf einmal hysterisch an zu lachen. Dem Ersticken nahe reichte sie mir den Hörer.

»Hallo Grouch!« sagte ich. »Wie geht's?«

»Danke, gut. Ein Tag wie jeder andere. Ich schaue gerade Ethel zu, wie sie Rory und Doug den Hosenboden versohlt.«

»Warum?«

»Sie haben auf der Einfahrt Benzin ausgeleert und angezündet.

Sie wollten sehen, wie das aussieht. Die Feuerwehr ist gerade gekommen.«

Auch ich mußte lachen. Ethel und Grouch hatten zweifellos mit
den Kindern alle Hände voll zu tun, auch wenn die ältesten Söhne
nun fast aus dem Haus waren.

Von Zeit zu Zeit hatte auch der Senator Ärger mit seinen Kindern, aber beileibe nicht oft – und das war hauptsächlich sein Ver-
dienst. So empörend es war, daß er ungeniert mit seinen diversen
Freundinnen vor den Augen der Kinder herumstolzierte, so hatte
ich doch von dem Augenblick an, als ich ihn 1971 in der Dreifaltigkeitskirche zum ersten Mal sah, keinen Zweifel, daß er ein wunder-
voller Vater war. Sicher, er hatte seine Fehler, aber meiner Meinung
nach gab er sich alle erdenkliche Mühe, für seine Kinder Zeit zu
finden. Dies wurde vor allem jetzt deutlich, da Joan die ganze Zeit
über in Boston lebte. An Wochenenden machte er oft mit den Kindern Ausflüge in Neuengland und plante dabei auch stets einen
Besuch bei ihrer Mutter ein.

Mit Patrick, dem Jüngsten der Familie, war – zumindest momentan – leichter umzugehen als mit dessen älteren Geschwistern. Der
Senator hatte mir zu Anfang des Sommers heimlich aufgetragen,
Ausschau nach einem günstigen Boston Whaler zu halten, einem
kleinen Boot mit Außenbordmotor, das wie geschaffen für Spritz-
touren vor Squaw Island war. Der Senator überraschte Patrick mit
diesem Geschenk an seinem Geburtstag, dem 14. Juli, und an vielen
darauffolgenden Wochenenden sah man Vater und Sohn am Kap
zusammen fischen. Ich wunderte mich zunächst, daß der Senator
es aushielt, so lange stillzusitzen, doch dann wurde mir klar, daß
er für seine Kinder alles tun würde.

Seine neueste Idee war, ihnen das Tauchen beizubringen – ein
Hobby, dem er selbst gerne in seinen Ferien nachging. Er stellte
einen Tauchlehrer an und ließ ihn Unterrichtsstunden im
Schwimmbecken hinter dem Haus abhalten. Eines Tages war ich in
McLean und beobachtete die Kinder bei ihren Übungen. Als ich
erwähnte, daß ich früher mit meinem Schwager zum Tauchen gegangen sei, grinste der Senator und fragte, ob mir dabei schon
einmal Haie begegnet wären.

Ich verneinte und wirkte wohl etwas beunruhigt.

Doch er lachte über meine Besorgnis und klärte mich auf, daß
Haie nur dann eine Gefahr darstellten, wenn sie gerade beim Fressen wären. Das Tauchen mache mehr Spaß, meinte er, wenn ein

Quentchen Gefahr damit verbunden sei. Kurz danach organisierte
ich ein Tauchwochenende auf den Bermudas, und tatsächlich begegnete ich zum ersten Mal Haien. Erst hatte ich Angst, wie damals, als ich aus dem Flugzeug sprang, aber sobald ich mir sagte,
daß sie – Gott sei Dank – nicht beim Fressen waren, wurde dieser
Tauchgang zu einem ungeheuer aufregenden Erlebnis. Der Senator hatte nicht zu viel versprochen.

Diese Neigung, mit der Gefahr zu liebäugeln, schien sich auf alle
Bereiche seines Lebens zu erstrecken. So sehr er sich auch bemühte, ein guter Vater zu sein, so belastete doch seine Vorliebe für das
Risiko manchmal die Beziehung zu seinen Kindern. Kara zum Beispiel rauchte eine Zeitlang häufig Pot, was ihn sehr beunruhigte.
Als er sie wieder einmal ermahnte, entgegnete sie:»Ausgerechnet
du willst mir verbieten, Pot zu rauchen? Warum hörst du nicht
selbst damit auf, Drogen zu nehmen?«

Er mußte sich eingestehen, daß sie recht hatte. Obgleich seine
Kinder nicht in ähnlich heiklen Verhältnissen aufwuchsen wie zum
Beispiel die von Ethel, war der Senator sich doch bewußt, daß sie
sowohl Joans Neigung zur Sucht wie auch seinen Hang zum Risiko
teilten. Vor kurzem hatten Teddy und Kara ein neues Lokal entdeckt, eine Bar in Georgetown. Der Inhaber war ein entfernter
Verwandter der Kennedys und vermittelte ihnen stets das Gefühl,
willkommen zu sein. Als ich mit ihnen ein paarmal die Bar besuchte, mußte ich zu meiner Beunruhigung jedoch feststellen, daß ein
Angestellter mit manchen Gästen in der Toilette verschwand und
ihnen dort Kokain anbot.

Wenn seine Kinder nicht schon mit Drogen Bekanntschaft gemacht hatten, wußte der Senator doch, daß sie sicher einmal damit konfrontiert werden würden. Diese Angelegenheit bereitete
ihm großes Kopfzerbrechen. Er war in einer mißlichen Lage:
Einerseits war er dem Kokain sehr zugetan, andererseits zwang
ihn sein Verantwortungsgefühl für seine Kinder, das Thema zur
Sprache zu bringen. Der Senator war in seiner Erziehung keineswegs streng. Wenn früher ein Machtwort gesprochen werden
mußte, hatte dies Theresa übernommen. Nun gehörte es zu Carols
oder zu meinen Aufgaben, und der Senator gab jeweils nur zu
verstehen, daß die Maßnahme seine Zustimmung fand. Als er sich
endlich dazu durchrang, mit ihnen über Kokain zu reden, tat er
es auf seine Weise.

Sorgsam wählte er den richtigen Zeitpunkt dafür aus. Patrick

war in Boston bei seiner Mutter. Kara hatte Freunde zu Besuch und
hielt sich mit ihnen und Teddy im hinteren Teil des Hauses auf.

Cindy, die ebenfalls in der Residenz war, erzählte mir, was dann
passierte. »Jemand hatte Koks mitgebracht, einer von Karas Freunden, glaube ich. Ted und ich, wir wußten natürlich, was vorging –,
und er hatte den Verdacht, daß es bei weitem nicht das erste Mal
war. Er hatte keine Ahnung, was er tun sollte, wie er sich verhalten
sollte. Ich sagte zu ihm, er solle sie einfach darauf ansprechen. Er
wartete, bis Karas Freunde gegangen waren. Dann endlich – Kara
und Teddy waren noch im Hinterzimmer – faßte er den Entschluß,
etwas zu sagen. Was dabei herauskam, war allerdings, daß er sich
mit ihnen zusammen ein paar Linien Koks hineinzog.«

Später gestand der Senator Cindy, daß er es nicht hätte tun
sollen. Sie hielt dies für eine reichlich untertriebene Formulierung
und sagte es ihm auch. Er erklärte, daß er ihnen nur zu zeigen
versuche, daß Dad ihr Freund sei. Und bei der Gelegenheit habe er
ihnen seine Sorge mitgeteilt, daß Drogenabhängigkeit in der Familie liegen könnte – auf Joans Seite. Wie er Cindy sagte, wollte er den
Kindern beibringen, daß sie, wenn sie schon Kokain nahmen, wenigstens Maß dabei hielten.

Nachdem Cindy geendet hatte, zog sie eine Grimasse und sagte:
»Und dann haben sie sich alle ein paar Linien reingestrichen. Dad,
ihr Lehrer, Dad, ihr Freund.«

Ich saß nur da und traute meinen Ohren nicht. Mir kam der
Gedanke, daß er nun völlig übergeschnappt sei.

»Was?« stotterte ich. Ich konnte einfach nicht glauben, was ich
soeben gehört hatte. »Das ist ja der schiere Wahnsinn.« Sein Verhalten erschien mir wie ein offenes Plädoyer für Kokain. Es war
geradezu unausdenkbar, wohin das führen konnte. Die Mutter der
Kinder war ein Opfer der Sucht – immerhin hatte sie sich dies
eingestanden und versuchte, sich zu bessern. Der Vater jedoch
machte keinerlei Anstalten, in dieser Hinsicht etwas zuzugeben, im
Gegenteil, aus seinem Handeln ging klar hervor, daß er den Dro-
genkonsum duldete, wenn er der Entspannung diente.

Cindy stimmte mir zu. »Ich konnte es erst auch nicht glauben.
Ich war platt, als er mir davon erzählte. Es ist wirklich traurig, Rick.
Wenn das Teds Vorstellung von Partnerschaft mit seinen Kindern
ist, dann gute Nacht ...«

Doch wer im Glashaus sitzt, soll nicht mit Steinen werfen. Wir
waren zwar empört darüber, welches Beispiel der Senator soeben

seinen Kindern gegeben hatte, aber als Erwachsene waren wir im Umgang mit Drogen genauso unverantwortlich wie er, denn wir nahmen beide immer öfter Kokain – zusammen mit dem Senator, aber auch ohne ihn.

Joan hingegen schien endlich über ihre Alkoholabhängigkeit hinwegzukommen. Da sie fast den ganzen Sommer über trocken gewesen war, vertrat der Senator die Ansicht, daß es nun an der Zeit sei, den Spekulationen der Presse über ihren Alkoholismus entgegenzutreten. Im Büro gab es heiße Diskussionen über dieses Thema.

Manche befürchteten, es würde den in dieser Beziehung ohnehin schon stark belasteten Kennedys noch mehr negative Publicity einbringen. Andere – zu denen auch ich gehörte – waren der Meinung, daß es besser sei, über Joans Problem offen zu sprechen, als es weiterhin zu vertuschen.

So kam es, daß Joan in jenem Sommer zwei Interviews gab: eines für das Magazin »McCall's« und ein weiteres für »People«.

Bevor sie veröffentlicht wurden, herrschte im Büro schreckliche Aufregung. Wir waren bei den Interviews nicht dabeigewesen, und obgleich Joan dem Senator versichert hatte, daß sie gut verlaufen seien, waren weder er noch wir davon überzeugt. Joan war in vielerlei Hinsicht eine tapfere Frau, die gegen eines der größten Probleme unserer Gesellschaft ankämpfte, doch es gab Zeiten, in denen wir die größten Befürchtungen hatten, sie könne etwas ausposaunen.

Wie sich herausstellte, waren unsere Sorgen unbegründet.

Die Interviews waren gut – freimütig und einfühlsam. Joan erschien in beiden Ausgaben auf dem Titelblatt. Es war ein Meilenstein auf ihrem Leidensweg, endlich öffentlich über ihre Trunksucht sprechen zu können, was damals noch weit ungewöhnlicher war als heute. Das Titelblatt von »McCall's« zeigte sowohl Joan als auch den Senator, und sie wurde von Joan Braden, der Gattin des Fernsehkommentators Tom Braden, interviewt. Zuerst wollte der Senator, daß sie alleine auf dem Titelbild erscheinen solle. Er ließ durchblicken, daß die ganze Episode ihn unangenehm berührte, doch wollte er Joan auch helfen, stärker zu werden und tat schließlich, was er tun mußte. Dennoch vermittelte das Bild etwas Gezwungenes; es sah fast so aus, als hätte man zwei separate Fotos zusammengefügt.

Das Titelblatt von »People« zeigte Joan allein – sehr zur Erleich-

terung des Senators –, und sie sah auch entschieden entspannter
aus. Obwohl ihr Gesicht immer noch ein wenig aufgedunsen war,
und wir im Büro innerlich aufstöhnten angesichts der Unmengen
von Make-up, die sie nach wie vor benutzte, sagten wir kein Wort.
Wir mußten uns mit einer langsamen, Schritt für Schritt erfolgen-
den Besserung zufriedengeben.

Kurz nach dem Erscheinen der beiden Magazine wurde das
Büro von einer Flut von Briefen überschwemmt, in denen zumeist
Joan Mut zugesprochen wurde. Erstaunlicherweise gab es jedoch
auch einige Wortmeldungen von Mitgliedern der Anonymen Alko-
holiker, die beklagten, daß Joan eines der Grundprinzipien dieser
Vereinigung verletzt habe: die Anonymität.

Nachdem ich einige dieser Stellungnahmen gelesen hatte,
seufzte ich auf. In einigen Punkten mußte man ihnen zustimmen,
aber wie die Politik mich gelehrt hatte, konnte man es nicht immer
allen recht machen.

Joan erhielt eine gute Presse, wenn auch manche Journalisten
die zynische Frage stellten, ob mit dieser Inszenierung nicht in
Wahrheit eine großangelegte Kampagne für die Präsidentschaftswahlen im Jahr 1980 eingeläutet werden solle. In den vielen Gesprächen, die wir über Joan geführt hatten, war dies zwar nie
thematisiert worden, doch es wäre naiv gewesen anzunehmen, daß
dieser Gedanke in den Überlegungen des Senators keine Rolle gespielt hätte.

Ganz abgesehen davon wurde in jenem Sommer, in dem wir vor
Hitze und Schwüle fast eingingen, das positive Ergebnis der landesweiten Meinungsumfragen von Lou Harris noch durch eine ständig
steigende Zahl von Anrufen bestätigt, in denen Parteifreunde aus
den Einzelstaaten über die breiter werdende Unterstützung für eine
Präsidentschaftskandidatur des Senators berichteten. Eine Gruppe
von Demokraten aus Minnesota wollte ein »Holt-Kennedy-Komitee«
gründen. In Iowa sammelten sie bereits für eine Wahlkampagne.
Denen, die aus unserem Bundesstaat anriefen, sagte ich jedoch
stets dasselbe: »Der Senator kandidiert nicht. Wenn ihr etwas un-
ternehmt, dann tut ihr es auf eigene Verantwortung.«

Und das war die Wahrheit.

Wie manche im Büro vorausgesagt hatten, gab Ken Feinberg keinen
guten Verwaltungsreferenten für den Senator ab. Immer öfter kamen Mitarbeiter des Stabs mit Fragen und Problemen zu mir, die

eigentlich in Feinbergs Arbeitsbereich fielen. Der Senator war sich des Problems bewußt, aber er scheute die Auseinandersetzung. Wiederholt forderte er mich auf, irgend etwas in dieser Angelegenheit zu unternehmen.

»Was soll ich denn tun?« fragte ich schließlich. Ken war der Stabschef. In einem normalen Unternehmen wäre er mein Vorgesetzter gewesen; hier bei uns im Büro waren wir mehr oder weniger gleichrangig, ein jeder mit unterschiedlichen Aufgaben betraut. »Wie kann ich meinen Chef feuern?« fragte ich.

»Das weiß ich auch nicht. Lassen Sie sich halt etwas einfallen.«

Die Spannungen nahmen zu, und bald litt auch die Arbeit des Senators darunter. Zu jener Zeit unterstützte er Gesetzesentwürfe, mit denen das mißbräuchliche Anzapfen von Telefonleitungen eingeschränkt und die Kontrollmöglichkeiten in bezug auf den Waffenbesitz erweitert werden sollten. Er arbeitete verbissen an einer Allianz mit den konservativen Senatoren Eastland und McClellan, um über eine Revision des bundesweiten Strafrechts, eines seiner zentralen Anliegen, die Stärkung von Recht und Ordnung voranzutreiben. Eben dies war Feinbergs Domäne.

Dem Senator reichte es schließlich, als Feinberg mit leitenden Mitarbeitern des Bostoner Büros die Klingen kreuzte. Ein Jahr nachdem Feinberg seine Arbeit als Verwaltungsreferent angetreten hatte, sah sich der Senator mit der unangenehmen Aufgabe konfrontiert, ihn seines Postens entheben zu müssen. Anstatt ihn jedoch zu entlassen, ernannte er ihn zum juristischen Berater des Rechtsausschusses.

Der Senator rief Eddy Martin an, der mittlerweile Bezirksdirektor des Städtebauamts in Boston war, und fragte ihn, wen er als neuen Verwaltungsreferenten vorschlagen würde. »Nimm doch Ricky«, sagte Eddy.

Paul Kirk rief von seiner Kanzlei aus an und schlug vor: »Rick ist wie geschaffen für diesen Job, auch wenn er noch jung ist.«

Eine Zeitlang grübelte der Senator über diese Empfehlungen nach. Dann nahm er mich beiseite und sagte: »Ich hätte Sie gerne als Verwaltungsreferenten.« Er hatte sich entschlossen, wie ich es ihm auch schon früher nahegelegt hatte, meine Position zu festigen. Ich würde weiterhin das tun, was ich schon immer getan hatte, und noch einiges mehr. Wie ich das alles bewältigen sollte, wußte ich noch nicht, aber das spielte zu jenem Zeitpunkt auch keine Rolle.

Plötzlich also war ich Verwaltungsreferent des Senators Edward

M. Kennedy. Ich war fünfundzwanzig, der Jüngste auf einem solchen Posten im Senat, und in der Hierarchie so weit aufgestiegen, daß ich am Ende des Jahres zur Vermögenssteuer veranlagt wurde.

Meine Aufgabe war es nun, jeglichen Teilbereich der politischen und parlamentarischen Tätigkeit des Senators wie auch dessen persönliche Angelegenheiten zu organisieren. Wo immer er auch war, ich befand mich an seiner Seite. Ich weckte ihn morgens, ließ am Nachmittag sein Bad einlaufen und schickte ihn am Abend ins Bett.

Zu meinen langen Haaren sagte er nichts, aber er empfahl mir, ich solle mir einen Schnurrbart wachsen lassen, um älter zu wirken.

Das tat ich auch sofort.

Bei den Kongreßwahlen in jenem Jahr brach der Senator mit einer alten Tradition, die die Kennedys bis dahin mit den republikanischen Senatoren in Massachusetts gepflegt hatten und die sich auf die Formel »Leben-und-Leben-Lassen« bringen ließ. Er unterstützte dieses Mal den Kandidaten der Demokraten, Paul Tsongas, gegen den Amtsinhaber Edward Brooke. Manche Beobachter glaubten darin ein frühes Anzeichen dafür zu sehen, daß er 1980 ins Rennen um die Präsidentschaft gehen würde. Sollte Tsongas gewinnen, könnte er die Interessen des Senators in Massachusetts vertreten, während dieser sich nationalen Belangen und der Außenpolitik zuwandte.

Ein weiteres Signal wurde gesetzt, als der Senator den Posten des Sonderreferenten, den bis zu seinem Ausscheiden Paul Kirk innehatte, an Carl Wagner vergab. Der Mann aus Iowa war 34 Jahre alt und hatte für die Gewerkschaft der Angestellten des öffentlichen Dienstes gearbeitet. Er stand in dem Ruf, zu den besten Organisatoren in der politischen Szene des Landes zu gehören. Dieser gutaussehende, athletische Mann mit dem dunklen Teint besaß nur einen Nachteil: Er hatte eine penetrante Ausdünstung. Schon bevor Wagner den Raum betrat, kündigte ihn der durchdringende Geruch eines exotischen Gewürzes an. Keiner von uns wollte das Thema zur Sprache bringen, doch diese spezielle Aura von Carl Wagner konnte einfach nicht ignoriert werden. Es dauerte nicht lange, und ich wurde immer dann, wenn Wagner etwas mit dem Senator zu besprechen hatte, hereingerufen, um mich zwischen die beiden zu setzen – als eine Art Schutzschirm.

Nach einem solchen Treffen meinte der Senator, ich müsse unbedingt mit dem Mann reden.

»Was soll ich machen?« gab ich zurück, »Soll ich zu ihm hingehen und sagen: ›Pardon, aber Sie stinken‹?«

»Es ist nur ...« Der Senator geriet ins Stammeln. »Riechen Sie doch mal an seinem Mantel. Ich möchte wissen, ob es nur seine Kleider sind.«

Eines Abends war ich mit einigen anderen Mitarbeitern bei Wagner zum Essen eingeladen. Als der Senator davon erfuhr, nahm er mich beiseite und schlug vor, ich solle die Gelegenheit ergreifen und Carl taktvoll auf das besagte Problem hinweisen.

Das Rätsel löste sich allerdings von selbst, kaum daß ich das Haus betreten hatte. Wagner war mit einer schönen Asiatin verheiratet, die beim Kochen immer sehr großzügig mit Curry umging. Der Geruch durchzog das gesamte Haus. Ich sah ein, daß Carl nicht viel dagegen ausrichten konnte.

In beruflicher Hinsicht bestand kein Anlaß, über Wagner die Nase zu rümpfen. Da er als Wahlkampfstratege bestens bekannt war, deuteten die Presseleute sein Erscheinen in den Reihen unserer Mitarbeiter als sicheres Zeichen, daß der Senator sich auf eine Kandidatur für das Präsidentenamt vorbereitete. Die Spekulationen schossen ins Kraut.

Der Senator war durchaus daran gewöhnt, von der Presse verfolgt zu werden, doch nun reagierte er etwas empfindlicher auf sensationslüsterne Schlagzeilen über sein Privatleben. Der »National Enquirer« widmete in der üblichen Manier der Boulevardblätter jedem Ereignis in der Familie der Kennedys fette Überschriften – je unerhörter desto besser. Dann gelang es Steve Smith, einen Kompromiß mit der Redaktion des Blattes zu erzielen. Der Senator versprach, den »Enquirer« mit zuverlässigen Informationen und Stellungnahmen zu Begebenheiten in der Kennedy-Familie zu versorgen. Im Gegenzug würde die Zeitung von wilden Spekulationen absehen. Ich wurde zur Kontaktperson ernannt und erhielt wöchentlich den Anruf eines Reporters, der nach Neuigkeiten aus der Familie fragte.

Dies war eine von den eher ungewöhnlichen Aufgaben, die ich als rechte Hand des Senators zu erledigen hatte, und es war nicht die einzige. Immer häufiger zogen mich Personen aus seinem Umkreis ins Vertrauen. Zumeist waren es Frauen. Ich fragte mich allmählich, wo das alles noch hinführen würde.

Eines Montagmorgens bemerkte ich beiläufig: »Wie ich höre, hatten Sie ein lebhaftes Wochenende.«

Der Senator antwortete mit einem Lachen.

»Wissen Sie, es gibt da ein Problem«, eröffnete ich ihm. »Kitty ist nahe daran, Cindy die Haare auszureißen.« Kitty, seine Freundin aus Rhode Island, nahm des öfteren an seinen Eskapaden mit Cindy teil.

»Übernehmen Sie das für mich, Ricky«, befahl er.

Dadurch wurde das Problem natürlich nicht kleiner. Ich führte von nun an jeden Tag Gespräche mit Cindy. Ich befürchtete, sie könnte, bei der großen Liebe, die sie für den Senator empfand, unter der Last dieser exzentrischen Beziehung zerbrechen.

»Was er mir nicht alles erzählt«, verriet Cindy, »über seine Brüder, über seine Gefühle anderen Familienmitgliedern gegenüber.« Wollte man ihr glauben, geschah dies vor allem, wenn er unter der Einwirkung von Drogen stand. In der Tat ist bekannt, daß Kokain die Zunge löst. Der Senator habe ihr anvertraut, fuhr Cindy fort, daß er seine Brüder stets geliebt und respektiert, sie aber zugleich auch als Konkurrenten empfunden habe. Als sie dann den Mordanschlägen zum Opfer fielen, sei er von Gewissensbissen heimgesucht worden. Voller Anteilnahme lauschte Cindy den Bekenntnissen des Senators. Daß sie oft selbst »high« war, steigerte nur noch ihr Mitgefühl – und ihre Hilflosigkeit. Schließlich war sie nicht seine Therapeutin, sondern seine Geliebte. Sie meinte denn auch: »Ich weiß nicht, wie ich auf das alles reagieren soll. Ich höre nur zu. Manchmal habe ich das Gefühl, etwas sagen zu müssen, aber ich weiß nicht, was.«

»Schau, Cindy«, antwortete ich, »natürlich ist das nicht leicht für dich. Du mußt dich mit seinen verqueren Gefühlen auseinandersetzen, während du gleichzeitig eine Beziehung mit ihm hast und zu allem Überfluß noch die Sache mit Kitty hinzukommt. Trotzdem solltest du achtgeben, daß er nicht mehr so viel kokst und trinkt. Es ist wirklich Zeit, daß er etwas auf die Bremse tritt.«

Zu meiner Verblüffung richtete Cindy als Antwort auf diesen Ratschlag eine Warnung an mich: »Rick, auch du siehst müde aus. Auch du solltest dich schonen.«

Ich wies diese Bedenken weit von mir. Zeit, über mich selbst nachzudenken, hatte ich nicht. Außerdem, sagte ich mit einem Anflug von Selbstgefälligkeit zu mir, außerdem habe *ich* keine Probleme mit Kokain oder Alkohol.

Kurze Zeit später rief Cindy abends unter dem Vorwand an, einige Einzelheiten im Terminplan des Senators durchsprechen zu müssen. Mir fiel auf, daß ihre Stimme müde und abgespannt klang, deshalb fragte ich:»Bedrückt dich etwas?«

Langsam, so als würde sie eine Einkaufsliste ablesen, erzählte sie von kleinen Ärgernissen und Problemen, bis sie schließlich sagte:»Ich habe große Sorgen, Rick. Ich glaube, ich bin schwanger.« Sie schluchzte und fügte hinzu:»Ich muß mich darum kümmern.«

»Bist du sicher?«

»Ja.«

»Weiß er davon?«

»Nein, ich will ihn nicht damit belasten.«

Wir sprachen etwa eine dreiviertel Stunde miteinander. Zeitweilig schien sie ernsthaft zu glauben, daß eine Schwangerschaft den Senator dazu bringen würde, sich von Joan scheiden zu lassen und sie zu heiraten. Doch ich sagte ihr, was ich auch schon den andern gesagt hatte:»Wenn du denkst, daß er Joan verlassen wird, dann irrst du dich.«

»Ich weiß, Rick. Aber ich könnte es darauf ankommen lassen.« Sie spielte die Naive.»Cindy, solange die Präsidentschaftskampagne zur Debatte steht, würde ich damit nicht rechnen.«

Cindy vermochte durchaus einzusehen, daß eine Scheidung von Joan, gefolgt von einer Heirat mit einer schwangeren Geliebten, jegliche Hoffnung des Senators auf eine erfolgreiche Wahlkampagne zerstören würde. Ich versuchte, so sanft und verständnisvoll wie möglich zu sein. Mir brach fast das Herz. Doch sie mußte die Realitäten anerkennen. Das Verdikt stand schon lange fest: Seine Karriere hatte Vorrang.

Schließlich sagte sie:»Du kennst ihn, und ich kenne ihn. Solange es eine Aussicht gibt, Präsident der Vereinigten Staaten zu werden, wird er sich nicht scheiden lassen. Keine Chance. Aber ich weiß einfach nicht, was ich tun soll.«

Ich hielt es nicht für meine Aufgabe, ihr zu sagen, worin vermutlich der einzig mögliche Ausweg bestand.

Dann ließ sie durchblicken, daß sie es doch wußte.»Gut, ich weiß, was ich zu tun habe.« Sie dankte mir für meine Aufmerksamkeit und wechselte das Thema. Bald darauf reiste Cindy nach Kalifornien. Nach ihrer Rückkehr sprach sie nicht mehr von ihrer Schwangerschaft.

ABENTEUER IM VATIKAN

Ich war eine Zeitlang mit Sheila zusammen, der ehemaligen Freundin meines Mitbewohners Jack Leslie. Zunächst genoß ich es sehr, eine Beziehung zu haben, die nicht im Schatten des Senators stand. Ich bemühte mich, Sheila von den dunkleren Seiten meines Lebens fernzuhalten. In ihren Augen war ich ein fleißiger, ziemlich zugeknöpfter Staatsdiener. Obwohl unsere Beziehung ihre Höhen und Tiefen hatte, dachte ich, daß es nun vielleicht an der Zeit sei, mich häuslich niederzulassen.

Solchen Gedanken hing ich nach, als ich zufällig in der Umgebung des Glover-Parks nördlich von Georgetown an einem prachtvollen Backsteinhaus vorbeikam. Der fünfstöckige Bau, der einstmals im Besitz von Archibald Glover gewesen war, stand auf einer Anhöhe und war ganz von Bäumen umgeben – eine grüne Oase mitten in der Stadt. Durch hohe Torbögen rechts und links des Hauses führten Wege zu den Seiteneingängen. Es war mein Traumhaus, zumindest von außen betrachtet, und das Beste an dem Traum war das Schild davor: ZUM VERKAUF.

Ich hatte vor kurzem ein Chalet in Vermont veräußert und einen guten Preis dafür erzielt, so daß ich zu dem Zeitpunkt liquide war. Als einige Leute im Büro zusagten, sich als Kapitalanleger an dem Projekt zu beteiligen, hatte ich ausreichend Mittel zur Verfügung. Wir kauften das Haus, und ich beauftragte Sandra Kirk, eine Innenarchitektin, die nötigen Renovierungen in die Wege zu leiten. Einige Räume mußten völlig neu hergerichtet werden, sobald jedoch das Schlafzimmer fertig war, ließ ich eine Telefonanlage mit sechs Leitungen installieren und zog ein.

Natürlich fingen die Telefone sofort an zu klingeln. Nachts um drei Uhr wurde ich von dem Angestellten einer Nachrichtenagentur geweckt. »Wissen Sie schon, daß der Papst gestorben ist?« fragte er.

»Nein«, antwortete ich schläfrig.

»Wir hätten gern eine Stellungnahme des Senators dazu.«

Mir war klar, daß der Redakteur gerade an seinem Bericht für die Morgennachrichten arbeitete, und wenn wir mit unserem Kommentar bis zu den normalen Geschäftsstunden warteten, würden wir die Gelegenheit verpassen. Er würde jemand anderen zitieren. Also murmelte ich: »Mit tiefer Trauer und großer Anteilnahme hat der Senator die Nachricht vom Tod des Papstes entgegengenommen. Papst Paul VI. hat viel für die Welt und für die Menschheit getan.«

Der Reporter dankte und hängte ein. In den frühen Morgenstunden rief ein Mitarbeiter des Weißen Hauses an: Präsident Carter bitte den Senator, mit der offiziellen amerikanischen Delegation zum Begräbnis des Papstes zu reisen, das für den 12. August angesetzt war. »Wir können den Senator nicht erreichen«, sagte der Anrufer. »Wissen Sie, wo er sich aufhält?« Ich gab ihm die Nummer in Boston.

Nun war eine Fülle von Einzelheiten zu klären. Die vielleicht wichtigste Frage war, ob Joan den Senator nach Rom begleiten sollte. Ich konsultierte Dr. Hawthorne, der aber mit dem Hinweis auf ihren noch labilen Gesundheitszustand abriet. Auch wenn Joan bei »McCall's« und »People« die Titelseite zierte, war seiner Ansicht nach die Aufmerksamkeit von Seiten der Presse das letzte, was sie momentan vertragen konnte, zumal bei einem solch publizitätsträchtigen Ereignis. Als ich den Senator vom Einspruch des Arztes in Kenntnis setzte, reagierte er mit Erleichterung. Den Rest des Tages verbrachte ich damit, den Terminplan des Senators neu zu arrangieren.

An der Spitze der Delegation stand die First Lady Rosalynn Carter. Neben dem Senator gehörten ihr noch Hugh Carey, der Gouverneur von New York, Robert Giaimo, ein Abgeordneter aus Connecticut, David Walters, der Gesandte des Präsidenten beim Heiligen Stuhl, und Lionel Castillo, der Leiter der Einwanderungsbehörde, an. Die Protokollabteilung des Weißen Hauses arbeitete schnell. Mrs. Carter hatte die Absicht, bereits drei Tage vor dem Begräbnis in Rom zu sein, doch der Senator wollte dem Büro nicht so lange fernbleiben. Außerdem legte er keinen Wert auf Mrs. Carters Gesellschaft. Seit Jimmy Carter ins Weiße Haus eingezogen war, gab es Spannungen zwischen den beiden Politikern. Die Situation spitzte sich zu, als der Präsident und seine Gemahlin es sich beinahe zur Regel machten, den Senator nicht zu Veranstaltungen im Weißen Haus einzuladen – ein schwerer Fauxpas des Präsidenten, der mit dem Kongreß ohnehin nicht auf gutem Fuß stand. Der Senator sah sich seinerseits nicht dazu veranlaßt, nun bei der Romreise besonderes Entgegenkommen zu zeigen.

In persönlicher Hinsicht hielt er die Carters für langweilige Puritaner, verklemmt und ohne jede Weltläufigkeit. Die Familie des Präsidenten sei schlicht eine Peinlichkeit für das ganze Land, vor

allem Billy, der dickbäuchige, unablässig Bier trinkende Bruder des
Präsidenten, von dessen debiler Mutter, Lillian Carter, ganz zu
schweigen. Dem Senator drehte sich der Magen um, wenn die Presse wieder einmal Mrs. Lillian mit Rose Kennedy verglich.

Er wies, was immer überzeugend war, auf seine großen Termin-
nöte hin und kündigte an, daß er sich der Delegation in Rom anschließen werde. Inzwischen sollte ich mit der »Air Force One«
nach Italien vorausreisen und alles für seine Ankunft vorbereiten.

In Rom angekommen, quartierte ich mich im Hotel Excelsior ein
und begann, die erforderlichen Maßnahmen in die Wege zu leiten.
Die Zeit war für offizielle Besuche nicht besonders günstig, denn in
Italien hatte es in den letzten Monaten mehrere terroristische An-
schläge gegeben. Erst vor einem halben Jahr war Italiens Minister-
präsident Aldo Moro entführt und ermordet worden. Nun, da die
Ankunft zahlreicher Würdenträger bevorstand, waren die Straßen
der Stadt voll von bewaffneten Sicherheitskräften. Auch in der Vor-
halle unseres Hotels hatten einige von ihnen Posten bezogen. Ich
überlegte mir, daß der Senator am ehesten Sympathien beim italienischen Volk wecken könne, wenn er sein Interesse für dessen aktuelle Sorgen bekundete. Als ich erfuhr, daß der Platz, an dem Moro
ermordet worden war, zu einer Art nationaler Gedenkstätte geworden war – Menschen legten dort täglich Blumen nieder –, kam mir
der Gedanke, daß ein Besuch des Senators an diesem Ort eine große
öffentliche Resonanz haben müßte.

Robert Hunter, der in den siebziger Jahren für den Senator gearbeitet hatte und jetzt beim Nationalen Sicherheitsdienst tätig war,
bot sich an, mir bei der Koordination des Terminplans zu helfen.
Während wir zusammen in der amerikanischen Botschaft beratschlagten, kündigte ich an, daß wir den Senator mit dem Wagen am
Flughafen abholen und dann zu dem Ort fahren würden, an dem
Moro ermordet worden war.

»Nein, das kommt nicht in Frage«, ließ uns ein Vertreter der
Botschaft wissen.

Hunter nahm mich beiseite und sagte: »Keine Chance, Rick.
Glauben Sie mir, als ehemaliger außenpolitischer Berater des Senators kann ich das beurteilen. Es wäre ein großer Fehler – ein diplo-
matischer Fauxpas.«

Hunter ist ein netter Kerl, aber er kam mir doch etwas wich-
tigtuerisch vor. Außerdem arbeitete er jetzt für Carter, nicht für
Kennedy. Also schlug ich seine Warnung in den Wind und meldete

ein Gespräch nach Washington an, um zu erfahren, was der Senator von meiner Idee hielt. Ich sagte: »Meiner Ansicht nach gäbe es ein großartiges Bild ab, wenn Sie an dem Ort, an dem Moro ermordet wurde, Blumen niederlegen würden. Moro gilt hier als Nationalheld – wie Ihr Bruder in den Vereinigten Staaten.«

Der Senator erwiderte, er würde den Vorschlag mit anderen Leuten besprechen und dann zurückrufen.

»Wir werden Ihrem Rat folgen«, sagte er wenige Stunden später. »Hoffen wir, daß Sie recht haben.«

Eine Autokolonne erwartete den Senator bei seiner Ankunft am Flughafen. Wir fuhren wie geplant direkt zu unserem Ziel. Italienische Pressefotografen machten eifrig Aufnahmen, als der Senator dem Opfer des Mordanschlags seine Reverenz erwies.

Am nächsten Morgen war das Bild des Senators auf den Titelseiten aller italienischen Zeitungen zu sehen, der Vorgang wurde in ausführlichen Berichten gewürdigt. Der Senator hatte mit einem Schlag die Führung innerhalb der amerikanischen Delegation übernommen. Wie wir hörten, war das Weiße Haus äußerst ungehalten, was uns aber nicht weiter störte. Von Stund an wurde der Senator überall in Rom mit großer Herzlichkeit empfangen. Mary McGrory schrieb in ihrem Artikel für den »Washington Star«, daß die Sympathiebekundung für Moro bestätigte, wie tadellos die »Truppe« des Senators arbeite.

Am selben Tag führte Kardinal Terence Cooke die Delegation durch den Vatikan. Mrs. Carter schritt an der Spitze der Gruppe neben Cooke einher, der Senator und ich hielten uns etwas gelangweilt weiter hinten. Ein Aufleuchten in den Augen des Senators verriet, daß er diesen Ort in guter Erinnerung hatte.[*] Tatsächlich waren wir beide schon einmal hier gewesen.

Den Mitgliedern der Delegation stand die Enttäuschung ins Gesicht geschrieben, als der Kardinal ihnen eröffnete, daß aufgrund von Restaurierungsarbeiten weder die Sixtinische Kapelle noch die päpstlichen Gemächer besichtigt werden könnten. Außerdem tra-

---

[*] Kardinal Pacelli, der 1939 zum Papst Pius XII. gewählt wurde, war ein enger Freund der Kennedy-Familie. Die Kennedys waren zu den Einsetzungsfeierlichkeiten nach Rom gereist. In einer Privataudienz hatte der neue Papst den siebenjährigen Ted auf seinen Schoß gehoben, ihm über den Kopf gestrichen und ihn gelobt, was für ein aufgeweckter kleiner Junge er doch sei. Dann erhielt Ted von Papst Pius XII. die Erstkommunion – es war das erste Mal seit mehr als zweihundert Jahren, daß ein Papst sich zu einer solchen Handlung bereit fand.

fen Handwerker in der Sixtinischen Kapelle Vorbereitungen für das
Konklave, die Versammlung der Kardinäle zur bevorstehenden
Papstwahl. Sowohl die Sixtinische Kapelle als auch die päpstlichen
Gemächer wurden von der Schweizergarde bewacht.

Am Ende eines langen Korridors bog Kardinal Cooke mit der
Gruppe nach rechts ab. Der Senator stieß mich an und flüsterte:
»Wir gehen nach links.«

Wir zogen auf eigene Faust los und hatten uns bald verirrt. Als
wir einem Angehörigen der Schweizergarde begegneten, kratzte
ich meine begrenzten Französischkenntnisse zusammen, um mich
ihm verständlich zu machen. Da meine Bemühungen ohne Erfolg
blieben, sprang der Senator lachend ein. Sein Französisch war gut.
»Wie kommen wir zur Sixtinischen Kapelle?« fragte er.

Das Gesicht des Wachtpostens leuchtete auf, als er den berühmten Besucher erkannte. Er stellte seine Lanze ab und forderte uns
auf, ihm zu folgen. Er brachte uns zu seinem Vorgesetzten, der sich
sehr entgegenkommend zeigte und uns durch die Sixtinische Kapelle und die päpstlichen Gemächer führte.

In der Kapelle wimmelte es von Handwerkern. »Hier werden
sich die Kardinäle versammeln«, erklärte der Hauptmann. Ehr-
fürchtig fügte er hinzu: »Die Stimmzettel werden eingesammelt und
hier auf den Tisch gelegt.« Dann verbreitete er sich ausführlich über
den genau festgelegten Tagesablauf, dem zufolge die Kardinäle erst
jeden Morgen die Messe zelebrieren und dann ihrer erhabenen
Pflicht nachgehen würden.

Es verging mehr als eine halbe Stunde, bis der Senator und ich
wieder draußen waren. Dort wurden wir von den anderen ungeduldig erwartet. Mrs. Carter saß in ihrem Wagen und kochte vor
Wut.

»Tut mir leid«, entschuldigte sich der Senator halb im Scherz,
»wir kommen gerade von einer Führung durch die Sixtinische Kapelle.«

Bei diesen Worten faßte Mrs. Carter den Senator scharf ins Auge
und lief rot an, sagte aber nichts.

Später, als der Senator und ich in der Bar des Hotels Excelsior
etwas tranken, gesellte sich Gouverneur Carey zu uns. Grinsend
berichtete er: »Mein Gott, Rosalynn war furchtbar wütend. Die ganze Fahrt über schimpfte sie mit dem Kardinal: ›Warum durfte Kennedy in die Sixtinische Kapelle und ich nicht?‹ Sie regte sich so auf,
daß ich dachte, sie würde einen Herzanfall bekommen.«

Der Senator lachte nur und leerte sein Glas.

Am selben Nachmittag trafen wir uns heimlich mit Kardinal Casaroli, dem für die auswärtigen Beziehungen zuständigen Staatssekretär des Vatikans, und beratschlagten mit ihm, wie man russische Ausreisewillige aus der Sowjetunion herausholen könne. Casaroli war ein Experte in Sachen Ostblock, und wir legten großen Wert auf seine Meinung.

Am Abend trafen wir Mary McGrory und den ebenfalls zum Pressetroß gehörenden Jimmy Breslin bei dem internationalen Jet-Setter und Besitzer der Fiat-Aktiengesellschaft, Gianni Agnelli. Seine Wohnung befand sich direkt über einer Polizeiwache, womit ein hohes Maß an Sicherheit gewährleistet war. Zusätzlich beschäftigte Agnelli eine ganze Armee privater Leibwächter. Er war ein so herausgehobenes Ziel für Terroristen, daß er seinen Terminplan mehr als ein dutzendmal am Tag änderte, um potentielle Verfolger abzuschütteln.

Agnelli, der als einer der reichsten und mächtigsten Männer in Europa galt, begrüßte uns in Gesellschaft von zwei der schönsten und elegantesten Frauen, die ich je gesehen habe. Und die beiden Männer an seiner Seite waren womöglich noch eleganter und schöner als die Frauen. Den ganzen Abend über bildeten die drei Männer und zwei Frauen ein unzertrennliches Gespann.

Ein englischer Butler servierte uns Cocktails im Patio, von wo aus sich ein prächtiger Blick auf Rom bot. Der Senator verabredete für den folgenden Morgen ein Tennismatch. Agnelli selbst konnte wegen einer Rückenverletzung nicht spielen, aber drei seiner bezaubernden Gespielen sagten zu.

Auf der Rückfahrt zum Hotel meinte der Senator später im Wagen zu mir: »Ich würde nur zu gerne wissen, ob Agnelli schwul ist ... Was meinen Sie, ist er schwul? Die Burschen sahen einfach wahnsinnig gut aus. Jeder hätte ein Filmstar oder ein Fotomodell sein können. Und sie schienen sich auch ganz schön zu mögen.«

»Das ist eben die italienische Art«, fiel mir dazu nur ein. »Sie wissen doch, wie Europäer sind. Sie gehen einfach nicht so prüde miteinander um wie Amerikaner. Das mußt nicht heißen, daß sie schwul sind.«

»Mag sein ... «, murmelte er versonnen. Die Sache schien ihn zu beschäftigen.

Nach dem Tennisspiel am nächsten Morgen nahm der Senator

sein Frühstück in Agnellis Wohnung ein und entspannte sich danach in dessen Whirlpool. »Es war toll«, erzählte er mir, als er ins Hotel zurückkam.

Am Tag der Beisetzung erwies die Delegation um elf Uhr morgens dem verstorbenen Papst die letzte Ehre. Als die Autokolonne die Einfahrt zum Vatikan erreichte, empfing uns eine dichte Menschenmenge auf der Straße mit den Rufen: »Kennedy! Kennedy!«

Ich konnte mir gut ausmalen, was in Rosalynn Carter vorging.

Vor der Beisetzung wollte der Senator die Gruft von Papst Pius XII. besuchen; dann wurden wir zur Peterskirche geleitet, wo Papst Paul aufgebahrt lag. Zwei Angehörige der Schweizergarde in prächtigen Uniformen hielten Totenwache. Einige Priester sprachen leise Gebete über dem Leichnam. Süße Weihrauchschwaden erfüllten die Luft.

Das offizielle Staatsbegräbnis war auf sechs Uhr abends angesetzt. Zu der Feier, die einem strengen Protokoll folgte, waren die nicht-offiziellen Mitglieder der Delegation nicht zugelassen. Als Schweizer Gardisten mich zurückhalten wollten, packte mich der Senator am Arm und zog mich mit.

»Senator, dieser Herr ist nicht berechtigt mitzugehen«, sagte einer der italienischen Sicherheitskräfte.

Der Senator winkte ab. »Er ist ein Verwandter«, erklärte er.

So kam es, daß ich zusammen mit der First Lady, zwei Senatoren, einem Gouverneur, einem Bürgermeister und mehreren Mitgliedern des amerikanischen Repräsentantenhauses während der Beisetzung in der vordersten Reihe stand. Andere Mitarbeiter waren gelb vor Neid.

Der Stab des Weißen Hauses hatte es versäumt, die französische Flugsicherung vierundzwanzig Stunden im voraus um die Überflugerlaubnis zu bitten, so daß »Air Force One« eine Route nehmen mußte, die nicht über französisches Gebiet führte. Der Pilot machte statt dessen einen Umweg über Deutschland, wodurch eine Zwischenlandung in Shannon zum Auftanken erforderlich wurde.

Während des kurzen Aufenthaltes ging Mrs. Carter in den Duty-free-Shop. Man erkannte sie, und es bildete sich sofort eine Menschenansammlung, die von aufmerksamen Beamten des Secret Service scharf beobachtet wurde.

Am Rande der Menge fragte einer der Neugierigen: »Wer ist denn das?«

Die drei Brüder John, Bob und Ted.
(Nelson Tiffany/Gamma Liaison)

Der Senator mit Joan, Kara und Teddy – ein
glücklicher Augenblick daheim.
(Schaefer & Seawell/Black Star)

(links oben) Bedrückt brechen Ted Kennedy
und Joan von Hyannis zur Beerdigung von Mary
Jo Kopechne auf.
(UPI/Bettman)

(links) Der Senator und Joan auf dem Weg
zum Gericht während der Untersuchung über
Mary Jo Kopechnes Tod.
(Dennis Brack/Black Star)

(oben) In den frühen siebziger Jahren
versucht Joan, wieder Selbstvertrauen zu zeigen.
(Constantine Manos/Magnum)

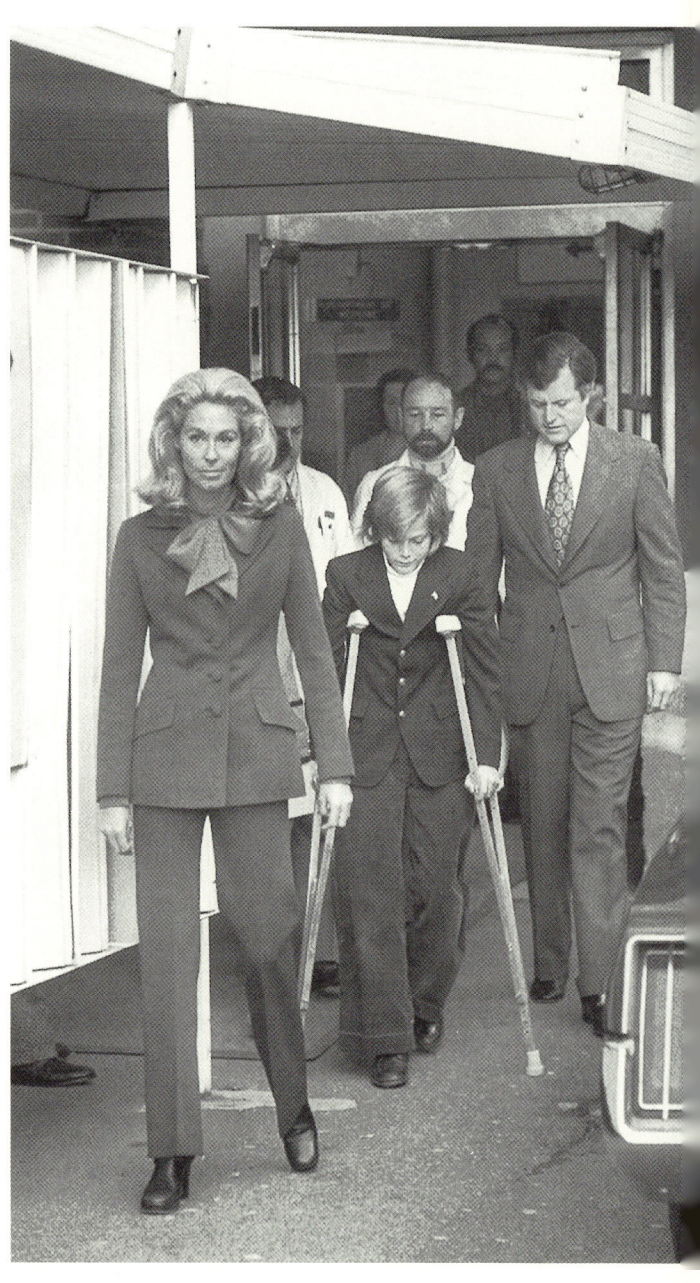

Die Eltern begleiten Teddy jr. bei der Entlassung
aus dem Krankenhaus zum wartenden Auto.
(UPI/Bettman)

(links) Kara und Joan beim Einkaufsbummel in
Europa.
(Liaison)

(oben) Drei der Kennedy-Schwestern:
Eunice Shriver, Jean Smith und Pat Lawford.
(Steve Connolly/Liaison)

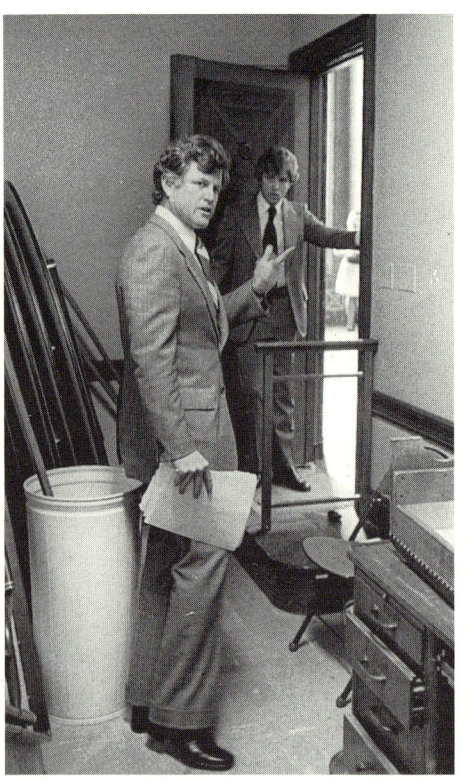 

Der Senator auf dem Weg zu einer Anhörung vor dem Rechtsausschuß. (Dennis Brack/Black Star)

Ethel Kennedy mit dem Senator, ihrem Schwager (Adam Scull/Black Star)

Jackie Onassis und
der Senator auf dem
Tennisplatz beim
Robert-F.-Kennedy-
Gedächtnisturnier –
Jackies erster öffent-
licher Auftritt nach
dem Tod von Aristo-
teles Onassis.
(David Burnett/Liaison)

Ein Teil des Clans bei einem fröhlichen
Beisammensein in Hyannis. Von links nach
rechts: Courtney Kennedy und ihr Mann Bob,
Eunice, Rose, Ethel und der Senator. Kara
steht direkt hinter Rose.
(AP/Wide World)

Steve Smith mit seiner Frau Jean. Smith verwaltete nicht nur die Finanzen der Familie, sondern wurde auch vom Senator wie ein Bruder behandelt. (UPI/Bettman)

Jamie Wyeth, ein Freund des Senators, bei einer Sitzung des Rechtsausschusses während der Amtsanklage gegen den Präsidenten im Jahr 1974.
(Dennis Brack/Black Star)

(unten) Beim Papstbesuch im Jahr 1979
nimmt der Senator im Boston Common ein Bad
in der Menge. Ganz links der Autor.
(Gilles Peress/Magnum)

(rechte Seite oben) Der Senator berät sich vor
seiner Präsidentschaftskandidatur von 1980 mit
Jackie Onassis.
(UPI/Bettman)

(rechte Seite unten) Warren Beatty, der die
Demokratische Partei lange unterstützt hat, emp
fing den Senator zu einem privaten Besuch in
seinem Haus in Los Angeles während der Präsidentschaftskampagne. Jack Nicholson war
ebenfalls anwesend.
(Beatty: AP/Wide World; Nicholson:
Donaldson/Liaison)

(rechts) Während der Präsidentschaftskampagne gab es stets organisatorische Fragen, die in letzter Minute geklärt werden mußten: Der Autor berät sich mit Ted Kennedy, 1980.
(Dennis De Silva/Studio Seven)

(rechts) Während der Präsidentschafts-kampagne in New York. Joan befindet sich direkt hinter dem Senator.
(Alex Webb/Magnum)

(rechts) Jackie Onassis mit dem Senator, um-geben von Beamten des Secret Service und Journalisten.
(Alex Webb/Magnum)

Joe Kennedy jr.
und der Senator.
(Peter Southwick/
Liaison)

Während des Par-
teikonvents der Demo-
kraten von 1980
fanden im Hotel Wal-
dorf-Astoria lange
Strategiesitzungen statt.
Auf dem Bild disku-
tieren Ron Brown, der
damalige Vorsit-
zende des Demokra-
tischen Nationalen
Komitees, der Senator
und Susan Estrich
über einzelne Punkte
des Wahlprogramms.
Im Hintergrund Joan.
(AP/Wide World)

Die Familie besucht
die Messe in der
St. Patrick's Cathedral,
ehe sie zur Eröffnung
des Parteikonvents
geht.
(AP/Wide World)

(oben) Der Autor, der Senator und Joan einen
Tag nach der Eröffnung des Konvents, beim Verlassen des NBC-Studios nach ihrem Auftritt in
der »Today Show«.
(AP/Wide World)

(unten) Die Menge jubelt nach Kennedys
mitreißender Rede auf dem Parteikonvent.
(UPI/Bettman)

(oben) Der Senator als Zeuge beim Prozeß seines Neffen William Kennedy Smith.
(J. K. Owen/Black Star)

(unten) Der Senator und Clarence Thomas bei einer Anhörung im Anschluß an die Ernennung von Thomas zum Richter am Obersten Gerichtshof.
(UPI/Bettman)

Ted Kennedy im Herbst 1991 in Harvard.
Hier gestand der Senator öffentlich Verfehlungen
in seinem Privatleben ein; die Ansprache wurde
unter der Bezeichnung »mea culpa«-Rede
bekannt.
(UPI/Bettman)

Ein Sicherheitsbeamter des Flughafens antwortete: »Die Gattin des Präsidenten der Vereinigten Staaten.«
»Wie?« fragte der andere ungläubig. »Mrs. Kennedy?«

Wieder zurück in Washington, beauftragte mich der Senator – es war am 22. August –, 4200 Dollar in bar von seinem Privatkonto abzuheben. Er sagte mir zwar nicht, wozu das Geld bestimmt sei, aber ich wußte, daß er jetzt regelmäßig Kokain kaufte, wobei er Cindy und Barbara als Zwischenhändler benutzte. Mir waren auch einige seiner anderen Quellen bekannt.

Dennoch war ich überrascht, als ich eines Tages entdeckte, daß er mit einem weiteren Dealer in Verbindung stand. Im Büro kam mit der regulären Post ein schlankes, zylinderförmiges Päckchen an. Es war an den Senator adressiert und trug die Aufschriften PERSÖNLICH und ZU HÄNDEN VON RICK. Ich riß das braune Packpapier auf und öffnete den länglichen Behälter: Zum Vorschein kamen eine Karte und eine Tüte mit weißem Pulver. Schnell wickelte ich alles wieder ein und legte das Päckchen auf den Schreibtisch des Senators. Er erwähnte es mit keinem Wort.

An jenem Abend sagte ich zu Cindy: »Ich glaube, ich habe etwas aufgemacht, was ich besser nicht hätte sehen sollen.« Ich beschrieb ihr den Inhalt des Päckchens.

Cindy lachte und meinte unbeschwert: »Ja, der Mann liefert guten Stoff.«

Die Sache wurde kritisch, als die Freundin des Dealers anrief und den Senator zu einer Party in ihre Wohnung in Washington einlud. Der Senator lehnte ab, er habe keine Zeit. Er schlug jedoch vor, daß ich ihn vertreten solle. Es sei da auch etwas abzuholen.

Ich ging zu der Party, und in einem unbeobachteten Augenblick zog mich die Gastgeberin in ihr Schlafzimmer. Sie überreichte mir ein Päckchen, das ganz ähnlich aussah wie jenes aus dem Büro. »Das ist für Ted«, verkündete sie. Und schelmisch fügte sie hinzu: »Ich würde zu gerne wissen, was zwischen den beiden vorgeht. Komm, wir machen es auf.«

»Nein, nein«, warnte ich sie. »Lieber nicht. Es ist an den Senator persönlich gerichtet.« Ich hielt die Frau für die Unschuld selbst. Vermutlich hatte sie tatsächlich keine Ahnung, was ihr Freund dem Senator schickte, und wäre entsetzt gewesen, wenn sie es herausgefunden hätte.

Doch sie war sehr neugierig. »Ach was, Rick«, neckte sie mich.

»Machen wir es doch auf.« Mit ihren Fingernägeln begann sie
schon, die Verpackung aufzureißen.
»Also wirklich, mir ist nicht wohl dabei«, warnte ich nochmals.
»Wenn der Senator sieht, daß das geöffnet wurde ...«
»Na gut«, stimmte sie mir endlich zu.
Ungefähr um die gleiche Zeit machten in der Presse Gerüchte
über Hamilton Jordan, Carters Stabschef, die Runde. Eine Freundin, die sich wahrscheinlich an ihm rächen wollte, hatte behauptet,
sie sei mit ihm zusammen bei einem Besuch im Studio 54 von dem
Mitbesitzer der Diskothek, Steve Rubell, in einen separaten Raum
gebeten worden, wo sie Kokain geschnupft hätten. Als ich mit dem
Senator über den Skandal sprach, ging mir erst auf, daß sich dies
während des Prominenten-Tennisturniers ereignet haben mußte.
Ich schlug mir an die Stirn. »Mensch, ich war womöglich zum selben Zeitpunkt im Studio 54!«
    Jordan leugnete alles ab, und die folgenden Ermittlungen entla-
steten ihn. Doch das Gerücht, der Stabschef des Weißen Hauses
habe Kokain geschnupft, verbreitete sich wie ein Lauffeuer. Einerseits waren der Senator und ich der Ansicht, daß die Presse das
Ganze zu sehr aufbausche. Andererseits grübelte der Senator: »Immerhin handelt es sich um jemanden, der den Präsidenten dazu
bewegen könnte, auf den roten Knopf zu drücken.«
    Ich schwor mir: Wenn wir je den Sprung ins Weiße Haus schaf-
fen sollten, werden wir reinen Tisch machen.
    Schließlich war ich der festen Überzeugung, jederzeit mit dem
Koksen aufhören zu können.

Barbara rief mich am Sonntagnachmittag ganz aufgebracht aus
Florida an. Ich wußte, daß der Senator übers Wochenende zu ihr
gefahren war, und fragte mich, was er nun schon wieder angestellt
hatte. Barbara erzählte, der Senator und sie hätten Lori besucht,
die im Haus ihres Freundes wohnte, einer großen Villa mit
Schwimmbad und Tennisplatz. Loris Freund war ausgeflogen, und
Barbara und der Senator sahen Lori und zwei ihrer Freundinnen
beim Tennisspielen zu.
    Nach dem Spiel gingen Lori und ihre Freundinnen unter die
Dusche. Der Senator war sehr betrunken und – wie Barbara es
ausdrückte – »ihn stach der Hafer«. Er wankte davon. Plötzlich
hörte Barbara Lori schreien: »Raus mit dir!« Sie rannte zum Haus
und mußte feststellen, daß der Senator sich ausgezogen hatte und

seelenruhig zu Lori und ihren Freundinnen unter die Dusche gekommen war.

Daraufhin schrien sich Barbara und Lori gegenseitig an. »Lori hält mich für schwachsinnig, daß ich etwas mit ihm habe«, sagte Barbara. Sie fürchtete außerdem, Lori könne anderen über den Zwischenfall berichten.

Ich versuchte zu vermitteln. Ich rief Lori an und beruhigte sie so gut es ging. »Er war betrunken«, gab ich zu bedenken.

»Das ist mir doch scheißegal. Der Mann ist ein Widerling, Rick.«

Wir unterhielten uns noch ein paar Minuten und hängten dann ein. Es war das letzte Mal, daß ich etwas von Lori gehört habe.

Kaum war dieses Feuer gelöscht, brach ein anderes aus.

Der Besitzer der Football-Mannschaft von Los Angeles, Carroll Rosenbloom, war ertrunken. Der Senator kümmerte sich rührend um dessen Witwe Georgia, der nun die »Los Angeles Rams« gehörten, und blieb mit ihr in Verbindung. Eines Tages teilte uns das FBI mit, daß Rosenbloom, der schon immer sehr auf Sicherheit bedacht war, vor langer Zeit ein ausgeklügeltes Abhörsystem in seinem Haus hatte installieren lassen. Über die Jahre ist ein umfangreiches Archiv von Tonbändern mit Gesprächen, die in seinem Haus geführt wurden, entstanden. Diese Aufzeichnungen hatte das FBI in Verwahrung genommen. Die Zeitungen waren voll von Spekulationen, was diese Dokumente wohl über die Gäste Rosenblooms preisgeben könnten. Angeblich hatte Rosenbloom neben Politikern, Geschäftsleuten, Entertainern und prominenten Sportlern auch diesen oder jenen Gangster zu seinen Freunden gezählt und bei sich zu Hause empfangen.

»Um Gottes willen ... «, stöhnte der Senator. »Was gäbe ich darum, zu erfahren, was auf den Bändern drauf ist. Ich habe wirklich nicht mehr alles im Gedächtnis, was ich dort getan habe. An einiges kann ich mich allerdings nur zu gut erinnern. Wenn ich nur wüßte, wann er mit den Aufzeichnungen angefangen hat. Meine Brüder waren nämlich auch oft dort.«

So bald wie möglich vertraute der Senator die heikle Angelegenheit Steve Smith an. Dieser ließ seine Beziehungen zum FBI spielen, konnte jedoch nichts erfahren, was von Bedeutung gewesen wäre. Wenn diese Aufzeichnungen Informationen enthielten, die dem Senator oder seiner Familie schaden könnten, so würden sie vermutlich spätestens dann ans Tageslicht kommen, wenn der Senator ins Rennen um die Präsidentschaft ging.

Uns blieb nichts anderes übrig als abzuwarten.

Zwischenzeitlich kamen weitere Dinge hinzu, die dem Senator offensichtlich große Sorgen machten. Ich kann mich noch daran erinnern, wie er mich eines Samstags zu später Stunde anrief.

»Rick, hier ist überall Schaum«, beklagte er sich. Es war deutlich, daß er ganz schön geladen hatte.

Ich war müde und ziemlich erbost über die Störung. Sarkastisch fragte ich: »Und meine Rolle in dieser Seifenoper? Mit dem Scheuertuch rüberkommen und den Whirlpool putzen?«

»Ja, ich weiß, es ist schon spät«, gab er zu. »Aber hier ist überall Schaum, und ich weiß nicht, woran es liegt.«

Ich saß auf dem Rand meines Bettes und faßte mich an die Stirn. Das ging nun wirklich zu weit. »Leck mich doch am Arsch«, dachte ich wütend, und fast hätte ich es auch gesagt. Statt dessen seufzte ich und versprach: »Am Montagmorgen rufe ich die Handwerker an. Der Whirlpool braucht vermutlich nur etwas mehr Chlor oder so was.«

Der Senator wurde ungeduldig. Ich hörte, wie er am Telefon schnaufte. »Ricky, es ist so: Wir wollten gerade in den Whirlpool steigen, aber hier ist überall Schaum … zum Teufel, was soll ich nur tun?«

»Ich kümmere mich am Montag darum«, sagte ich sehr bestimmt und hängte ein. Ich wollte schon den Hörer neben die Gabel legen, aber der Senator wußte, daß meine private Telefonanlage sechs Leitungen hatte – ein Besetztzeichen hätte ihn also nicht getäuscht.

Zum Glück rief er in jener Nacht nicht mehr an. Vermutlich hatte er die Party einfach ins Innere des Hauses verlegt.

Wie sich herausstellte, war der Schaum nicht das größte Problem, das der Senator mit dem Whirlpool hatte. Hinter seinem Haus in McLean lag ein nicht bebautes Grundstück. Was den Senator in beträchtliche Unruhe versetzte, war, daß man von dort aus ungehindert auf den Whirlpool blicken konnte.

Vor einiger Zeit hatte ein Grundstücksmakler angerufen und angekündigt, daß das Land nun zum Verkauf stehe. Der Senator ließ Joe Hakim aus New York kommen und das Grundstück schätzen. Hakim war der Meinung, daß der veranschlagte Preis viel zu hoch sei, woraufhin der Senator beschloß, nicht mitzubieten. »Wenn Sie den Preis nicht bezahlen wollen, müssen Sie die Konsequenzen tragen«, hatte ich ihn damals gewarnt.

Ich behielt recht. Der Senator geriet regelrecht in Panik, als er erfuhr, daß jemand das Grundstück gekauft hatte und ein Haus darauf bauen wollte.

Wir zogen einen Landschaftsgärtner zu Rate, der uns darlegte, wie man den Whirlpool durch eine Reihe von Bäumen, die nur strategisch richtig gepflanzt werden müßten, abschirmen könnte.

»Ich muß unbedingt diese Bäume pflanzen lassen«, sagte der Senator immer wieder. Eine Zeitlang schien dies seine größte Sorge zu sein.

Bald jedoch wurde seine Aufmerksamkeit wieder mit aller Macht durch Ereignisse im Senat in Anspruch genommen. Senator Eastland kündigte an, sich von der politischen Bühne zurückzuziehen. Damit bot sich für Kennedy die Chance, den Vorsitz im Rechtsausschuß zu übernehmen und sich dadurch eine breite Machtbasis aufzubauen. Eine solche Gelegenheit ergab sich nicht alle Tage.

Dem Dienstalter nach erfüllte der Senator die Voraussetzungen für dieses Amt, allerdings mußte er einige maßgebliche Vertreter sowohl des Rechtsausschusses wie auch des Verwaltungsausschusses auf seine Seite ziehen. Wir führten langwierige Verhandlungen, und einmal mehr war ich fasziniert davon, wie geschickt er mit seinen konservativen Kollegen umzugehen verstand. Eastlands Unterstützung zu bekommen, war sein Hauptziel. Er war schlau genug, ihm mit der gebührenden Hochachtung zu begegnen, was Eastland wiederum veranlaßte, Kennedy gegenüber eine väterliche Haltung einzunehmen. Die Senatoren Thurmond und Hatch wurden ebenfalls zu wichtigen Verbündeten. Sie alle schienen Kennedy wirklich zu mögen, auch wenn sie sich bei manchen Themen erbitterte Kämpfe lieferten.

Der Senator schafft es wirklich, jeden um den Finger zu wickeln, dachte ich.

Als er den Posten schließlich bekam, mußten wir unseren Mitarbeiterstab von 35 auf 150 Angestellte erhöhen, und dies in einem Zeitraum von nur wenigen Monaten.

Die organisatorischen Vorbereitungen für den Umzug unserer Büros von dem alten Russell-Gebäude in das neue Dirksen-Gebäude, in dem auch der Rechtsausschuß tagte, verlangten einen erheblichen Aufwand. Der Senator wollte nicht nur die Mitarbeiter, die Möbel und Akten, sondern auch die »Atmosphäre« unseres Büros mitnehmen. Das war allerdings nicht so einfach, denn die Räume im Dirksen Building waren niedriger und ließen schnell ein Gefühl der Beengtheit entstehen. Ich beaufsichtigte die Malerarbeiten in den zuvor von Eastland verwalteten Büros und arbeitete Pläne für die Anordnung der Schreibtische aus, um den zur Verfügung stehenden Platz optimal zu nutzen.

Was den Mitarbeiterstab betraf, kümmerten wir uns zunächst um die Besetzung der wichtigsten Positionen und versuchten, erstklassige Leute dafür zu gewinnen. Dem Senator gelang es, David Boies, einen der angesehensten Anwälte des Landes, von der Kanzlei Cravath, Swaine & Moore abzuwerben. Er sollte der neue Chefberater des Ausschusses werden. Boies überzeugte auch in dieser Position mit seiner ebenso brillanten wie sachlichen Arbeitsweise. Er trug zwar Anzüge von der Stange, aber er fuhr gern schnelle Autos, was dem Senator sichtlich imponierte.

Wir waren gerade umgezogen, als ein neues Problem in der Familie auftrat. Am 5. September wurde der mittlerweile vierundzwanzigjährige David Kennedy nachmittags gegen halb sechs im Foyer des schäbigen Shelton Plaza Hotels in Harlem zusammengeschlagen und beraubt. Er sagte vor der Polizei aus, er sei in seinem BMW-Sportwagen auf der Straße von zwei Männern angehalten worden. Sie hätten ihn gezwungen, mit in das Hotel zu gehen, wo ein dritter Komplize auf sie gewartet habe. Sie hätten ihn mit dem Messer bedroht und ihm dreißig Dollar abgenommen.

Unser Büro gab schnell eine Erklärung heraus, in der wortreich dargelegt wurde, daß David derzeit von seinen Studien in Harvard beurlaubt war und sich bei Freunden in New York aufhielt. Damit war die Angelegenheit freilich nicht erschöpfend behandelt, und die Presse fand bald weitere Einzelheiten heraus. Zum einen war das betreffende Hotel ein bekannter Umschlagplatz für Rauschgift. In den Polizeiberichten stand, daß im Treppenhaus des Hotels fünfundzwanzig durchsichtige Umschläge mit Heroin gefunden wurden. Also nicht gerade eine Nobelherberge.

Ich hatte ausgiebig Gelegenheit, am Nachspiel dieser Episode teilzunehmen, weil ich Gesprächstermine für die Familie vereinbarte, um eine Drogentherapie für David in die Wege zu leiten. Ich setzte mich in Verbindung mit Steve Smith, Dave Haskell, dem Leiter der Robert-F.-Kennedy-Gedächtnisstiftung, Larry Horowitz vom Unterausschuß für Gesundheitsfragen sowie einigen Ärzten und Therapeuten in Massachusetts, unter anderem mit dem bekannten Arzt Dr. Robert Coles, einem in Harvard ansässigen Fachmann für Kinderpsychologie. Ethel konsultierte Coles des öfteren, wenn sie in bezug auf ihre Kinder Rat brauchte. David allerdings schien sie schon vor einiger Zeit aufgegeben zu haben. Vorgeschlagen wurde unter anderem, für David einen »Paten« ausfindig zu machen, einen Kameraden, der zugleich die Funktion eines Freundes, Vertrauten und Polizisten übernehmen könnte. Wir suchten also einen Aufpasser, der David vor sich selbst schützte.

Zusammen mit Davids älterem Bruder Joe traf ich Vorbereitungen für das Zusammentreten eines »Familienrates«, der sich mit Davids Problem befaßte. In einer gemeinsamen Anstrengung überzeugte ihn die Familie davon, daß er Hilfe brauche und an einer Entziehungkur im McLean-Hospital außerhalb Bostons teilnehmen müsse. Die offizielle Version sprach von einer Behandlung wegen einer bakteriellen Herzklappenentzündung, einer Krankheit, die oft durch Heroinkonsum hervorgerufen wird. Steve Smith fand gegenüber der Presse die gelungene Formulierung, David leide an »Beschwerden, wie sie auch bei Drogensüchtigen auftreten«. Der Senator bat Lem Billings, den alten Freund von John F. Kennedy, die Rolle des »Paten« zu übernehmen; eine äußerst unglückliche Wahl, denn Lem nahm selbst Drogen. Wir erreichten außerdem, daß David in einem seiner Harvard-Seminare zur Abschlußprüfung zugelassen wurde.

Und dann hielten wir den Atem an.

Kaum glaubten wir, Davids Problem einigermaßen im Griff zu haben, als Joans Alhoholabhängigkeit uns wieder zu schaffen machte.

Der Senator war bereits vor einigen Jahren in der Sowjetunion gewesen und war sehr gespannt auf seinen zweiten Besuch. Joan hätte ihn gern begleitet. Wir hofften, daß es klappen würde, aber Dr. Hawthorne meinte, daß sie dazu nicht in der Lage sei. Nach Ansicht des Arztes könnte die Anspannung bei einer politisch so bedeutsamen Reise einen Rückfall bei ihr auslösen. Sie befinde sich noch immer in einer Phase, in der sie ein hohes Maß an Selbstdisziplin aufbringen müsse, um nüchtern zu bleiben. Da keiner ein Risiko eingehen wollte, entschlossen wir uns, sie nicht mitreisen zu lassen.

Wir forderten weder Tunney noch David Karr auf, uns zu begleiten, obwohl die beiden uns sehr bei der Planung geholfen hatten. Der Senator wollte seine Kontakte zu Karr nicht öffentlich bekannt machen, weil man munkelte, dieser unterhalte »seltsame Verbindungen« – unter anderem zu Gangstern, dem CIA und dem israelischen Geheimdienst. Was Tunney anging, so wollte der Senator nicht den Eindruck erwecken, er benutze seinen politischen Einfluß dazu, um Tunney in der Sowjetunion für dessen Geschäfte die Türen zu öffnen.

Es gab hunderterlei Einzelheiten zu beachten. Vor allem fragten wir uns, ob der Senator eine Audienz bei dem russischen Staats- und Parteichef Leonid Breschnew erhalten würde. Ein solches Treffen hätte sofort ein großes Echo in der amerikanischen Presse hervorgerufen und dem Senator den Status eines international geachteten Staatsmannes verliehen. Gerade in dieser Hinsicht gab Präsident Carter zu jener Zeit keine gute Figur ab. Die Beziehungen zwischen den Vereinigten Staaten und der Sowjetunion waren auf einem Tiefpunkt angelangt, und wir rechneten damit, daß dies die Chancen für eine Zusammenkunft erhöhen würde. Womöglich verspürte der Generalsekretär den Wunsch, Carter dadurch zu kompromittieren, daß er seinem größten Rivalen in dessen eigener Partei eine Audienz gewährte. Wir verfolgten neben dem politischen ein humanitäres Ziel mit diesem Treffen: Der Senator wollte Breschnew dazu bewegen, sowjetische Dissidenten ausreisen zu lassen.

Wir telefonierten öfters mit Andrei, unserem Kontaktmann im Politbüro, aber was die Audienz betraf, erhielten wir nur ausweichende Antworten. Inoffiziell hörten wir, Breschnew sei ernsthaft krank. Vielleicht hatte er Krebs. Vielleicht würde er sterben. Schließlich gaben wir uns mit der Auskunft zufrieden, daß die Frage eines möglichen Treffens erst zu klären sei, wenn wir in Moskau ankämen.

Trotzdem mußten wir uns schon jetzt Gedanken über eine delikate protokollarische Frage machen: Welches Geschenk sollte ein amerikanischer Senator einem sowjetischen Staatschef überreichen? Der Senator hatte die ungewöhnliche Idee, aus jeder Region des Landes, die wir besuchen wollten, etwas mitzubringen und Breschnew mit einer Vielzahl von verschiedenen Spezialitäten aus seinem eigenen Lande zu überraschen.

Auch andere Fragen mußten mit größter Diskretion behandelt werden. Wir setzten voraus, daß die sowjetischen Beamten in jedem Fall mit einem Versuch von unserer Seite rechneten, mit der Gruppe der russischen Ausreisewilligen in Kontakt zu treten, ganz unabhängig vom Ausgang des Gesprächs mit Breschnew. Die Beamten würden zweifellos alles tun, um ein solches Treffen zu verhindern. Der

Senator wollte seine Pläne zwar nicht aufgeben, befürchtete aber, die Sowjets zu verärgern, so daß sie am Ende niemanden ausreisen ließen. Unser außenpolitischer Berater Jan Kalicki deutete schließlich die Möglichkeit an, daß Vertreter der amerikanischen Botschaft uns dabei helfen könnten, ein Treffen zu arrangieren. Gleichzeitig schärfte er uns ein, unsere Besprechungen ausschließlich im abhörsicheren Konferenzraum des Botschaftsgebäudes abzuhalten.

Im letzten Augenblick stellte ein Zwischenfall die gesamte Reise in Frage. Ein amerikanischer Geschäftsmann war verhaftet worden, nachdem er in Moskau versucht hatte, mit illegalen Dollars statt mit Rubel zu bezahlen – ein kapitales Verbrechen in Rußland. Die Sowjets bekundeten ihre Entschlossenheit, mit dem Übeltäter streng zu verfahren. Zuerst überlegte der Senator, aus Protest seine Reise abzusagen, blieb aber unschlüssig, und so fuhren wir mit unserer Planung fort.

Es gab zwar viele merkwürdige Dinge, die ich für den Senator zu erledigen hatte, aber doch auch immer wieder Momente, die mich für alles entschädigten. Ich war überrascht und erfreut zugleich, als der Senator mich wenige Tage vor seiner Abreise darum bat, nach Moskau vorauszureisen und ihn dann auf seiner Reise durch die Sowjetunion zu begleiten. Die Aussicht auf diese Reise löste eine rastlose Aktivität bei mir aus; ich hastete sogleich durch ganz Washington, um meine Papiere rechtzeitig zusammenzubringen.

WODKA, KGB UND DISSIDENTEN

Nach einer insgesamt siebzehnstündigen Reise – einen Aufenthalt in Frankfurt eingeschlossen – traf ich am späten Nachmittag in Moskau ein. Kaum hatte das Flugzeug seinen Stellplatz am Terminal erreicht, kam mein russischer Fremdenführer an Bord, begleitet von Sicherheitsbeamten des KGB und einem Vertreter von Andreis Abteilung im Politbüro. Der Führer schritt geradewegs auf mich zu, stellte sich als Pjotr vor und erklärte mir in perfektem Englisch, daß er mich während meines Aufenthalts in der Sowjetunion überallhin begleiten werde.

Im Hotel – einem alten, prunkvollen Palast, der Diplomaten und besonderen Gästen vorbehalten war – wurde ich schon von Andrei erwartet. Er versicherte, daß er alles unseren Wünschen gemäß arrangieren werde.

Am nächsten Morgen war ein Treffen mit dem Geschäftsträger der amerikanischen Botschaft vorgesehen. Da Pjotr zur verabredeten Zeit nirgends zu sehen war, ging ich einfach hinaus auf die Straße und hielt ein Taxi an. Dem Fahrer zeigte ich einen Zettel, auf den ich die Adresse der Botschaft gekritzelt hatte.

Unser Geschäftsträger führte mich in den Sicherheitsraum, einen großen Konferenzsaal, dessen Wände mit Blei isoliert waren. Wir setzten uns an einen Tisch, der zwanzig Leuten Platz geboten hätte. Dann drückte er auf einen Knopf, und über unsere Köpfe senkte sich eine Plastikkugel. Nun teilte er mir mit, daß die Russen inzwischen den amerikanischen Geschäftsmann freigelassen hatten, um dem Senator keine diplomatischen Hindernisse in den Weg zu legen. Wir hatten gerade erst mit unserem Gespräch begonnen, als das Telefon klingelte. Man verständigte uns, daß Polizeiwagen die Botschaft umstellt hatten. Rasch verließen wir den Konferenzraum, um nach dem Rechten zu sehen.

Draußen stand Pjotr, aschfahl im Gesicht. Er war auf der Suche nach mir. »Tun Sie das bitte nicht noch einmal«, bat er inständig. »Ich bekomme große Schwierigkeiten, wenn Sie mir einfach davonlaufen.«

Ich zeigte zwar Verständnis, blieb aber unbeirrt. »Ich mußte zur Botschaft«, antwortete ich. »Schließlich habe ich hier zu tun.«

Der Geschäftsträger und ich kehrten wieder zu unseren Plätzen unter der Plastikkugel im Konferenzraum zurück. Ich hatte viele Fragen: Wäre Breschnew zu einem Treffen mit dem Senator bereit? Würde er uns eine Begegnung mit den Ausreisewilligen erlauben?

Den Rest des Tages besichtigte ich zusammen mit Pjotr die Stadt. Am Abend begleitete ich Andrei zu Natascha, jener blonden Dame, die Tunney so geheimnisvoll und apart fand. Für russische Verhältnisse war sie tatsächlich atemberaubend. Auch ihre Wohnung hatte Stil. Sie war zwar klein, aber geschmackvoll mit dänischen Möbeln eingerichtet. Daß sie eine Agentin des KGB war, lag auf der Hand. Ich rechnete mit Scherereien, sobald der Senator sie zu Gesicht bekommen würde.

Er traf am Tag darauf ein, und mit ihm Larry Horowitz, Jan Kalicki und Ken Regan, unser Fotograf. Ich holte ihn zusammen mit Andrei, Pjotr und dem Schwarm von Sicherheitskräften, an den ich mich mittlerweile gewöhnt hatte, vom Flughafen ab. Kaum war er aus dem Flugzeug gestiegen, packte er mich am Revers und sagte lachend: »Ricky, Ricky, ich muß Ihnen eine Story erzählen.« Man führte uns schnell in den VIP-Raum, wo wir uns ungestört unterhalten konnten.

Der Senator konnte sich immer noch nicht beruhigen. »Wir sitzen also im Flugzeug und arbeiten«, erzählte er lachend. »Larry steht auf und geht auf die Toilette. Eine halbe Stunde geht vorbei, vielleicht fünfunddreißig Minuten. Dann kommt plötzlich der Pilot mit Werkzeug den Gang herunter und begibt sich in den hinteren Teil des Flugzeugs. Wir drehen uns alle um, weil wir wissen wollen, was los ist. Dann kommt der Pilot wieder und kehrt zum Cockpit zurück, gefolgt von Larry, der ganz verzagt dreinschaut.« Horowitz hatte sich auf der Toilette eingeschlossen und kam nicht mehr heraus. Der Senator hielt sich den Bauch vor Lachen. »Sie mußten die Tür aus den Angeln heben, um ihn zu befreien.«

Wenige Minuten später bestiegen wir das Privatflugzeug von Leonid Breschnew. Die Maschine war ähnlich ausgerüstet wie die »Air Force One«, doch das Innere war düster und die Elektronik nicht gerade die modernste. Auf dem Programm stand zunächst ein Anschlußflug nach Taschkent, der Hauptstadt von Usbekistan. Wir sollten dort die Nacht verbringen und dann zur Konferenz der Vereinten Nationen im einige hundert Kilometer ostwärts gelegenen Alma-Ata weiterfliegen. Schließlich würden wir für einige Tage nach Moskau zurückkehren und dort, so hofften wir, mit Breschnew zusammentreffen.

Wir waren ungefähr eine halbe Stunde in der Luft, als ich bemerkte, wie der Senator auf seinem Sitz unruhig hin- und herrutschte. »Ricky, mein Rücken juckt«, klagte er. »Ich weiß nicht recht, es muß ein Mückenstich oder so was sein.«

»Ziehen Sie doch mal Ihr Hemd aus«, schlug ich vor.

Nachdem er sich frei gemacht hatte, untersuchte ich seinen Rücken, der mit roten Pusteln übersät war.

»Was haben Sie denn am Wochenende getrieben?«

»Ich war mit den Kindern am Kap.«

»Wer noch? War Cindy dabei?«

»Ja, natürlich war Cindy auch dabei.«

»Sind Sie segeln gewesen?«

Er nickte nur und kratzte sich verzweifelt am Rücken.

Du liebe Güte, dachte ich und fragte weiter: »Haben Sie vielleicht irgend etwas Ungewöhnliches am Strand gemacht?«

»Ja«, stöhnte er. Er hatte jetzt sichtlich Schmerzen. »Wir – nun ja ...«

»Ich wette, das ist giftiger Efeu.«

»Verdammt –«, erwiderte er, »das könnte sein.«

»Wir sollten das Larry zeigen, schlug ich vor. Horowitz war nicht nur Berater in Fragen der öffentlichen Gesundheitsfürsorge, sondern auch der persönliche Arzt des Senators.

»Sagen Sie Larry nicht, was es ist – und schon gar nicht, wie ich es mir geholt habe«, bat der Senator. »Sie wissen doch, wie eingebildet er werden kann.«

Horowitz sah sich den Rücken an, war sich aber unschlüssig. »Es könnte eine allergische Reaktion auf etwas sein, was Sie gestern gegessen haben.«

»Und wie ist es mit giftigem Efeu?« wollte ich wissen.

»Ich bin mir nicht sicher«, sagte Horowitz. »Wenn wir landen, werden wir einen Arzt hinzuziehen.« Er sprach mit dem Piloten, der nach Taschkent durchgab, daß sich dort ein Arzt bereithalten sollte.

Nach einigen Schlucken Wodka schien sich der Senator wieder wohler zu fühlen, denn danach stand er auf, schweifte etwas im Flugzeug umher und ließ sich schließlich mit Kalicki, Horowitz und Regan im hinteren Teil der Maschine nieder. Ich lehnte mich in meinen Sitz zurück und dachte: Wenigstens sind wir nicht unterwegs nach Alaska. In den späten sechziger Jahren hatte der Senator nämlich einmal gehörig über die Stränge geschlagen. Er war drei Tage lang mit dem Unterausschuß, der für die Erziehung und Bildung der Indianer zuständig war, in Alaska gewesen. Während des Fluges hatte er angefangen, aus einem alten, silbernen Flachmann zu trinken, der zuvor seinem Bruder Bob gehört hatte. Im Mittelgang des Flugzeugs war er dann auf und ab getorkelt, hatte »Ri-ra-ro, alle Macht dem Eskimo« gegrölt und trompetet: »Die werden mich umlegen, wie sie Bob umgelegt haben.« Kaum hatte ihn jemand mühsam auf seinen Platz bugsiert, war er schon wieder auf den Beinen und schwatzte ungereimtes Zeug über John und Bob, warf mit einem Kissen nach der Stewardeß und mit Brötchen nach den Reportern. Man konnte wirklich nicht behaupten, daß er sich von seiner besten Seite gezeigt hätte.

Gelächter aus dem hinteren Teil des Flugzeugs riß mich aus meinen Gedanken. Bitte nicht ..., dachte ich.

»Ricky, Ricky, kommen Sie doch mal herüber«, rief der Senator wenig später.

Folgsam ging ich zu ihm. Er wies auf unsere sowjetischen Begleiter und verkündete: »Die behaupten, Russen vertragen mehr als Amerikaner. Wir behaupten, sie haben unrecht. Amerika ist die Nummer Eins.« Gerade wollte ich fragen, was ich mit dieser internationalen Streitfrage zu tun hätte, als er hinzufügte: »Wir haben beschlossen, daß Sie es ihnen beweisen.«

Die ganze Gruppe stierte mich aus glasigen Augen an. Andrei zeigte mit einem Kichern auf einen jungen KGB-Offizier, der ungefähr in meinem Alter war und die Ehre der Sowjetunion verteidigen sollte.

Ich hatte die Zeitumstellung noch immer nicht verkraftet und seufzte innerlich: Wo bin ich hier nur reingeraten?

Jemand erschien mit zwei großen Wassergläsern, und Andrei füllte sie bis zum Rand mit klarem, reinem Wodka. »Das ist doch wohl nicht euer Ernst«, protestierte ich.

»Ricky, Sie können uns jetzt nicht im Stich lassen«, feuerte mich der Senator an. Allein sein Atem konnte einen bereits betrunken machen.

Mein Gegner stürzte den Inhalt seines Wodkaglases hinunter und sah mich herausfordernd an.

»In zwei Sekunden liegt Ricky flach«, hörte ich Horowitz flüstern.

Ich setzte das Glas an und machte es dem Russen nach. Die Amerikaner jubelten mir zu, als ich das leere Behältnis in die Höhe hielt.

Unbeeindruckt füllte Andrei diesmal mit Scotch nach. Mein Gegner und ich leerten unsere Gläser nochmals, und die anderen lachten und applaudierten.

Andrei füllte die Gläser erneut mit Wodka. Auch das tranken wir.

Gerade als Andrei dem jungen Russen ein weiteres Glas mit Scotch reichen wollte, kippte dieser plötzlich um. Bewegungslos lag er im Mittelgang von Breschnews Flugzeug. Amerikanische Freudenrufe drangen an mein Ohr, und der Senator schlug mir auf den Rücken und gratulierte.

»Entschuldigt mich«, lallte ich. Mir war auf einmal furchtbar schlecht. Ich drehte mich um und stolperte, an den Sitzen Halt suchend, zurück in den vorderen Teil des Flugzeugs. Im Hintergrund hörte ich den Senator laut sagen: »Was habe ich euch gesagt? Auf meinen Ricky ist Verlaß.«

Irgendwie schaffte ich den Weg bis zur Toilette, wo ich augenblicklich zusammenklappte. Ich hielt den Kopf über die Schüssel und gab so viel Alkohol von mir, wie ich nur konnte. Dann wankte ich zu meinem Platz zurück und sank in einen tiefen, ohnmächtigen Schlaf.

Ich war immer noch sehr betrunken, als wir am späten Abend in Taschkent ankamen, doch der Senator schubste mich vorwärts und sorgte dafür, daß ich mich aufrecht hielt. Am Flughafen empfing uns eine Delegation, die von einem Mann mit groben Gesichtszügen und einem malerischen Kopfschmuck angeführt wurde. Der Senator nötigte mich, vor ihn hinzutreten, und stützte mich dabei, damit ich nicht umfiel. Schelmisch flüsterte er mir ins Ohr:»Aber Ricky, Sie wanken ja. Fühlen Sie sich nicht gut? Haben Sie einen über den Durst getrunken? Nun, nun, bleiben Sie bloß auf den Beinen.«

Ich versetzte ihm einen Stoß in die Rippen, und er setzte ein versoffenes Grinsen auf.

Jemand machte mich mit dem Bürgermeister von Taschkent bekannt, und ich schüttelte ihm die Hand. Dann kam der Mann mit dem Kopfschmuck an die Reihe. Andrei stellte ihn als den Präsidenten der Republik vor. Er lächelte mich mit zahnlosem Mund an, während der Senator in mein Ohr flüsterte:»Das darf doch wohl nicht wahr sein.« Nur mit größter Mühe konnte ich ein Lachen unterdrücken.

Plötzlich überfiel mich der Schluckauf. Dann wurde mir speiübel und ich wurde von der Vorstellung gequält, mich vor dem Präsidenten der Republik Usbekistan übergeben zu müssen. Hoffentlich würde wenigstens Regan nicht auf die Idee kommen, die Szene mit der Kamera festzuhalten. Er hatte einen geradezu abartigen Hang, uns in den peinlichsten Situationen zu fotografieren.

Irgendwie bekam ich mich doch wieder in den Griff. Wie durch einen Nebel sah ich, wie der Senator mit Kalicki und dem Präsidenten der Republik in einen Wagen stieg. Horowitz, Regan und ich wurden zu einem zweiten Wagen geführt, und Andrei schloß sich uns an. Er verkündete, daß wir zu einer eigens für Staatsgäste eingerichteten Datscha fuhren.

»Ich bin so fürchterlich betrunken«, jammerte ich, doch Horowitz hob nur die Augen zum Himmel und sagte nichts.

Wir kamen spät in der Nacht in der Datscha an. Ein sowjetischer Arzt erschien, untersuchte den Ausschlag auf dem Rücken des Senators und bestätigte meine Diagnose: giftiger Efeu.

Die ganze Zeit über sehnte ich mich heftig nach Schlaf, doch der

Präsident der Republik erwartete von uns, daß wir noch eine Runde mit ihm tranken. Ich war ihm zutiefst dankbar, als er nach einem einzigen Glas ging. Endlich kann ich mich hinlegen, dachte ich.

Aber sobald wir allein waren, wollte der Senator die Termine für den kommenden Tag durchsprechen. Wir mußten sehr früh aufstehen, wenn wir das gesamte Programm bewältigen wollten.

Der Senator und ich waren immer noch wach und besprachen letzte Einzelheiten, als die anderen schon längst im Bett waren. Dann war es auch für den Senator genug. »Wecken Sie mich um halb sechs«, sagte er noch, bevor er mich verließ. In der Stille der Nacht schoß mir die Frage durch den schmerzenden Kopf: Warum, zum Teufel, bist du noch wach? Die Antwort konnte ich mir selbst geben: Weil du für den Ablauf des morgigen Tages verantwortlich bist. Das ist eben dein Job.«

Nur zwei Stunden später riß mich das Rasseln meines Reiseweckers aus dem Schlaf. Ich kroch aus dem Bett und stöhnte laut auf, denn ich hatte rasende Kopfschmerzen. Pflichtbewußt weckte ich den Senator.

Auch er war etwas wacklig auf den Beinen, also verschrieb er uns sein persönliches Heilmittel gegen den Kater – ein Glas Bloody Mary. Das half. Der Senator zog sich an, ging hinaus und drehte ein paar Runden um das Gästehaus.

Danach nahm er ein Bad, und ich rieb ihm den Rücken mit der Creme ein, die er gegen seinen Ausschlag bekommen hatte. Mir brummte immer noch der Schädel, und ich konnte kaum geradeaus schauen. Aber nach dem ersten Bad wollte er gleich noch ein zweites, nur um die Creme abzuwaschen. Ich ließ auch das für ihn ein.

Bevor wir zur Tagesordnung übergingen, baten wir Andrei, uns zu einem örtlichen Lebensmittelgeschäft zu bringen, damit der Senator seine ersten Einkäufe für den Korb mit Nahrungsmitteln tätigen konnte, den er Breschnew überreichen wollte.

Danach führte uns Andrei durch ein Krankenhaus in Taschkent, das erstaunlich primitiv eingerichtet war. Nach dem Rundgang wurden wir in einen Konferenzsaal geführt, in dem eine Podiumsdiskussion mit einigen sowjetischen Ärzten stattfinden sollte. Der Senator nahm Platz, blickte in die Runde und stellte fest, daß der Stuhl mit dem Schild DR. HOROWITZ leer war. Er winkte mich zu sich und fragte: »Wo ist Larry?«

Ich hatte keine Ahnung und schüttelte nur den Kopf. Das war peinlich. Horowitz war immerhin Stabschef im Gesundheitsaus-

schuß des amerikanischen Senats. Die sowjetischen Ärzte waren
gespannt, was er zu sagen hatte.

Wir warteten einige Minuten, und als Horowitz noch immer
nicht erschien, begann die Diskussion ohne ihn. Der Senator warf
mir hin und wieder einen fragenden Blick zu, doch ich konnte nur
mit einem Achselzucken antworten.

Weitere vierzig Minuten vergingen, und das Gesicht des Senators zeigte eine bedenkliche Röte. Plötzlich betrat Horowitz den
Raum. So unauffällig wie es eben ging, glitt er auf seinen Stuhl am
Podiumstisch. Ich ging sofort zu ihm, um herauszufinden, was passiert war. Der Senator stand ebenfalls – unter Mißachtung aller
protokollarischen Gepflogenheiten – auf und kam herüber.

»Wo haben Sie die ganze Zeit über gesteckt?« zischte der Senator.

»Ich will mich jetzt hierzu nicht äußern«, erwiderte Horowitz
knapp. »Ich sage nichts dazu.«

Übellaunig kehrte der Senator auf seinen Platz zurück.

Sofort nach der Konferenz knöpften der Senator und ich uns
Horowitz vor. Pjotr und Andrei waren ebenfalls dabei. »Wo waren
Sie?« herrschte ihn der Senator an; er schien einem Schlaganfall
nahe zu sein. »Sie haben sich eine vierzigminütige Verspätung geleistet. Sie waren einfach vom Erdboden verschwunden.«

Horowitz wurde knallrot im Gesicht, sagte aber nichts.

Halb im Spaß fragte der Senator: »Ist Ihnen wieder ein Malheur
auf der Toilette passiert?«

Horowitz sah plötzlich ganz krank aus.

»Larry, was ist passiert?« insistierte ich.

»Ich möchte nicht darüber sprechen«, meinte er gereizt.

Doch wir gaben nicht nach, bis er mit der Geschichte heraus-
rückte. Er hatte auf eigene Faust jene Teile des Krankenhauses
erkunden wollen, die uns die Sowjets nicht gezeigt hatten. Er war
auf ein tieferes Stockwerk gelangt und in ein Laboratorium eingedrungen. Dort war die Tür hinter ihm ins Schloß gefallen, und er
hatte in der Falle gesessen.

»Oh, Larry, das kann doch nicht wahr sein«, sagte der Senator
fassungslos. Horowitz trug nun eine Leidensmiene zur Schau, die
der Senator sofort nachahmte. Wir brachen alle in wieherndes Gelächter aus.

Andrei erinnerte uns an die Termine, die wir noch wahrzunehmen hatten. Wir machten uns auf einer ungepflasterten Straße zu

einem Krankenhaus auf dem Lande außerhalb von Taschkent auf. Unterwegs kamen wir an eine Kreuzung, die dem Fahrer unbekannt war, und er nahm die falsche Abzweigung.

Dem Senator ging sofort auf, daß sich hier die Gelegenheit bot, etwas zu Gesicht zu bekommen, was Andrei nicht vorbereitet hatte. »Wir halten hier und sehen uns um«, entschied er und war schon aus dem Wagen gesprungen. Wir anderen taten es ihm nach.

»Wie? Was haben Sie vor?« fragte Pjotr nervös. Aber ihm und Andrei blieb nichts anderes übrig, als uns zu folgen.

Zu meinem Erstaunen erkannte das einfache Volk auf dem Land den Senator sofort. Ihre asiatischen Gesichter verzogen sich zu einem freundlichen Grinsen. Zahnlose alte Männer kamen herbeigeeilt, um ihm die Hand zu schütteln. Eine Frau ergriff den Arm des Senators und schwatzte aufgeregt drauflos, während sie versuchte, ihn mit sich zu ziehen.

»Mal sehen, was sie will«, meinte er.

Die Frau brachte uns zu ihrer Hütte. Sie bat uns herein und zeigte auf ein Bild an der Wand. Als sich unsere Augen an das Halbdunkel gewöhnt hatten, erkannten wir eine Fotografie von Präsident John F. Kennedy, die säuberlich aus einer Zeitschrift ausgeschnitten und eingerahmt worden war.

Der Senator strahlte – und Andrei ebenfalls.

Wir kehrten zu den Autos zurück und fuhren zu unserem Ziel, einer Einrichtung der ländlichen Gesundheitsfürsorge, wo uns ein Festessen erwartete. Zuerst mußten wir aber in einem Zelt den Gemeindevorstand begrüßen. Unsere Gastgeber ließen eine Schale herumgehen.

»Das ist hier Brauch«, erläuterte uns Andrei. »Jeder muß davon trinken, sonst sind die Leute beleidigt.«

Jemand reichte die Schale dem Senator. Der aber gab sie weiter an mich und fragte: »Was ist das Ihrer Meinung nach?«

Ich schaute hinein und erblickte eine weißliche Flüssigkeit. »Ich weiß nicht«, erwiderte ich.

»Nun, dann kosten Sie mal vor.«

»Oh, ich werde mich hüten.«

»Rick, einer muß davon probieren«, pflichtete Horowitz dem Senator bei.

Zu gütig von dir, Larry. Alle im Zelt starrten mich an. Ich nahm einen vorsichtigen Schluck. Der ominöse Trunk war warm und sau-

er und hatte den Geschmack von geronnener Milch. Ich spürte
deutlich, wie er sich in meinem Magen auf Wodka und Scotch stülp-
te. Ich begann zu würgen.

»Bitte jetzt nicht kotzen«, befahl Horowitz im Flüsterton.

»Es ist Stutenmilch«, klärte uns Andrei schließlich auf.

Es gelang mir, ein Lächeln zustande zu bringen, und ich tat so,
als nähme ich einen weiteren Schluck. Dies schien alle zufriedenzustellen. Am Senator und an Horowitz ging dieser Kelch vorüber.

Am nächsten Tag trafen wir in Alma-Ata ein, wo die UNO-Kon-
ferenz über medizinische Grundversorgung stattfand. Der Senator
hielt die Eröffnungsansprache. Er betonte, daß auf dem Gebiet der
medizinischen Versorgung alle Völker der Erde zusammenarbeiten
könnten und ihr Wissen und ihre technischen Errungenschaften
miteinander teilen sollten. Seine staatsmännischen Worte wurden
mit großem Beifall bedacht.

In Moskau wohnten wir in einer Datscha, die auf einer Anhöhe
lag und einen herrlichen Blick auf die Stadt bot. Dort warteten wir
auf den Bescheid über das geplante Treffen mit Breschnew. Am
Nachmittag des darauffolgenden Tages erhielten wir in der amerikanischen Botschaft die Bestätigung. Es hieß, Breschnew würde
uns noch am selben Tag empfangen.

Wir eilten zu unseren Wagen und rasten auf einer für die Prominenz vorbehaltenen Fahrspur durch die Straßen von Moskau.
Die Autokolonne fuhr durch einen hohen Torbogen und gelangte
auf die Rückseite des Kremls.

Der Senator, Andrei und Pjotr gingen schon zu Breschnews Büro
voraus, während Horowitz und ich uns mit dem Korb voller Spezialitäten aus Taschkent und Alma-Ata abmühten. Endlich erreichten auch wir das Vorzimmer, in dem der Senator bereits ungeduldig
wartete.

Schließlich wurden wir in Breschnews Empfangsraum geführt.
Unser Gastgeber war noch nicht zugegen. Wieder mußten wir einige Minuten warten, bis der alte sowjetische Staatschef hereinge-
schlurft kam. Er wurde von einer Schar persönlicher Bediensteter
begleitet, grimmig dreinblickenden Männern in dunklen, zerknitter-
ten Anzügen, die darauf zu warten schienen, ihn aufzufangen, falls
er zusammenbrechen sollte.

Breschnew dankte strahlend, als der Senator ihm ein in Leder
gebundenes Buch »JFK: Lieblingssprüche des Präsidenten« überreichte, und sein Grinsen wurde noch breiter, als Horowitz und ich

auf eine Geste des Senators hin den Geschenkkorb nach vorne brachten.

Wir setzten uns an einen langen Tisch, die Sowjets auf der einen und wir auf der anderen Seite. Breschnew beteiligte sich nur hin und wieder an der Diskussion. Er konnte wohl noch zusammenhängend sprechen, bisweilen aber war trotz der sich redlich bemühenden Dolmetscher zu erkennen, daß er den Faden verlor.

Mitten in der Sitzung entschuldigte ich mich höflich, da ich noch mit der Botschaft telefonieren mußte, um unsere weiteren Reisepläne abzuklären. Als ich zurückkam, war die Unterredung bereits beendet. Auf unsicheren Beinen verließ der Staatschef, geführt von seinen Mitarbeitern, den Saal.

Wir fuhren zurück zum sicheren Hort der amerikanischen Botschaft. Im Wagen berichtete mir der Senator in einer kurzen Zusammenfassung, was während meiner Abwesenheit passiert war. Er schilderte auch Breschnews Reaktion, als er auf die Ausreisewilligen angesprochen wurde. Der Senator hatte Breschnew eine Liste mit Namen gegeben und den Premier gebeten, diesen Personen die Ausreise zu gestatten. Der Staatschef hatte lediglich geantwortet, er werde sich darum kümmern.

Unter der Plastikkugel im Konferenzraum besprachen wir dann nochmals unsere Pläne. Wir wollten weder Breschnew brüskieren, noch Andrei und Pjotr in Schwierigkeiten bringen. War es möglich, mit den Ausreisewilligen zusammenzutreffen, ohne gleich einen diplomatischen Eklat heraufzubeschwören?

Unsere Kontaktperson in der Botschaft war der Ansicht, daß wir es durchaus riskieren könnten. Die Sowjets sahen in Kennedy nicht nur den amerikanischen Senator, sondern auch den potentiellen Präsidenten. Sie würden daher mit Bedacht vorgehen. Der Senator entschied sich, die Sache voranzutreiben. Die Begegnung sollte spät an unserem letzten Abend in der Sowjetunion stattfinden.

Um den Schein zu wahren, hielten wir an unserem Terminplan fest: Wir waren für den Abend bei Natascha eingeladen, die darauf bestanden hatte, uns eine Abschiedsparty zu geben.

Der Senator äußerte sich sehr anerkennend über Nataschas elegante Wohnung. Beeindruckend war auch das üppige kalte Buffet, das eigens für uns angerichtet worden war. Natascha trug ein auffallend elegantes Kleid und erlesenen Schmuck. Ganz offensichtlich war sie ein Spitzel – und ihre Party ein Manöver, um uns an unserem letzten Abend in Moskau unter Aufsicht zu halten. Meine Vermutung wurde bestätigt, als einige »Freundinnen« von Natascha eintrafen. Sie waren alle attraktiv, modisch gekleidet und sprachen alle ein tadelloses Englisch. Durch ihr Gebaren und ihren lässigen Ton gaben sie zu verstehen, daß sie einem Flirt nicht abgeneigt wären. »KGB«, flüsterte ich dem Senator ins Ohr. »Das ist eine Falle.«

Er nickte zustimmend und begegnete fortan unseren Gastgebern mit einem argwöhnischen Funkeln in den Augen. Ich dankte dem Himmel; ich konnte sicher sein, daß er sich hier benehmen würde. Um halb elf sagte er höflich, daß wir uns nun verabschieden müßten, weil unser Flug früh am nächsten Morgen gehe. Natascha und ihre Freundinnen machten ein enttäuschtes Gesicht.

Um elf Uhr waren wir wieder zurück in der Datscha. Wir informierten die russischen Sicherheitskräfte, daß wir zwar noch einen Anruf von der Botschaft erwarteten, sie aber diese Nacht nicht mehr benötigten. Unser Kontaktmann meldete sich schließlich um halb eins. Über die offene Telefonleitung kündigte er an, er werde gleich herüberkommen, um unsere Reisepläne für den nächsten Morgen mit uns zu besprechen.

Wenig später stand er vor der Tür. Die Wachtposten hatten ihn schon erwartet und ließen ihn ein.

»So werden wir es machen … «, erklärte er. »Wir gehen hinaus, steigen in den Wagen, fahren zum Tor und verlassen das Grundstück. Wenn irgend etwas passiert, wenn sie uns anhalten, werde ich mich darum kümmern.«

Wir gingen hinaus. Der Botschaftsangestellte setzte sich hinters Steuer und der Senator glitt auf den Beifahrersitz. Horowitz, Kalicki und ich krochen auf den Rücksitz.

Wir fuhren zu dem eisernen Tor und stellten fest, daß es geschlossen war. Pjotr und der Führer des KGB-Sonderkommandos kamen herüber. »Sie können hier nicht hinaus«, sagte der KGB-Mann finster.

Der Senator drehte sich zu mir um und befahl: »Rick, steigen Sie aus und sagen Sie ihm, wir würden noch einmal ausfahren.«

Ich kletterte aus dem Wagen und wandte mich dem KGB-Beamten zu. Aus dem Schilderhaus kam ein Wachtposten mit umgehängtem Maschinengewehr und pflanzte sich neben ihm auf.

Ich schluckte meine Angst hinunter und behauptete mit fester Stimme: »Sie werden Schwierigkeiten bekommen, wenn Sie uns nicht fahren lassen. Wir haben eine Verabredung und werden sie auf jeden Fall wahrnehmen.«

»Und wohin wollen Sie?« fragte der Mann vom KGB.

»Wir wollen Freunde in Moskau besuchen.«

»Davon wurde uns nichts gesagt.«

Eindringlich fragte ich ihn: »Wollen Sie etwa Senator Kennedy verbieten auszugehen?«

»Meine Aufgabe ist es, ihn zu beschützen. Und das kann ich nicht, wenn ich nicht weiß, wohin er geht.«

Wir waren offenbar an einem toten Punkt angelangt. Ich schlüpfte wieder in den Wagen, um Bericht zu erstatten. Der Senator schlug vor: »Nennen Sie ihm eben die Adresse des Wohnhauses. Meinetwegen können sie uns folgen, aber sie dürfen sich nicht einmischen.«

Ich stieg wieder aus und gab an den KGB-Mann weiter, was der Senator gesagt hatte. Ich betonte nochmals: »Sie sind sich wohl im klaren darüber, daß Sie Schwierigkeiten bekommen werden, wenn Sie uns nicht fahren lassen.«

»Einen Augenblick, bitte«, antwortete dieser. Er verschwand in der Wachstube, telefonierte und gab dann die Anweisung, das Tor zu öffnen.

Wir fuhren hinaus in die Nacht mit einer Schar von KGB-Leuten im Schlepptau. Als wir nur etwa eine Viertelstunde später unser Ziel erreichten, war das Wohnhaus schon von Mitarbeitern des KGB umstellt. Sie ließen uns aber passieren.

Der Aufzug funktionierte nicht, so daß wir bis ins siebte Stockwerk Treppen steigen mußten. Wir klopften an eine der Wohnungstüren, welche von einer älteren Frau einen Spaltbreit geöffnet wurde. Sie starrte mich an – einen jungen Mann im Straßenanzug, der mitten in der Nacht an ihre Tür klopfte – und in ihren Augen spiegelte sich die Angst. Mir ging plötzlich auf, daß diese verzweifelten Menschen von unserer Absicht, Kontakt zu ihnen aufzunehmen, bereits erfahren haben mußten, daß sie aber natürlich nicht mit Sicherheit wissen konnten, wer tatsächlich an die Tür klopfen würde – Amerikaner oder Russen.

»Kennedy, Kennedy«, flüsterte ich.

Die alte Frau rührte sich nicht und zeigte auch sonst keine Reaktion, bis plötzlich der Senator hinter mir stand. Da huschte der Anflug eines Lächelns über ihr Gesicht, sie stieß einen tiefen Seufzer der Erleichterung aus und öffnete uns die Tür.

Etwa ein Dutzend Leute hatte sich hier versammelt. Nur eine Handvoll wollte ausreisen; bei allen handelte es sich jedoch um

Dissidenten, die den Mut besaßen, offen gegen ihre Regierung Stellung zu beziehen. Auch Andrej Sacharow war unter ihnen. Der Senator stellte uns der Reihe nach vor. Die Russen nickten beifällig, als er erwähnte, daß Larrys Großvater aus Kiew stamme und daß Jan Kalicki russische Vorfahren habe. Auch daß beide Juden waren, flößte der Gruppe Vertrauen ein.

Wir verbrachten einige wundervolle Stunden miteinander. Beim Abschied wurde jeder von uns herzlich umarmt.

Nach nur wenigen kostbaren Stunden Schlaf verließen wir unsere Datscha und fuhren zum Flughafen. Im letzten Augenblick fiel dem Senator ein, ich solle doch in der Botschaft nachfragen, ob sich Breschnew bereits zum Problem der Ausreisewilligen geäußert habe. Das war aber nicht der Fall.

Wir flogen mit der Aeroflot nach Frankfurt, wo wir mit unserem Büro telefonierten. Es hieß, vermutlich werde Breschnew die auf unserer Liste genannten Ausreisewilligen ziehen zu lassen.[*]

Der Senator hatte einen Grund zum Feiern und ging sich im nächsten Duty-free-Shop kubanische Zigarren kaufen. Ein Mitarbeiter warnte ihn: »Die dürfen Sie nicht kaufen!« Es war nämlich illegal, kubanischen Tabak in die Vereinigten Staaten einzuführen.

»Ricky, darf ich sie kaufen?« quengelte der Senator. »Ist es nicht recht und billig, daß sich der Senator auch mal etwas Luxus gönnt?«

Ich zuckte mit den Achseln und fragte: »Meinen Sie, man wird Ihr Gepäck durchsuchen?«

»Nein«, erwiderte er, »uns filzen sie nie.«

Ach ja, die Privilegien eines Senators! Dann zog er los und besorgte sich die Schmuggelware.

---

[*] In Washington angekommen, machte der Senator die Namen der Ausreisewilligen auf einer Pressekonferenz publik. Die Sowjets, die sein Vorgehen offensichtlich für übereilt hielten, zögerten daraufhin die Einlösung ihres Versprechens hinaus. Nach einigen Monaten erhielten jedoch zwei Familien die Erlaubnis zur Auswanderung.

KAMPF UM AMERIKA

ZEIT DER ENTSCHEIDUNG

Mitten in der Nacht klingelte das Telefon. Ich hatte fest geschlafen und vom Büro geträumt. Der Anrufer sagte, er sei Reporter der »Associated Press« und brauche dringend eine Stellungnahme des Senators. Der Papst sei gestorben. Ich war völlig verwirrt. Während ich mir noch die Augen rieb, antwortete ich: »Der Papst ist doch vor zwei Monaten gestorben.« »Nein«, entgegnete der Reporter. »Der neue Papst ist gestorben. Herzinfarkt.«

»Warum kramen Sie dann nicht den Kommentar hervor, den wir vor zwei Monaten abgegeben haben und veröffentlichen ihn gleich noch mal?« schlug ich vor.

»Wie Sie wollen«, war die Antwort.

Ich hängte ein, rollte mich auf die Seite und schlief weiter. Ich war völlig erschöpft. Die Zeit nach unserer Reise in die Sowjetunion war besonders hektisch gewesen.

Wir waren quer durch das Land gereist, um demokratische Kandidaten für Senat und Kongreß zu unterstützen und hatten bereits Iowa, Arkansas, Missouri, Michigan und Illinois besucht. Doch es ging noch weiter. Senator Cannon hatte den Gesetzentwurf Kennedys zur Deregulierung der Luftverkehrsgesellschaften mitgetragen, und Kennedy hatte im Gegenzug versprochen, an jenem Dienstag in Nevada im Rahmen von Cannons Wahlkampagne eine Rede zu halten. Es gab allerdings ein Problem. Am selben Tag nämlich sollte Präsident Carter den Gesetzentwurf unterzeichnen. Sowohl Cannon als auch Kennedy mußten als Initiatoren der Gesetzesvorlage zugegen sein. Wir hatten Cannon mitgeteilt, daß wir nicht nach Nevada kommen könnten, es sei denn, er stelle uns ein Flugzeug zur Verfügung. Und das tat er auch.

So flogen wir Montagnacht von Chicago nach Washington, kamen gegen sechs Uhr morgens am Dulles Airport an, eilten nach

Hause, um uns frischzumachen, und erschienen dann pünktlich zur Unterzeichnung der Gesetzesvorlage im Weißen Haus. Mit der Zeremonie, die im Kabinettssaal stattfand, trat das Gesetz zur Deregulierung in Kraft. Dann brachte ein Hubschrauber des Weißen Hauses Cannon, Kennedy und mich zum Luftwaffenstützpunkt Andrews, von wo aus wir mit einem Militärflugzeug nach Las Vegas flogen. An jenem Abend hielt der Senator zur Unterstützung von Cannons Kandidatur eine eindrucksvolle Rede. Er nahm noch ein kurzes Bad in der Menge, bevor wir wieder zu unserem Militärflugzeug zurückeilten, um rechtzeitig in New York zu sein.

Als der Senator und ich während des Nachtflugs müde unsere Akten wälzten, lehnte ich mich für einen Augenblick erschöpft in meinem Stuhl zurück. Ich erinnerte ihn an die gute alte Zeit von vor etwa einem Jahr, als der Senator am Abend nur einen Koffer voller Akten mit nach Hause zu nehmen pflegte. Jetzt waren es fast immer zwei.

Der Senator sah mich einen Moment lang an und dachte über meine Worte nach, dann wiederholte er, was er nach dem frühen Tod von Mary Murtaugh gesagt hatte:»Man muß das Leben in vollen Zügen genießen.«

Im Büro jagte ein Termin den andern. Auf die sehr langen Tage folgten noch sehr lange Nächte – mit und ohne den Senator. Immer öfter griff ich zu Alkohol und Koks, um mich nach einem besonders zermürbenden Tag zu entspannen. Der Senator war der Ansicht, daß harte Arbeit belohnt werden müsse, und etwas von dieser Haltung färbte auf mich ab.

Er jedenfalls folgte dieser Devise konsequent.

Die ausgelassenen Wochenenden in McLean häuften sich. Mehr als einmal traf ich ihn mit einigen anderen nackt im Whirlpool an, wenn ich ihn wegen dringender Geschäfte zu Hause aufsuchte. Es war offensichtlich, daß man sich nicht nur der Gesellschaft und Getränke wegen dort aufhielt. Kokainkapseln lagen in Reichweite. Manchmal sagte er:»Na, wie wäre es, Ricky. Wollen Sie nicht auch mit reinkommen?«

Wenn ich abends dort war und sah, wie die Stimmung angekurbelt wurde, lehnte ich stets höflich ab. Einige Male aber ging ich mit ihm und Cindy tagsüber in den Whirlpool. Das Wasser hatte eine heilsame Wirkung, und ich wußte, daß es seine Rückenschmerzen linderte. Sobald er aber zu trinken und zu koksen anfing und mit Cindy herumschmuste, wurde es mir mulmig und ich verließ die beiden.

Ich war stolz darauf, daß ich, von Cindy einmal abgesehen, derjenige war, der dem Senator am nächsten stand. Aber alles hatte seine Grenzen.

Außerdem war ich mir damals gar nicht so sicher, wie gut ich mich selbst kannte. Oder wie gut ich mich überhaupt kennen wollte.

Am Wochenende hatte ich meist etwas freie Zeit. Am Freitag- oder Samstagabend ging ich mit meinen Freunden aus Washington in die Bars von Georgetown, um Frauen aufzugabeln und mich vollaufen zu lassen. Ich bin überzeugt davon, daß sich der Senator mit Sex, Alkohol und Drogen über unbewältigte Ängste in den Tiefen seiner Seele hinweghelfen wollte. Bei mir hatten sie eine betäubende Wirkung, sie machten mich unempfindlich gegen den Streß, der mein tägliches Leben prägte.

Der ständige Termindruck führte dazu, daß ich mich von meinen Freunden und von meiner Familie in Connecticut immer mehr entfernte. Gelegentlich rief ein alter Schulkamerad an, sagte, daß er tolle Dinge über mich hören würde, und schlug vor, uns einmal zu treffen. Gewöhnlich hatte ich keine Zeit. War ich mit Freunden zum Abendessen in einem Restaurant verabredet, mußte ich oft in letzter Minute absagen. Gab ich eine Party zu Hause, kam es oft vor, daß ich meine Gäste allein lassen mußte, weil ich für wichtige Gespräche am Telefon verlangt wurde.

Allzu oft verschob ich einen der geplanten Besuche bei meinen Eltern in Hartford. Ich wußte zwar, daß ich zu Hause stets willkommen war, aber die Einladungen wurden nach einiger Zeit seltener.

Schuldgefühle plagten mich. Doch ich hatte keine Zeit, lange darüber nachzudenken. Ich bedauerte meine Versäumnisse und wollte alles wiedergutmachen – später, irgendwann.

An einen Magisterabschluß war nicht mehr zu denken. Ich beendete zwar erfolgreich das erste Jahr meines weiterführenden Studiums, mir war aber klar, daß ich nie die Zeit finden würde, eine Magisterarbeit zu schreiben. Aber das machte mir damals nichts aus. Etwas anderes als ein Leben an der Seite des Senators konnte ich mir gar nicht mehr vorstellen.

Andere wiederum mußten einsehen, daß es im Kontakt mit dem Senator gewisse Grenzen gab, die nicht überschritten werden durften.

Da war zum Beispiel eine ehemalige Geliebte des Senators, die

zwar schon lange den Traum von einer dauerhaften Beziehung mit
ihm aufgegeben hatte, aber immer noch eine gute Freundin war.
Sie besuchte uns und brachte ihren damaligen Freund mit. Die
beiden hielten sich zunächst einige Zeit im Haus des Senators auf,
dann kamen sie zu mir herüber. Sie nannte ihren Freund nur Josh.

Als an diesem Wochenende weitere Leute zu Besuch kamen,
hörte ich zu meiner Überraschung, daß sie ihn mit einem anderen
Namen vorstellte.

»Wie soll ich das verstehen?« fragte ich. »Was ist das eigentlich
für ein Kerl?«

Sie kicherte und erklärte, Josh benutze Decknamen, weil er auf
der Flucht sei. Die Polizei in Florida suche ihn wegen Kokain-
schmuggels. Auch das kolumbianische Drogenkartell sei hinter ihm
her, weil er ihnen Geld gestohlen habe. Sie waren nach Washington
gekommen, um mit einem Rechtsanwalt zu beraten, ob die Rege-
lung zum Schutz von Zeugen bei Drogendelikten auf ihn angewen-
det werden könne.

Ich starrte sie fassungslos an. Das ging nun wirklich zu weit.
»Das darf doch nicht wahr sein, daß du so einen Burschen ins Haus
des Senators geschleppt hast«, tobte ich. »Schaff ihn bloß weg!«

Im Gehen meinte sie noch zu mir: »Mein Gott, Rick, ich hatte
keine Ahnung, daß ihr so empfindlich seid ...«

Das Leben ging weiter seinen Gang.

Das »Time-Magazine« kommentierte: »Falls die Schwierigkeiten
des Präsidenten in den kommenden Monaten weiter zunehmen,
wird Kennedy innerhalb der Demokratischen Partei als die Alternative zu Carter deutlich an Profil gewinnen.«

Im Dezember 1978 sollte der Senator auf dem Zwischenparteitag
der Demokraten in Memphis eine Rede über das nationale Gesundheitswesen halten. Er nutzte aber die Gelegenheit, um Präsident
Carter wegen dessen Erhöhung der Militärausgaben anzugreifen,
die auf Kosten sozialer Programme ging. Es war offensichtlich ein
Versuch, eine gegenüber Carter abweichende Position zu formulie-
ren und sich dem linken Flügel der Demokratischen Partei als Alternative zu empfehlen. Und es gelang ihm, zumindest für den Augenblick, die Abgeordneten für sich einzunehmen.

In Wahrheit beschränkten sich viele Differenzen zwischen dem
Präsidenten und dem Senator auf einen nur leicht variierten Ansatz
bei der Lösung derselben Probleme. Die Abstimmungsprotokolle

des Senats enthüllten, daß Kennedy Carters Gesetzesvorschläge in
84 Prozent der Fälle unterstützte. Das war der vierthöchste Prozent-
satz unter hundert Senatoren.

In der öffentlichen Meinung lag der deutlichste Unterschied zwischen den beiden Politikern in dem schwer faßlichen Bereich der
»politischen Führungsstärke«. Wenn der Senator Carter 1980 im
Rennen um das Amt des Präsidenten herausfordern würde – und
diese Frage war noch lange nicht geklärt –, dann würde er sich auf
die Akzentuierung seines persönlichen »Profils« konzentrieren
müssen, nicht auf Grundsatzfragen.

In dieser Hinsicht erschien der Präsident höchst verletzlich.
Selbst Patrick Caddell, der Meinungsforscher in Diensten Carters,
gab zu, daß dem Präsidenten hauptsächlich vorgeworfen werde, er
wechsle zu oft seine Positionen. Er mahnte eindringlich, daß die
amerikanische Gesellschaft Politiker brauche, die klare Ziele und
Perspektiven aufweisen könnten.

Kennedy hatte eine deutliche Vorstellung davon, wohin sich das
Land bewegen sollte. Er sorgte sich um die Menschen und glaubte
felsenfest daran, daß sich mit seinem Einzug ins Weiße Haus die
Politik ändern und verbessern würde. Nach eineinhalb Jahrzehnten
im Senat hatte er genauso viel oder mehr erreicht als jeder andere
seiner Kollegen, und er war der unbestrittene Bannerträger der
Anhänger einer liberalen Philosophie.

Vor allem aber besaß er Verhandlungsgeschick. Er hatte sich zu
einem Meister des politischen Kompromisses entwickelt, der die
schwierigsten Bündnisse schmieden konnte. Die Liste seiner Erfolge im gesetzgeberischen Bereich war daher von erstaunlicher Länge.

Seine Reden wurden zunehmend staatsmännischer, und in den
von ihm unterstützten Gesetzen traten immer deutlicher seine politischen Leitvorstellungen hervor.

Lou Harris rief regelmäßig an und teilte mir die neuesten Umfrageergebnisse mit, die eine deutliche Abnahme der Popularität
Carters dokumentierten. Er prognostizierte, daß Carter verlieren
würde, wenn er zum jetzigen Zeitpunkt gegen Ronald Reagan, den
voraussichtlichen Kandidaten der Republikaner, antreten müßte.
Gleichzeitig jedoch zeigten Harris' Zahlen, daß Kennedy Reagan
durchaus schlagen könnte. Harris war der Ansicht, daß durch Carters Führungsschwäche in der Demokratischen Partei ein Vakuum
entstehe, das nur vom Senator ausgefüllt werden könne. Hier erge-

be sich eine klare Chance, die Partei um sich zu scharen, die Demokraten zu vereinigen und die Präsidentschaft zu gewinnen. Diese
Gelegenheit müsse genutzt werden.

In vielen Staaten wurden »Holt-Kennedy-Bewegungen« gegründet. Vieles deutete darauf hin, daß erneut ein Kennedy Präsident
werden könnte.

In der gesamten politischen Landschaft gab es meiner Ansicht
nach keinen besseren Kandidaten für die Präsidentschaft.

Doch bisweilen hatte ich das Gefühl, daß er sich – schlimmer
noch, als es je bei seinem Bruder John gewesen war – nicht mehr
in der Hand hatte. Und ich folgte ihm auch darin.

»Ich möchte, daß Sie das organisieren«, sagte der Senator im späten Frühjahr zu mir. »Sie und kein anderer. Wir müssen einen
Familienrat abhalten und zu einer Entscheidung wegen Joan kommen.« Er reichte mir einen Zettel, auf dem zwei Namen mit den
dazugehörigen Telefonnummern standen. »Sprechen Sie mit
Hawthorne«, fuhr er fort. »Er wird Ihnen noch weitere Namen
nennen.«

Am Telefon stellten Dr. Hawthorne und ich eine Liste der nam-
haftesten Psychiater des Landes zusammen, die sich als Spezialisten für die Behandlung von Suchtkranken einen Namen gemacht
hatten. Joan hatte ihre Überwindung des Alkoholismus mit Leitar-
tikeln in »People« und »McCall's« gefeiert, doch kurz vor Weihnachten 1978 fing sie wieder an zu trinken. Deprimiert beschloß sie,
Weihnachten allein in Boston zu verbringen, anstatt sich dem Fa-
milienkreis in Aspen anzuschließen oder nach McLean zu kommen.
Danach nahm sie den Kampf wieder auf. Im Frühjahr 1979 unter-
zog sie sich einer weiteren Behandlung im McLean-Hospital bei
Boston. Anschließend zog sie in eine kleine Rehabilitationsklinik in
der Nähe des Hospitals.

Nach langem Hin und Her gelang es mir schließlich, einen Termin zu vereinbaren, an dem einige der Ärzte in Washington mit
Dr. Hawthorne und mehreren Familienmitgliedern – dem Senator,
Joan, Kara, Teddy, Patrick, den Schwestern des Senators, Eunice
und Jean, sowie dessen Schwägerin Ethel – zusammenkommen
konnten.

»Das Treffen sollte an einem neutralen Ort stattfinden«, riet
Dr. Hawthorne. Es dauerte einen Monat, bis ich alles arrangiert
hatte. Ich buchte Suiten in einem nahe beim National Airport gele-

genen Hotel in Crystal City in Virginia. Dr. Hawthorne und drei der
Spezialisten – von der Yale-Universität, der Mayo-Klinik und aus
Kalifornien – begannen an einem Donnerstagnachmittag mit ihren
Beratungen. Sie gingen Joans Krankengeschichte durch und diskutierten – natürlich unter dem Siegel strengster Verschwiegenheit –
ihren Fall unter besonderer Berücksichtigung ihrer herausgehobe-
nen Position in der amerikanischen Gesellschaft.

An jenem Abend kam Joan mit dem Flugzeug aus Boston angereist. Sie verbrachte die Nacht bei ihrem Mann und den Kindern in
McLean.

Am Freitagmorgen hielten sich die Ärzte zur ersten Diskussions-
runde bereit. Der Senator, Eunice, Ethel, Jean und ich versammelten
uns in einer der Suiten. Die Ärzte erläuterten ihre ersten Ergebnisse.
Joan war ein klassischer Fall, darin stimmten sie alle überein. Sie
war eine chronische Alkoholikerin, deren Probleme durch ihre Le-
bensumstände zwar verschlimmert, aber nicht hervorgerufen wurden. Ein Arzt erklärte: »Kein Medikament wird sie heilen. Wenn sie
gesund werden will, wird sie gesund werden – aber sie muß es
wollen. Und sie braucht die Unterstützung ihrer Angehörigen und
Freunde.«

Am Nachmittag stießen Joan und die Kinder hinzu. Im Mittel-
punkt der Aufmerksamkeit stehend, nahm Joan zunächst eine Ab-
wehrhaltung ein, und ich fragte mich, ob Dr. Hawthorne sie wohl
angemessen vorbereitet habe.

Dennoch kämpften wir uns voran. Dr. Hawthorne leitete die Diskussion. Alle, die in dieser Hotelsuite, die einem großen Wohnzimmer ähnelte, versammelt waren, wurden einbezogen. Er wollte von
jedem wissen, wie Joan seiner Meinung nach auf eine mögliche
Präsidentschaftskampagne reagieren würde.

Eunice war sehr engagiert und stellte sich eindeutig auf Joans
Seite. Sie bezweifelte, daß eine Präsidentschaftskampagne in ihrem
Interesse sei.

Ethel und Jean sagten nicht viel, doch ihr Standpunkt war klar.
Sollte der Senator ins Rennen gehen, würden sie ihn unterstützen
und Joan helfen, so gut sie konnten. Ethel flüsterte mit weit aufge-
rissenen Augen: »Es könnte aber gefährlich werden.«

Kara, die gerade ihr erstes Studienjahr am Trinity College in
Hartford abgeschlossen hatte, verkündete, sie würde die Kandidatur ihres Vaters nur dann unterstützen, wenn ihre Mutter damit
einverstanden sei.

»Dad wäre ein großartiger Präsident«, sagte Teddy. »Er hat dem
Land viel zu geben.«

Der vierzehnjährige Patrick, dem diese Befragung offensichtlich
unangenehm war, stellte sich auf die Seite Karas. Ich war beeindruckt von der Art und Weise, wie sich die drei Kinder bei diesem
Treffen verhielten. Sie schienen sich – allen voran Kara – zu ver-
antwortungsvollen, vernünftigen Menschen zu entwickeln.

Als die Reihe an den Senator kam, versicherte dieser: »Ich will
Präsident werden.« Seiner Ansicht nach war der richtige Zeitpunkt
gekommen. Aber er ließ auch keinen Zweifel daran, daß er sich in
dieser wichtigen Frage dem Wunsch der Familie beugen würde.

Zu meiner Überraschung wandte sich Dr. Hawthorne auch zu
mir und schloß mich damit in den Kreis der Familie ein. Er wies
die anderen darauf hin, daß ich Joans Behandlung am genauesten
mitverfolgt hätte, weil ich als Mittler zwischen ihm und dem Senator fungierte. Ich sagte nur: »Welche Entscheidung auch immer
getroffen werden mag, ich bin bereit zu helfen.«

Dann sprach Joan. Nachdem sie den Äußerungen ihrer Familie
zugehört hatte, wirkte sie befreiter. Sie wußte, daß die Menschen,
die sich hier versammelt hatten, sie liebten – auch wenn diese Liebe
gelitten hatte. »Auch ich möchte, daß Ted Präsident wird«, erklärte
sie bestimmt. »Und ich glaube, daß ich stark genug bin. Aber ich
brauche noch etwas Zeit.«

»Gut«, meinte Dr. Hawthorne. »Damit ist ein Anfang gemacht.
Wir brauchen uns nicht sofort zu entscheiden.«

Die Sitzung wurde bis auf weiteres vertagt. Joan und der Senator
fuhren nach McLean und verbrachten dort das Wochenende gemeinsam mit den Kindern.

Am Montagmorgen sagte der Senator zu mir: »Meiner Meinung
nach ist alles glänzend gelaufen. Jetzt rufen Sie doch bitte Paul Kirk
an und bereiten Sie ein paar Sitzungen vor, in denen wir die weitere
Organisation der Kampagne besprechen können.« Und dann fügte
er noch hinzu: »Aber Ricky, wir sollten einen Ort dafür finden, wo
mich niemand sieht.«

Für Joan schienen sich viele Fragen zu klären. Sie war auf der
Suche nach ihrer eigenen Identität und offenbar gewillt, sich nach
wie vor als Mrs. Kennedy zu begreifen. Ich glaube, daß sie manchmal große Angst hatte, dieses Markenzeichen zu verlieren. Abgesehen davon wollte sie wirklich ins Weiße Haus einziehen. Mit diesem
klaren Ziel vor Augen machte sie erste Fortschritte in ihrem Kampf

gegen den Alkoholismus. Offensichtlich bekam sie ihr Leben nun besser in den Griff, und das war ein gutes Vorzeichen für eine Präsidentschaftskampagne.

Sie wollte von nun an auch wieder mehr Zeit in McLean verbringen. Wenn sie dort war, blieb nichts dem Zufall überlassen. Ihr Terminkalender und der des Senators wurden sorgsam aufeinander abgestimmt, so daß sie die Schulveranstaltungen der Kinder und wahlkampfstrategische Sitzungen besuchen, gemeinsam in der Öffentlichkeit auftreten oder ihren jeweiligen Geschäften nachgehen konnten, insgesamt aber nur wenig Zeit zusammen verbrachten und fast nie allein zu Hause waren. Auf diese Weise sorgten wir für den Schein eines gemeinsamen Ehelebens.

Auf eines mußten wir besonders achten. Als Joan einmal für eine volle Woche ihren Besuch angesagt hatte, warnte mich Larry Horowitz: »Denk daran, daß der Senator seinen Alkoholkonsum einschränkt, ja?«

»Wenn Joan kommt, schließen wir immer die Hausbar ab«, antwortete ich. »Aber ich werde ihn daran erinnern.«

Wie sich herausstellte, war dies eine reine Vorsichtsmaßnahme, denn Joan ging es tatsächlich gut.

Schritt für Schritt bereiteten wir uns auf die Kandidatur für die Präsidentschaft vor. Der Senator trat nun häufiger als Redner auf.

Einmal flogen wir in einem dreisitzigen Sportflugzeug von Boston nach Cleveland. Wir saßen hintereinander, der Pilot ganz vorn, der Senator in der Mitte und ich hinten. Während des ersten Teils des Fluges drehte der Senator seinen Kopf zu mir, und ich lehnte mich nach vorne, so daß wir die Einzelheiten seiner Rede besprechen konnten, die er in Ohio halten sollte. Kurz vor dem Ziel kamen wir jedoch unvermutet in einen Sturm. Um uns herum zuckten Blitze, und das Flugzeug hüpfte auf und ab. Wir drückten uns in die Sitze, um die Luftturbulenzen abzufangen.

Plötzlich fing der Motor der Maschine an zu stottern, und die Hände des Piloten machten sich hastig an den Knöpfen der Schalttafel zu schaffen. Der Senator drehte sich um und schrie mir über den Lärm hinweg zu: »Ich fühle mich wie 1964, als ich mit einer anderen Maschine abgestürzt bin.«

Das kleine Flugzeug wurde immer heftiger durchgerüttelt. Ich hielt mich an den Armlehnen meines Sitzes fest, biß die Zähne zusammen und betete zur Muttergottes. Die Nase des Flugzeugs stieß in schwindelerregendem Flug nach unten, doch der Pilot zog die Maschine schnell wieder nach oben. »Genau wie damals«, wiederholte der Senator.

Dann lehnte er sich vor und schaute dem Piloten über die Schulter. »Ihr Höhenmesser zeigt, daß wir an Höhe verlieren«, warnte er. »Überprüfen Sie die Klappen.«

Der Pilot folgte dem Rat des Senators, und das Flugzeug hörte auf zu schwanken. Binnen weniger Minuten lief der Motor wieder auf vollen Touren. Bald ließen wir den Sturm hinter uns und kamen in ruhigeres Wetter.

»Woher wußten Sie, was zu tun war?« fragte ich den Senator. Er anwortete, daß er etwas vom Fliegen verstehe. Als er 1960 beim Präsidentschaftswahlkampf seines Bruders als Wahlkampforganisator für den westlichen Landesteil verantwortlich war, habe er Flugstunden genommen, weil er damals riesige Strecken zurücklegen mußte.

»Toll«, sagte ich. »Sagen Sie mir Bescheid, wenn Sie wieder fliegen. Dann mache ich mich auf und davon.«

Er lachte.

Tatsächlich waren die chronischen Rückenschmerzen des Senators – eine Folge des damaligen Flugzeugabsturzes – eines der möglichen Hindernisse für eine Präsidentschaftsbewerbung. Vor der Kampagne klagte der Senator über zunehmende Schmerzen. Er konsultierte einige Ärzte in Massachusetts, die feststellten, daß einige Rückenwirbel zusammenwuchsen. Knochensubstanz fraß sich ins Muskelgewebe. Eine Operation könne Abhilfe schaffen, allerdings müsse er danach sechs Monate lang flach auf dem Rücken liegen. Der Senator wußte, daß sein Arbeitsplan dies einfach nicht zulassen würde. So fand er sich damit ab, mit den Schmerzen leben zu müssen.

Im Sommer des Jahres 1979 suchte er häufig – lang ausgestreckt liegend – Erholung am Kap.

Eines Nachts – der Senator war verreist – rief die Polizei aus McLean bei mir an. In der Chain Bridge Street 636 habe die Alarmglocke geschellt. Ein Polizeiwagen sei unterwegs.

Ich kroch aus dem Bett, zog mich an und eilte zum Haus des Senators. Als ich ankam, hatten die Polizeibeamten die Lage bereits unter Kontrolle. Sie hatten eine offenbar verwirrte Landstreicherin aufgegriffen, die sich auf dem unteren Stockwerk des ansonsten leeren Hauses zu schaffen gemacht hatte. Sie nahmen sie mit auf die Polizeiwache und ließen sie später wieder frei.

Doch wenige Nächte darauf war sie wieder da. Die Beamten und ich mußten das gleiche nächtliche Theater noch einmal mitmachen, nur hielt das Gericht es diesmal für bewiesen, daß sie dem Senator auflauere – Grund genug, sie in eine Anstalt einzuweisen. Der Vorfall brachte mir in Erinnerung, in welcher Gefahr der Senator immer schwebte. Das war vielleicht der gewichtigste Einwand gegen eine Präsidentschaftskandidatur. Wenn der Senator auch nur andeuten sollte, daß er sich um die Präsidentschaft bewerben wolle, mußte er damit rechnen, daß irgend jemand auf ihn schießen würde. Ethel und ihre elf vaterlosen Kinder in Hickory Hill waren eine ständige Mahnung, welchen Preis eine Kandidatur fordern konnte. Und im nahegelegenen Nationalfriedhof von Arlington erinnerte eine ewige Flamme auf Johns Grab daran, welcher Blutzoll unter Umständen für eine Präsidentschaft zu entrichten war.

Je weiter das Jahr 1979, das Jahr vor den Präsidentschaftswahlen, voranschritt, desto deutlicher wurde, wie gespannt das Verhältnis zwischen Carter und Kennedy war. Viele Amerikaner befürchteten, ihr Land könne seine internationale Führungsrolle verlieren. Eine langanhaltende Energiekrise zeichnete sich ab. Die Wirtschaft stand auf wackligen Füßen. Als Carter am 1. Juli von einer internationalen Wirtschaftskonferenz in Japan zurückkam, mußte er zur Kenntnis nehmen, daß der Anteil der Bevölkerung, der ihm die Treue hielt, auf traurige fünfundzwanzig Prozent gesunken war.

Er zog sich für eine Woche nach Camp David zurück und lud zu privaten Gesprächen führende Köpfe aus Politik, Wirtschaft und Kultur ein. Am 15. Juli hielt er im Fernsehen eine eindringliche Rede an die Nation. Offen sprach er von einer »Vertrauenskrise, die Amerika an Herz und Geist treffe«. Warnend wies er auf eine »Malaise« hin, unter der das Land leide.

Viele Zuschauer im Land waren bestürzt über diese Rede, wenn nicht sogar wütend. Wenn das Land an irgend etwas leide, dann war das ihrer Ansicht nach Carters Schuld.

Die Presse wurde schlechter und die Umfrageergebnisse gingen in den Keller. Carter wurde gefragt, was er tun würde, wenn Kennedy sich entschließen sollte, gegen ihn anzutreten. Der Präsident ereiferte sich: »Wenn Kennedy kandidiert, versohle ich ihm den Hintern.« Er sei bereit, die Bemerkung zu wiederholen, um keine Mißverständnisse aufkommen zu lassen.

Als der Senator davon hörte, lachte er vergnügt: »Ich wußte zwar, daß das Weiße Haus hinter mir stehen würde, aber gleich so nah, das hätte ich nicht gedacht.«

TED KENNEDY GEHT AN DEN START

Obwohl der Senator als Fackelträger des Liberalismus in Amerika galt – eine Rolle, auf die er stolz war –, gab es dennoch einige Themen, bei denen er in Verlegenheit geriet. Es hatte ihn zum Beispiel viel Mühe gekostet, in der immer drängenderen Frage der Gleichberechtigung von Homosexuellen eine angemessene Position zu finden. Er war sich zwar bewußt, daß man von ihm als Führer der Liberalen erwartete, sich für die Gleichberechtigung aller einzusetzen, aber gegenüber Homosexuellen hatte er eben seine Vorbehalte, und damit stand er im Büro nicht allein da.

In früheren Jahren hatte ihn Eddy Martin immer gewarnt: »Wenn du dich für die Rechte der Schwulen stark machst, wählen dich die Stahlarbeiter in Boston nicht mehr.«

»Die gehen auf die Barrikaden«, stimmte der Senator verdrossen zu. »Was soll ich also tun?«

Die Frage blieb eine Zeitlang ungeklärt. Eddy arbeitete weiterhin für den Städtebau, während die Interessenvertreter der Homosexuellen auf eine Antwort drängten. Ich befürwortete einen pragmatischeren Ansatz: »Die Stahlarbeiter in Boston wissen doch, daß Sie der liberalste Senator in den Vereinigten Staaten sind. Sie nehmen also sowieso an, daß Sie die Rechte der Homosexuellen unterstützen. Das kümmert die Arbeiter aber gar nicht, solange Sie für die Gewerkschaft sind. An etwas anderes denken die doch nicht. Sie haben demnach nichts zu befürchten.«

Doch der Senator blieb unsicher. Schließlich kam ihm sein Kollege Paul Tsongas, seit kurzem als zweiter Vertreter aus Massachusetts im Senat, zuvor, indem er sich öffentlich zur Gleichberechtigung der Homosexuellen bekannte.

Im privaten Bereich hatte ich immer öfter Cindy zu trösten. Sie war einsam geworden, hatte ständig mit Intrigen zu kämpfen und fühlte sich einem Terminplan ausgeliefert, der völlig von der knappen Freizeit des Senators abhing. Auf vertrackte Weise war ihre Existenz zu einem Spiegel meines eigenen Lebens mit dem Senator geworden.

Manchmal hatte ich das Gefühl, in einem bizarren Dreiecksverhältnis gefangen zu sein: Sie war für sein Sexual- und Gefühlsleben zuständig, ich hatte seine politischen und persönlichen Angelegenheiten zu betreuen, und der Senator kümmerte sich in der ihm eigenen Weise um uns. Cindy und ich sahen und hörten Dinge, über die wir mit niemandem sprechen konnten; also erzählten wir sie uns gegenseitig. Wir telefonierten zwei- bis dreimal täglich und oft auch abends.

An einem Wochenende waren wir für ein paar Stunden allein zusammen auf Squaw Island. Alle anderen hatten sich schon auf den Heimweg gemacht. Es war ein klarer, sonniger Nachmittag, von der See her wehte ein kräftiger Wind. Wir lagen in Liegestühlen, mit einer Decke über den Knien. Cindy hätte eigentlich guter Laune sein müssen, doch irgend etwas schien sie zu bedrücken.

Nach einer Weile erzählte sie, daß sie und der Senator am vorangegangenen Abend gekokst hatten. Wir redeten ein wenig über seinen viel zu hohen Konsum von Alkohol und Drogen. »Wir würden ihm sicherlich einen Gefallen tun, wenn wir versuchten, ihn etwas zu bremsen«, meinte ich.

Cindys Antwort überraschte mich: »Einerseits magst du ja recht haben, Rick. Aber andererseits glaube ich, daß es auch ein Balsam für ihn ist.«

Wir wußten beide, daß Kokain Hemmungen abbaut. Cindy kannte ihn besser als alle anderen im Zustand der Berauschtheit. Sie war seine intime Zeugin, wenn er sich gehenließ.

Als hätte sie meine Gedanken gelesen, schlang sie unbewußt die Arme um sich, wie um sich zu beruhigen, und sagte: »Weißt du, er hat so viel in sich verdrängt. Wenn er nur jemanden hätte, der ihm zuhören würde, ich meine jemanden, der sich darauf versteht. Vielleicht würde ihm das helfen, sich etwas zu mäßigen.«

Ich konnte sein Berater, sein Saufkumpan, sein Stabschef sein, aber nicht sein Analytiker. Es war mir sowieso rätselhaft, wie ich alles unter einen Hut bringen sollte. Ich war die rechte Hand des Mannes, der vielleicht bald der Präsident der Vereinigten Staaten sein würde. Ich wollte meine Kräfte auf die anstehende Wahlkampagne konzentrieren, aber nicht darauf, Ted Kennedys Psyche zu analysieren.

Nachdem wir das Wochenende in nachdenklicher Stimmung hatten ausklingen lassen, war ich am Montag froh, mich wieder in die Arbeit stürzen zu können. Außerdem gab es noch andere Dinge in meinem Leben, die mich beschäftigten. Meine Freundin Sheila und ich hatten über Heirat gesprochen. Doch ich war, das wußte ich, noch nicht soweit. Schlimmer noch, ich hatte Sheila gegenüber nicht mit offenen Karten gespielt; was an manchen Tagen und Nächten vorging, war ihr verborgen geblieben. Sie wußte zwar, daß meine Zeit sehr vom Senator in Anspruch genommen wurde, doch weder ahnte sie, daß er sich um die Präsidentschaft bewerben würde – das durfte ich nicht ausplaudern –, noch wäre sie auf die Idee gekommen, daß wir ganze Nächte durchzechten. Ich war ihr gegenüber nicht fair, das war mir klar, doch ich war viel zu selbstsüchtig, um mehr als einen Gedanken darauf zu verwenden. Wenn ich mein Leben genauer betrachten würde, so sagte ich mir, könnte mich vielleicht das Grausen packen. Deshalb hing ich solchen Gedanken erst gar nicht nach.

Eines Nachmittags rief die Sängerin Joan Baez auf der privaten Leitung des Senators an. Sie bat mich, ihm auszurichten, daß sie zu einem Konzert mit anschließender Pressekonferenz zugunsten der vietnamesischen Flüchtlinge nach Washington kommen werde. Als Vorsitzender des Flüchtlingsausschusses zeigte der Senator lebhaftes Intresse an dem Thema. Offensichtlich war er von früher her mit Joan Baez befreundet. Denn sie erkundigte sich, ob der Senator sie treffen wolle, wenn sie in der Stadt sei.

»Ja, sie soll am Mittwochabend kommen«, sagte er, als ich ihm die Nachricht überbrachte. »Holen Sie sie doch ab und fahren sie mit ihr hierher.«

Sie brachte noch eine Freundin mit. Ich holte die beiden Frauen um zehn Uhr abends im Madison Hotel ab und fuhr sie nach McLean. Die berühmte Folksängerin war sympatisch, intelligent und sehr interessant.

»Kommen Sie doch noch auf ein Glas mit rein, Rick«, schlug der Senator vor.

Zu viert tranken wir etwas und unterhielten uns, bis die anderen beschlossen, die Party in den Whirlpool des Senators zu verlegen. Der Senator schnappte sich eine Flasche Wein und einige Gläser und rief: »Na, wollen Sie nicht auch mal ein bißchen auf Touren kommen?«

»Nein, ich bin müde«, antwortete ich, denn ich fühlte mich wirklich ausgelaugt. »Ich gehe nach Hause.«

Der Senator war enttäuscht, versuchte aber nicht weiter, mich zu überreden.

Die Renovierungsarbeiten an meinem Haus waren fast abgeschlossen. Mein Vater hatte geschäftlich in Washington zu tun, und Mutter kam auf einen Sprung vorbei. Ich lud die beiden nicht ein, bei mir zu wohnen, weil ich wußte, daß mein Vater nicht annehmen würde. Er gehörte zu den Leuten, die sich keinesfalls aufdrängen wollten, und im Hotel hatte er alle Freiheiten, die er brauchte.

Aber Mutter wollte natürlich das Haus sehen. Sie kamen zu Besuch und sollten von Sheila empfangen werden. Denn wie immer war ich gerade in irgendeiner wichtigen Angelegenheit unterwegs. Während sie da waren, kam Cindy vorbei und Barbara rief an. Auch Sandra hielt sich im Haus auf, um letzte Einzelheiten bei der Renovierung abzuklären. Meine Eltern sahen diese schönen Frauen ein und aus gehen, hörten die Telefone klingeln und fragten sich womöglich, ob ich ein fragwürdiges Gewerbe betreibe.

Ich verlegte einige Termine, damit ich mit ihnen im »Foundry« zu Abend essen konnte. Ich hatte einen der besten Tische reserviert. Die Ober lasen uns jeden Wunsch von den Augen ab. Mehrere Gäste begrüßten mich mit großem Hallo, und während des Essens kamen Bekannte aus dem Kongreß und von der Presse an unseren Tisch. Mutter war sichtlich beeindruckt, mein Vater hingegen schien nachdenklich und mißtrauisch.

Mutter bestürmte mich mit Fragen über den Kongreß und die Arbeit des Senators. Sie war ein großer Kennedy-Fan und schaltete zu Hause oft mehrere Fernseher auf verschiedenen Kanälen ein, damit ihr auch ja nichts entging. Vor allem wollte sie an jenem Abend wissen, was über die mögliche Präsidentschaftskampagne gemunkelt wurde.

Während des Essens entschuldigte ich mich, weil ich einen kurzen Anruf erledigen mußte. Auf dem Weg zum Telefon überfiel mich plötzlich das schlechte Gewissen. Was machen die eigentlich hier? fragte ich mich. Ich habe tausend Dinge zu erledigen und keine Zeit für Klatsch.

Zum ersten Mal in meinem Leben war mir die Gesellschaft meiner Eltern lästig. Was sollte aus mir noch werden?

Ich verhehlte mir nicht, daß ich mit meiner Gesundheit Raubbau trieb. Bislang allerdings schien ich von schädlichen Folgen verschont geblieben zu sein – bis ich eines Sonntagmorgens ein von meiner Haushälterin zubereitetes Pilzomelett verschlang und mich dann zurücklehnte, um die umfangreiche »Washington Post« durchzublättern.

Auf einmal begannen die Buchstaben vor meinen Augen zu tanzen. Ich rieb mir die Augen und versuchte, die Comics zu lesen, aber die bunten Figuren schienen aus der Zeitung heraus und auf meinen Schoß zu springen.

Entweder werde ich krank, sagte ich zu mir, oder ich bin wirklich völlig ausgebrannt.

Ich legte die Zeitung beiseite und schaltete den Frenseher ein; es lief gerade eine Talk-Show. Bevor ich mich versah, waren die Diskussionsteilnehmer und Gäste bei mir im Wohnzimmer und schnatterten, als säße ich gemeinsam mit ihnen vor der Kamera.

Werde ich etwa verrückt? fragte ich mich, nun ernstlich besorgt.

Ich gab meiner Haushälterin für den Rest des Tages frei und stolperte ins Schlafzimmer. Ich hatte nur einen Gedanken: mich gesundzuschlafen, welches Übel mich auch immer befallen haben mochte. Plötzlich drängten sich die schwarzen Wände meines Schlafzimmers immer näher an mich heran. Ich hatte den Eindruck, in einer Höhle eingesperrt zu sein. Mein Herz fing rasend an zu klopfen, ich schnappte nach Luft. Ist das ein Angstanfall oder ein Herzinfarkt? Ich geriet in Panik.

Da klingelte das Telefon. Ich warf mich auf den Hörer.

»Hallo«, meldete sich Cindys fröhliche Stimme. »Wie geht's?« Sie rief aus McLean an.

»Ich weiß nicht, was mit mir los ist«, klagte ich. »Ich glaube, ich bin krank. Ich fühle mich so seltsam.«

Cindy meinte, es könne vielleicht am Essen liegen. »Was hast du denn zum Frühstück zu dir genommen?« fragte sie.

»Nur ein Pilzomelett.«

»Oh«, entfuhr es Cindy. Sie flüsterte dem Senator etwas zu, der offensichtlich neben ihr stand. Ich hörte ihn lachen. Dann erklärte Cindy: »Als Kitty und ich gestern bei dir waren, haben wir Pilze in deinem Kühlschrank vergessen. Wir haben auch vergessen, dir zu sagen, was das für Pilze sind.«

»Pilze?« fragte ich verwirrt.

»Mexikanische Pilze«, erwiderte sie. »Sie sind halluzinogen.«

»Ach du meine Güte«, stöhnte ich, während der Raum sich um mich drehte.

Das letzte, was ich hörte, war hysterisches Gelächter am anderen Ende der Leitung.

Wenige Tage danach, an einem Samstagnachmittag, kam Cindy zu Besuch und setzte sich zu mir an den Swimmingpool. Wir wollten an jenem Abend zum Essen ausgehen und danach in einem Club einige Freunde treffen.

»Wir haben Mandrax«, verkündete sie. »Willst du mal probieren?«

Mandraxtabletten waren die neueste Droge. Eigentlich war es ein besonders starkes Beruhigungsmittel, dem aber eine erotisierende Wirkung nachgesagt wurde. »Klar«, antwortete ich.

Sie bot mir eine der durchsichtigen Kapseln an, die ich mit einem Schluck Bier hinunterspülte.

Erst spürte ich gar nichts. Ich war enttäuscht. Das sollte die tolle neue Droge sein? So ein Reinfall! Doch als wir uns später im Club an einen Tisch setzten, fühlte ich plötzlich, wie mich der Schlaf übermannte. Dann überkam mich Ekel. Wer soll davon bloß Lust auf Sex bekommen? fragte ich mich.

Als mich der Senator das nächste Mal an seinen Schreibtisch schickte, schaute ich neugierig in seine Zigarrenkiste. Außer Kokain und Reis fand ich auch einen Vorrat an durchsichtigen Kapseln.

Die Fernsehreporterin Cassie Mackin, die den Senator bei seinem berühmt-berüchtigten Alaskatrip in den späten sechziger Jahren begleitet hatte, bereitete ein Feature über den Senator vor. Sie folgten ihm mit einem Fernsehteam auf Schritt und Tritt – in der Umgebung des Kapitolshügels, im Senat, bei Anhörungen und in den Wandelgängen. Mackin wollte auch einen ganz normalen Tag im Büro aufzeichnen, wir hatten jedoch unsere Vorbehalte. Bei unserer Arbeit mußten wir uns frei bewegen können, ohne von Kameras und Mikrofonen behindert zu sein.

Wir einigten uns auf einen Kompromiß: Wir würden die Kameras zulassen, der Ton mußte allerdings abgedreht bleiben.

An einem Mittwoch erschien das Fernsehteam im Büro des Senators. Wir gaben uns Mühe, sie zu ignorieren und unsere Routineaufgaben zu erledigen. Das waren am frühen Nachmittag wie gewöhnlich viele Telefongespräche. Eines wurde mit Edward J. Markey geführt, einem demokratischen Kongreßabgeordneten vom siebten Distrikt in Massachusetts. Er war ein junger, energischer Liberaler und zuverlässiger Kollege Kennedys, den wir alle gut kannten.

»Ist der Herr Abgeordnete Markey zu sprechen?« fragte ich am
Telefon. »Senator Kennedy würde gerne mit ihm sprechen.«

Als Markey das Gespräch entgegennahm, sagte ich: »Herr Abgeordneter, ich verbinde Sie mit dem Senator.«

Ich reichte Kennedy den Hörer. Als der Senator von seinem
Stapel Akten aufsah, machte er plötzlich ein verwirrtes Gesicht. Er
legte die Hand über den Hörer und flüsterte aufgeregt: »Ricky, sein
Name? Wie war doch gleich sein Name?«

»Markey«, erinnerte ich ihn.

»Nein, nein. Sein Vorname.«

»Ed!«

Der Senator nickte, nahm die Hand von der Sprechmuschel und
sagte in zuckersüßem Ton: »Hallo, Ed, wie geht's?«

Zu unserem Leidwesen lief dieser Wortwechsel in voller Länge
und mit Ton am Tag darauf in den Abendnachrichten.

Am Freitag nahm der Senator einen frühen Flug nach Boston.
Ich sollte ihm später nachkommen. Als ich am Nachmittag ins Flug-
zeug stieg, hörte ich plötzlich die vertraute Stimme von Ed Markey:
»Hallo, ... äh, wie heißen Sie doch gleich?«

Ich leistete Abbitte. »Ed, es tut mir wirklich leid«, sagte ich. »Du
weißt doch, wie das ist. Manchmal hat man Ladehemmung.«

»Ja, ja«, meinte er nur mürrisch.

Die Episode führte nur zu weiteren Spekulationen darüber, ob
Kennedy sich um die Nominierung bemühen würde.

Es traf sich gut, daß es in meinem neuen Haus eine Einlieger-
wohnung mit separatem Eingang gab – bestens geeignet als heim-
liches Wahlkampfbüro. Mehrere Komitees tagten hier abgeschirmt
von den neugierigen Augen der Presse.

Wir stellten eine kompetente und schlagkräftige Truppe zusammen. Steve Smith erklärte sich bereit, Wahlkampfmanager zu werden. Diesen Posten hatte er schon bei Bob Kennedy im Jahr 1968
innegehabt.

Paul Kirk ließ sich von seiner Anwaltskanzlei beurlauben, damit
er bei unserem großen Abenteuer mit von der Partie sein konnte.

Phil Bakes kam an Bord als stellvertretender Leiter des Verwal-
tungsbereichs. Er war nur fünf Jahre älter als ich, ein energischer
Harvard-Absolvent und ehemaliger Mitarbeiter im Unterausschuß
für freien Wettbewerb. Er hatte zusammen mit dem Senator die
Deregulierungsvorlage ausgearbeitet, die eine größere Freizügig-
keit im Personenflugverkehr schaffen sollte.

Robert Fitzgerald, ein entfernter Cousin des Senators, der nur »Bobby Fitz« genannt wurde, war für die Spenden zuständig. Von Anfang an hatten er und der Senator ihren eigenen Arbeitsplan. Fitz war einer der wenigen, die direkten Zugang zum Senator hatten. Sobald eine Entscheidung über eine Spendenveranstaltung gefallen war, kümmerte sich Fitz um alles weitere.

Rick Stearns, Staatsanwalt im Bundesstaat Massachusetts, willigte ein, bei unserer Kampagne die Zählung der Delegiertenstimmen zu kontrollieren.

Larry Horowitz und Stu Shapiro vom Gesundheitsausschuß würden abwechselnd als Arzt und Berater in Gesundheitsfragen den Senator auf seinen Wahlkampftouren begleiten.

Carey Parker und Bob Shrum wurden als Redenschreiber verpflichtet. Außerdem standen sie als Fachberater zur Verfügung, die bei schwierigen, im Laufe der Kampagne auftauchenden Themen die Recherche übernehmen sollten. Parker kannte den Senator länger als jeder andere von uns. Er hatte ein ausgesprochenes Talent, die Ideen des Senators und die spezielle Art, in der er sie vorzutragen pflegte, aufzugreifen und auszugestalten. Shrum, ein beleibter Mann und vom Typ her eher der zerstreute Professor, war früher Parlamentarischer Referent des Senators McGovern gewesen und galt als einer der seriöseren politischen Schriftsteller im Lande. Als Shrum zu uns stieß, mußten wir zunächst aufpassen, daß Parker seine Nase nicht zu hoch trug, doch die beiden wurden bald gute Freunde.

Als Rechtsberater stellten wir Stephen Breyer ein, Professor an der juristischen Fakultät der Harvard-Universität, der auch beratend im Rechtsausschuß des Parlaments tätig war, genauer im Unterausschuß für Amtsführung und Verwaltungsverfahren.

Dick Drayne, ein alter Freund, ließ sich als Pressereferent für unser Büro in Washington anheuern. Als mitreisender Pressereferent war Tom Southwick vorgesehen, ein früherer Reporter der »Congressional Quarterly«. Er war erst dreißig Jahre alt, und manche sagten, er wäre zu jung für eine solch verantwortungsvolle Aufgabe. Ich ärgerte mich darüber, war ich doch selbst erst sechsundzwanzig.

Carey Parker stellte für uns ein »Brevier« zusammen, eine Liste mit Argumenten und Formulierungen, mit denen der Senator für die unausweichlichen Fragen zum Thema Chappaquiddick gewappnet werden sollte. Bob Shrum, Carl Wagner und Tom Southwick

halfen mit zusätzlichen Vorschlägen und Verbesserungen. Als das
»Brevier« fertig war, steckte ich es in die Aktentasche des Senators.
Die Tragödie jährte sich bald zum zehnten Mal, und immer noch
verfolgte ihn diese verhängnisvolle Nacht. Was sollte der Senator
noch dazu sagen? Die Maxime für den Senator hieß: offen und
konsequent Reue zeigen. Zu Chappaquiddick gebe es nichts mehr
zu sagen. Alle Fragen seien beantwortet. Was er getan habe, war
falsch und unentschuldbar. Er übernehme dafür die volle Verantwortung.

Was auch immer 1969 geschehen sein mag, wir hatten noch
zehn Jahre später die Folgen zu tragen.

Auf unseren Vorschlag hin erklärte sich der Senator bereit, die
Eltern von Mary Jo Kopechne, dem Opfer jenes Unfalls, anzurufen.

»Was meinen Sie, wie sie reagieren werden?« fragte er.

Ich zuckte die Achseln.

»Oh, Gott«, seufzte er. Offensichtlich war ihm vor dem Anruf
bange. Als er das Telefongespräch anmeldete, spürte ich, wie ihn
schauderte. Diese Nacht würde ihn sein Lebtag verfolgen.

Als er die Kopechnes am Apparat hatte, entschuldigte er sich,
wie leid es ihm tue, daß der zehnte Jahrestag der Tragödie auch
und gerade im Zusammenhang mit seiner Kandidatur so viel Aufmerksamkeit in der Öffentlichkeit errege. Die Kopechnes sagten, sie
hätten Verständnis dafür und dankten ihm für den Anruf.

»Gott sei Dank, das habe ich hinter mir«, sagte er, nachdem er
eingehängt hatte. Wir kamen zu der Auffassung, daß Chappaquiddick mittlerweile zu einem Problem geworden war, das sich mei-
stern ließ.

Die Wahlreformgesetze, die der Senator nach der Watergate-Affäre mitgetragen hatte, beeinflußten erheblich unsere Planung. Es
war nun nicht mehr erlaubt, daß eine Person mehr als eintausend
Dollar für einen Kandidaten spendete. Um an staatliche Finanzie-
rungsmittel zu kommen, mußte der Senator also von einer weitaus
größeren Wählerbasis Spenden erhalten.

Ich verbrachte einen Großteil meiner Zeit damit, organisatorische Details zu klären. Zahlreiche Mitarbeiter des Senatsbüros
wollten sich unserer Wahlkampftruppe anschließen, und ich mußte
mich vergewissern, daß sie offiziell von der Gehaltsliste der Senats-
mitarbeiter auf diejenige der Kampagne übertragen wurden.

Mein Gehalt als Verwaltungsreferent wurde von 48 000 Dollar auf
20 000 Dollar gekürzt.

All diese Maßnahmen waren zwar nötig, griffen aber schon weit voraus, denn der Senator hatte immer noch keine endgültige Entscheidung getroffen. Er veranstaltete ein großes Picknick auf Squaw Island und lud zahlreiche Freunde und Familienmitglieder dazu ein. Während er das Fleisch für die Hamburger grillte, diskutierte er mit allen die Frage einer möglichen Kandidatur. Die einstimmige Meinung war, daß er kandidieren solle.

Ich machte in der Nähe des Dupont Circle in Washington die ehemaligen Geschäftsräume einer Cadillac-Niederlasssung ausfindig, die zentral lagen – nicht weit vom Geschäftsviertel entfernt – und viel Platz boten. Ohne den Senator vorher zu informieren, handelte ich günstige Mietbedingungen aus. Erst dann teilte ich ihm mit, daß das Wahlkampfhauptquartier bereits zur Verfügung stehe.

An einem Abend fuhren wir noch spät zusammen hin, damit er meine Wahl begutachten konnte. Er war einverstanden, das Gebäude zu mieten, hielt aber mit der endgültigen Entscheidung über seine Kandidatur immer noch hinter dem Berg.

Gleichwohl hielten wir es für angebracht, schon jetzt dafür zu sorgen, daß sein Äußeres »präsidentenwürdig« war. Die halbmondförmigen Gläser seiner Brille ließen ihn älter erscheinen, als er war, und wollten gar nicht zum jugendlichen Kennedy-Image passen. Also verordneten wir ihm eine normale Brille mit Metallrahmen. Wir statteten ihn mit neuen Maßanzügen aus, was uns vor erhebliche Probleme stellte, weil sein Gewicht ständig schwankte.

Ich zog ihn wegen seines immer dicker werdenden Bauches auf und zwang ihn, seinen Kaffee mit Milchpulver und Süßstoff zu trinken statt mit Milch und Zucker.

Jeden Monat zur gleichen Zeit schickte eine liebe alte Dame namens Gertrude dem Senator eine Schachtel Schokoladenkekse aus Boston. Es waren seine Lieblingskekse. Jetzt versteckte ich die Schachtel immer, wenn sie mit der Post ankam. Aber er schien sie zu riechen. »Ah«, rief er, »Gertrude hat wieder Kekse geschickt. Wo sind sie denn?« Wenn ich mich daraufhin taub stellte, wurde er richtig ungehalten. »Ricky, Sie Ungeheuer, geben Sie mir meine Kekse wieder!«

Wenn er im Büro aß, bestellte ich leichte Kost wie zum Beispiel Fisch oder Salat. Er verzog dann das Gesicht, stocherte lustlos im Essen herum und verlangte nach einem Hamburger. Aber er wußte, daß ich es nur gut mit ihm meinte.

Eines Montagmorgens schwärmte er mir etwas von einer cre-

migen französischen Salatsoße vor, die er am Wochenende gekostet
hatte, und forderte mich auf, einen Vorrat davon anzuschaffen.

»Das ist eine Kalorienbombe«, warnte ich ihn.

»Macht nichts«, gab er zurück. »Das will ich heute zum Mittagessen. Schicken Sie jemanden aus dem Postzimmer, um eine Flasche davon zu besorgen.«

Ich versuchte, seinen Appetit zu zügeln. Beim Mittagessen wollte
er den gesunden Salat, der vor ihm stand, mit dieser dicken Soße
übergießen. Ich nahm ihm die Flasche weg und gab einen einzigen
Teelöffel voll auf den Salat.

»Ich will mehr! Ich will mehr!« verlangte er und hämmerte in
einem gespielten Ausbruch von Empörung mit den Fäusten auf den
Tisch.

Ich stellte die Salatsoße in den kleinen Kühlschrank zurück. Der
Senator sprang auf, rannte zum Kühlschrank, ergriff die Flasche
und begrub seinen Salat unter einer satten Portion Soße. Mit seinem
einfältigen Grinsen verkündete er triumphierend: »Ricky, hier be-
stimme ich.«

Eine Zeitlang probierte er jede neue Diät aus, die ihm von
Eunice oder Larry Horowitz vorgeschlagen wurde. Montagmorgens empfing er mich mit den Worten: »Alles, was ich essen darf,
ist ...«

Außerdem fing er an zu joggen, was Anlaß zu weiteren Spekulationen gab.

Im August – es liefen gerade die Senatswahlen jenes Jahres –
berichteten die CBS-Abendnachrichten, daß Carter kaum eine Chance
zur Wiedernominierung hätte, falls der Senator ihn herausforderte.

Ende August rief ich Hamilton Jordan im Weißen Haus an. »Der
Senator hat mit dem Präsidenten etwas Persönliches zu besprechen«, sagte ich. Jordan schlug vor, daß die beiden sich zum Mittagessen treffen sollten. Wir sahen in unseren Terminkalendern
nach und legten für Anfang September ein Treffen fest.

Einen Tag vorher kam eine Anfrage aus der Küche des Weißen
Hauses, was der Senator gerne essen wolle. Ich bestellte einen Salat
mit kalorienarmer Soße.

Ich begleitete den Senator ins Weiße Haus, damit er mir während der Fahrt zurück ins Büro gleich berichten konnte, wie das
Treffen verlaufen war. Während er zum Mittagessen nach oben
ging, blieb ich unten im Kartenraum, wo Jordan mir eine Zeitlang
Gesellschaft leistete. Nach einer Weile entschuldigte sich Jordan

und ließ mich allein. Die darauffolgenden eineinviertel Stunden blätterte ich in den mitgebrachten Akten.

Oben im Privatbereich des Präsidenten gesellte sich für kurze Zeit Mrs. Carter zu dem Präsidenten und seinem Gast. Sie gingen gemeinsam auf die Terrasse, von der sich ein Blick auf den Rosengarten bot. Die Atmosphäre war herzlich.

Nachdem die First Lady gegangen war, diskutierten die beiden führenden Politiker des Landes über aktuelle Fragen. Das Gespräch wurde in einem freundlichen und sachlichen Ton geführt. Der Senator sagte, das Land treibe führungslos dahin und brauche wieder einen starken Steuermann. Ruhig kündigte er an, daß er sich aus Verantwortung für die Demokratische Partei und für das Land um das Amt des Präsidenten bewerben werde. Die Hoffnung, daß sich der Präsident würdevoll zurückziehen und dem Senator freie Bahn lassen könnte, äußerte er allerdings nicht.

Und so einfach wollte es ihm Carter auch nicht machen. Der brachte höflich seine Einwände vor. Zwar räumte er ein, daß das Land viele Probleme habe, aber er war doch der Ansicht, daß er auch weiterhin als Präsident diese Probleme bewältigen werde.

Die beiden Politiker beendeten ihren Meinungsaustausch bei einer Tasse Kaffee und kehrten dann gemeinsam mit Jordan zum Kartenraum zurück. Jordan stellte mich dem Präsidenten vor, der mich herzlich begrüßte. Zu meinem Erstaunen ließ er den Senator und Jordan sitzen und führte mich durch den Kartenraum. Er nahm sich Zeit und gefiel sich in der Rolle des illustren Hausherrn: »Hier haben sich Präsident Roosevelt und Churchill getroffen.« Gemächlich zog er einige Karten hervor, um sie mir zu zeigen. Kein Wunder, daß der Bursche 1976 gewonnen hat, dachte ich. Er versteht es, seinem Gegenüber das Gefühl zu geben, der wichtigste Mensch auf der ganzen Welt zu sein.

Schließlich begleiteten uns der Präsident und Jordan durch den Rosengarten zu unserem Wagen, in dem unser Fahrer Jay Morgan wartete. Der Präsident schüttelte jedem von uns die Hand und wünschte uns einen guten Tag. Auf der Fahrt zurück in den Senat bemerkte ich: »Mein Gott, war der Präsident nett zu mir. Es war unglaublich.«

Der Senator wurde blaß vor Wut. »Das hat er doch nur getan, um mich zu ärgern«, raunzte er. »Er hat mich warten lassen und mir damit zeigen wollen, daß alles, was ich ihm gesagt habe, kein Grund für ihn ist, die Ruhe zu verlieren.«

Als er mir dann auf der Rückfahrt erzählte, was bei den Gesprächen bei Tisch herausgekommen war, konnte er der Versuchung
nicht widerstehen, Carters Südstaatenakzent nachzuahmen. Er
grinste mich breit an und schnurrte:»Meester Prez-e-dent.«
Wir mußten beide lachen.

Wir hatten allen Grund, vergnügt zu sein, denn die Umfrageergebnisse und die Presse waren für uns rundherum günstig. Am
6. September streuten wir eine Meldung aus, wonach weder Rose
noch Joan Bedenken wegen einer Kandidatur des Senators hegten.

Am Tag darauf wies Bruce Morton von CBS auf eine Umfrage
hin, aus der hervorging, daß der Senator gegenüber Carter einen
Vorsprung von 53 zu 16 hatte. Weiter berichtete er:»Die Sachver-
ständigen sind einhellig der Meinung, daß Ted Kennedy die Nominierung zu jedem Zeitpunkt sicher ist.«

Leslie Stahl zitierte Tip O'Neill, den Sprecher des Repräsentantenhauses, der über den Senator gesagt hatte:»Ich glaube nicht,
daß man ihm die Nominierung streitig machen kann, falls er kandidiert.«[*]

Carter gelang es jedoch mit einem glänzenden taktischen
Schachzug, dem mächtigen Sprecher des Repräsentantenhauses
jegliche Einflußmöglichkeit von vornherein zu nehmen. Er lud
O'Neill zum siebten Spiel in der Meisterschaftswertung zwischen
den Pittsburgh Pirates und den Baltimore Orioles ein. Während des
Spiels bot Carter seinem Parteifreund den Vorsitz beim National-
konvent der Demokraten im kommenden Jahr an. Mit der Übernah-
me dieses Postens war O'Neill praktisch neutralisiert. Der Vorsitzende des Konvents durfte offiziell keinen Kandidaten unterstützen.

Wenige Tage später flogen wir an einem wolkenverhangenen
Morgen nach Boston, um Papst Johannes Paul II. zu empfangen.
Am Logan Airport stand der Senator zusammen mit der First Lady
Rosalynn Carter und Tip O'Neill an der Spitze der Empfangsdelega-
tion. Weiter hinten wartete ich mit Joan, Kara, Teddy und Patrick.

Später gingen wir ins Boston Common, wo Zehntausende sich
versammelt hatten, um an der vom Papst zelebrierten Messe teilzunehmen. Im Stadion war ein Altar errichtet worden. Wir nahmen

* Später behauptete O'Neill in seinem Buch »Man of the House«, er habe den
Senator vor einer Kandidatur gewarnt. »Die Umfragen können Sie vergessen«, habe
er gesagt. »Sie können einen amtierenden Präsidenten nicht schlagen.« Und er habe
hinzugefügt: »Außerdem ist da noch der Makel von Chappaquiddick.« Er nannte die
Tragödie einen »Mühlstein, den der Senator nicht loswerden könne.«

unsere reservierten Plätze in dessen Nähe ein. Plötzlich ging ein Wolkenbruch auf uns hernieder. Patrick und ich mußten uns einen Schirm teilen, aber auch durch den Regen konnte der Zauber dieser Stunde nicht zerstört werden.

Nachdem der Senator und seine Familie nach Hause gegangen waren, begab ich mich ins Ritz, mietete eine Suite und informierte die Rezeption, daß ich eine Besucherin erwarte: Kitty Brewer.

Sie kam bereits am frühen Abend, etwas später dann der Senator. »Wir lassen uns das Essen hinaufbringen«, sagte er. »Um elf bin ich wieder draußen.« Er brach gerade auf, als ich um diese Zeit zurückkehrte.

Der Sommer neigte sich seinem Ende zu und es wurde Herbst. Am 18. Oktober rief Milton Gwirtzman an, ein Anwalt aus Washington, der zuweilen als Redenschreiber eingesprungen war und sich für einen engeren Freund des Senators hielt, als er tatsächlich war. Er teilte mir mit, daß er eine Notiz geschickt habe, die nur für den Senator bestimmt sei.

»Geht in Ordnung«, sagte ich, seufzte aber im stillen, denn ich wußte schon, daß der Senator mich auffordern würde, sie zuerst durchzulesen. Er richtete die Augen immer zum Himmel, wenn etwas von »Miltie« kam.

Gwirtzmans »streng vertrauliches« Schreiben war ein zweiseitiger maschinengeschriebener Brief. Er schreibe auf Anraten von Steve Smith, ließ er wissen. Sein Brief sollte eine Anregung für den Senator sein, einmal darüber nachzudenken, wie er als potentieller Kandidat seine Affären rechtfertigen wolle. Er erinnerte daran, wie Hamilton Jordans angeblicher Kokainkonsum in einem sechsminütigen Bericht in den landesweiten Fernsehnachrichten groß herausgestellt worden war. Gerüchte über amouröse Abenteuer würden sicherlich noch begieriger aufgegriffen, warnte er.

Dem Senator riet er, sich die folgenden sechs Schlüsselfragen vorzulegen:

1 Hat er gegen das Gesetz verstoßen (Beziehungen zu Minderjährigen, illegale Drogen)?

2 Hatte er Affären mit Frauen, die mit feindlichen Regierungen in Verbindung standen?

3 Gab es Kontakte, die von Personen eingefädelt wurden, welche sich Vorteile von irgendwelchen Gesetzesinitiativen versprachen?

4 Waren berühmte Frauen darunter?
5 Hat er uneheliche Kinder gezeugt?
6 Existieren kompromittierende Fotos?

Wie Gwirtzman schrieb, wolle Steve Smith dem Senator bei der Beantwortung behilflich sein.

Dann bot er selbst seinen Rat an:»Was du auch sagst, es sollte die Wahrheit sein.«

Er legte dem Senator das Eingeständnis nahe, während der Krankheit seiner Gattin andere Frauen getroffen zu haben, zugleich aber zu betonen, daß dieser Teil seines Lebens »hinter ihm liege«.

Es war klar, daß wir auf Milties streng vertrauliche Fragen nicht sechsmal mit Nein antworten konnten. Das war unser kleines Geheimnis. Der gute Miltie ahnte gar nicht, wie sehr er mit einigen seiner Fragen ins Schwarze traf.

Aber ich wußte es – und ich beschloß, für die Zeit der Kampagne strenge Verhaltensmaßregeln einzuführen.»Bestimmte Dinge dürfen Sie nicht mehr tun«, belehrte ich den Senator.»Das Stabspersonal ist tabu. Bleiben Sie den Frauen der Wahlkampftruppe fern. Ein Fauxpas bliebe nicht unentdeckt. Die Reporter werden überall sein, vor ihnen werden Sie nichts geheimhalten können.« Ich bot ihm an, er könne sich mit Cindy, Kitty oder Barbara in meinem Hotelzimmer treffen.»Aber das Stabspersonal ist tabu«, wiederholte ich.

»Exzellenz können sich auf mich verlassen«, antwortete er.»Ich bin doch nicht blöd.«

DAS GESPENST VON CHAPPAQUIDDICK

Der 20. Oktober war ein kühler Herbsttag, der einem Beobachter zufolge auch das »politische Klima« kennzeichnete. An diesem Tag sollte die John-F.-Kennedy-Bibliothek eingeweiht werden, was dem inoffiziellen Kandidaten die Gelegenheit bot, seine Rednerqualitäten mit denen des Präsidenten der Vereinigten Staaten zu messen. Sowohl Carter als auch Kennedy sollten eine Ansprache halten, und wir hofften, daß Carter schwafeln würde.

Nach einem wie immer hektischen Morgen, den wir damit verbracht hatten, die Familie zusammenzutrommeln und auf das Ereignis einzustimmen, trafen wir an unserem Ziel ein, dem eindrucksvollen, von I. M. Pei entworfenen Bau mit seiner schwarz-weißen Beton- und Glasarchitektur. Der Präsident erschien und nahm sich viel Zeit für seinen Gang zum Podium. Er schüttelte vielen der hier versammelten Kennedy-Weggefährten die Hand: den alten Kämpen von Johns Tafelrunde, Bobs Mitstreitern aus den Tagen des großen und unerfüllbaren Traumes, aber auch einigen aus dem gegnerischen Lager, die ihm nun sein Amt streitig machen wollten. Er überraschte alle Anwesenden, am meisten Jackie Onassis selbst, indem er sie auf die Wange küßte. Carter und Mrs. Onassis hatten sich noch nie zuvor gesehen. Die ehemalige »First Lady« zuckte wie von einer Schlange gebissen zurück. Der Senator warf mir einen kurzen Blick zu. Hinter mir flüsterte jemand: »Hast du das gesehen?«

Joe Kennedy jr. hielt eine zündende Rede. Es hatte ihn geärgert, daß der Film über seinen Onkel John, der bei der Einweihung der Bibliothek gezeigt werden sollte, 45 Minuten lang war, während der Film über seinen Vater lediglich 15 Minuten dauerte. Als man dann beschloß, jeden der beiden Filme nochmals um fünf Minuten zu kürzen – was den Unterschied noch eklatanter machte – war er beleidigt. Er hielt seine Gedächtnisrede erst, nachdem der Senator seine ganzen Überredungskünste aufgeboten hatte. Nun bedachte er alle mit einem finsteren Blick und Carter mit harten Worten. Der Senator zog Grimassen, doch seine Cousins und Cousinen waren begeistert.

Als der Senator ans Podium trat, blickte er aufs Meer hinaus und sagte über seinen Bruder John: »Seine Leidenschaft für die Seefahrt hätte ihn zu einem großen Entdecker gemacht. Er wäre mit Magellan in die neue, bessere Welt gesegelt, die er sich erträumte.«

Zu unserem Leidwesen hielt auch Carter eine schöne Rede, in der er sich mit Hilfe witziger Zitate von John F. Kennedy über die Präsidentschaftsambitionen des Senators lustig machte.

Spätestens da wurde uns klar, daß der Senator seine Kandidatur so bald wie möglich offiziell ankündigen mußte, wenn er überhaupt anzutreten beabsichtigte. Der kalifornische Gouverneur Jerry Brown, der Carter in den Umfrageergebnissen ebenfalls, wenn auch etwas knapper, hinter sich ließ, schien ebenfalls an den Start gehen zu wollen. Wir kündigten für Mittwoch, den 7. November, eine offizielle Pressekonferenz in der Faneuil Hall in Boston an.

Jeder wußte, daß der Senator kandidieren würde, trotzdem konnte er sich so lange nicht dazu äußern, bis er seine Bewerbung formell bekanntgemacht hatte. Während dieser Übergangszeit wurde er von allen Seiten wegen Interviews bedrängt.

»Gestern abend hat Barbara Walters wieder angerufen«, berichtete Eunice Shriver am Telefon. »Würden Sie Eddie dazu bringen, ihr ein Interview zu geben?«

Ich seufzte, versprach ihr aber, die Nachricht weiterzugeben.

»Es würde ein schöner Beitrag werden«, versprach Eunice. »Wir können die Fragen im voraus absprechen.«

In einem ruhigen Moment erzählte ich dem Senator von dem Anruf. Es war nicht das erste Mal, daß Barbara Walters versuchte, über ihre Freundin Eunice zu einem Interview mit dem Senator zu kommen.

»Völlig ausgeschlossen«, knurrte der Senator. »Sie wird mir Fragen stellen wie ›Mit wem haben Sie letzte Nacht geschlafen?‹«

Ein verlockenderes Angebot kam von dem CBS-Reporter Roger Mudd. Er war ein alter Freund der Kennedys. Wir hatten ihm sogar einen persönlichen Gefallen getan, als wir seinem Sohn für den Sommer eine Stelle als Praktikant verschafft hatten. Wir alle hielten dieses Interview für eine großartige Gelegenheit, schon im Vorfeld der Kampagne für Publicity zu sorgen, obwohl wir andererseits befürchteten, Mudd würde den Senator dazu bringen, zu früh in den Ring zu steigen. Wie auch immer, der Senator war davon überzeugt, daß Mudd ihm einen vorteilhaften Auftritt verschaffen würde, und er willigte ein.

Ein Fernsehteam kam ins Büro und zeichnete ein ausführliches Interview auf. Mudd stellte gezielte Fragen, und der Senator gab ausweichende Antworten. Wir waren von dem Ergebnis nicht gerade begeistert, aber der Senator glaubte, daß Mudd und die Cutter seines Teams nachsichtig mit ihm verfahren würden.

Aber Mudd war noch nicht zufriedengestellt. Er schlug vor, auf Squaw Island ein typisches Familienwochenende bei den Kennedys zu filmen. Er ließ nicht locker und rief immer wieder an. Unbekümmert ging er davon aus, daß der Senator einverstanden wäre, und drängte auf einen Termin. Der Senator diskutierte das Für und Wider mit unseren Beratern. Einhellig waren alle der Auffassung, daß es jedenfalls nicht schaden könne, die Kameras zuzulassen.

»Was meinen Sie?« fragte ich den Senator, als das verabredete Wochenende näherrückte. »Sollen Tom und ich wirklich mitkommen?« Wir hatten ursprünglich verabredet, daß Pressereferent

Southwick und ich ihn zum Kap begleiten und bei den Aufnahmen dabeisein sollten.

Da der Senator wußte, daß wir die Woche über sehr hart gearbeitet hatten, schlug er vor: »Warum bleibt ihr nicht in Washington und nehmt euch das Wochenende frei? Ich werde schon allein mit ihnen fertig. Sie nehmen nur die Familie auf, und morgens findet eine Wahlveranstaltung statt, die sie auch filmen können.« Mit einem Achselzucken fügte er hinzu: »Es ist ja bloß Roger.«

Zur vereinbarten Zeit kamen Mudd und sein Fernsehteam auf Squaw Island an und wurden von einem chaotischen Haufen von Kennedy-Sprößlingen und Haustieren begrüßt. Telefone klingelten, Hunde bellten und Kinder rannten rein und raus. Das Fernsehteam befand sich mitten im Getümmel und filmte drauflos. Schließlich meinte Mudd zum Senator: »Geben Sie mir noch zwei Minuten?«

»Nun, ich dachte, das hätten wir jetzt hinter uns«, wandte der Senator ein.

»Ach, bitte, Herr Senator«, beharrte Mudd. »Da wir nun schon mal da sind ...«

Zögernd willigte der Senator ein. Die beiden ließen sich am Ufer des Atlantiks auf Regiestühlen nieder. Die Kameras liefen.

Kaum war Mudd mit seinem Team gegangen, rief mich der Senator wütend an: »Dieser Schuft hat mich geleimt! Er hat mich mit seinen Fragen regelrecht in die Ecke gedrängt! Verdammt, ich hätte es wissen sollen!«

Die darauffolgenden Tage versuchten wir, den Schaden zu begrenzen. Wir zogen in Erwägung, eine besondere Pressekonferenz einzuberufen, um, früher als geplant, die Kandidatur des Senators bekanntzugeben. Dies würde CBS in die Bredouille bringen, denn nach einer Klausel des nationalen Rundfunkrechts waren die Sender gezwungen, allen republikanischen und demokratischen Kandidaten, die offiziell ihre Kandidatur erklärt haben, gleiche Sendezeiten auf dem Bildschirm einzuräumen.

Doch wir wollten uns andererseits auch nicht drängen lassen. Der Senator würde seine Kandidatur zur vereinbarten Zeit in Boston ankündigen. Wir glaubten, dem Sturm standhalten zu können.

Inzwischen war das Oktoberheft der Wochenzeitschrift »Time« erschienen, das eine Titelgeschichte über den Senator brachte. Die veröffentlichten Fotos zeigten, wie er mit seiner Mutter am Strand spazierenging, mit seiner Nichte Fußball spielte, in Philadelphia Hände schüttelte, sich am Steuer seiner Yacht entspannte und ein

Brainstorming in seiner Bibliothek in McLean abhielt. Im Text dazu hieß es, sein Leben habe sich verändert, er sei nun gezähmt, nach der Aussage von »Vertrauten« quälten ihn die Sorgen um Joan und immer noch spüre er Schuld wegen der Tragödie von Chappaquiddick. Die Wochenzeitschrift wies darauf hin, daß er erst, als es in seiner Ehe zu kriseln begann, Affären mit Frauen aus der hohen Gesellschaft hatte, »unter anderem« mit Amanda Burden, Paige Lee Hufty, der Skifahrerin Suzie Chaffee und Margaret Trudeau. »Time« stellte fest, daß während des vergangenen Jahres »von keiner Affäre berichtet wurde« und zitierte die Erklärung des Senators: »Es hat keine gegeben.« Der Artikel führte schließlich Betty Beale, die Klatschkolumnistin des »Washington Star«, an: »Er ist nie auf Parties zu sehen, er geht nie aus.«

In derselben Ausgabe kam allerdings auch ein Sprecher Carters zu Wort, der bezweifelte, daß der Senator »das Zeug« habe, eine Kampagne mit all ihren Schwierigkeiten durchzustehen. Ein weiterer Mitarbeiter Carters warnte: »Die zerreißen ihn in der Luft. Er wird bluten ...«

Er sollte recht behalten. Am 3. November begann eine große Samstagabendshow mit einer Szene, in der eine Menschenmenge ungeduldig auf die Pressekonferenz des Senators wartete. Er wollte seine Präsidentschaftskandidatur verkünden. Der Komiker Bill Murray spielte die Rolle des Senators. Er kam zu spät, war klatschnaß, über und über mit Seetang bedeckt und nicht in der Lage zu erklären, was ihm widerfahren war.

Die kurze, wenn auch bissige Parodie war jedoch noch harmlos gegen das, was am darauffolgenden Abend übertragen wurde: ein einstündiger Sonderbeitrag »CBS-Reports: Teddy«. Am Anfang wurden Roger Mudd und Ted Kennedy in der idyllischen Umgebung von Squaw Island gezeigt. Mudd fragte den Senator, ob die Presse bislang fair mit den Kennedys umgegangen sei und inwieweit man das öffentliche und private Leben eines Politikers auseinanderhalten sollte.

Der Senator antwortete: »Nun, meiner Meinung nach besteht eine ganz natürliche Neugierde bei jedem von uns, das Leben seiner Mitmenschen von allen Seiten kennenzulernen. Ich – ich meine, ich kann das schon verstehen.«

Von dieser Antwort ermutigt, hakte Mudd nach: »Wie steht es um Ihre Ehe, Herr Senator?«

Der Senator, der auf diese Frage nicht vorbereitet war und auch

an guten Tagen nicht als Stegreifredner glänzte, fing an zu stottern:
»Nun, ich glaube – hm – wir hatten schwierige Zeiten, aber ich
glaube, daß wir – wir – haben, glaube ich, wirklich Fortschritte
gemacht, und – ich würde sagen, es – es – es – ich bin froh, daß wir
die Zeit und die Beziehung miteinander teilen – die wir miteinander
teilen.«

»Leben Sie getrennt, oder ...« bohrte Mudd weiter.

Der Senator klaubte sich eine Erklärung zusammen:»Nun, ich
weiß nicht, mit welchem Begriff ich – das bezeichnen soll. Joan
unterzieht sich einer kontinuierlichen Behandlung wegen ihrer –
ihrer Alkoholabhängigkeit und – und es geht ihr prächtig, und ich
bin ungeheuer stolz, daß sie ihrem Problem die Stirn bietet und
wirkliche Fortschritte gemacht hat. Ja, ich bin sicher, daß sie weiter
Fortschritte macht. Das ist eine Krankheit, bei der man nie aufgeben darf.«

Nach einem Werbeblock ging die Sendung weiter. Leider wurde
das Thema Chappaquiddick wieder aufgegriffen – und zwar auf
sehr dramatische Weise. Roger Mudd und sein Kamerateam hatten die Insel besucht, und Mudd war wiederholt dieselbe Strecke
unter den gleichen Bedingungen abgefahren, die auch in jener
verhängnisvollen Nacht geherrscht haben mußten. Was noch
schlimmer war, das CBS-Team hatte eine Kamera am vorderen
Kotflügel des Wagens befestigt und nur im Licht des Autoschein-
werfers gefilmt. Auf dem Bildschirm sah man, wie der Wagen erst
ruhig die gepflasterte Straße entlangfuhr, dann abbog und den
Pfad entlangholperte bis zu dem Punkt, an dem der Wagen des
Senators schließlich von der Brücke gestürzt war. Ein jäher Schnitt
beendete die Sequenz.

Selbst für mich, den engsten Mitarbeiter des Senators, war es
schaurig anzusehen. Genau so mußte es gewesen sein.

Aus dem Off war die Stimme des Senators zu vernehmen, als er
zu Chappaquiddick befragt wurde:»Ich werde alle Ihre Fragen dazu
beantworten. Fragen, die Sie mir jetzt stellen und solche, die Sie
mir später stellen. Ich werde auch alle Fragen beantworten, die mir
während einer – einer Kampagne gestellt werden. Ich bin bereit,
jede Frage zu jedem Aspekt des Themas zu beantworten, die Sie
jetzt haben.«

In seinem Kommentar bemerkte Mudd, daß es dem Senator
»noch immer nicht leichtfalle«, sich zu Chappaquiddick zu äußern.
Er animierte den Senator, doch »noch etwas dazu zu sagen«.

Der Senator, der sich offenkundig nicht besonders wohl in seiner Haut fühlte, druckste herum: »Oh, bei den Ereignissen – jener Nacht – konnte ich selbst nicht glauben, hm, wie ich mich, äh, verhalten habe. Ich meine deshalb – aber ich glaube, daß – daß es so war. Mein Verhalten an – an jenem Abend – die Folgen des Unfalls – und das Gefühl des Verlustes, das Gefühl der Hoffnung und das Gefühl der Tragödie und die ganzen Umstände, ja alles das war einfach unerklärlich.«

Barmherzig blendete der Fernsehsender einen Werbespot ein. Danach wurde das Büro des Senators gezeigt, wo Mudd ihn drei Wochen vorher interviewt hatte. Mudd fragte den Senator, warum er Präsident werden wolle.

Die Talfahrt setzte sich mit unvermindertem Tempo fort.

Der Senator stotterte: »Nun – wenn ich die – Kandidatur bekanntgebe, so deshalb, weil ich an dieses Land glaube – es ist – es hat mehr natürliche Ressourcen als jedes andere Land der Erde, seine Bevölkerung hat das höchste Bildungsniveau, die höchste Kapazität für Innovationen und das beste politische System der Welt ... Und meiner Meinung nach sollte sich dieses Land mit all seinen Energien und den Fähigkeiten seiner Bewohner den Problemen zuwenden, mit denen es zu kämpfen hat. Die Nation braucht das Gefühl, ihre alte Stärke wiederzugewinnen ... Und im Grunde denke ich, daß es für unser Land unbedingt erforderlich ist, daß es vorwärtsstrebt und nicht stehenbleibt, denn sonst fällt es zurück.«

Die gute Nachricht war, daß ABC, ein anderer großer Fernsehsender, am selben Abend zum ersten Mal »Der weiße Hai« ausstrahlte. 57 Prozent der Zuschauer sahen sich den Film an. Die schlechte Nachricht war, daß zu jenen, die sich das Interview mit Mudd anschauten, die einflußreichsten politischen Kommentatoren, Wahlkampforganisatoren und Meinungsführer gehörten.

Die Kritiken fielen allesamt schlecht aus, selbst von den Reportern, die wir zu unseren Freunden zählten. Anders als der Senator glaubten diese Beobachter nicht, daß CBS ihn ins offene Messer hatte laufen lassen.

Die schlimmste Nachricht – sowohl für das ganze Land als auch für die politisch Verantwortlichen – folgte aber noch: In der neuen Islamischen Republik Iran hatten militante Studenten die US-Botschaft in Teheran besetzt und hielten amerikanische Staatsbürger als Geiseln fest. Sie verlangten die Auslieferung des im Exil lebenden Schahs Mohammed Resa Pahlewi. Plötzlich waren alle Amerikaner in ihrer Entrüstung und Angst vereint. Niemand fragte mehr nach der Parteizugehörigkeit. Nunmehr hieß es, sich um die Fahne zu scharen.

Genauso überraschend erhielt der Senator Personenschutz vom Secret Service. Dies geschah auf Veranlassung Präsident Carters, der sich keinesfalls dem Vorwurf aussetzen wollte, nicht ausreichend für die Sicherheit des dritten Kennedy gesorgt zu haben. Wohin sich von nun an der Senator auch begab, er fuhr stets in einer kugelsicheren Limousine, eskortiert von einer Kolonne schwarzer Sedan-Limousinen und Kombis, in denen sich hinter vergitterten Fenstern und unter blinkendem Rotlicht Beamte mit Maschinenpistolen bereithielten.

Joan zog wieder nach McLean, damit sie den Senator jederzeit zu wichtigen Veranstaltungen begleiten konnte. Gemeinsam mit ihren Kindern bereitete sie sich auf die Kampagne vor. Ein Kinderfräulein wurde nun nicht mehr gebraucht; Carol gab ihre Arbeit auf und nahm einen Job in der Wahlkampftruppe an.

Am Morgen des 7. November fanden wir uns alle zitternd vor Erwartung in Boston ein. Es gab tausend Einzelheiten zu klären.

Von größter Bedeutung war es, den Medien das Bild einer großen, glücklichen Familie zu vermitteln. Niemand brauchte zu wissen, daß Joan die vorangegangene Nacht allein im Schlafzimmer ihrer Wohnung in Boston verbracht und der Senator sich auf dem Sofa hin und her gewälzt hatte.

Marcia Chellis, Joans Sekretärin, verwendete den Vormittag darauf, Joan zu verschönern, während andere mit ihr den Part einübten, den sie bei dem großen Auftritt übernehmen sollte. Eddy Martin, der inoffiziell als Berater für unsere Kampagne tätig war, hatte es so arrangiert, daß Joan nur auf eine bestimmte Frage zu antworten hatte. Während Joan ihren Text einstudierte und der Senator seine Aufzeichnungen durchsah, vergewisserte ich mich, daß die Betten gemacht waren, damit kein neugieriger Reporter herausfand, wer letzte Nacht wo geschlafen hatte.

Später an jenem Morgen trat der Senator in der Faneuil Hall vor seine Wähler. Die Sicherheitsbeamten warfen mißtrauische Blicke ins Publikum. Es war die erste öffentliche Probe für die von ihnen getroffenen Schutzmaßnahmen, die bei dem zukünftigen Kandidaten strenger sein mußten als bei jedem anderen Politiker. Wahlkampfhelfer hielten sich in der Nähe auf. Überall waren Reporter.

Der Senator las vom Blatt ab. Er wirkte entschlossen, und seine Aussagen waren klar und verständlich:

»Ich spreche zu Ihnen von Boston aus, wo ich zu Hause bin, aber was ich zu sagen habe, richtet sich an alle Bürger Amerikas. Seit vielen Monaten stecken wir in einer tiefen Krise. Bis jetzt haben es die Spitzen des Staates versäumt, ihren Pflichten nachzukommen. Es wurden weder Ziele formuliert noch Wege gewiesen, wie man sie erreichen könnte. Richtungskämpfe lähmen die Partei. Die Regierung versagt. Angst breitet sich aus, während die Führer unseres Landes sich resigniert zurückziehen.«

Eindringlich sprach der Senator weiter. Er verkündete, daß er für das Amt des Präsidenten der Vereinigten Staaten kandidieren werde, obwohl ein Demokrat im Weißen Haus regiere, der erst vier Jahre im Amt sei und wiedergewählt werden könne. Einer seiner Gründe sei, andere Demokraten – Senatoren, Kongreßabgeordnete, Gouverneure und Bürgermeister – davor bewahren zu wollen, ihren Posten wegen eines unfähigen Präsidenten zu verlieren.

Er schloß seine vom Fernsehen übertragene Rede mit dem Aufruf:

»Wir wollen Amerika, dieses goldene Versprechen, wieder voranbringen. Wenn uns das gelingt, können wir eines Tages zurückblicken und sagen: Es war richtig, diesen Ort und diese Stunde zu wählen, um das Versprechen unserer Vorfahren zu erneuern. Wir werden sagen können, daß wir uns den Platz auf diesem Podium redlich verdient haben.«

Nach der Rede stellte sich der Senator den Fragen aus dem Publikum. Nachdem er mehrere beantwortet hatte, deutete er auf einen der Freunde von Eddy Martin, die unter den Zuhörern saßen. Der Mann fragte: »Herr Senator, ist Ihre Frau Joan damit einverstanden, daß Sie sich um die Präsidentschaft bewerben?«

Der Senator legte eine Kunstpause ein. Dann wandte er sich, als würde er einer plötzlichen Eingebung folgen, seiner Frau zu und meinte: »Diese Frage soll Joan selbst beantworten.«

Joan stellte sich neben ihren Mann, blickte ihn zärtlich an und hob in ihrer Antwort hervor, wie sehr sie ihn und ihre Familie liebe. Sie beteuerte, daß sie sich wirklich darauf freue, im Weißen Haus zu wohnen.

Nun wurde es ernst, die Kampagne hatte begonnen. Wir schlossen mit United Airlines einen Mietvertrag für eine Boeing 727 ab.

Man sagte uns zu, das Flugzeug aufwendig auszustatten und in ein fliegendes Büro zu verwandeln.

Da die Maschine noch nicht fertig war, mieteten wir für unsere erste große Wahlrundreise durch New Hampshire, Maine, Illinois, Colorado und Kalifornien drei weitere Flugzeuge – eines für uns und zwei für die Presse. Wir standen vor der Frage, wen wir mitnehmen sollten.

Schon bei den ersten Beratungen über die einzuschlagende Wahlkampfstrategie hatte sich die Meinung herausgebildet, daß Joans Anwesenheit zumindest im frühen Stadium der Kampagne eher schaden würde. Durch ihren Auftritt an der Seite des Senators würde sich die Presse wahrscheinlich herausgefordert fühlen, wieder die »Charakterfrage« aufzugreifen. Es war freilich nicht so einfach, Joan diese Überlegungen nahezubringen. Sie war nun in besserer Verfassung und auch lebhafter. Sie freute sich auf die Reise und hatte vermutlich schon die Koffer gepackt.

Es fiel mir zu, Dr. Hawthorne am Telefon die politischen Gründe für unsere Entscheidung zu erläutern. Ich fügte schnell hinzu, daß nach unserer Auffassung der Verzicht auf Joan auch in ihrem Interesse sei.

»Das ist in Ordnung«, stimmte er zu. »Und es bedeutet weniger Streß für sie.«

Dr. Hawthorne nahm es auf sich, Joan davon zu überzeugen, daß es nur zu ihrem Besten sei, wenn sie zu Hause bliebe.

Joan trug es mit Fassung. Nachdem dieses Problem geklärt war, reisten wir ab.

Leider wurde der große Auftritt des Senators von den Nachrichten über die iranische Geiselaffäre in den Hintergrund gedrängt, die immer dramatischere Formen annahm. Die Ankündigung des Senators, für die Präsidentschaft zu kandidieren, fand weder im Fernsehen noch in der Presse das ihr gebührende Echo.

Wir mußten auch feststellen, daß durch unsere Entscheidung, Joan eher im Hintergrund zu belassen, das »Charakter-Problem« keineswegs entschärft wurde. Während die Meinungsumfragen vor der Kampagne eher darauf hindeuteten, daß Chappaquiddick kein großes Thema mehr sei, fiel die Presse nun darüber her.

Der Kolumnist William Safire prägte den Begriff »Waterquiddick«.

Auch die »New York Times« nahm sich des Themas an. Sollte je bewiesen werden, daß der Senator »mit dem Ziel, sich und seine

Karriere zu retten, seinen enormen Einfluß dazu benutzt hat, einen
Fehltritt zu vertuschen, ... dann wäre er nicht nur in eine Tragödie
verstrickt, sondern auch in einen Korruptionsfall vom Ausmaß eines Watergate.«

Der politische Cartoonist Oliphant zeichnete eine Karikatur, in
der der frühere Präsident Nixon den Senator beäugt und nachdenklich sagt:»So, er ist also vor die Fernsehkameras getreten und hat
die Leute angelogen. Na und?«

Und dann gab es noch andere Dinge, die uns in Atem hielten ...

Am Mittwoch, dem 28. November, betrat die 38jährige Suzanne
Osgood aus Boston morgens kurz vor zehn Uhr unser Büro. Sie war
mit einem 13 Zentimeter langen Jagdmesser bewaffnet und gab un-
verständliche Laute von sich. Joseph Meusburger, ein Mann vom
Secret Service, überwältigte sie und entwand ihr das Messer, wobei
er sich eine kleine Schnittwunde am linken Handgelenk zuzog. Un-
tersuchungen ergaben, daß die Angreiferin geistesgestört war. Außerdem fand die Presse heraus, daß sie dem Abschlußjahrgang 1963
vom Wheaton College in Norton, Massachusetts, angehörte und eine
Klassenkameradin von Esther Newberg war, einer der Frauen, die
1969 zusammen mit dem Senator und Mary Jo Kopechne die Party
auf Chappaquiddick besucht hatten.

Es war mehr als unheimlich. Von jenem Tag an faßten der Senator und ich eine besondere Zuneigung zu Meusburger.

Am Abend des 2. Dezember befanden wir uns nach einer vier-
zehnstündigen Wahlkampftour ohne eine einzige Pause in einem
Hotel in San Francisco, wo wir etwas ausspannen wollten. Im
Schlafzimmer der Suite ließ sich der Senator von Rollin Post interviewen, einem erfahrenen politischen Journalisten, der in Kalifornien für KRON-TV arbeitete. Kara, Pat Lawford und Tom Southwick
waren vor Erschöpfung umgefallen; sie lagen alle drei auf einem
der Betten außerhalb der Reichweite der Kameras. Larry Horowitz
und ich hielten uns im Nebenraum auf und verfolgten müde, an die
Wand gelehnt, das Frage-und-Antwort-Spiel. Der Senator selbst
war ebenfalls erschöpft und seine Aufmerksamkeit hatte nachgelas-
sen.

Als Post fragte, wie der Senator Carters Entscheidung bewerte,
den entthronten Schah in die Vereinigten Staaten einreisen zu lassen, hörten wir den Senator antworten:»Der abgesetzte Schah
stand an der Spitze eines Regimes, das zu den gewalttätigsten in
der Geschichte der Menschheit gehörte. Wie wollen wir in den Ver-

einigten Staaten es eigentlich rechtfertigen, einerseits diesen Mann aufzunehmen, nur weil er es wünscht, mit seinen zigmilliarden Dollars, die er dem Iran gestohlen hat, hier zu residieren, und andererseits den legal im Land lebenden Hispanoamerikanern zu sagen, daß sie neun Jahre warten müssen, bis ihre Familien nachziehen dürfen?«

Horowitz und ich zuckten zusammen. »Hat er das wirklich gesagt?« fragte ich. Horowitz nickte nur.

Es war ein schrecklicher Fauxpas. Kein amerikanischer Politiker wagte zum damaligen Zeitpunkt, den Schah anzugreifen. Der Ayatollah war der böse Bube, der Amerikaner als Geiseln genommen hatte, und im Vergleich dazu war der Schah noch ein anständiger Kerl. Und jetzt stimmte der Senator lauthals Khomeinis Behauptung zu, daß es sich bei dem Schah um einen Kriminellen handle.

Kaum war das Interview beendet, knüpften Horowitz und ich uns Southwick vor: »Tom, haben wir richtig gehört?« Dem Senator stellten wir dieselbe Frage. »Ja«, antwortete dieser. »Das habe ich gesagt, weil ich davon überzeugt bin.« Er wies darauf hin, daß er bei seiner Äußerung die große spanischsprechende Gemeinde in Kalifornien im Blick gehabt habe.

Endlich war der Senator in den Schlagzeilen, aber nicht mit der Nachricht, die wir uns gewünscht hatten. Wie von uns befürchtet, wurde überall nur der erste Teil der Erklärung gesendet und nicht die Bemerkung des Senators zu den spanischsprechenden Einwanderern, welche die Äußerung erst in die rechte Perspektive rückte.

Der Reporter Leslie Stahl berichtete, Carters Berater seien überzeugt davon, daß der Senator mit seinem Schnitzer in erster Linie Aufsehen erregen wollte. In der Tat nahm Carter den »unpatriotischen« Kommentar zum Anlaß, uns in scharfer Form anzugreifen.

Das schädlichste Echo kam jedoch aus Teheran, wo Menschenmassen auf die Straße strömten und nach Senator Kennedy riefen. Um diese Unterstützung hatten wir wahrlich nicht gebeten.

Am nächsten Tag waren wir in Reno. Die Presse verfolgte uns unbarmherzig, um dem Senator einen weiteren Kommentar über den Schah zu entlocken. Zwischenzeitlich hatten wir eine offizielle Erklärung abgegeben: Der Senator habe nur klarstellen wollen, daß sein Engagement für die Freilassung der Geiseln nicht bedeute, daß er gegenüber Diktatoren nachsichtig geworden sei.

Die Erklärung erzielte jedoch nicht die gewünschte Wirkung – weder in der breiten Öffentlichkeit noch im Kreis unserer Sympa-

thisanten –, wie wir bald feststellen mußten, als wir gegen Ende des
Monats nach Südkalifornien reisten, um mehreren berühmten Per-
sönlichkeiten einen Blitzbesuch abzustatten. Die Reise war von den
Produzenten Ted Ashley und George Stevens arrangiert worden:
Wir wollten mehrere Prominente für Auftritte bei Spendenveranstaltungen gewinnen. Zuerst machten wir Station bei Neil Diamond
in Malibu. Der Sänger begrüßte zwar die Kandidatur des Senators,
aber er war entsetzt über den – wie er sagte – »schädlichen Kommentar über den Schah«. Der Senator versuchte ihm klarzuma-
chen, daß die Berichte der Presse unvollständig und irreführend
seien, doch Diamond blieb skeptisch. Wir konnten ihn nicht dazu
überreden, aktiv bei unserer Kampagne mitzumachen.

Danach besuchten wir Barbra Streisand auf ihrer großen Ranch
in einem der Cañons um Malibu. Mehrere Stunden diskutierten wir
mit ihr und ihrem Lebensgefährten Jon Peters, hauptsächlich über
die politische Situation in Israel. Als wir sie fragten, ob sie zugunsten unserer Kampagne ein Konzert geben würde, schien sie zwar
grundsätzlich zu einer Unterstützung bereit zu sein, blieb im konkreten Fall aber zögerlich. Sie sagte, sie habe seit 1973 – als sie für
die McGovern-Kampagne sang – an keiner politischen Veranstaltung mehr teilgenommen, und obgleich sie mit dem Senator in
vielem einer Meinung sei, trete sie nur ungern vor großen Menschenmengen auf.

»Aber ich werde darüber nachdenken«, sagte sie zum Schluß
und beließ es bei diesen unverbindlichen Worten.

Schließlich fuhren wir zu Warren Beatty in die Hollywood Hills.
Als wir durch das Tor auf die Frontseite des Hauses zugingen,
schlugen die Wachhunde an. Der Senator war an meiner Seite, und
eine Schar wachsamer Sicherheitsbeamten folgte uns. Ich drückte
den Klingelknopf. Kurz darauf öffnete sich die Tür, und Warren
Beatty erschien, nur mit nassen Shorts bekleidet. Er lächelte und
bat uns einzutreten. Einer der Männer vom Secret Service begleitete uns.

Das Haus war um einen verglasten Innenhof gebaut, in dem sich
eine junge Bikini-Nixe in einem Whirlpool aalte. In der Küche plauderte Jack Nicholson mit einer weiteren Schönheit; seine berühmten Augenbrauen waren hochgezogen, und sein Grinsen war ausgesprochen boshaft. Auch er hatte nur triefend nasse Shorts an.

Trotz dieser frivolen Atmosphäre gelang es uns, Beatty und Nicholson in eine ernsthafte Diskussion zu verwickeln. Die beiden

bezweifelten ebenfalls, daß der Senator nach seiner Äußerung über
den Schah noch eine politische Zukunft habe und wollten zum jetzigen Zeitpunkt nicht bei einer Spendenaktion auftreten.

Aber Politik war eine Sache und Vergnügen eine andere. Beatty
wollte den Senator nicht gehen lassen, ohne ihm zumindest etwas
geboten zu haben. Er lotste uns zu der Nixe im Whirlpool.

»Hallo«, sagte der Senator entzückt.

»Halli hallo«, antwortete sie mit einem Kichern.

Wir bemühten uns, eine Unterhaltung anzufangen, aber die Situation war einfach peinlich. Der Senator und ich trugen Straßen-
anzüge, Beatty stand in Shorts da, und der Bikini der Nixe saß
knapp. Den Senator schien das freilich nicht zu stören. Ich dachte
an unseren Terminplan und drängte. Beatty hatte dem Senator angeboten, er könne sich bei ihm für eine weitere Verabredung an
jenem Abend frisch machen. »Ich lasse ein Bad für Sie ein«, schlug
ich vor.

»Warum ein Bad, wir haben doch einen Whirlpool«, ließ sich
Beatty vernehmen.

Der Senator fand die Idee gut und schickte mich hinaus zum
Wagen des Secret Service, um saubere Wäsche für ihn zu holen.

Ich wühlte gerade draußen im Kofferraum, als ein weiteres Auto
die Einfahrt heraufkam. Die Wachhunde bellten. Ich drehte mich
um und war überrascht, ein bekanntes Gesicht vor mir zu sehen.
»Barbara!« rief ich. Plötzlich fiel mir ein, daß sie ja eine Freundin
von Beatty war. »Was machst du denn hier?«

Die temperamentvolle Blondine aus Florida lächelte mich an:
»Der Senator hat angerufen und mir mitgeteilt, daß er hier sein
würde. Er hat gesagt, ich solle vorbeikommen.«

Ich folgte ihr ins Haus.

»Hallo, Warren«, flötete sie und gab Beatty einen Kuß. »Hallo,
Jack!« Auch Nicholson wurde mit Kuß begrüßt. »Ich sehe, du hast
endlich Rick kennengelernt.«

Beatty war etwas verwirrt.

»Du kennst doch Rick«, erklärte Barbara, als sei er schwer von
Begriff. »Du hast öfter bei ihm angerufen und nach mir gefragt –
erinnerst du dich nicht?«

Tatsächlich hatte Beatty jedesmal angerufen, wenn Barbara bei
mir war.

Nicholson zog sich mit seiner Freundin in einen anderen Flügel
des Hauses zurück. Beattys Freundin stieg aus dem Whirlpool,

trocknete sich ab und ließ sich auf einem Stuhl nieder. »Hallo, Süßer«, begrüßte Barbara den Senator, umarmte ihn stürmisch und
verschwand mit ihm im Gästezimmer. Kurz darauf kamen sie wieder heraus – jeder hatte ein Handtuch um sich geschlungen – und
schlenderten zum Whirlpool. Sie ließen die Handtücher fallen und
glitten splitternackt ins Wasser.

Verlegen begann ich eine Unterhaltung mit dem Mann vom Secret
Service, dem unfreiwilligen Zeugen dieser merkwürdigen Szenen.

Nach fünfzehn Minuten verließen der Senator und Barbara das
Wasser und trockneten sich ab. Dann verschwanden sie im Gästezimmer.

Weniger als eine halbe Stunde später kamen sie wieder heraus.
Sie trug ein Strandkleid, er ein gestärktes Hemd und einen gebü-
gelten Anzug. Sein Gang war beschwingt, und seine Augen strahlten. »Das ist eine ganz Wilde«, sagte er laut genug, daß alle anderen
es hören konnten, und lachte mich an.

»Schön, daß wir nun alle frisch und entspannt sind«, murmelte
ich.

Nach seiner fatalen Bemerkung über den Schah ergoß sich eine
wahre Flut von mißbilligenden Äußerungen über den Senator, der
seinen Ärger nun an Tom Southwick ausließ. Dieser war damals im
Zimmer gewesen, und der Senator warf Tom nun vor, daß er als
Pressereferent das Interview hätte unterbrechen müssen, als er
merkte, daß es einen unerwünschten Verlauf nahm. Der Senator
schenkte jetzt Larry Horowitz Gehör, der wiederholte, daß Southwick für den Job zu jung sei. Auch andere in unserem Büro in
Washington waren dieser Meinung.

Abend für Abend verfolgte uns die Entwicklung im Iran: Die
Geiselaffäre beherrschte die Nachrichten, der Beginn unserer Kampagne rangierte nur noch unter »ferner liefen« – wenn überhaupt
darüber berichtet wurde. Einige aus unserer Truppe – der Senator
eingeschlossen – waren der Ansicht, es gebe nur einen Weg, die
Geiseln aus den Schlagzeilen herauszuholen, nämlich sie auf irgendeinem Wege zu befreien. Außerdem wäre es für Carter, das
war allen klar, ausgesprochen peinlich, wenn es uns gelänge, sie
herauszubekommen.

Jemand schlug vor, wir sollten James Abourezk um Hilfe bitten,
den früheren Senator von South Dakota, der im Jahr zuvor nach
nur einer Amtszeit zurückgetreten war und den Amerikanisch-Ara-

bischen Ausschuß gegen Diskriminierung gegründet hatte. Wir waren der Ansicht, daß eine private Initiative zur Befreiung der Geiseln durchaus legal wäre, solange Abourezk nicht auf den Gedanken käme, sich als offizieller Vertreter der amerikanischen Regierung auszugeben.

Im Auftrag des Senators reiste Abourezk im Dezember in den Iran und sprach mit mehreren Staatsbeamten. Er kam mit der Einschätzung zurück, daß die Regierung der Islamischen Republik Iran viel zu unorganisiert sei, als daß man effektive Verhandlungen führen könnte.

Der Senator bat Abourezk, insgeheim mit seinen Bemühungen fortzufahren. Er tat dies auch mehrere Monate lang, allerdings ohne jeden Erfolg. Auch Kontakte in Europa, auf die wir zurückgriffen, halfen uns nicht weiter. Der Schuß drohte sogar nach hinten loszugehen. Auf einem unserer Flüge zu dem nächsten Wahlkampfort rief uns Steve Smith an. Der Senator war beschäftigt, und ich nahm den Anruf entgegen. Smith berichtete:»Sag Ted, daß alle Fernsehsender in den Nachrichten eine Demonstration in Teheran übertragen. Alle Iraner rufen: ›Es lebe Senator Kennedy!‹« Sarkastisch fügte er hinzu: »Da habt ihr uns ja dort drüben was Schönes eingebrockt.«

Als ob dies nicht schon schlimm genug für uns gewesen wäre, brachte die Dezemberausgabe der »Washington Monthly« einen Artikel von Suzannah Lessard unter der Überschrift »Kennedys Frauenprobleme – Kennedyprobleme der Frauen«. Lessard nannte weder den Namen von irgendeiner Geliebten des Senators, noch legte sie ihre Quellen offen, aber sie beschrieb ziemlich genau das bewährte Grundmuster, nach dem seine sexuellen Affären abliefen: Ein Mitarbeiter oder Freund lädt eine Frau zum Essen mit dem Senator ein. Daraus entwickelt sich dann ein zwangloses »Techtelmechtel«. Die Autorin kam zu dem Schluß, daß dieses Muster auf »eine schwere Entwicklungsstörung« hindeute, auf »einen zügellosen Narzißmus, ein übergroßes babyhaftes Ego, das ständig gefüttert werden will«.

»Time« wußte in diesem Zusammenhang zu berichten, daß der Artikel – ob nun zutreffend oder nicht – für reichlich Gesprächsstoff in Washington sorge. Die Wochenzeitschrift zitierte die Bemerkung des Schriftstellers Henry Fairlie, dem zufolge auf einer Abendgesellschaft »vierzehn begabte und interessante Männer und Frauen volle eineinhalb Stunden lang von nichts anderem redeten als den sexuellen Abenteuern von Ted Kennedy«.

Zu dieser Zeit kam meine jüngste Schwester Peg, die gerade das Boston College abgeschlossen hatte, nach Washington, um als freiwillige Wahlhelferin bei uns zu arbeiten. Sie war schockiert – ganz allgemein über den enormen Glitzer und die Hektik in Washington und speziell darüber, daß jeder nur an sich selbst dachte.

Weihnachten rückte näher, und da harte und anstrengende Monate vor uns lagen, entschloß ich mich, die Stimmung unter den Mitarbeitern der Kampagne mit einer großen Weihnachtsparty zu heben. Peg versprach, mir bei der Bewirtung der Gäste zu helfen. Ich hatte ungefähr 250 Leute eingeladen.

Am Tag, an dem die Party stattfinden sollte, nahm Peg mich beiseite und gestand, daß sie sich nicht mehr als Helferin am Wahlkampf beteiligen werde. Sie wolle noch am selben Tag nach Hause fliegen. Nur mit Mühe konnte ich sie dazu überreden, wenigstens noch bis zur Party zu bleiben.

An jenem Abend war ich nervöser als sonst, auch wenn es sich nur um ein Fest handelte. Ein Grund für meine Nervosität war Cindys Anwesenheit. Gleich bei seiner Ankunft steuerte der Senator auf sie zu, um mit ihr zu plaudern, obwohl Joan, die Kinder und die Presse ihn beobachteten. Ihre Unterhaltung wurde immer intimer, auch körperlich kamen sie sich dabei näher. Es war eine krasse Indiskretion – wie ich sie immer befürchtet hatte.

»Das darf doch nicht wahr sein«, entrüstete sich Peg neben mir. »Und das vor Joan! Und den Kindern!«

Cindy blieb lange an diesem Abend, und es ergab sich die Gelegenheit zu einem ernsten Gespräch. Ein paarmal gingen wir sogar zusammen ins Badezimmer und koksten. Cindy war in einer Stimmung, die es ihr erlaubte, den ungeschminkten Tatsachen ins Gesicht zu sehen. Sie sprach aus, was sie schon seit langem wußte: daß der Senator sich nicht scheiden lassen würde. Und was noch schlimmer war – er hatte auch noch Beziehungen zu einer Reihe anderer Frauen. Es gab keine Hoffnung. An diesem Abend entschied Cindy, daß es Zeit für sie sei, aus Washington wegzugehen. Ich versprach, ihr dabei zu helfen, in einem der für die Vorwahlen wichtigen Staaten einen Job in der Wahlkampftruppe zu finden, falls sie Washington und ihre Arbeit unbedingt aufgeben wollte. So könne sie sich wenigstens eine Zeitlang über Wasser halten.

Während des Gesprächs stiegen ihr Tränen in die Augen, und mir wurde klar, wie sehr diese wundervolle, schöne Frau Ted Kennedy liebte.

Unglücklich und enttäuscht kehrte Peg wenige Tage nach der Party nach Connecticut zurück. Was sie meinen Eltern erzählte, mußte die Bedenken meines Vaters bestätigt haben, denn bei meinem nächsten Besuch zu Hause fragte er mich: »Rick, bist du wirklich glücklich?«

»Ja«, antwortete ich, weniger davon überzeugt denn je.

Seine Augen sagten: Ich glaube dir nicht – und mir gefällt es nicht, wie du lebst. Doch damals wollte ich mich nicht ändern; ich ging ganz in einem Leben auf, das sich ausschließlich um den Senator drehte.

Da Joan nun zu Hause wohnte, benötigte der Senator dringend einen Ort, wo er sich heimlich mit seinen Freundinnen treffen konnte. Vor Weihnachten stand ihm dafür mein Haus zur Verfügung. Wir mußten lediglich ein Mitarbeitertreffen im Kellergeschoß ansetzen oder einfach einen Besuch ankündigen. Vor dem Eintreffen des Senators überprüften die Beamten des Secret Service das Haus. Dann ließen sie uns allein und warteten draußen. Sie versahen uns auch mit einem Vorrat an Ansteckplaketten, auf denen das Wort PERSONAL stand. Die geheimen Erkennungsfarben wurden von Zeit zu Zeit gewechselt. Wenn der Senator eine Begleiterin mitbrachte und sie die richtige Plakette trug, galt sie eben als eine der Teilnehmerinnen der Mitarbeiterversammlung. Waren die geschäftlichen Dinge geregelt, machte der Senator einen Stock höher Gebrauch von meinem Schlafzimmer.

Dieses Manöver wurde zu Beginn der Kampagne eingeführt und während des ganzen Verlaufs beibehalten.

Die Beamten vom Secret Service sahen es als ein Spiel an, und vermutlich war es nichts anderes. Ich lächelte und schüttelte halb amüsiert, halb resigniert den Kopf, als ich einen an den Senator gerichteten Weihnachtsgruß von Helga Wagner, seiner Freundin aus Palm Beach, las. Beigefügt war eine Schwarzweißaufnahme der reizenden Blondine, auf der sie eine Bauernbluse trug.

Obwohl der Secret Service es wohl vergnüglich fand, bei den Eskapaden des Senators beide Augen zuzudrücken, verlor er seine eigentlichen Aufgaben zu keiner Zeit aus dem Blick. Dem Senator wurden zwei kugelsichere Westen verordnet. Eine war in einen Trenchcoat eingenäht und recht bequem – etwas für regnerisches Wetter. Das zweite Modell für schöne Tage sollte unter einem Hemd oder einem Anzugjackett getragen werden und war schwer und hinderlich. Als der Senator es anprobierte, protestierte er; das Gewicht der Weste verursachte ihm heftige Rückenschmerzen.

Ich brachte den Secret Service dazu, ein leichteres Exemplar zu beschaffen, doch auch dies wollte der Senator nicht tragen, und ich konnte mir lebhaft vorstellen, daß es noch weitere Diskussionen zu diesem Thema geben würde.

Außerdem mußten wir uns um sein Erscheinungsbild kümmern. Wieder blieb es mir vorbehalten, ihn von der Notwendigkeit zu überzeugen, sich vor Fernsehauftritten schminken zu lassen. Der Macho in ihm rebellierte. »Es muß sein«, beharrte ich. Ich erinnerte ihn daran, was auf dem Spiel stand. Wir befanden uns in einer Präsidentschaftskampagne, und es war äußerst wichtig, welchen Eindruck er auf dem Bildschirm hinterließ. Schließlich willigte er ein – unter der Voraussetzung, daß ich selbst ihn schminken würde.

Gewöhnlich begann der Senator das neue Jahr mit dem Vorsatz, seinen Alkoholkonsum zu reduzieren. Während der Fastenzeit blieb er dann nüchtern, so als wollte er sich beweisen, daß er jederzeit aufhören könnte. Dieses Jahr – so hoffte ich – würde sich diese Maßnahme günstig auf sein Gewicht auswirken.

»Und Sie müssen auf Gertrudes Schokoladenkekse verzichten«, mahnte ich.

Paul Kirk, Tom Southwick, der Senator und ich saßen eines Tages beisammen und diskutierten über Joans Aussehen. Einer sagte: »Sie braucht eine neue Garderobe.«

Ein anderer meinte: »Joan sieht einfach – schlampig aus.«

Wir vier Männer kamen überein, daß Joans Geschmack bei der Wahl ihrer Kleider zu wünschen übrig ließ; sie liebte kräftige Farben und große Karos. »Und sie trägt viel zu viel Make-up«, fügte der Senator hinzu. »Rick, gehen Sie ans Telefon und finden Sie jemanden, der ihre Garderobe in Ordnung bringt«, sagte er zu mir.

Ich rief Dr. Hawthorne an, erklärte ihm, zu welchem Schluß wir gekommen waren, und schlug vor: »Wenn Sie das Thema vielleicht ansprechen könnten ...«

»Um Gottes willen«, antwortete er. Dann fragte er: »Was schwebt den Herren denn vor?«

»Schlichte, konservative Damenkostüme. Im Fernsehen kommt die Farbe Blau gut zur Geltung. Und weniger Schminke. Vielleicht könnte sie zu einem Farbberater gehen?«

Dr. Hawthorne, ein noch relativ junger Mann, schien von der Welt der Mächtigen fasziniert zu sein, doch ihm ging wohl erst jetzt auf, welche Ansprüche von ihr gestellt wurden. Er versprach, mit Joan zu reden, wiederholte aber: »Um Gottes willen ...«

Unterdessen verwandte ich erhebliche Mühe darauf, die Terminpläne der unmittelbaren und entfernteren Verwandtschaft auf die Kampagne abzustimmen.

Da wir das »Charakter-Problem« nun einmal nicht umgehen konnten, beschlossen wir, mit dem Image des »Familienvaters« einen Ausgleich zu schaffen. Joan sollte deshalb so oft wie möglich an der Seite des Senators in Erscheinung treten. Kara, Teddy und Patrick würden der Schule fernbleiben, um ihren Teil zum Gelingen des Unternehmens beizutragen.

Wir wollten auch alle Neffen und Nichten so häufig es ging einspannen. Maria Shriver ließ sich von ihrer Arbeit beim »PM Magazine« beurlauben. Sydney Lawford, Bobby Shriver und Joe Kennedy stellten sich ebenfalls zur Verfügung.

Wir beschlossen allerdings, Ethels Zeit nicht allzu sehr in Anspruch zu nehmen, da wir uns denken konnten, daß sie mit ihrer eigenen Familie alle Hände voll zu tun hatte.

Wir konnten nun die vielleicht spektakulärste und interessanteste Besetzung aufbieten, die jemals für eine derartige Kampagne engagiert wurde. Unser Büro in Washington richtete eine »Familienabteilung« ein, die die Terminpläne für die einzelnen Angehörigen koordinierte. Der Senator und ich diskutierten oft über den passenden Einsatz unserer Reservetruppen. »Ich möchte, daß Eunice so oft wie möglich mit mir in Iowa ist«, sagte er einmal.

»Warum?« fragte ich.

»Sie wird mir mit der Anti-Abtreibungs-Bewegung helfen«, erklärte er.

Jean Smith und Teddy wollten sich für die Belange der Behinderten einsetzen.

Jackie, Caroline und John jr. waren nur für ganz wenige Gelegenheiten verfügbar, deshalb entschieden wir, diese Trümpfe auszuspielen, wenn der Einsatz sehr hoch war. Vor allem Jackie – so nahmen wir an – könnte unsere größte Attraktion bei wichtigen Veranstaltungen sein, die der Wahlkampffinanzierung dienen sollten. Einmal mieteten wir einen Learjet, ein kleines Düsenflugzeug, das Rose zu einem kurzen Aufenthalt nach Iowa brachte. Ansonsten mußte sie nur Auftritte in Florida absolvieren. Der Rest der Familie war jedoch schwer beschäftigt.

KENNEDY HOLT AUF

Nach und nach wurde deutlich, wie sehr uns das Mudd-Interview doch geschadet hatte. Der Senator wirke »stümperhaft«, meinte ein Beobachter – und das war auch der Tenor aller weiteren Presseberichte über die Kampagne.

Zum Auftakt des Wahlfeldzuges fabrizierte der Senator ein rhetorisches Glanzstück nach dem anderen: »Wir sollten das Programm zur Gewinnung synthetischen Treibstoffs vorantreiben, indem wir diesen Prozeß vorantreiben.«

»Wir müssen uns den Problemen stellen, die sich uns stellen, wie wir uns auch in der Vergangenheit den Problemen gestellt haben, die sich uns stellten.«

Zusammen mit den Redenschreibern Carey Parker und Bob Shrum sowie unserem Pressereferenten Tom Southwick lauschte ich diesen Darbietungen. Wir trauten unseren Ohren nicht. Dann schauten wir uns mit gequälter Miene an, schüttelten den Kopf und fragten uns entgeistert: »Was hat er eigentlich gesagt?«

Wir konnten sicher sein, daß der Senator mit hochrotem Kopf und über sich selbst erbost zurückkam. Manchmal beklagte er sich: »Wir hatten nicht genug Zeit, um das zu üben!«

Immerhin konnte er aber auch über sich lachen, sobald der erste Ärger überwunden war. Als er in Iowa jeder »Famfarmilie« helfen wollte, bekam ich ihn in den Garderoberäumen zu fassen und imitierte ihn: »Famfarmilie!«

»Oh weh, oh weh«, sagte er. Er wollte sich ausschütten vor Lachen, bekannte aber paradoxerweise zugleich: »Ich finde das gar nicht lustig.«

Seine Schnitzer brachten ihm einen katastrophalen Stimmenverlust und Kommentare ein wie etwa den von Ellen Goodman, einer Reporterin des »Boston Globe«. Sie behauptete, daß der Senator die Präsidentschaft eigentlich gar nicht wolle.

Ein anderer Kritiker schrieb: »Anfang und Ende seiner Sätze lassen sich seltener miteinander verbinden als die anderer Politiker.«

Wir dachten, daß ihm vielleicht ein Teleprompter helfen würde, wenn er eine größere Rede zu halten hatte. Bei dieser optischen Soufflierhilfe wurde die Rede in Großbuchstaben in einen speziellen Apparat getippt und von Spiegeln reflektiert. Der Apparat war sehr einfach konstruiert und wurde noch manuell betrieben. Jemand saß

in einem Kasten unterhalb der Maschine und drehte die Rolle von
Hand. Einmal riß das Textband, und der Senator, der in seinem
Manuskript den Faden verloren hatte, mußte den Rest seiner Rede
improvisieren. Wütend schwor er sich später:»Dieses Ding benutze
ich nie wieder!«

Ein verzweifelter Steve Smith konnte Norman Lear dazu bewegen, sich unserer Mannschaft als freiwilliger Berater anzuschließen. Der ehemalige Fernsehproduzent war eine große Hilfe, wir
hätten ihn allerdings schon viel früher gebraucht.

Als die Kampagne für einen Kurzurlaub unterbrochen wurde,
flogen einige von uns nach Palm Beach, wo der Senator und seine
Familie bei Rose Ferien machten. Wir wollten einen Weg finden,
das Auftreten des Senators zu verbessern. Paul Kirk und Eddy Martin waren die ersten Tage mit dabei.

Steve Smith kam ohne Umschweife zur Sache:»Wie können wir
das Scheitern der Kampagne verhindern?«

Parker und Shrum machten den Vorschlag, wir sollten die Parole
von der»politischen Führungsstärke« aufgeben, weil sie sich nicht
bewährt habe. Sie schlugen weiterhin vor, daß der Senator sich nun
sehr viel gezielter äußern und sich pointiert als Führer des linken
Flügels der Demokratischen Partei – in direkter Opposition zum
eher konservativen Präsidenten – darstellen solle.

Nach einer heißen Diskussion stimmte der Senator seinen Redenschreibern zu. Von nun an, erklärte er, würde er sagen, was er
denke. Er schlug mit der Faust auf den Tisch und gelobte:»Wenn
ich schon zu Boden gehe, dann will ich doch für die Dinge gekämpft
haben, an die ich glaube.«

Um die Medien zu beeindrucken, mußten wir diese Kehrtwen-
dung vor möglichst großem Publikum vollziehen. Viele Telefonanrufe waren nötig, bis wir den passenden Ort – meine Alma mater,
die Universität von Georgetown – gefunden und den Termin auf den
28. Januar festgesetzt hatten. Das würde nach den Vorwahlen in
Iowa sein, wo wir bei den Umfragen mächtig ins Hintertreffen geraten waren, aber was blieb uns anderes übrig?

Für die restlichen Tage in Palm Beach gönnten wir dem Senator
eine kleine Pause.

Am 27. Dezember 1979 marschierte die sowjetische Armee in
Afghanistan ein. Präsident Carter nannte die Invasion»einen ersten
Schritt der Sowjets, sich den Zugriff auf einen großen Teil der Erd-

ölvorkommen der Erde zu sichern« und »die ernsthafteste Gefähr-
dung des Weltfriedens seit dem Zweiten Weltkrieg«.

Afghanistan und Iran sorgten dafür, daß Carter in den Schlagzeilen blieb. Außerdem hatten die beiden Krisen für uns noch den
gravierenden Nachteil, daß sie dem Präsidenten erlaubten, der direkten Konfrontation mit dem Senator auszuweichen. Carter verkündete, daß er sich, solange sich die internationale Lage nicht
beruhige, aus dem »aktiven Wahlkampf« zurückziehen werde. Er
sagte die geplante Fernsehdebatte mit dem Senator ab.

Die Presse nannte das seine »Rosengartenkampagne«.

Inzwischen war die von uns gemietete Boeing 727 fertig geworden, und wir nahmen unser erstes Ziel ins Visier: Carter am Montag, dem 21. Januar, bei den Vorwahlen in Iowa ins Wanken zu
bringen. Es war der erste von insgesamt vier Wahltagen, an denen
die fünfzig Delegierten des Staates für den Parteikonvent gewählt
werden sollten.

Bei der Planung der Kampagne hatte man Joe Kennedy die Verantwortung für Iowa übertragen. Dieser erste Test war für uns so
bedeutend, daß sich unsere Wahlkampfauftritte in diesem Bundesstaat über volle siebzehn Tage erstrecken sollten, und wir nur hier
und da kurze Reisen zu anderen Veranstaltungen im Land unter-
nahmen.

In einer bitterkalten Winternacht befanden wir uns in einem
Holiday Inn in Iowa. Bei den Hotelzimmern klafften zwischen Tür
und Schwelle breite Lücken, durch die eisige Luft hereinströmte.
Das Zimmer des Senators und meines lagen nebeneinander.

»Wo hast du Joan untergebracht?« fragte ich einen Wahlhelfer.
Joans Zimmer lag am anderen Ende des Flurs. »Mist«, sagte ich,
»wir müssen umziehen.« Wenn die mitreisenden Reporter heraus-
bekämen, daß die beiden getrennt schliefen, würde uns diese
Schlagzeile für den Rest der Kampagne verfolgen. Es wäre ein ge-
fundenes Fressen für die Presse. Da das Hotel komplett belegt war,
schaffte ich Joan und ihre neue, konservative Garderobe in mein
Zimmer und zog für eine Nacht zu Sally Fitzgerald und Marcia
Chellis.

Der Senator behandelte gerade seine Rückenschmerzen im
Whirlpool, als er hörte, daß Gepäck über den Flur geschleppt wurde. Er wollte wissen, was da draußen vor sich ging.

Nachdem ich ihm das Problem und dessen Lösung erläutert
hatte, lehnte er sich im Becken zurück und schloß die Augen. Zwar

wußte er, daß ich das Richtige getan hatte, aber ich spürte, daß er sich immer mehr über seine seltsame Ehe aufregte. Es ging Joan nun besser, sie trat bestimmter auf und verhielt sich ihm gegenüber unabhängiger. Sie lachte öfter, ihre Augen strahlten, und sie schien nun endlich zu sich selbst zu finden. Der Senator hatte dergleichen jedoch schon so oft erlebt, daß er nicht einmal aus Höflichkeit nett zu ihr sein konnte. Statt dessen tat er oft so, als wäre sie gar nicht da, und wurde von Tag zu Tag kälter. Er wußte, daß der Erfolg der Kampagne auch von ihrem Auftreten abhing. Zugleich aber wußte er, daß seine Frau unberechenbar blieb ... und das machte ihm Sorgen. Wenn sie nun einen Rückfall erlitt?

Schließlich sagte ich zu ihm: »Zeigen Sie ein wenig Zuneigung, wenn Sie mit ihr in der Öffentlichkeit auftreten.«

Er versprach, nicht gerade begeistert, es zu versuchen.

In jener Nacht schliefen wir wegen der Kälte alle in Mänteln.

Am darauffolgenden Tag nahmen wir an einer Veranstaltung teil, in deren Verlauf wir von Demonstranten aus der Anti-Abtreibungs-Bewegung belästigt wurden. Sie waren als Gespenster verkleidet und schrien uns Parolen ins Gesicht. Manche trugen Taucheranzüge und spielten damit höhnisch auf Chappaquiddick an. Während des politischen Teils der Veranstaltung mußte der Senator in der Reihe des Empfangskomitees Aufstellung nehmen, endlos Hände schütteln und dabei lächeln, als ob er nichts lieber täte. Schon allein das Stillstehen über längere Zeit verursachte ihm starke Rückenschmerzen. Einer der Leute vom Secret Service hatte es übernommen, einen Stuhl als Stütze hinter ihm zu halten, so daß er sich dagegenlehnen und seinen Rücken etwas entlasten konnte.

Während die Reihe der Gäste nur langsam an ihm vorüberzog, fing ich quer durch den Raum einen Blick des Senators auf. Ich brachte ihm sofort ein Glas Wasser. Als er trank, meinte der Sicherheitsbeamte an meiner Seite: »Das habe ich noch nie erlebt, daß zwei sich ohne Worte verständigen. Kein Wunder, daß sie kein Funkgerät brauchen. Woher wußten Sie, daß er ein Glas Wasser wollte?«

»Wenn Sie mit jemandem rund um die Uhr zusammen sind, kommt so etwas von ganz allein«, antwortete ich. »Er hat es mir einfach signalisiert.«

»Wie das?«

»Es stand in seinen Augen.«

»Ihr zwei seid aus demselben Holz geschnitzt.«

Ich hörte das nicht zum erstenmal. Doch ich hatte keine Zeit, darüber nachzudenken, ob mir dieser Vergleich gefiel.

In Iowa gaben 110000 Demokraten ihre Stimme ab. Das waren doppelt so viele wie bei den Vorwahlen von 1976, und Carter gewann mit 59 zu 31 Prozent, also fast im Verhältnis von 2 zu 1. Als der Senator das Ergebnis erfuhr, wollte er seine Redenschreiber schon eine Erklärung verfassen lassen, wonach er sich aus dem Rennen zurückziehe, dann aber überlegte er es sich doch anders.

Die Presse begann schon, Nachrufe auf ihn zu verfassen. Tom Brokaw von NBC sprach in der Fernsehsendung »Today« von einem »phantastischen Erdrutschsieg« für Carter und von »einer großen Niederlage für Senator Kennedy«. In der Sendung »Good Morning America« bei ABC erklärte Cassie Mackin, daß »keiner in der Kennedy-Kampagne auf eine solche Niederlage vorbereitet« gewesen sei. Für CBS kommentierte Roger Mudd: »Nach der Niederlage, die Kennedy hier erlitten hat, muß er in Maine und New Hampshire wirklich enorm zulegen, sonst ist das Rennen für ihn gelaufen.«

Nun, da zumindest einige Teile der Presse den Senator bereits abgeschrieben hatten, begannen die Journalisten generell etwas wohlwollender mit ihm zu verfahren.

Aber es half nichts. Noch im vorigen Sommer hatten wir gedacht, die Präsidentschaft wäre leicht zu gewinnen, und jetzt hatte er wenige Monate später eine herbe Niederlage einstecken müssen.

Schon wurden unsere Finanzen knapp. Wir riefen den Unmut von United Airlines hervor, weil wir den Mietvertrag für unsere Boeing 727 nach nur einem Monat kündigten – und das, nachdem die Maschine mit einer teuren neuen Ausstattung versehen worden war. Wir konnten uns diesen Luxus einfach nicht mehr leisten und mieteten statt dessen eine rumpelnde Fairchild, der der Senator den Spitznamen »Flim Flam One« gab.

Zwei Tage nachdem Präsident Carter die Vorwahlen in Iowa gewonnen hatte, hielt er vor dem Kongreß seine Rede zur Lage der Nation, welche zur besten Sendezeit direkt von allen Fernsehsendern ausgestrahlt wurde. Carter nahm eine unnachgiebige Haltung in bezug auf die iranische Geiselaffäre und die Invasion der Sowjets in Afghanistan ein, die gut beim Publikum ankam.

Verzweifelt holten wir zum Gegenschlag aus. Gelegenheit dazu bot die auf den 28. Januar angesetzte Rede des Senators an der Georgetown-University. Wir sagten eine Wahlrundreise durch Neuengland ab – darunter auch einen Auftritt am Samstagabend in Rhode Island mit Jackie Onassis – und bereiteten uns sorgfältig auf dieses wichtige Ereignis vor.

Am Samstag erhielt der Senator von Warren Christopher, dem stellvertretenden Außenminister, eine volle Stunde lang ein Privatissimum über internationale Angelegenheiten. Wir anderen bereiteten indessen die Rede für den Montagmorgen vor. Die Wahlhelfer setzten ungefähr zweihundert treue Kennedy-Anhänger unter die Zuhörer und wiesen sie an, an den richtigen Stellen zu applaudieren.

Parker und Shrum hatten eine zupackende und begeisternde Rede vorbereitet, und wir drängten den Senator, sie auswendig zu lernen. In McLean stellten wir im Kellergeschoß ein Podest auf und übten mit ihm. Wir beschafften einen Teleprompter für den Fall, daß sein Gedächtnis versagte. Am Samstagabend fühlte sich der Senator dann bereit. Er war guter Dinge.

Am frühen Montagmorgen fuhr ich nach McLean und verkündete, daß es Zeit zum Schminken sei.

»Ricky, muß das wirklich sein?« fragte er.

Ich erinnerte ihn daran, daß er vermutlich vor den Kameras mehrerer Fernsehsender stehen würde, und er fügte sich. Widerwillig ließ er sich von mir ein bißchen Puder auftragen, um die Fältchen um seine Augen zu verdecken. Dann schminkte ich die Wangen mit Make-up und legte etwas Rouge auf.

Mit Erleichterung hörte er, daß der Secret Service nicht darauf bestand, daß er eine kugelsichere Weste trug. Wir erwarteten ein wohlwollendes Publikum und eine abgeschlossene, sichere Umgebung.

Im Wagen las der Senator sein Redemanuskript nochmals durch.

In Georgetown wurden wir herzlich von Pater Henley begrüßt, dem Rektor der Universität. Er hatte sein Amt angetreten, als ich im letzten Studienjahr war, und erinnerte sich noch an mich.

In den Garderobenräumen ließ ich den Senator in der Obhut von Parker und Shrum, die sofort bestimmte Schlüsselpassagen mit ihm durchgingen. Dann begab ich mich in den vorderen Teil des Auditoriums, um mir das Publikum anzuschauen.

Fast alle Plätze waren belegt, nur einige Nachzügler standen noch in den Gängen, der Saal war erfüllt von Stimmen. Ich überprüfte das Mikrophon und versicherte mich, daß die Fernsehkameras bereit waren. Dann sagte ich zu den Wahlhelfern: »Es kann losgehen!«

Der Senator war brillant an jenem Morgen. Er berief sich auf das sozialpolitische Vermächtnis zweier großer Präsidenten, auf Franklin D. Roosevelts »New Deal« und Harry Trumans »Fair Deal«, er sprach kraftvoll und ohne zu zögern. Er beschuldigte Carter, daß seine Politik die Jungen, die Alten, die Kranken, die Armen, die Unterprivilegierten, die Minderheiten und die Frauen vernachlässigt habe – kurz all jene, die »vom amerikanischen Traum ausgeschlossen waren«.

Der Senator erklärte, daß er als Präsident endlich ein lückenloses Steuergesetz schaffen und die Macht der Monopole brechen werde.

Nochmals erinnerte der Senator daran, daß die Aufnahme des Schahs in die Vereinigten Staaten die Geiselaffäre ausgelöst habe, und forderte, daß eine UN-Kommission iranische Vorwürfe gegen den Schah sorgfältig prüfen solle, sobald die Geiseln wieder frei wären. Nun, Monate nach Carters wirkungslosen Reaktionen auf die Machenschaften des Ayatollahs, waren seine Zuhörer für diese Botschaft empfänglich.

Der Senator schloß mit den Worten: »Manchmal muß eine Partei gegen den Strom schwimmen. Jetzt ist die Zeit dafür gekommen.«

Zusammen mit mehreren Wahlhelfern und dem Chef der Sonderkommission des Secret Service stand ich auf einer Seite der Bühne und lauschte angestrengt in den Saal. Das Publikum erhob sich und spendete begeistert Beifall.

Während der Applaus noch anhielt, versuchte ich, ein erstes Echo auf die Rede zu bekommen.

»Das hat gesessen«, sagte jemand.

»Ein Volltreffer!« dröhnte ein anderer.

Tom Southwick belauschte die Reporter und kam mit dem Kommentar zurück: »Das war ziemlich gut, Rick.«

Ich rannte hinter die Bühne, um dem Senator die ersten Reaktionen mitzuteilen. Danke, lieber Gott, betete ich wieder und wieder. Vielleicht wendet sich das Blatt ja doch noch ...

In der Tat verbreiteten die Kritiker fast einhelliges Lob. Der Sprecher des Repräsentantenhauses, Tip O'Neill, der in diesem Kampf zwischen seinen Parteifreunden absolute Neutralität gewahrt hatte, erklärte: »Jeder, der Ted Kennedy in diesem Rennen schon abgeschrieben hat, sollte seine Haltung noch einmal überdenken.« Und er fügte hinzu: »Die Kennedys schicken sich nie in eine Niederlage.«

Der einzige Fernsehkommentar, der uns ärgerte, kam von Phil Jones von CBS. Er monierte, daß der Senator mit Hilfe eines Teleprompters gesprochen hatte. »Was Besseres ist dem wohl nicht eingefallen«, murrte der Senator. Ronald Reagan benutzte stets Teleprompter, und es wurde nie beanstandet. Befriedigt nahmen wir zur Kenntnis, daß CBS bald darauf Jones durch Jed Duvall ersetzte. Der Senator hatte keinerlei Druck auf CBS ausgeübt, um Jones von der Berichterstattung über Kennedy auszuschließen, aber ich fragte mich, ob nicht vielleicht Steve Smith seine Fäden gezogen haben könnte. Smith kannte privat viele Fernsehbosse, und es war denkbar, daß er in dieser Sache hinter den Kulissen tätig geworden war. Der Senator jedenfalls gab sich ahnungslos. Er zog es vor, »offiziell nichts gewußt zu haben«.

Nach der Rede in Georgetown flogen wir nach Neuengland. Als wir am Logan International Airport in Boston aus dem Flugzeug der Delta Airlines stiegen, begrüßte eine Schulband den Senator mit ihrer Version von »A Little Help from My Friends«. Grinsend gelobte der Senator: »Wir gehen erst nach Maine und New Hampshire hinauf und dann ganz durch bis nach Kalifornien. Wir werden sehen, wer am Ende wem den Hintern versohlt!«

Ich atmete auf. Der alte Kennedy-Geist, so schien es, war endlich zurückgekehrt.

AUF WAHLKAMPFTOUR

Wer in der Öffentlichkeit mit Stil auftreten will, braucht Geld. Und das wurde allmählich knapp.

Phil Bakes präsentierte dem Senator eine Aufstellung, aus der hervorging, wie weit wir schon durch den Wahlkampf in die roten Zahlen geraten waren. Wir verfügten zwar über 200 000 Dollar Bargeld, doch hatten wir über eine Million Dollar Schulden, darunter 400 000 Dollar bei der Chemical Bank und 75 000 Dollar bei Charles Guggenheim. Außerdem hatten wir einen fälligen Monatslohn an die Wahlkampfhelfer nicht ausgezahlt. Glücklicherweise waren viele bereit, trotzdem weiter für uns zu arbeiten.

Das nächste Ziel auf unserer Wahlkampftour hieß Puerto Rico. Als jemand vorschlug, uns dort stärker als geplant zu engagieren, entbrannte sofort wieder die Diskussion über eine alte Streitfrage. Bei der Festlegung unserer Reiseroute vor einigen Monaten war Puerto Rico bereits ein heißes Eisen gewesen. Es war bekannt, daß demokratische Kandidaten auf der Insel damit rechnen konnten, große Geldsummen einzustreichen. Außerdem gab es klare politische Gründe, die für einen Besuch sprachen. Mitte März sollte Puerto Rico zum erstenmal Schauplatz von Präsidentschaftsvorwahlen der Demokraten sein, und die Partei hatte dafür gesorgt, daß es ein attraktives Ziel war. 41 Delegiertenplätze standen zur Verfügung; nur neunzehn Staaten entsandten eine größere Zahl von Delegierten zum Parteikonvent. Darüber hinaus würde uns der Auftritt in Puerto Rico ein positives Echo in der New Yorker Presse bescheren, denn dort lebten viele Puertoricaner.

Ein Mitglied unseres Stabs machte uns auf ein Problem aufmerksam. »Ihr müßt vorsichtig sein«, warnte er uns. »Ihr könnt vielleicht 300 000 Dollar einstreichen, aber 200 000 davon sind *Bargeld,* und ihr wißt nicht, wo es herkommt.«

Der Vetter des Senators, Bobby Fitzgerald, uns allen unter dem Namen »Bobby Fitz« bekannt, war einer von drei Mitarbeitern, die beauftragt waren, Spendengelder heranzuschaffen. Er befürwortete leidenschaftlich den Plan, Puerto Rico in die Reiseroute einzubeziehen, auch wenn wir uns mit den gesetzlich zulässigen Spendenbeträgen begnügen mußten.

Steve Smith und andere diskutierten ausgiebig über diesen heiklen Punkt. Einer der Anwesenden fragte offen: »Sollen wir nicht lieber ein Risiko eingehen? Wir brauchen einfach das Geld.«

Für den Senator stand besonders viel auf dem Spiel. Die Annahme einer illegalen Parteispende in Form von Bargeld würde jeden Kandidaten in ein schiefes Licht rücken. Für den Senator kam noch erschwerend hinzu, daß er höchstpersönlich gleich nach dem Watergate-Skandal für eine Reform der Gesetzgebung zur Wahlkampffinanzierung eingetreten war. Er hatte einen Vorschlag unterstützt, der es Steuerzahlern ermöglichen sollte, einen Dollar ihrer jährlichen Einkommensteuer für die Finanzierung von Wahlen in den einzelnen Bundesstaaten zu verwenden. Er hatte gegen aufdringliche Lobbyisten gewettert, die sich die Treue der Politiker erkauften.

Der Secret Service war von dem Vorhaben, Puerto Rico zu besuchen, nicht begeistert. Da in der notorisch unruhigen Gegend zahlreiche Terrorgruppen agierten, bestand Grund zur Sorge. Ein

Sonderkommando von Scharfschützen wurde uns als Begleitung zugeteilt. Die gesamte Einsatztruppe umfaßte schließlich drei Gruppen von Sicherheitsbeamten, die einander ablösten. Jede Schicht bestand aus 54 Beamten; insgesamt waren also 162 Mann zum Schutz des Senators aufgeboten worden. Schutzmaßnahmen solchen Ausmaßes waren sehr ungewöhnlich und übertrafen sogar diejenigen, die bei Carter ergriffen wurden.

Bei einem seiner Auftritte in San Juan bezeichnete sich der Senator selbst als »alten Freund« Puerto Ricos und beschuldigte Präsident Carter, die Idee von der Wohlfahrt für alle Bürger vergessen zu haben: »Die meisten Familien auf der Insel leben immer noch in Armut. Der Präsident machte keine Anstalten, diesen Zustand zu verbessern.« Sollte er den Sprung ins Weiße Haus schaffen, werde der Senator einen Sonderbeauftragten ernennen, »um das Interesse und die Aufmerksamkeit der Vereinigten Staaten wieder auf die Probleme des puertoricanischen Volkes zu lenken.« Er wich dem strittigen Thema der Souveränität aus, verkündete jedoch: »Es liegt bei euch. Ihr müßt eure Wahl treffen.«

Als der Senator um Wahlkampfspenden bat, zogen puertoricanische Geschäftsleute prompt Hundertdollarscheine aus ihren Brieftaschen. »Nein, nein«, baten unsere Wahlhelfer. »Stellen Sie bitte Schecks aus«. Wir führten über die Spenden genau Buch und achteten darauf, daß sie die gesetzlich zulässige Gesamtsumme von tausend Dollar pro Spender nicht überschritten.

In Maine ging es nur um zweiundzwanzig Delegiertenmandate, das sind nur etwa ein Prozent der Wählerstimmen, die nötig waren, um die Nominierung zu sichern. Doch nach unserer Niederlage in Iowa hatte die Parteiversammlung in Maine am 10. Februar eine besondere Bedeutung bekommen. Der Senator erklärte, er müsse Carter in Maine und New Hampshire unbedingt schlagen, um weiterhin eine Chance zu haben. Damit hatte er sich ein sehr hohes Ziel gesteckt.

Aber der Senator wirkte und handelte wie ein Mann, der nach seinem Triumph in Georgetown genau wußte, daß er wieder im Rennen war. Er brachte die Lacher auf seine Seite und erntete Beifall, wenn er über Carter lästerte, er solle endlich aus seinem Rosengarten herauskommen und sich in den Wahlkampf stürzen. Sein Ruf nach staatlicher Gesundheitsfürsorge wurde begeistert aufgenommen. Er kündigte an, daß Joan ihre Promotion vorbereite, und stellte strahlend fest, diese Entscheidung bedeute für ihn, daß er nun mehr Zeit mit seinen Kindern verbringen werde.

Teddy und der neunzehnjährige John F. Kennedy jr. stießen zu uns, als wir einen Auftritt in der Auburn High School hatten. Die beiden gutaussehenden jungen Erben des Kennedy-Clans erregten großes Interesse. John jr. verfolgte aufmerksam die Rede des Senators und richtete anschließend selbst zwei, drei Sätze an die Anwesenden. Dann war der zurückhaltende junge Mann plötzlich verschwunden; die für ihn zuständigen Sicherheitsleute hatten für einen unauffälligen Abgang gesorgt.

Der CBS-Reporter Chris Wallace ließ in einem sehr kritischen Bericht für seinen Fernsehsender höhnische Bemerkungen über die Gepflogenheit des Senators fallen, bei seinen Vorträgen »Spickzettel« zu verwenden. In unseren Augen war das schlechter Stil. Jeder Politiker benutzt Stichwortkarten. Wer wäre denn auch imstande, sich bei den vielen Verpflichtungen alles zu merken, besonders wenn jeden Tag Dutzende von Reden auf dem Programm stehen? Wir konnten uns einfach nicht vorstellen, daß Wallace sich mit einer so lächerlichen Kritik auf den Senator einschießen wollte.

Ein paar Tage später beobachteten wir in einer Papierfabrik in Maine, wie Chris Wallace seinen Beitrag für die Abendnachrichten aufzeichnete. Vor ihm auf dem Boden, selbstverständlich außer Reichweite der Kamera, lagen seine eigenen »Spickzettel«. Mit einem boshaften Funkeln in den Augen trat der Senator zu ihm und lästerte: »Nanu, Chris, die Zettel hier auf dem Boden, gehören die Ihnen? Benutzen Sie die etwa als Gedächtnisstütze, wenn Sie zu den Zuschauern am Bildschirm sprechen?«

Wallace lachte, weil man ihm auf die Schliche gekommen war; die Stelle, an der sich der Senator eingeschaltet hatte, wurde freilich vom Band gelöscht.

Am Wahlsonntag um 16.38 Uhr erklärte CBS Carter zum »Sieger« der Vorwahlen in Maine. Zu viele von unseren Anhängern hörten die Nachricht, glaubten sich auf verlorenem Posten und machten sich nicht mehr die Mühe, wählen zu gehen. Wir schäumten vor Wut, daß die Presse sich vorzeitig in den Kampf um die Stimmen eingeschaltet hatte, doch was sollten wir tun?

In der folgenden Woche organisierten wir – unter Beteiligung der gesamten Kennedy-Familie – eine ganze Reihe von Spendenveranstaltungen. Jackie Onassis war unsere Hauptattraktion bei einem sonntäglichen Empfang im Regis College in Weston, Massachusetts, bei dem der Eintritt fünfzig Dollar pro Person betrug. Sie kam etwa eine Stunde zu spät, was jedoch keinen der zahlenden Gäste zu stören schien. Sie lechzten danach, einen kurzen Blick auf die rätselhafteste Frau in den Staaten werfen zu können. Sie trug ein leuchtend rotes Kleid mit violettem Besatz und lächelte huldvoll. Sie nippte am Champagner, kostete ein wenig von dem Spinatkuchen und begrüßte die Gäste, die in einem nicht enden wollenden Defilee an ihr vorüberzogen. Dann gab sie viele Autogramme und dankte allen mit tonloser, kaum vernehmbarer Stimme für die Unterstützung. Danach verschwand sie so schnell, wie sie gekommen war.

Der Empfang brachte 17 500 Dollar für den Wahlkampf ein.

An einem Donnerstag, dem Vorabend des achtundvierzigsten Geburtstags des Senators, veranstalteten wir im ganzen Bundesstaat insgesamt sechzig Parties. Der Senator erschien am späten Nachmittag im Parker House in Boston zu einer Wahlspendenveranstaltung, die von Arbeitern organisiert worden war. Dann eilte er weiter zu seiner nächsten gesellschaftlichen Verpflichtung in Anthony's Pier 4, wo der Eintritt fünfundzwanzig Dollar pro Person kostete. Am selben Abend erschien Ethel Kennedy bei Empfängen in Beacon Hill und South End, Caroline Kennedy reiste nach Pittsfield, und John Kennedy jr. war für die Städte Worcester und Webster zuständig. Bobby Shriver ließ sich in North Andover und Salem sehen, Eunice Shriver hatte ihren Auftritt in Boston und besuchte dann eine Party in Taunton, Teddy jr. war in Halifax und Randolph, Kara nahm an einer Feier am Kap teil und Joe Kennedy fuhr nach Brockton und Cambridge.

Überall, wo wir an diesem Tag hinkamen, schien immer irgend jemand darauf aus zu sein, den Senator mit einem Stück Geburtstagskuchen zu beglücken. Zuerst betrachtete er die Kuchen nur sehnsüchtig. Dann aber brach sein Widerstand, und er kostete einen. Bald lief er zu großer Form auf, schüttelte unzählige Hände, stopfte sich bei jedem neuen Termin den Mund voll Kuchen und hörte nicht auf meine Ermahnungen.

Schließlich kommandierte ich: »Schluß mit dem Kuchen.«

Er wischte sich die Schokoladekrümel von den Lippen und grinste schelmisch: »Aber Ricky, Sie alter Spielverderber ... darf ich das nicht einmal an meinem Geburtstag?«

So willkommen die Unterstützung von seiten der Familie auch war, so kam doch die Hauptrolle bei der Beschaffung von Spendengeldern dem Senator zu. Ständig mußte man ihn antreiben und ermahnen, offen um Wahlkampfspenden zu bitten.

In New Hampshire arrangierten wir ein privates Treffen zwischen dem Senator und einem Mann, dessen familiäre und geschäftliche Beziehungen es ihm ohne weiteres erlaubten, die beachtliche Summe von 50 000 Dollar beizusteuern. Paul Kirk und Eddy Martin versicherten ihrem Chef: »Ein Wort genügt und er zahlt.«

»Muß ich das denn wirklich?« stöhnte der Senator. »Ich hasse es, um Geld zu bitten.«

Kirk nahm mich beiseite und empfahl mir: »Geh du mit ihm rein, Rick, und sorge dafür, daß er die Hand aufhält.«

Das Treffen fand in reizvoller ländlicher Umgebung in Concord statt, in einer rustikalen Mühle, die zu einem Büro umgebaut worden war. Bei der Begrüßung war ich anwesend, doch nach dem gegenseitigen Austausch einiger Höflichkeitsfloskeln wandte sich der Senator zu mir und sagte: »Rick, wir wollen ein paar Minuten unter vier Augen sprechen.«

Ich ließ die beiden Männer allein und gesellte mich draußen zu Martin und Kirk.

»Warum bist du nicht drin geblieben?« tadelten sie mich.

»Er sagte mir, ich solle rausgehen. Ich konnte mich doch deswegen nicht mit ihm herumstreiten«, verteidigte ich mich.

Nach dem Treffen fragten wir den Senator, ob er den Mann um eine Spende gebeten habe. »Ja, das habe ich«, antwortete er.

»Prima«, gratulierten wir ihm einhellig.

Später berichtete uns Bobby Fitz jedoch, der Senator habe es vermieden, das Thema anzuschneiden, und nie direkt um Geld gebeten. Der potentielle Geldgeber ereiferte sich: »In allen entscheidenden Fragen vertritt er die richtige Meinung. Er hat mit allem recht. Er hat mich um meine Unterstützung gebeten, und ich sagte ihm, er könne mit mir rechnen. Aber kein einziges Mal ließ er die Katze aus dem Sack und sagte, er brauche Geld!«

Immerhin ließ uns die Familie auch in der Folgezeit nicht im Stich. Wir richteten es so ein, daß uns in New Hampshire verschiedene Familienangehörige abwechselnd begleiteten, während wir in geräumigen Wohnwagen über die Straßen des kleinen Bundesstaates fuhren. Die Fahrzeuge waren vollgepackt mit Familienmitgliedern, zwei Abteilungen von Beamten des Secret Service, einem Arzt, einer Krankenschwester, zwei medizinischen Betreuern und nicht weniger als hundert Reportern. Meine Aufgabe war es, mich um die organisatorischen Details zu kümmern und dafür zu sorgen, daß alles wie geplant ablief. Ich war allen ein Dorn im Auge, weil ich die Mitarbeiter des Stabs ständig auf Trab hielt: »Nicht so lahm-arschig! Rein mit euch!« Wenn alles und jedes an Ort und Stelle war, sprang ich als letzter ins Auto – oder die Leute vom Secret Service schoben mich hinein – und rief: »Ab die Post!« Die Beamten ver-hehlten nicht, daß sie sich wegen der ihrer Meinung nach viel zu exponierten Position des Senators Sorgen machten. Die Reporter begannen schon, Ted Kennedy – wenn er außer Hörweite war – als die wandelnde Zielscheibe zu bezeichnen.

Ein Familienmitglied, das uns auf unserer Wahlkampftour beglei-tete, war die Nichte des Senators, Sydney Lawford, eine mit beiden Beinen auf dem Boden stehende junge Frau von etwa zwanzig Jah-ren. Sie war lebhaft und energisch und leistete uns mit ihrem for-schen Auftreten im Wahlkampf gute Dienste. Unsere Wohnwagenka-rawane war auf dem Weg zum nächsten Wahlkampftermin und fuhr gerade mit quietschenden Bremsen eine abschüssige Landstraße hinunter, als sie plötzlich verkündete, sie müsse austreten.

»Halte noch ein wenig durch«, gebot der Senator.

Ein paar Minuten später sagte sie: »Onkel Teddy, ich muß jetzt ganz dringend.«

»Halten Sie dort drüben«, wies ich unseren Fahrer vom Secret Service an.

Kaum hielten wir an, stoppten auch alle anderen Fahrzeuge hinter uns. Ein Schwarm von Reportern sprang aus dem Pressewa-gen, um zu dokumentieren, was der Präsidentschaftskandidat hier auf einer abgelegenen Landstraße in New Hampshire zu tun ge-dachte.

Der Senator zeigte auf einen Wald auf einem Hügel nahe der Straße und sagte zu mir: »Seien Sie doch so gut und führen Sie sie hinauf.«

Ich stieg aus dem Wagen, wandte mich an die Reporter und verkündete: »Kein Fototermin, alle Mann zurück in den Wagen. Wir machen hier nur eine kleine Pinkelpause.«

Grinsend fragte einer: »Hat der Senator ein menschliches Be-dürfnis?«

»Nein, nicht der Senator. Steigen Sie ruhig wieder ein.«

Lachend quetschten sich die Journalisten wieder in ihr Fahr-zeug. Der Wahlkampf begann ihnen allmählich Spaß zu machen.

Sydney war die allgemeine Aufmerksamkeit sehr peinlich, doch
wußte sie sich kaum mehr zu helfen. »Ich muß wirklich ganz, ganz
dringend«, jammerte sie. Hand in Hand marschierten wir den Hügel hinauf, während Männer des Secret Service das Gelände aus-
spähten. Ihre Revolver trugen sie entsichert unter ihren Mänteln –
für den Fall, daß jemand vorhatte, einen Schuß auf die Nichte des
Senators abzufeuern, während sie sich erleichterte. Draußen war
es winterlich kalt.

Wir erreichten den Wald und Sydney verschwand für ein paar
Minuten. Ich schüttelte den Kopf und dachte: »Bin ich jetzt auch
noch der Toilettenmann?« Dann hörte ich sie plötzlich laut rufen:
»Rick, ich habe kein Toilettenpapier!«

»Auch das noch ...«, stöhnte ich. »Einen Moment.« Der Senator
sah mich den Berg hinunter auf den Wagen zukommen und kurbel-
te das Fenster herunter. »Toilettenpapier, wir brauchen Toilettenpapier«, flehte ich.

Er konnte kaum noch an sich halten. »Ich muß so furchtbar
lachen, daß ich auch gleich muß«, sagte er.

Ich sprintete zu einem anderen Wagen, holte ein paar Papiertü-
cher und schickte eine Mitarbeiterin aus einem der vorderen Wohn-
mobile in den Wald. »Ich trage der Frau kein Toilettenpapier hinterher«, knurrte ich. »Machen Sie das.«

Errötend übernahm sie den Auftrag, während die Presseleute
das ganze auf Video festhielten. Na klar – berufsmäßiger Voyeuris-
mus.

Vielleicht wäre es uns doch noch gelungen, dem Bild des Senators
in der Öffentlichkeit einen positiven Anstrich zu geben, wenn wir
nicht die »Charakterfrage« so falsch eingeschätzt hätten. Eine Umfrage der »New York Times« in Verbindung mit CBS ergab, daß 24
Prozent der Wähler der *Demokraten* den Senator wegen seines
Privatlebens und wegen erheblicher Zweifel an seiner Integrität
unter keinen Umständen wählen würden. Der biedere »Reader's
Digest« setzte noch eins drauf. Rechtzeitig zu den Präsidentschaftsvorwahlen in New Hampshire veröffentlichte er in seiner Februar-
Ausgabe einen kurzen Bericht von Richard und Thomas Tedrow mit
dem Titel »Tod in Chappaquiddick«, der die allgemeine Aufmerksamkeit erneut auf unseren wundesten Punkt lenkte.

Da wir nach den Umfragen in der Gunst der Wähler weit zu-
rücklagen, setzten wir an dem Wochenende vor den Vorwahlen in

New Hampshire alles daran, das Image des Senators aufzupolieren. Eine Armee von 1500 freiwilligen Wahlhelfern ging von Haus zu Haus oder setzte sich ans Telefon, sprach Wähler an und bat sie eindringlich, zur Wahl zu gehen und für den Senator zu stimmen. Außerdem ließen wir neue Fernsehspots ausstrahlen: In einem trat Rose auf und betonte mit allem Nachdruck, daß ihr Sohn ein hingebungsvoller Familienvater sei; ein anderer zeigte Ethel, die die Bemühungen des Senators pries, ein guter Ersatzvater für ihre Kinder zu sein.

Am Morgen der Vorwahlen von New Hampshire trat der Senator in der NBC-Sendung »Today« auf. Der Moderator Tom Brokaw stellte ihm die Frage, ob seine Kandidatur eine Niederlage in New Hampshire verkraften könne. »Ich bin sehr zuversichtlich, daß wir gut abschneiden werden«, antwortete der Senator. Er versuchte, die Frage mit einem Achselzucken abzutun und das Gespräch statt dessen auf verschiedene Sachthemen zu lenken. Kundig begann er über Benzinpreise und die Inflation zu sprechen.

»Könnten Sie eine Niederlage verkraften?« ließ Brokaw nicht locker.

»Nun, die Ergebnisse der Wahlen in Maine fielen knapper aus, als die Umfragen erwarten ließen«, gab der Senator zu bedenken.

Brokaw versuchte zum drittenmal, eine klare Antwort zu bekommen.

Der Senator behauptete, er gewinne »immer mehr Oberwasser« aufgrund der Wahlkampfthemen, die er in den letzten Wochen angeschnitten habe. Er verstieg sich zu der Prognose, daß die Wähler in New Hampshire nicht »eine Politik absegnen würden, die erwiesenermaßen Schiffbruch erlitten hat«.

Brokaw startete einen letzten Anlauf und fragte: »Wenn Sie nun binnen vierundzwanzig Stunden nur Zweiter sein sollten ...«

»Vielleicht können wir uns dann noch einmal unterhalten«, unterbrach ihn der Senator unwirsch.

Schließlich trug der Amtsinhaber den Sieg davon, selbst hier, wo der Senator eigentlich ein Heimspiel hatte. Es war ein schwerer Schlag für uns. In einer meiner seltenen freien Minuten saß ich plötzlich allein in meinem Zimmer in einem namenlosen Hotel in einer namenlosen Stadt und fühlte mich unsagbar deprimiert. So hatten wir uns die Sache nicht vorgestellt. Ich wußte, daß der Senator sich genauso ausgebrannt fühlte wie ich, und er hatte bedeutend mehr zu verlieren. Ich holte das Utensil fürs Kokainschnupfen, das wir

beide gelegentlich auf unserer Wahlkampftour mit uns führten, und
nahm eine Prise. Immer häufiger wurde das unsere letzte Zuflucht.

Dem Senator gelang es dennoch, den Ergebnissen auch eine
positive Seite abzugewinnen. »Heute abend verkünden wir unseren
Sieg«, sagte er und streckte den linken Arm mit geballter Faust
trotzig in die Höhe. Später setzte er noch hinzu: »Wir stehen die
Sache bis zum Ende durch.«

In der Tat konnte er jetzt auch kaum aussteigen, da nächste Woche die Vorwahlen in seinem Heimatstaat Massachusetts angesetzt
waren. Unglücklicherweise hatte der ebenfalls der Demokratischen
Partei angehörende Gouverneur Edward King bereits bekanntgegeben, er werde Präsident Carter unterstützen. Dadurch daß der Senator zwei Jahre zuvor für Paul Tsongas Partei ergriffen und sich
gegen den bisherigen Amtsinhaber Edward Brooke – den einzigen
Schwarzen im US-Senat – ausgesprochen hatte, hatte er sich die
langjährige Sympathie der schwarzen Bevölkerung verscherzt.

Obwohl im Süden nur wenige Wahlkampftermine eingeplant
waren, da wir in diesen Staaten dem Präsidenten das Feld überlassen wollten, legten wir doch einen kurzen Aufenthalt in Birming-
ham, Alabama, ein. Während seiner Rede dort unterbrachen ihn
Abtreibungsgegner mit lauten Zwischenrufen: Sie sind ein Mörder!

Transparente in der Menge trugen die Aufschrift: WIE WOLLEN
SIE DAS LAND RETTEN, WENN SIE ES NICHT EINMAL GESCHAFFT
HABEN, MARY JO ZU RETTEN?

Mir liefen kalte Schauer den Rücken herunter.

Als der Senator verkündete, daß er ein Waffenkontrollgesetz
befürworte, unter anderem weil »auch meine eigene Familie von
der Gewalt gezeichnet worden ist«, johlten einige mordlustig in der
Menge und applaudierten.

Mir blieb vor Entsetzen der Mund offen.

Als die Lage noch aussichtsloser wurde, begann der Senator, die
Meinungsumfragen zu meiden. Nach der Veröffentlichung einer be-
sonders ungünstigen Umfrage kritzelte er mit schwarzer Tinte eine
Notiz auf sein monogrammverziertes Briefpapier:

An Paul, Steve, Phil und Peter Hart:

Für meinen Wahlkampf werden keine weiteren Umfragen mehr
durchgeführt – Sie sind zu ungenau, und sie haben mir nichts ein-
gebracht. Das wär's.

Euer Lieblingskandidat

Nach dem Debakel in New Hampshire hatte er mit Stimmungs-schwankungen zu kämpfen. An manchen Tagen war er obenauf, doch selbst an den Tagen, an denen er sehr niedergeschlagen war, versuchte er, gute Miene zum bösen Spiel zu machen, wohl wissend, daß die Presse allgegenwärtig war. Unter dem Motto »Zum Teufel mit der Diät« begann er wieder tüchtig zu essen. Schließlich trafen sich der Senator, Steve Smith und einige weitere Mitarbeiter, um die künftige Marschroute zu besprechen. Alle stimmten darin überein, daß wir durchhalten müßten, zumindest bis der Wahlkampf in Mas-sachusetts überstanden war. Doch was dann? Der Senator war mü-de und klagte: »Die Sache macht keinen Spaß mehr.«

DUELL MIT CARTER

Schließlich erhielten auch wir unsere Chance, als der US-Botschaf-ter bei den Vereinten Nationen, Donald F. McHenry, für eine UN-Re-solution stimmte, derzufolge die israelischen Siedlungen in den be-setzten Gebieten des Westufers, des Gazastreifens und im Ostteil Jerusalems zu räumen seien.

Die amerikanischen Juden waren außer sich vor Empörung. Der Senator ergriff die Gelegenheit und wies darauf hin, daß die Regie-rung Carter diese Entscheidung zu verantworten habe. Die Entgeg-nung des Präsidenten, die wir für sehr bezeichnend hielten, lautete schlicht, er habe die Resolution nicht gelesen.

Das kam uns gerade recht.

Als ausgefuchster Politiker wußte der Senator, daß er Carter nun in die Defensive drängen konnte. In einem Fernsehspot attackierte er den Präsidenten scharf: »*Nie wieder* darf Amerika bei den Ver-einten Nationen gegen die Sicherheit Israels stimmen. *Nie wieder* soll sich der Präsident damit entschuldigen können, er sei nicht informiert gewesen über das, was um ihn herum vorging, und *nie wieder* soll sein Außenminister zugeben müssen, er habe nicht ge-wußt, was er tat.«

Nach der negativen Berichterstattung der letzten Monate schien die Presse plötzlich ein Herz für den Senator entdeckt zu haben. Vielleicht imponierte ihnen, daß er sich nicht kampflos geschlagen gab, vielleicht steckte auch etwas anderes dahinter – die Begeiste-rung, die so viele von uns erfaßte, wenn wir bei ihm den unver-wechselbaren, glanzvollen Stil der Kennedys entdecken konnten.

Für manche Presseleute war es immerhin der dritte Präsidentschaftswahlkampf eines Kennedys, an dem sie teilnahmen.

Während Carter sich weiterhin im Weißen Haus verbarrikadier-
te und für seine nächtliche Lektüre dicke Wälzer über die Geschichte Persiens ins Oval Office schleppte – als ob ihm das etwas hätte
nützen können –, eroberte der Senator seinen Heimatstaat im
Sturm. Am Sonntag abend, zwei Tage vor den Vorwahlen, verkündete er seiner aus Arbeiterführern bestehenden Zuhörerschaft im
Bostoner Park Plaza Hotel warnend: »Wir stehen vor der schwer-
sten Wirtschaftskrise seit der Depression.« Am Montag besuchte er
bei Tagesanbruch das Elektrizitätswerk in Lynn, Massachusetts, um
die berufstätigen Männer und Frauen seines Bundesstaates mit
Handschlag zu begrüßen. Später übte er dann in einer Ansprache
in der St. Patrick's-Kirche scharfe Kritik an Carter, weil es diesem
nicht gelungen sei, »unser Versprechen, für Gerechtigkeit in Amerika zu sorgen, einzulösen«. Er beschloß den Tag mit einigen Auftritten in Worcester. Spät in der Nacht flog er dann nach Hyannis,
um dort auf das Abstimmungsergebnis vom Dienstag zu warten.

Wir gewannen die Vorwahlen der Demokratischen Partei am
4. März in Massachusetts mit eindrucksvollen 67 Prozent der Stimmen. Auf die Frage eines Reporters, ob dies ein Wendepunkt im
Wahlkampf sei, lächelte der Senator nur und enthielt sich jeglichen
Kommentars.

Während wir den Süden Carter überließen, richteten wir unsere
Aufmerksamkeit nun auf Illinois und New York.

Als wir in Chicago eintrafen, um dort einen Wahlkampftermin
wahrzunehmen, entschieden wir uns – wegen der mittlererweile
eingeführten Sparmaßnahmen – für ein Hotel am Hafen, das nicht
ganz der Luxusklasse entsprach. Ich buchte eine Zweizimmersuite
auf meinen Namen, die ich mit dem Senator teilen wollte. Beamte
des Secret Service kamen herein, um sich mit den Räumlichkeiten
vertraut zu machen, respektierten jedoch die Privatsphäre des Senators und ließen sein Schlafzimmer unbehelligt. Der Senator war
besonders guter Laune an diesem Abend, und ich wußte, daß seine
gehobene Stimmung in keiner Weise mit dem Wahlkampf zusam-
menhing.

Cindy hielt sich nämlich ebenfalls in Chicago auf.

Da der Senator noch einige Termine an diesem Abend hatte,
ging ich mit Cindy relativ früh essen. Als ich sie später zu ihrem
Rendezvous mit dem Senator in die Suite zurückbegleitete, bemerk-

te ich gereizt: »So, und ich darf jetzt hier Rosenkränze beten, während ihr euch nebenan den schöneren Seiten des Lebens widmet?«

Sie hielten sich in den Armen und lachten. Cindy quietschte. Der Senator sagte: »Nun, Ricky, wenn Sie gehen, weiß der Secret Service, daß Cindy hier allein mit mir ist. Vielleicht sind draußen auch ein paar Pressefritzen, die davon Wind bekommen könnten. Also können wir auf Ihre Gegenwart nicht verzichten. Wir sind untröstlich.«

Ich sagte kein Wort, als sie in Richtung Schlafzimmer abzogen und sich schon gegenseitig an die Wäsche gingen.

Frustriert nahm ich rasch eine Prise Kokain aus einer Kapsel – Cindy hatte dem Senator frischen Nachschub mitgebracht – und versuchte, mich im Salon irgendwie zu beschäftigen. Ich blätterte ein paar Berichte durch und führte einige Telefongespräche. Dann schaltete ich das Fernsehgerät ein, fühlte mich aber zu erschöpft. Also machte ich es mir auf einem Lehnstuhl bequem und schloß die Augen. Mein Versuch, etwas Ruhe zu finden, wurde jäh durch gedämpfte, aber gleichwohl eindeutige Geräusche unterbrochen, die aus dem Schlafzimmer nebenan drangen. Die dünnen Hotelwände ersparten mir nichts.

Was uns jetzt gerade noch fehlte, war ein Herzanfall, wie ihn einst Nelson Rockefeller erlitten hatte. Ich verspürte große Lust, den Fernsehapparat aus dem Fenster zu werfen.

Warum lasse ich mir das eigentlich gefallen? fragte ich mich. Diese Situation ist einfach absurd. Plötzlich hielt es mich nicht mehr in meinem Sessel, ich sprang auf und war bereit, mit meinen Fäusten gegen die Schlafzimmertür zu trommeln, um den beiden Einhalt zu gebieten. Dann sah ich es aber ein, daß ich auch damit keinen Erfolg haben würde.

Ich trat aus dem Zimmer in den Hotelflur. Am anderen Ende standen zwei Beamte des Secret Service. Unsere Blicke trafen sich – sie hatten die Geräusche ebenfalls gehört und sich diskret entfernt. Keiner von uns sagte ein Wort.

Leise kehrte ich in die Suite zurück. Ein paar Minuten später, als Cindy und der Senator aus dem Schlafzimmer kamen, murrte ich: »Zu gütig von euch, daß ich mir eure Ekstasen anhören durfte.«

Sie lachten beide.

»Ach, Ricky«, meinte der Senator begütigend. »Einmal muß ich mich schließlich auch von all dem Streß erholen können!«

»Streß« und »Durchhaltevermögen« waren in der Tat Begriffe,

mit denen sich unser momentanes Leben treffend beschreiben ließ. Häufig schickte ich den Senator gegen ein Uhr morgens ins Bett und suchte anschließend noch die Hotelbar auf, um mich zu entspannen und mit anderen zu plaudern, meistens mit Parker und Shrum, den Redenschreibern des Senators.

Kurz vor den entscheidenden Vorwahlen in Illinois sah die Lage düster aus. Unsere privaten Umfrageergebnisse zeigten, daß der Senator weit zurücklag. Da der Tag vor der Wahl zufällig der St. Patrick's Day, der irische Nationalfeiertag war, entschloß sich der Senator zu einer besonderen Geste, in der Hoffnung, dadurch Unterstützung von seinen Stammwählern zu bekommen. Er entschied, daß er und seine Familie bei der zu diesem Tag abgehaltenen Parade in Chicago mitmarschieren sollten.

Als wir dem Secret Service unsere Pläne mitteilten, schienen einige Beamte einem hysterischen Anfall nahe. Im gesamten Verlauf der Wahlkampagne war der Senator bis jetzt noch nie das Risiko eingegangen, so ungeschützt in der Öffentlichkeit aufzutreten. Sie äußerten immer neue Bedenken, während sich ihre Gesichtsfarbe allmählich tiefem Purpur näherte. Doch der Senator war durch nichts von seinem Vorhaben abzubringen.

Am Tag der Parade hieß uns Chicago mit Schnee und gefrierendem Regen willkommen. Der Senator wirkte jedoch gut gelaunt, als er aus seiner Limousine stieg und wie ein Ausbilder seine Rekruten musterte: Joan, Kara – bewaffnet mit einer größeren Menge von Wahlkampfansteckern –, Teddy und Patrick sowie Eunice und Maria Shriver. Er überreichte jedem einen irischen Spazierstock und wies alle an, hinter der Oberbürgermeisterin Byrne im Gleichschritt herzumarschieren. »Denkt daran zusammenzubleiben«, befahl er. »Ab jetzt ist Lächeln angesagt. Lächelt, was das Zeug hält.«

Nicht weniger als 150 Sicherheitsbeamte – der Secret Service war durch lokale und staatliche Kräfte verstärkt worden – patrouillierten entlang der Strecke. Ein bedrohlich aussehendes Team von Scharfschützen in khakifarbenen Armeejacken stand bei einer Reihe schwerer, mit Waffen gefüllter Kisten. Polizeihubschrauber kreisten über unseren Köpfen.

Wenigstens trug der Senator seine kugelsichere Weste.

Mitten im Schneesturm marschierte die Familie die State Street hinunter. Joan hielt sich an der Schulter ihres Mannes fest. Sie hatten erst eine kurze Strecke zurückgelegt, als wir ein Geknatter wie von Schüssen hörten.

Die Knie des Senators gaben nach, instinktiv warf er sich zu Boden. Aufgeregte Beamte des Secret Service schwirrten bereits um ihn und Joan herum und bildeten einen schützenden Kordon. Es dauerte einige Minuten, bis wir begriffen, daß irgendein glückseliger Ire in Feststimmung ein paar Feuerwerkskörper gezündet hatte. Der Missetäter entpuppte sich als ein junger Mann, der sich zur Feier des Tages den Bart grün gefärbt hatte.

Bald darauf entdeckten Beamte ein langes Objektiv, das aus einem offenen Fenster ragte. In Windeseile bugsierten sie den Senator auf die andere Straßenseite.

Es hatten sich große Menschenmengen zur Parade eingefunden, darunter gab es auch manche, die in Pöbellaune waren. Als die Oberbürgermeisterin, Mrs. Byrne, in Nerzmantel und elegantem grünen Hut an einer feindselig wirkenden Zuschauergruppe vorbeikam, wurde sie mit Buh-Rufen begrüßt. Der Senator verlangsamte das Tempo, um den Abstand zu den Vorangehenden zu vergrößern. Doch als er sich der Gruppe näherte, hielt das Gejohle an. Auf Joans Gesicht war Angst zu lesen.

Der Senator versuchte entschlossen, sich einen Weg durch die Menge zu bahnen. Die Sicherheitskräfte warfen ihm entsetzte Blicke zu, als er Polizeisperren durchbrach, um den Zuschauern die Hand zu schütteln oder ihnen ein »Hallo, wie geht's?« zuzurufen. Einmal, nachdem er von jemandem freundlich begrüßt worden war, drehte er sich um und rief: »Joansie, Joansie, hierher.«

»Zeig' es ihm, Bruder«, rief ein Farbiger. »Zeig' es diesem Carter.«

Der Senator ergriff die Hand des Mannes und bat ihn inständig: »Helfen Sie mir dabei«.

Nicht jeder war so freundlich. Einer schrie: »Ekelhafter Kerl!« Eine andere Stimme brüllte: »Carter macht dich fertig, du Null.«

Der Senator strahlte, als er auf eine Gruppe von Nonnen stieß. »Schwestern!« schrie er lauthals. »Schön, euch zu sehen.«

Eine der Nonnen ging auf ihn ein und sagte: »Schnapp ihn dir, Teddy.«

Der Senator antwortete lachend: »Ich tue mein Bestes«. Er wandte sich um und rief über die Schulter: »Kara, Kara. Wo ist Kara? Bringt mir Buttons für die Nonnen«. Er erklärte der Gruppe: »Kara hat die Anstecknadeln.«

Der Zug wälzte sich weiter. Als er sich dem Kaufhaus der Goldblatt Brothers näherte, bemerkte der Senator hinter der Polizeisperre eine Frau im Rollstuhl. Er blieb stehen, lehnte sich über die Absperrung und faßte sie an der Hand.

»Bitte gewinnen Sie die Wahl«, sagte sie, wahrscheinlich in Würdigung seines besonderen Engagements für die Behinderten.

Sicherheitskräfte versuchten, den Senator weiterzuschieben, doch er machte das nicht mit. »Einen Moment Geduld«, beschwerte er sich. Er wollte dieser treuen Anhängerin etwas schenken. »Gebt mir eine Anstecknadel. Oder ein Fähnchen oder irgend etwas anderes.« Er sah eine Frau, die in der Nähe stand und einige grüngoldene Kennedy-Fähnchen in der Hand hielt. »Kann ich eines haben?« fragte er, legte es der Frau im Rollstuhl auf den Schoß, dankte ihr und ging dann endlich weiter.

Als alles vorüber war und die Familie wieder in der Limousine saß, murmelte einer der Beamten des Secret Service: »Gott sei Dank«.

Leider zeigten die Ergebnisse, die am späten Abend übermittelt wurden, daß die Öffentlichkeit sich von der Teilnahme des Senators an der Parade nicht hatte beeindrucken lassen. Carter konnte 165 Delegierte von Illinois für sich gewinnen, während der Senator nur magere 14 auf seine Seite bringen konnte.

Wenn wir im Anschluß an diese Vorwahl potentielle Spender um Geld baten, fragten sie meistens: »Warum zieht Ihr Euch nicht aus dem Wahlkampf zurück?«

Dem Senator fiel die Antwort auf diese Frage immer schwerer, aber er biß auf die Zähne. Immer wieder sagte er: »Etwas in mir treibt mich: Ich muß meine Botschaft über die Rampe bringen«. Er glaubte hartnäckig daran, daß man wenigstens den Versuch machen mußte, eine Alternative aufzuzeigen, ganz unabhängig von den Wahlergebnissen. Je entmutigter seine Berater wurden, desto entschlossener schien er selbst zu werden.

Interne Unstimmigkeiten machten uns zu schaffen. Wir hatten einen hervorragenden Stab, der für die Durchführung des Wahlkampfs zu sorgen hattte, doch nie war jemand ausdrücklich zum Chef ernannt worden. Zu verschiedenen Zeiten erhoben Steve Smith, Paul Kirk und Phil Bakes Anspruch auf diese Position. Unvermeidliche Eifersüchteleien erschwerten ein effizientes Arbeiten.

Die anhaltenden Meinungsverschiedenheiten unter seinen Wahlkampfberatern zwangen den Senator, immer öfter selbst einzugreifen, auch wenn er sich an Bord eines Flugzeugs dreitausend Meilen von dem Ort entfernt aufhielt, wo die kritische Entscheidung anstand. Einmal bemerkte ich zu ihm: »Es ist verrückt. Wir sitzen hier oben in einem Flugzeug und sollen entscheiden, wer für welche Bundesstaaten zuständig sein soll«. Das allgemeine Chaos verbrauchte viel unnütze Energie.

Dennoch blieb das Geld der Faktor, der uns am meisten unter Druck setzte. Bei verschiedenen Gelegenheiten sinnierte der Senator: »Was meinen Sie, Ricky, besteht die Chance, noch einmal nach Puerto Rico auf Spendenfang zu gehen?«

Auch andere Probleme waren hartnäckig. Es gelang uns einfach nicht, das Gespenst Chappaquiddick abzuschütteln. Am 20. März hielt der Senator an der Columbia-Universität eine Rede über Außenpolitik. Sein Vortrag war ausgezeichnet, seine Botschaft prägnant und seine Kritik an Carter eindrucksvoll. Als wir dann später die 114. Straße hinunterfuhren, dröhnte aus dem Fenster eines Hauses in der Fraternity Row laute Musik. Jemand hatte mit der Wahl des Titels ein besonders glückliches Hänchen bewiesen. Das Lied »Bridge over Troubled Water« von Simon & Garfunkel klang in den Ohren des vorüberfahrenden Senators wie blanker Hohn.

Am nächsten Tag brachte der »Boston Globe« einen Artikel über einen älteren jüdischen Mann, der, als er an der Grand Army Plaza in der 59. Straße in der Sonne saß, gefragt wurde, welchem Demokraten er am Dienstag bei den New Yorker Vorwahlen den Vorzug geben würde. »Carter«, gab er zur Antwort. »Ich verzeihe Carter. Er beging einen Fehler und bekannte sich dazu.« Auf Kennedy angesprochen, schüttelte der Mann den Kopf und sagte: »Es tut mir leid, aber gewisse Dinge kann man einfach nicht verzeihen.«

Auf einem Nachtflug nach Buffalo genehmigte sich der Senator einige starke Drinks. Auf dem Flughafen holte uns eine Wahlkampfhelferin ab, die dem hiesigen Vorbereitungsstab angehörte. Ich hatte sie noch nie gesehen, aber schon am Telefon mit ihr gesprochen und wußte, daß sie an den Wahlkampagnen von McGovern 1972 und von Carter 1976 teilgenommen hatte. Der Senator begrüßte sie ungewöhnlich herzlich und warf mir einen flüchtigen Seitenblick zu. Mir schwante nichts Gutes, da sie ausgesprochen attraktiv war. Schlimmer noch, sie war blond.

Sie begleitete uns in unserer Limousine zu einer Kundgebung, und ich verfolgte argwöhnisch die Bemühungen des Senators, den Charmeur zu spielen. Vor seiner Rede nahm er mich einen Moment beiseite und sagte zu mir: »Bei der könnte sogar ein Erzbischof schwach werden, finden Sie nicht auch, Ricky ?«

Ich verkniff mir jeden Kommentar.

Nach der Kundgebung stiegen wir wieder in die Limousine und fuhren zu unserem Hotel. Mehrere Male während der Fahrt suchte der Senator Blickkontakt, um mir eine eindeutige Botschaft zu signalisieren. Gegen zehn Uhr abends kamen wir schließlich im Hotel an. Als wir in der Hotelhalle standen, schlug der Senator der Dame vor, man könne gemeinsam nach oben in unsere Suite gehen, um das Programm für den nächsten Tag zu besprechen. Morgens um fünf sollte es schon losgehen.

»Nein«, schaltete ich mich ein. »Warten Sie bitte hier«, sagte ich zu der Dame. »Ich komme wieder herunter ...«

»Nein, nein«, widersprach der Senator. Er wandte sich der Dame zu und lud sie mit einem charmanten Lächeln ein, mit nach oben in unsere Suite zu kommen.

Ich gab klein bei. Um uns herum wimmelte es von Sicherheitskräften und Reportern.

Die Beamten vom Secret Service überprüften rasch unsere Suite, schlossen uns dann ein und bezogen Posten auf dem Flur.

Der Senator führte die Dame zu einem bequemen Sofa im Salon unserer Suite, entledigte sich seines Jacketts, lockerte die Krawatte, ließ sich auf einen Stuhl fallen und sagte lässig: »Fein, sprechen wir über morgen.« Er warf mir einen bedeutungsvollen Blick zu und meinte: »Rick, hatten Sie nicht noch ein paar Telefonate zu erledigen?«

Ich trollte mich pflichtschuldig. Doch ich blieb nur wenige Minuten in meinem Teil der Suite, dann eilte ich in den Salon zurück und erklärte mit strenger Miene: »Senator, es ist Zeit für Sie, sich zurückzuziehen!«

Die Zornesröte stieg ihm ins Gesicht. »Rick, ich –«

»Ich habe bereits Ihr Badewasser einlaufen lassen«, log ich. »Wenn Sie bitte in Ihr Zimmer gehen wollen.« Dann wandte ich mich der Dame zu und sagte brüsk: »Es tut mir leid, aber Sie müssen uns jetzt leider verlassen.« Ich öffnete ihr ohne Umschweife die Tür und wartete, bis sie gegangen war.

»Was fällt Ihnen ein, Rick?« tobte der Senator, als wir wieder allein waren, blaß vor Wut, daß ich ihn unterbrochen hatte, bevor er zur Sache kommen konnte.

»Weil ich Ihnen schon immer gesagt habe: Hände weg von den Mitarbeitern. Und nun setzen Sie sich bitte in die Badewanne, Herr Senator.«

Er starrte mich aus flackernden Augen an, beruhigte sich dann aber wieder. Einen Moment später brach er in Gelächter aus und sagte in dem mir wohlvertrauten schmollenden Tonfall: »Nie gönnen Sie mir auch nur die kleinste Abwechslung.«

Eines Abends im März – wir waren wieder auf Wahlkampftour – riß meiner eigenen, an Kummer gewöhnten Freundin schließlich der Geduldsfaden.

»Ich halte das nicht mehr aus«, sagte Sheila zu mir am Telefon. »Für mich bleibt nie Zeit. Der einzige Mensch, der dir etwas bedeutet, ist Ted Kennedy. Mir reicht es jetzt. Ich kann einfach so nicht leben, Rick. Hörst du mich?«

Ich konnte nichts zu meiner Rechtfertigung vorbringen.

Wir verließen New York am Morgen des Tages, an dem die Vorwahlen stattfinden sollten, und flogen in einer Maschine der Eastern-Airlines nach Washington. Während des Fluges plauderte der Senator mit dem Kolumnisten Jimmy Breslin. Den Rest des Tages verbrachte er in seinem Haus in McLean und versuchte, sich zu entspannen. Seine Stimmung stieg etwas, als Steve Smith gegen drei Uhr anrief und mitteilte, daß sich die ersten Umfragen zum Wahlausgang vielversprechend anhörten. Um sieben Uhr ging es wieder mit dem Flugzeug zurück nach New York. Der Senator, Paul Kirk und ich saßen nebeneinander in der ersten Reihe des Flugzeugs. Die Sitze im hinteren Teil des Flugzeugs waren von Journalisten besetzt.

Der routinemäßige Anflug lief nach dem sattsam bekannten Muster ab. Wir kreisten langsam in der Warteschleife und näherten uns, immer mehr an Höhe verlierend, langsam Long Island. Die Landeklappen waren geöffnet, das Fahrwerk ausgeklappt. Das Flugzeug schwebte in scheinbar gemächlichem Gleitflug auf die Landebahn zu. Durch das Fenster auf der linken Seite konnte ich erkennen, daß wir uns bereits auf einer Höhe mit den Dächern der nahegelegenen Wohnhäuser befanden. Wir flogen dicht über die Wasserfläche hinweg und hatten schon den Vorsprung am Anfang der Landebahn passiert. Ich erwartete, daß der Pilot jeden Moment die Geschwindigkeit drosseln und aufsetzen würde.

Doch da brüllten die Motoren auf. Das Flugzeug machte einen Satz und drehte, rasch aufsteigend, nach einer Seite ab. Der Senator sah mich an. »Mein Gott!« entfuhr es ihm.

Wenige Augenblicke später war die ruhige, gelassene Stimme des Piloten über den Bordlautsprecher zu vernehmen. Er entschuldigte sich für den mißglückten Anflug. »Wir gehen wieder in die Warteschleife und versuchen es dann noch einmal«, sagte er.

Ein Beamter des Secret Service setzte sich mit der Flugsicherung in Verbindung und berichtete, daß ein zweites Flugzeug denselben Anflugweg benutzt hatte.

»Ist das nicht Ihre Aufgabe, die Flugaufsicht zu unterrichten?« fuhr ich ihn an.

»Allerdings«, räumte der Beamte ein. Er versicherte uns, der Kontrollturm sei darüber informiert worden, daß diese Maschine einen Präsidentschaftskandidaten an Bord habe. Er vermutete, daß dem zuständigen Fluglotsen genau in diesem Moment die Hölle heiß gemacht worden war.

Sobald wir sicher gelandet waren, brausten wir in einer Autokolonne davon. Wir holten Joan in einem Hotel in Manhattan ab und fuhren zum Wahlkampfhauptquartier, um unseren Sieg zu feiern. Der Senator genehmigte sich zufrieden eine Zigarre. Er hatte vier Fünftel der Stimmen der jüdischen Wählerschaft gewonnen und konnte 164 Delegiertenmandante des Bundesstaates für sich verbuchen. Carter brachte es auf 118.

Drei Tage später erklärte Mark Shields von der »Washington Post«, der Senator habe sich zu »einem aussichtsreichen und überzeugenden Kandidaten« entwickelt, der den Eindruck vermittle, fest an seine Botschaft zu glauben. In »The Wall Street Journal« pries Norman Miller den »couragierten Einsatz« des Senators und spottete verächtlich über diejenigen, die »Ted Kennedys Charakter« in Frage stellten. Selbst der mürrische Kolumnist George Will rang sich ein, wenn auch zweifelhaftes, Kompliment ab. Obwohl der Senator in Sachfragen »fast überall einen falschen Standpunkt vertrete«, schrieb Will, »ist er gut aufgelegt und mit Leidenschaft dabei, ist er ein von sich überzeugter Politiker, der sein Handwerk versteht.«

LICHT UND SCHATTEN DER KAMPAGNE

Gegen Mitte des Jahres war unsere Kampagne finanziell etwas besser abgesichert. Innerhalb von zwei Monaten hatten wir unsere Schulden von einer Million Dollar auf etwa 545 000 Dollar reduziert. Ermöglicht wurde dies durch unsere neue Strategie, Spendengelder lockerzumachen. Wir hatten ungefähr ein Dutzend Künstler – darunter Andy Warhol, Robert Rauschenberg, Robert Morris, Richard Serra und Jamie Wyeth – dazu bewegen können, für die Kampagne Original-Lithographien zu stiften, durch deren Verkauf wieder Geld in unsere Kasse floß. Wir nahmen nun Beträge in der Größenordnung von 250 000 Dollar pro Woche ein.

Da die immens wichtigen Vorwahlen am »Super-Dienstag«, dem 3. Juni, bevorstanden, wandten wir uns hilfesuchend an David Sawyer, einen politischen Berater aus New York, der schon bei über fünfzig Wahlkampagnen mitgearbeitet hatte. Sawyer ließ flotte neue Fernsehspots produzieren, die die Erfolge des Senators im Kongreß bei den Themen Wirtschaft, Inflation, Außenpolitik und Energie herausstellten.

Eine positive Berichterstattung in den Medien war, das wußten wir, von unschätzbarem Wert. Wir ermutigten deshalb Joan, in ihren Interviews offener zu sein, obwohl wir aus Erfahrung wußten, daß das auch negative Auswirkungen haben konnte. Zum Beispiel gab sie der Zeitschrift »Women's Wear Daily« ein langes Interview. Wie nicht anders zu erwarten, wurden in dem Artikel bestimmte Bemerkungen von ihr überbetont, die in der Folge auch beträchtlichen Staub aufwirbelten. Bei einem Vergleich mit der gegenwärtigen »First Lady« bezeichnete sich Joan als »eine Frau von hohem intellektuellem Niveau«, wohingegen Mrs. Carter keinen Magistertitel besitze. Ferner stellte sie Mutmaßungen darüber an, »wie viele First Ladies überhaupt einen Hochschulabschluß haben«. Joan behauptete ferner, ihr Mann sei für das Amt des Präsidenten besser geeignet als Mr. Carter, da er sich mit besseren Beratern umgeben würde. »Ich habe nichts gegen den Bundesstaat Georgia«, gab sie zögernd zu Protokoll, »doch sähe ich lieber Ted im Weißen Haus. Er würde dort in schwierigen Angelegenheiten wie der Außenpolitik die Ratschläge der besten Köpfe unseres Landes einholen.«

Als der Senator das las, hob er verzweifelt die Augen gen Himmel und schenkte sich einen Drink ein.

Mir half mein hoher Adrenalinspiegel über den Schock hinweg. Wir waren so beschäftigt, daß ich keinen Gedanken an den Schaden verschwendete, den dieses Interview angerichtet hatte. In einer besonders anstrengenden Woche waren wir elfmal von einer Küste zur anderen gehetzt.

In Kalifornien war unser größtes Problem die Gleichgültigkeit der Wähler. Die Umfrageergebnisse ließen erkennen, daß wir bei guter Wahlbeteiligung die Chance hatten, Carter knapp zu schlagen, aber die Kalifornier waren mehr an lokalen Belangen interessiert als an einem landesweiten Wahlkampf. Uns blieb nichts anderes übrig, als unter Aufbietung aller Kräfte unseren Feldzug auf ganz Kalifornien auszudehnen.

Auf dem Weg durch hügeliges Land bemerkte der Senator plötzlich:»Ricky, wußten Sie eigentlich, daß Joan Baez irgendwo hier in der Gegend eine Ranch hat?«

Ich nickte, blätterte aber weiter in meinen Akten.

Ihm war jedoch nach Plaudern zumute.»Haben Sie neulich auch diesen Artikel über die Baez gelesen. Da stand drin, sie habe ein Verhältnis mit einer Lesbierin?«

»Ja, ich habe davon gelesen«, murmelte ich.

»Nun, sie ist jedenfalls nicht lesbisch. Sie ist eindeutig bisexuell«, informierte er mich, als handele es sich dabei um eine neue, wunderbare Spezies, die zu kennen er sich glücklich schätzte. Die Trennscheibe war oben und schirmte uns von unserem Fahrer vom Secret Service ab.

»Woher wissen Sie das denn so genau?« fragte ich, obwohl ich mir die Antwort bereits vorstellen konnte.

»Nun, sie kommt öfter mal nach McLean, wenn sie in der Stadt ist«, fuhr er fort, »und meistens wird sie von einer Freundin begleitet. Sie ist aber nicht auf Frauen abonniert. Junge, Junge« – er grinste –, »das ist schon ein irres Weib, diese Joan.«

Der Senator zeigte sich im Hinblick auf die Gleichberechtigung der Homosexuellen immer aufgeschlossener. Ihm war inzwischen klar, daß allgemein angenommen wurde – wie wir ihm auch gesagt hatten –, er als Liberaler unterstütze dieses Anliegen. Es war die erste Präsidentschaftskampagne, bei der die Rechte der Homosexuellen zu einem wichtigen Thema wurden. Der Senator hatte sich während der Kampagne wiederholt mit Sprechern verschiedener homosexueller Gruppen getroffen. Er machte sich allerdings nicht ausdrücklich zum Anwalt ihrer Forderungen, sondern betonte vielmehr, er sei für gleiches Recht für alle.

Um mehr Bargeld für die Kampagne zu beschaffen, war er bereit, als erster Präsidentschaftskandidat bei einer Spenden-Party der neuen Homosexuellenbewegung aufzutreten, bei der auch die landesweite Presse zugegen war. Die Party fand bei einem Aktivisten der Bewegung in Beverly Hills statt.

»Oh la la!« flüsterte mir der Senator bei der Ankunft zu. »Kaum zu glauben, wie gut die alle aussehen! Die Männer sind ja einfach eine Wucht.«

Das Ganze spielte sich im Garten ab, und der Senator sollte als Hauptredner auftreten. Alles lief sehr gut.

Anschließend fuhr unsere Autokolonne ins Zentrum von Los Angeles zu einem Spenden-Dinner, zu dem prominente taiwanesische Bürger eingeladen hatten.

»Was haben wir da eigentlich zu suchen?« fragte der Senator. »Da springen doch kaum Stimmen für mich heraus. Wie viele Taiwaner leben in Los Angeles – doch höchstens hunderttausend, oder?«

Ich entgegnete: »Nun, soweit ich weiß, können diese hunderttausend Leute vierhunderttausend Dollar für Ihre Kampagne aufbringen.«

»Wirklich? Warum haben Sie das nicht gleich gesagt?« Dann sank er in seinen Sitz zurück und witzelte in Pidgin-Englisch über die vielen Dollars, die er von den Taiwanern erhalten würde. Er meinte das ganz und gar nicht boshaft, er liebte es einfach nur, Leute zu imitieren.

Wir schüttelten uns beide vor Lachen, als dem Senator plötzlich auffiel, daß wir durch eine Gegend in West-Hollywood fuhren, in der es viele Drugstores gab.

»Ach übrigens, in diesen Läden da gibt es doch bestimmt Poppers zu kaufen. Halten wir doch rasch an und besorgen welche«, sagte er, aus dem Fenster spähend.

»Wie soll ich das verstehen?« fragte ich mit hochgezogener Augenbraue.

»Nun, ich habe keinen Stoff mehr«, erklärte er leicht gereizt. »Ich sitze auf dem trockenen. Halten wir also hier irgendwo, und Sie, Ricky, laufen schnell rein und kaufen ein paar.«

Vielleicht hatte er anfangs noch halb im Ernst gesprochen, doch er sah schnell ein, wie unmöglich seine Idee war.

»Wir haben eine ganze Kolonne hinter uns, mindestens dreißig Fahrzeuge«, gab ich zu bedenken. »Jede Menge Wagen vom Secret Service und von der Presse, und Sie wollen an irgendeinem zweifelhaften Drugstore anhalten und mich dort hineinschicken? Glauben Sie etwa im Ernst, daß sich die Presse einen solchen Knüller entgehen ließe?«

»Egal«, sagte er in mißmutigem Ton, nun fest entschlossen, mich ein wenig zu necken. »Ich will meine Poppers, Ricky. Ich brauche meine Poppers unbedingt. Ich habe nichts mehr. Wie wäre das: später gehen wir aus, in eine Disco oder einen anderen Schuppen, wo jeder das Zeug nimmt.«

Ich schüttelte den Kopf, der langsam zu schmerzen begann, so daß ich überlegte, wo ich meinen Vorrat an Aspirin hingepackt hatte. »Sie müssen von allen guten Geistern verlassen sein, Herr Senator. Wir sollen uns mit Poppers eindecken und uns dann in einer Disco unter einen Haufen angeturnter Teenager mischen?«

»Nun aber genug, Herr Oberministrant«, schimpfte er und ließ sich in seinen Sitz zurücksinken. »Sagen Sie dem Fahrer, er soll anhalten.«

Meine Augen müssen so groß wie Golfbälle gewesen sein.

Beim Anblick meines Gesichtsausdrucks brach der Senator in Gelächter aus. Er zeigte auf einen großen Drugstore und sagte: »Ich wette, daß die dort drin Poppers haben.«

»Sind Sie völlig übergeschnappt?« fragte ich, stimmte aber nun in sein Gelächter ein, weil ich merkte, daß ihm die Sache einen Riesenspaß machte.

»Entweder halten wir jetzt an oder wir kommen später hierher zurück«, drohte er. Dabei trommelte er mit den Fäusten auf seine Schenkel und wiederholte in eintönigem Singsang: »Ich will meine Poppers! Ich will meine Poppers!«

»Das mache ich nicht mit«, erklärte ich. »Wenn wir anhalten, dann gehen Sie in den Laden und kaufen sich ihre geliebten Poppers selbst.«

Er warf einen Blick aus dem Rückfenster und betrachtete trübselig die Wagenkolonne voll mit Secret-Service-Männern, Wahlhelfern und Reportern. Er drehte sich wieder um und sagte vorwurfsvoll: »Ist Ihnen klar, Ricky, daß Sie mir alles verbieten?«

Als am 3. Juni die Wähler jener Bundesstaaten, die traditionell am »Super-Dienstag« beteiligt waren, zu den Wahlurnen gingen, war der Senator schon bei Tagesanbruch auf den Beinen. Gemeinsam mit Joan, Kara, Teddy und Patrick begrüßte er die Arbeiter der Frühschicht beim Flugzeughersteller Lockheed. »Ich bin ein ehemaliger Pförtner«, scherzte er. Als die Wahl noch in vollem Gang war, flogen wir bereits wieder zurück nach Washington.

Die Wahlergebnisse des »Super-Dienstag« spiegelten am deutlichsten Licht und Schatten der Kampagne wider. An diesem Tag gewannen wir die Schlacht, verloren aber den Krieg. Wir eroberten Kalifornien, New Jersey, Rhode Island, New Mexico und South Dakota. Carter konnte seinen größten Erfolg in West-Virginia verbuchen, er hatte aber auch in Ohio und Montana gesiegt. Das Stimmenverhältnis lag nun bei 1982 für den Präsidenten gegen etwa 1125 für den Senator. Abends um Viertel nach neun trat Carter im landesweiten Fernsehen auf und verkündete jubelnd seinen »wundervollen Sieg«. Er erklärte triumphierend: »Nun ist die Kampagne vorbei.«

Doch der Senator hielt dagegen: »Heute abend ist der Startschuß zur Fortsetzung der Kampagne gefallen. Demokraten im ganzen Land haben nur widerwillig einer Nominierung von Jimmy Carter zugestimmt. Und mir geht es ebenso.«

Der republikanische Bewerber Ronald Reagan dürfte angesichts dieser Äußerung erkannt haben, daß er der eigentliche Sieger des Tages war. Als er von der Absicht des Senators erfuhr, seine Kampagne fortzusetzen, bemerkte er gegenüber der Presse, daß die Kennedy-Truppe »einen ganz schönen Wirbel« beim Parteikonvent der Demokraten auslösen könnte.

Jeder aus unserer Wahlkampftruppe war erschöpft, nur der Senator wirkte frisch und schien bereit, am Mittwochmorgen weiterzumachen. Wir flogen nach Boston zu Caroline Kennedys Abschlußfeier an der Radcliffe-Universität und kehrten dann nach Washington zurück. Dort arbeiteten wir eine neue Strategie für den nächsten Akt des noch immer nicht beendeten Dramas aus.

Am Dienstag hatte der Senator einen Termin beim Präsidenten im Oval Office. Während des dreiviertelstündigen Treffens überraschte Kennedy seinen Gegner damit, daß er ihm im privaten Gespräch ganz gelassen noch einmal das mitteilte, was er am Dienstagabend schon öffentlich angekündigt hatte. Obwohl Carter die für die Nominierung erforderliche Zahl der Delegiertenstimmen erreicht hatte, war der Senator nicht gewillt, aus dem Rennen auszusteigen. Statt dessen forderte er nochmals eine Fernsehdebatte zwischen ihm und Carter, die der Präsident erneut ablehnte.

Die folgenden zwei Monate beschränkten wir uns darauf, taktische Überlegungen für den bevorstehenden Parteikonvent anzustellen. Wir wollten zumindest aus den entscheidenden Linienkämpfen, die dort zu erwarten waren, als Sieger hervorgehen können.

Zu allem Unglück waren wir auch noch völlig pleite. Wir verkleinerten den Stab der bezahlten Mitarbeiter um 45 Prozent und reduzierten die Büroraumkapazitäten erheblich. Für die jetzt noch folgende Wahlkampfarbeit stand nur noch ein Teil des Gebäudes zur Verfügung.

Unsere Mitarbeiter versuchten in der Ruhepause vor dem Parteikonvent etwas Atem zu schöpfen. Fast alle an der Kampagne Beteiligten – die wenigen, die wir uns noch leisten konnten – nahmen längere Zeit Urlaub. Joan reiste in einen Kurort. Der Senator blieb jedoch in Washington, und ich war wie immer dienstbereit an seiner Seite.

Ich erholte mich gerade an einem meiner seltenen freien Tage am Swimmingpool, als sich Cindy, ebenfalls auf der Flucht vor der gefürchteten Schwüle in Washington, zu mir gesellte. Jetzt, am Ende der Kampagne, war sie nach Washington zurückgekehrt und hielt Ausschau nach einer neuen Stelle. Ich spürte, daß sie sehr angespannt war. Sie bewegte sich unruhig auf ihrem Liegestuhl und wirkte mißmutig. »Was ist los?« erkundigte ich mich.

»Ich weiß nicht«, antwortete sie. »Ich glaube, ich habe mir da etwas eingefangen.« Wie sie mir anvertraute, litt sie an einem Ausfluß, den sie sich nicht erklären konnte, und fürchtete, sich eine Infektion zugezogen zu haben.

Am Wochenende waren die Arztpraxen geschlossen. Ich schlug ihr vor, unverzüglich den Notdienst der Georgetown-Klinik aufzusuchen. Sie befolgte meinen Rat.

Am späten Nachmittag kehrte sie zurück und erklärte: »Sie haben eine Vermutung, was es sein könnte, doch die genauen Untersuchungsergebnisse liegen erst am Montag vor. Ich habe vorsichtshalber eine Penicillinspritze bekommen.«

Mein erster Gedanke galt dem Senator. Wieder einmal mußte ich dafür sorgen, daß sein Bild in der Öffentlichkeit keinen Schaden nahm. Wir wollten aber erst einmal die Untersuchungsergebnisse abwarten, ehe wir mit der Sache an ihn herantraten.

Am Montag gegen zehn Uhr meldete sich Cindy telefonisch im Büro, um mir mitzuteilen, daß die Laboruntersuchung die vorläufige Diagnose bestätigt hatte. Sie fügte hinzu: »Margo hat dasselbe. Sie ist jetzt auch in der Klinik, um sich eine Spritze geben zu lassen.«

Margo war eine unserer Mitarbeiterinnen im Senat. Wer nun wem was angehängt hatte, war zweitrangig. Wichtig war nur, den Senator vorsichtshalber mit Penicillin zu behandeln. Im Moment war er zwar im Plenum, doch dieses Problem duldete keinen Aufschub. Ich begab mich in ein kleines Privatbüro, das neben dem des Senators lag, schloß die Tür, nahm den Telefonhörer ab und wählte die Nummer von Stu Shapiro vom Gesundheitsausschuß.

»Stu? Hier Rick«, sagte ich. »Bist du allein?« Da er die Frage bejahte, kam ich gleich zur Sache. »Wir haben da ein Problem. Wir brauchen Penicillin.«

»Nur zu«, sagte er gedehnt.

»Hast du welches in deinem Koffer?« fragte ich.

»Ja.«

»Der Senator ist um zwölf Uhr zurück. Sei dann bitte auch zur Stelle.«

Als der Senator zum Mittagessen zurückkam, folgte ich ihm in sein Büro und schloß die Tür hinter mir. Er saß an seinem Schreibtisch und schaute mich abwartend über seinen Brillenrand hinweg an.

»Wir haben da ein Problem«, begann ich. »Nichts Schlimmes. Wir haben es bald im Griff.«

»Was für ein Problem?« fragte er, in Gedanken schon bei seinem Lunchpaket.

»Es betrifft Cindy und Margo. Sie haben beide Tripper, und Sie müssen jetzt auch eine Spritze bekommen.«

Er starrte mich an, als wollte er sagen: Was haben wir in den letzten Monaten nicht alles mitgemacht. Wir sind zigmal kreuz und quer durch das Land geflogen, haben Babies und alte Damen abgeküßt, mieses Essen vertilgt, in schäbigen Hotels übernachtet, für unsere politische Karriere gekämpft, uns mit dem Präsidenten der Vereinigten Staaten herumgestritten und nun kriegen wir zu allem Überfluß auch noch einen Tripper angehängt! Er schüttelte den Kopf und murmelte: »Das kann doch nicht Ihr Ernst sein.«

»Es ist mein voller Ernst. Cindy und Margo hat es beide erwischt. Stu hat das Penicillin. Er wird gleich hier sein.«

Der Senator rutschte unruhig auf seinem Stuhl hin und her. »Ach Ricky – eine Spritze? Muß das wirklich sein? Muß ich wirklich eine Spritze bekommen? Mein guter Ricky, wollen Sie das wirklich mit mir geschehen lassen?«

Ich zuckte mit den Schultern und ging in den Empfangsraum, um auf Shapiro zu warten. Als er eintraf, richteten sich alle Blicke im Büro spöttisch auf seine große schwarze Arzttasche. Ich wies meine Sekretärin Connie an, daß wir ungestört bleiben wollten.

Shapiro und ich betraten das Büro des Senators. Während der Arzt in der Tasche nach seinen Gerätschaften suchte, ging ich zu den drei Türen des Privatbüros und schloß sie ab.

Der Senator machte große Augen, als Shapiro eine gewaltige

Spritze aus seiner Tasche zog. Die Nadel war etwa zehn Zentimeter lang.

»Würden Sie sich bitte unten freimachen«, bat ihn Shapiro.

»Nicht doch«, heulte der Senator, »Sie werden mich doch nicht mit diesem schrecklichen Ding da quälen.«

»Nun machen Sie keine Geschichten, Herr Senator«, sagte Shapiro, »stehen Sie bitte auf und lassen Sie die Hose runter.«

Der Senator stand auf, ließ widerwillig die Hose fallen und zog seine Unterhose bis auf Kniehöhe herunter. Dabei protestierte er immer noch: »Nein, Doktor, nicht mit diesem schrecklichen Ding da!«

Shapiro trat einen Schritt vor, woraufhin der Senator zurückwich. Er watschelte mit halb heruntergelassener Hose durch das Zimmer, stets bemüht, den Schreibtisch als Bollwerk zwischen sich und dem gefährlichen Ende der Spritze zu haben. Weder Shapiro noch ich konnten einen Heiterkeitsausbruch unterdrücken, und bald stimmte der Senator in unser Gelächter ein.

Ich konnte mir genau vorstellen, was draußen im Vorzimmer vor sich ging. Ich wußte, daß jeder in seiner Arbeit innehielt, auf die Tür starrte und sich fragte, was sich hier drin wohl abspielte. »Machen Sie bitte keinen solchen Wirbel«, bat ich. »Man könnte uns hören!«

Schließlich brachte Shapiro sein Opfer zur Strecke. Die Nadel traf die vorgesehene Stelle, worauf der Senator einen gellenden Schrei ausstieß. Triumphierend zog Shapiro die Nadel heraus. Jeder von uns ließ sich auf einen Stuhl plumpsen, und gemeinsam kämpften wir gegen einen übermächtigen Lachanfall.

Shapiro fand als erster seine Fassung wieder und stellte fest, er habe wohl eine hinreichende Dosis Penicillin injiziert. »Damit müßte das Problem behoben sein«, sagte er. »Doch falls Sie noch irgendwelche Beschwerden haben sollten, geben Sie mir Bescheid.«

Als ich den Arzt durch das Vorzimmer hinausbegleitete, bestürmten mich mehrere Frauen mit der Frage: »Was war denn da drin los?«

»Ach nichts, was für die Ohren zarter Damen bestimmt wäre«, antwortete ich schnippisch. Ich schob Shapiro zur Tür hinaus und kehrte an meinen Schreibtisch zurück, wobei ich eine strenge Miene aufsetzte, um weitere Fragen im Keim zu ersticken.

Doch auch die Möglichkeit, sich eventuell einen Tripper einzuhandeln, vermochte den Senator nicht abzuschrecken. In der relativ ereignislosen Zeit zwischen den letzten Vorwahlen und dem bevorstehenden Parteikonvent hatten wir beide viel freie Zeit zur Verfügung.

Wir verbrachten Tage und Nächte im Whirlpool, nahmen immer größere Dosen Kokain und schütteten mehr Alkohol in uns hinein, als nötig gewesen wäre, um den Schmerz über unsere Niederlage zu betäuben. Ein Wochenende nach dem anderen verschwamm in einem undeutlichen Nebel.

Eines Tages kam Steve Smith nachmittags zu einer Mitarbeiterbesprechung ins Haus des Senators, mußte aber warten, da der Senator sich mit einer Frau im größten Schlafzimmer auf der Rückseite des Hauses eingeschlossen hatte.

»Ich möchte den Senator sprechen, Rick«, sagte Smith zu mir.

»Das geht jetzt nicht, Steve«, antwortete ich.

Er packte mich am Revers meines Jacketts und zog mich in ein Badezimmer, um ungestört mit mir reden zu können. Sein Gesicht war kalkweiß. »Was zum Teufel ist hier eigentlich los?« fuhr er mich an. »Wir wollten uns zu einer Besprechung treffen, und der Senator treibt es mit jemandem im Hinterzimmer! Zum Donnerwetter, warum läßt du das zu?«

Ich antwortete ihm müde: »Steve, ich kann den Mann nicht unter Kontrolle halten. Das ist ein Ding der Unmöglichkeit.«

»Wie kann er nur vor den Augen seiner Mitarbeiter – « sagte Smith angewidert, sprach aber seinen Gedanken nicht aus. Er lautete wohl: Wie konnte der Senator sein schlechtes Benehmen nur so offen zur Schau stellen? Statt dessen murmelte er lediglich: »Ich habe das alles so verdammt satt.«

»Steve, ich bin nicht sein Babysitter. Ich kann da nichts machen«, sagte ich.

»Ihr seid beide gleich«, zischte er und ließ mich im Badezimmer stehen. Was für ein Ekel, dachte ich. Dann schloß ich die Tür, nahm eine Prise Kokain und bemühte mich anschließend, den Senator aus dem hinteren Schlafzimmer herauszulotsen, damit er an der Besprechung teilnehmen konnte.

Nach diesem Vorfall hielt sich Smith fast nur noch in New York auf und distanzierte sich von Washington, der Kampagne und dem Kandidaten.

Bald darauf kam Kitty Brewer in die Stadt, um ein Wochenende in McLean zu verbringen. Cindy, von ihrer Infektion genesen, erschien auch wieder auf der Bildfläche.

Als ich am Samstagnachmittag an meinem Pool saß, tauchten plötzlich Kitty und Cindy auf. Der Senator mußte einer gesellschaftlichen Verpflichtung gemeinsam mit Ethels Kindern nachkommen. Er wußte im voraus, daß es chaotisch werden würde. Die beiden Frauen zogen es deshalb vor, den Samstagabend mit mir zu verbringen.

»Die letzte Nacht war einfach irre!« stieß Kitty atemlos hervor. Inzwischen waren die beiden schon mit den Vorlieben des Senators vertraut, doch an diesem Freitagabend hatte er noch einige andere Frauen angerufen und sie spontan zu einer Party eingeladen. »Mann, war das heiß ... Rick, wir haben uns tonnenweise Koks reingezogen«, sagte Cindy. »Und auch noch diese Mandrax-Tabletten, auf die jetzt alle so abfahren. Der arme Ted, am anderen Morgen wußte er nicht mehr, wo oben und unten war.«

Die Frauen kehrten am Sonntag nach McLean zurück, doch am selben Abend noch fuhr ich Kitty von McLean zum Flughafen. Sie war sehr erregt und beklagte sich bitter, daß der Senator sich geweigert habe, ihr noch mehr Kokain zu geben, sie habe seiner Meinung nach schon genug bekommen. »Er ist so egoistisch, Rick. Hätte er mir nicht noch ein paar Linien spendieren können, nach allem, was ich für ihn getan habe?«

Am nächsten Tag fragte mich der Senator: »Rick, waren Sie vielleicht aus irgendeinem Grund an meinem Schreibtisch?«

»Nein«, antwortete ich. »Ich gehe nie an Ihren Schreibtisch, es sei denn, Sie bitten mich ausdrücklich darum.«

Er machte einen verwirrten Eindruck.

Plötzlich ahnte ich dunkel, was passiert sein könnte. Ich erzählte ihm von meiner Unterhaltung mit Kitty auf der Fahrt zum Flughafen. »Kitty muß es gewesen sein«, schloß er.

Er war wütend. *Keiner* durfte ohne sein Einverständnis an seinen Schreibtisch gehen. Als Kitty am nächsten Wochenende wiederkam, hatte er ein neues Schloß anbringen lassen.

Er hütete seinen Vorrat an Drogen so eifersüchtig wie ich meinen.

In den lauen Nächten jenes Sommers hätte man uns für ein Zwillingspaar halten können: Einer wetteiferte mit dem anderen, wer wohl in Sachen Sex, Drogen oder Alkohol der überlegene sei. Und dabei schafften wir es auch noch, tagsüber leidlich unseren Verpflichtungen nachzukommen. Später bemerkten Peter Collier und David Horowitz in ihrem Buch »Die Kennedys«: »In den letzten

Wochen« – vor dem Parteikonvent –»wirkte Teddy bleich und verstört.«

Die Leute dachten, es handle sich dabei um bloße Erschöpfung. Aber wenn sie nur etwas argwöhnischer gewesen wären, hätten sie die verräterischen Spuren sicher bemerkt. Nicht, daß es eine Rolle gespielt hätte. Keiner von uns beiden machte sich klar oder scherte sich zu diesem Zeitpunkt auch nur einen Deut darum, wie tief wir gesunken waren, obwohl ich in manchen Augenblicken halbherzige Versuche unternahm, mir mein Verhalten zu erklären. »Das sind nur die Nachwirkungen der Kampagne«, sagte ich mir. Aber ich wußte, daß das nicht der wahre Grund war. Wir hatten diese zerstörerische Lebensweise schon lange vor dieser Kampagne eingeführt. Und wenn ich mich so umsah, schienen beinahe alle, die mit uns die Kampagne durchgestanden hatten, Zeichen von Erschöpfung zu zeigen.

Doch dann wurden unsere Lebensgeister noch einmal ganz unerwartet geweckt, und das hatten wir dem Bruder des Präsidenten zu verdanken. Als gerade der nationale Parteikonvent der Republikaner tagte, wurde eine hochbrisante Nachricht verbreitet: Der zwielichtige Bierliebhaber Billy Carter hatte gegenüber dem Justizministerium eingeräumt, daß er Geschenke und Darlehen in einem Gesamtwert von 220 000 Dollar von der offiziell geächteten libyschen Regierung erhalten habe, um für sie als Agent zu arbeiten. (Billy hatte früher schon auf die Kritik jüdischer Gruppen, die seine Verbindung zu den Arabern beleuchtet sehen wollten, mit der Bemerkung reagiert, »sie können mich am Arsch lecken«.) Das Skandalöseste an dieser Enthüllung aber war wohl, daß Billy erst dann als Agent in die Dienste einer ausländischen Regierung getreten war, *nachdem* sich das Justizministerium mit der Angelegenheit befaßt hatte.

Der Justizminister Benjamin Civiletti bestritt anfangs, daß er jemals mit dem Präsidenten über Billy Carters Beziehungen zu Libyen gesprochen habe, gab dann aber eine »kurze, informelle« Unterhaltung zu. Der ganze Vorgang wurde noch dubioser durch Enthüllungen des Sicherheitsberaters des Präsidenten, Zbigniew Brzezinski. Dieser erklärte, das Weiße Haus habe Billy dazu benutzen wollen, Einfluß auf den libyschen Diktator Muammar El Gaddafi auszuüben, damit dieser bei der iranischen Regierung auf die Befreiung der amerikanischen Geiseln hinwirke.

Die ganze Affäre hinterließ in Amerika keinen guten Eindruck.

Der Rechtsausschuß des Senats setzte eine Sonderkommission zur
Aufklärung der Angelegenheit ein.

Präsident Carter hielt am 4. August eine landesweit im Fernsehen übertragene Pressekonferenz ab, um zu der schon als »Billy-
gate« apostrophierten Affäre Stellung zu nehmen. Er sagte im einzelnen: »Aufrichtigkeit war schon immer ein Grundstein meiner
Regierung und wird es auch weiterhin sein«. Er gab zu, daß sein
Bruder eine »schillernde Persönlichkeit« sei. Der Präsident werde
aber in Zukunft jedem in der Regierung verbieten, mit Mitgliedern
seiner Familie Vereinbarungen zu treffen, die »tatsächlich den Tat-
bestand unzulässiger Beeinflussung erfüllen oder zumindest einen
solchen Anschein erwecken«.

Leider schien diese Rede die Mehrheit der für Carter stimmen-
den Delegierten zufriedenzustellen.

Uns blieb nichts anderes übrig als zu warten.

Eines Tages kehrte eine Mitarbeiterin unseres Stabs von einem
Urlaub zurück, der sie nach Detroit geführt hatte, wo just zur gleichen Zeit der nationale Parteikonvent der Republikaner stattfand.

»Es war einfach irre«, vertraute sie mir an, nachdem sie zugegeben hatte, im feindlichen Lager gewesen zu sein. »Ich habe fast
die ganze Woche mit ... in einem Hotelzimmer verbracht.«

Mir klingelten die Ohren, als sie den Namen eines der prominentesten Republikaner im Land nannte.

»Wußte er, für wen du arbeitest?« fragte ich fassungslos.

»Ja. Ich habe es ihm erzählt.«

»Und was meinte er dazu?«

»Er lachte nur.«

Warum war es so weit mit uns gekommen? Mehr noch, warum
war es mit *mir* so weit gekommen? Es schien einfach keine Perspektive mehr zu geben.

Diese Frage bekam für mich noch größeres Gewicht, als mein
Vater unsere Familie zu einem Treffen in Connecticut zusammen-
rief. Meine sieben Brüder und Schwestern und ich hatten in unserer
Kindheit ein sehr enges Verhältnis zueinander gehabt, und noch als
Erwachsene trafen sich alle – abgesehen von mir – häufig zu verschiedenen Anlässen am Wochenende. Bei diesem Familientreffen
fühlte ich mich plötzlich durch den Anblick meiner Geschwister, die
alle verheiratet waren und für ihre Familien lebten, beunruhigt.
Natürlich hatte jeder von ihnen seine eigenen Probleme, doch alle
hatten sie jemanden, der diese Probleme mit ihnen teilte, und alle

schienen sich sehr gut zu verstehen. Meine Karriere und mein Lebenswandel hatten mich so sehr in Anspruch genommen, daß mir kaum noch Zeit für meine Geschwister geblieben war. Ich fühlte mich nun als Außenseiter.

Vater verkündete, er wolle zum ersten Mal in der Geschichte seiner Firma andere Familienmitglieder in das Geschäft einsteigen lassen. Er wandte sich an meinen ältesten und an meinen jüngsten Bruder und bot ihnen Schlüsselpositionen an. Sein Blick streifte mich nur flüchtig, und mit einem jähem Schmerz fragte ich mich: Warum hat er sich nicht für mich entschieden? Im gleichen Augenblick wurde mir aber klar, daß mein eigenes Berufsleben so eng mit dem des Senators verstrickt war, daß Vater es nicht einmal als Möglichkeit in Betracht gezogen hatte, mich in den Betrieb aufzunehmen.

Später sprach ich mit meinem Vater unter vier Augen. Ich sagte ruhig: »Ich spiele mit dem Gedanken, nicht mehr für Kennedy zu arbeiten.«

Ein Ausdruck von Zustimmung glitt über sein Gesicht. Dennoch bot er mir keine Stellung an. Er wartete ab, was ich noch auf dem Herzen hätte.

Ich erwähnte, daß möglicherweise bald ein Mandat im Kongreß frei werde, und zwar in dem Bundesstaat, in dem Vater eine Fabrik hatte; das würde es mir erheblich erleichtern, mich dort niederzulassen. Ich fragte: »Wenn ich bei den Senatswahlen anträte, würdest du mich dann bei meiner Kandidatur unterstützen?«

Vater sah mich liebevoll an – doch dann siegte seine pragmatische Einstellung. Seine Antwort war ausweichend. Er fragte sich, ob das wirklich der richtige Schritt für mich sei. Er wollte erst ganz sicher sein, daß ich wirklich den Wunsch hatte, für den Rest meines Lebens als Politiker tätig zu sein. Er selbst war ein Mensch, der größten Wert auf seine Privatsphäre legte und mit berechtigtem Stolz auf die Firma blickte, die er aufgebaut hatte. Seit Jahren verfolgte er nun schon meine Karriere – und sicherlich auch mit einem gewissem Stolz –, aber er hatte mich in den Spätnachrichten gesehen, und mein Auftreten dort unterschied sich stark von seinem persönlichen Stil.

Seufzend erkundigte er sich nach dem finanziellen Aspekt. Ich sagte ihm, daß die Kosten einer Wahlkampagne bis zu 500 000 Dollar betragen könnten. Ich würde seine Hilfe brauchen, um diese Summe aufzubringen.

Er gab seiner Besorgnis Ausdruck, daß durch einen Wahlkampf

die Privatsphäre der Familie in die Öffentlichkeit gezerrt werden könnte. Er verwarf meine Pläne zwar nicht völlig, brachte ihnen aber weit weniger Begeisterung entgegen, als ich gehofft hatte.

Als er mich später für meine Rückreise nach Washington zum Flughafen brachte, fragte ich zögernd:»Wie sehen deine Pläne für die Zukunft der Firma aus?«

»Ich hätte sehr gerne alle meine Kinder bei mir im Geschäft«, sagte Vater.»Doch überlasse ich es jedem einzelnen, eine solche Entscheidung zu fällen.«

Und wieder fragte ich mich: Warum hat er sich nicht für mich entschieden?

Doch die Antwort war nicht schwer zu finden: Ich hatte es mir selbst zuzuschreiben.

BRAVOUR IN DER NIEDERLAGE

Wir trafen am Freitag vor der Eröffnung des nationalen Parteikonvents der Demokraten in New York ein und belegten das gesamte sechzehnte Stockwerk des Hotels Waldorf-Astoria. Kara, Teddy und Patrick waren ebenso wie einige Mitarbeiter in Zimmern entlang des Flurs untergebracht. Joan erhielt eine kleine Suite, während der Senator repräsentativere Räume am Ende des Flurs bezog. Joan sollte ursprünglich bei Rose Kennedy wohnen; deren Apartment auf der Südseite des Central Park besaß zwei Gästezimmer. Joan hatte gesagt, daß sie Wert auf Ruhe und Frieden fernab des ganzen Tumults lege. Dann beklagte sie sich aber, sie fühle sich von jeglicher Aktivität ausgeschlossen. Schließlich waren auch wir der Meinung, daß es einen besseren Eindruck machen würde, wenn sie ebenfalls im Waldorf-Astoria logierte. Und so kam sie also zu uns herüber. Eine Treppe führte zu meiner einen Stock tiefer gelegenen Suite, wo wir abgeschirmt vom Publikumsverkehr taktische Besprechungen abhalten konnten. Ein weiterer Vorteil der Suite war, daß sich der Senator ohne große Umstände hierher zurückziehen konnte.

Steve Smith tauchte wieder auf, um sich um die formalen Angelegenheiten des Parteikonvents zu kümmern. Er war immer noch tief enttäuscht vom Verhalten des Senators, doch bereit, wieder mit der übrigen Familie in Kontakt zu treten.

Wir wußten, daß der Senator nur eine geringe Chance hatte,

dem Präsidenten die Leitung der Parteiversammlung aus der Hand
zu nehmen, aber wir spürten andererseits auch, daß unsere Stunde
noch kommen würde. Als Gegenleistung für das Zugeständnis des
Senators, einige Änderungswünsche an der Tagesordung fallenzulassen, hatten sich die Leute um Carter damit einverstanden erklärt,
daß er am Dienstagabend, bei der Debatte über einen wirtschaftlichen Programmpunkt, vom Podium aus das Wort an den Konvent
richten könne. Die Rede war zur besten Fernsehzeit geplant.

Mit dem Entwurf für eine Rede unter dem Arm suchte uns
Arthur Schlesinger jr. in dieser Woche auf. Wir lasen alle den Entwurf, aber keiner konnte sich so recht damit anfreunden. Doch wir
sagten nichts und warteten ab, wie der Senator reagieren würde.
Auch er fand den Entwurf unannehmbar. Zwar enthielt die Rede
die richtigen Leitgedanken, doch Schlesinger drückte sie auf seine
eigene Art aus und hatte es nicht verstanden, sich dem Redestil des
Senators anzupassen. Alle zogen den Entwurf vor, an dem Parker
und Shrum arbeiteten. Sie bereiteten zwei geringfügig voneinander
abweichende Versionen der Rede vor – für den Fall, daß wir während des Konvents doch noch ein Wunder vollbringen sollten.

Schlesingers Begeisterung für seinen eigenen Entwurf stellte uns
vor ein Problem, das es auf diplomatische Weise zu lösen galt. Er
war ein enger Vertrauter der Kennedy-Familie, man konnte ihm
also nicht einfach mitteilen, der Senator habe seine Rede in Bausch
und Bogen verworfen. Kennedy traf sich ein paarmal mit Schlesinger, ging halbherzig den Entwurf mit ihm durch und wies auf Ab-
schnitte hin, die noch zu überarbeiten wären, konnte sich aber
nicht dazu durchringen, die Katze aus dem Sack zu lassen. Dadurch
ermutigt, schloß sich Schlesinger in sein Zimmer ein und machte
sich diensteifrig an die Überarbeitung seines Entwurfs.

Schließlich überredete der Senator Smith dazu, Schlesinger reinen Wein einzuschenken. Daraufhin war Schlesinger urplötzlich
verschwunden.

In der Zwischenzeit hatte Frank Mankiewicz, ein langjähriger
Presseberater der Kennedys, ein Papier verfaßt und es am Donnerstag, dem 7. August, dem Senator zukommen lassen. Das Papier trug
den Titel »Wann ziehe ich die Zügel an und wann lasse ich sie
schießen«. Mankiewicz' Ratschläge bezogen sich auf das Verhalten
des Senators, falls er den Kampf um die Abstimmungsstatuten verlieren sollte. Ted Kennedy wollte nämlich noch auf einen »offenen
Konvent« dringen, bei dem die Abgeordneten nach eigenem Gut-

dünken wählen könnten, anstatt für die Kandidaten zu stimmen, auf die sie verpflichtet worden waren. Erreichte der Senator sein Ziel nicht, dann sollte er, so Mankiewicz, seine Delegierten aus der Abstimmungsdisziplin entlassen, seinen Nominierungsantrag zurückziehen und New York unverzüglich verlassen. Er bezeichnete ein solches Vorgehen als die »würdevollste« Art, sich aus dem Wahlkampf zu verabschieden, als eine Taktik, die deutlich machen würde, daß die Kampagne ernst gemeint war und daß der Senator für die Grundüberzeugungen der Partei gekämpft habe.

Wir legten diesen Rat zu den Akten und richteten unser Augenmerk auf die bevorstehende Schlacht. Bei einer Zusammenkunft am Freitagmittag beharrte der Senator leidenschaftlich auf seinem Standpunkt, daß er der einzige Demokrat sei, der Reagan im November schlagen könne.

Wir versuchten verzweifelt, Carters vierunddreißig Delegierte aus Massachusetts dazu zu bringen, sich für einen offenen Konvent einzusetzen, doch nur wenige ließen sich überzeugen. Chancen rechneten wir uns ebenfalls bei den zahlenmäßig starken und einflußreichen Delegationen von Illinois, Pennsylvania, Michigan und Kalifornien aus. Wir zählten nicht weniger als fünfunddreißig potentielle Überläufer allein in der Delegation von Illinois. Die auf Carter verpflichteten Delegierten von Minnesota waren angeblich unentschlossen, doch gelang es Leuten aus dem Lager Carters, sie zurückzugewinnen, indem sie den Abtreibungsgegnern innerhalb dieser Gruppe Redezeit auf dem Podium einräumten.

Wir erfuhren auch, daß der Vizepräsident Walter Mondale ständig am Telefon hing und die Carter-Delegierten bearbeitete, um sie bei der Stange zu halten.

Die sonntägliche Berichterstattung im Fernsehen über den Parteikonvent spiegelte die Meinung der Medien über das voraussichtliche Ergebnis wider: Der Senator erschien eine halbe Stunde lang in der nicht besonders gefragten Sendung »Face the Nation«. Darin versprach er feierlich, er werde ungeachtet der Direktiven Carters den auf ihn verpflichteten Delegierten ein freies Abstimmungsverhalten zubilligen. Was den Interviewern am meisten am Herzen zu liegen schien, war jedoch, ob der Senator Carters Nominierung unterstützen würde oder nicht. Er antwortete darauf etwas rätselhaft, er werde sich nie nur deshalb hinter einen Nominierten stellen, »weil ein D hinter seinem Namen steht«. Seine Unterstützung hänge davon ab, ob der Parteikonvent seine wichtigsten Vorschläge zur wirtschaftlichen Lage in seiner Wahlplattform berücksichtige oder nicht. Auf die Frage, wie er den Nominierten der Republikanischen Partei, Ronald Reagan, einschätze, stellte der Senator anerkennend fest, daß der frühere kalifornische Gouverneur auf das Thema Nummer Eins, die wirtschaftliche Lage, besonderen Wert lege und seine Positionen sehr deutlich mache. Er fügte warnend hinzu: »Ich glaube, die Demokraten laufen Gefahr, die Wahl zu verlieren.« Im Gegensatz dazu wurden dem Präsidenten und Mrs. Carter eine volle Stunde in der Sendung »60 Minutes« zugestanden. Carter sagte Dan Rather, er habe »keinerlei Zweifel«, daß ihn die Abgeordneten auf dem Konvent nominieren würden. Als Rather fragte, ob der Präsident seine Delegierten aus der Abstimmungsdisziplin entlassen und auf diese Weise sein Vertrauen in sie demonstrieren werde, antwortete Carter, die Chancen für eine solche Maßnahme seien »gleich Null«.

Paul Kirk traf sich mit Richard Moe, Mondales Stabschef, um einen Kompromiß in bezug auf unsere Vorschläge zum Wahlprogramm auszuhandeln. Der Öffentlichkeit sollte ein weniger zerstrittenes Bild der Partei präsentiert werden. Moe machte bei vier Wahlprogrammpunkten, sämtlich Entwürfe Kennedys, Zugeständnisse und ließ in einigen Fällen Formulierungen zu, die Carters aktuellen Standpunkten direkt widersprachen. Moe gab auch hinsichtlich der »Verbindlichkeit des Wahlprogramms« nach und stimmte der Regel zu, wonach vor der Abstimmung für die Nominierung jeder Kandidat sich öffentlich zum Wahlprogramm der Demokraten bekennen oder seine Einwände erheben müsse.

Moe äußerte der Presse gegenüber, bei seiner Aktion handle es sich »ausschließlich um eine versöhnliche Geste«. Während er einräumte, daß die neuen Wahlprogrammpunkte »nicht unsere bevorzugten Positionen« seien, beharrte er aber auf seiner Meinung, daß er und Kirk »eine gemeinsame Sprache« gefunden hätten, »mit der wir leben können«.

Laut Kirk habe Moe ihm gegenüber jedoch zugegeben, daß Carter und seine Gefolgsleute glaubten, sie würden bei der Auseinandersetzung um diese Programmpunkte ohnehin den kürzeren ziehen.

Der Senator bemerkte dazu: »Allmählich gefällt mir das Wahlprogramm immer besser.«

Carters Wahlkampfmanager Robert Strauss tat das bevorstehende Ringen um die Abstimmungsregularien als unwichtig ab. Er sagte einer Gruppe von Reportern, die Schlüsselfrage nach der Nominierung Carters am Mittwochabend sei, ob der Senator sich dann für die Einheit der Partei einsetzen werde. Er, Strauss, sei »bis zu einem bestimmten Punkt an Schlichtungsverhandlungen« interessiert.

Unterdessen behauptete Kirk gegenüber der Presse, wir seien nur noch etwa hundert Stimmen von unserem Ziel entfernt, die Delegierten von der Abstimmungsdisziplin zu befreien, den Präsidenten fallenzulassen und den Senator zu nominieren. Er sagte voraus: »Wir stehen möglicherweise kurz vor einem der größten politischen Spektakel der jüngsten politischen Geschichte.«

Der Senator fügte hinzu: »Ich denke, es könnte reichen.«

Am Montag, dem 11. August, betrat der Sprecher des Repräsentantenhauses und Vorsitzende des Parteikonvents, Tip O'Neill, den Saal im Madison Square Garden und bahnte sich einen Weg durch die Techniker, die Vorbereitungen für die Eröffnungsfeier trafen.

Wohl wissend, daß seine Partei einen Hang zur Unordentlichkeit besaß, nahm er eine Mikrofonprobe vor. Er erntete vereinzelt Gelächter, als er polterte: »Für alle guten Männer ist jetzt die Zeit gekommen, ihrer Partei zu Hilfe zu eilen.«

Bei der Eröffnungssitzung sprach Millie O'Neill, Tips Frau, den Delegierten den Treueschwur vor.

Was die Verfahrensregeln für den Parteikonvent betraf, hatten wir den Delegierten nun lediglich zwei Minderheitsvorlagen zu unterbreiten. Eine davon war die Aufhebung der Abstimmungsdisziplin. Der Gouverneur von New York, Hugh Carey, war bereit, den Kampf für uns zu führen und stellte die rhetorische Frage: »Glauben Sie nicht auch, daß Roger Staubach imstande wäre, einen Touchdown in den letzten zwei Minuten auszuführen?«

Das endgültige Aus für die Kampagne kam mit der Abstimmung gemäß Regel F(3)(c), bei der die Namen der Abgeordneten einzeln aufgerufen werden. Eben dieses Verfahren hatten wir außer Kraft setzen wollen. Carters Leute übten sich im Schulterschluß. Die Delegierten stimmten mehrheitlich für die Beibehaltung der Regel, die ihnen ihr Abstimmungsverhalten gemäß dem ersten Wahlgang in den einzelnen Bundesstaaten vorschrieb. Damit war die erneute Nominierung des Präsidenten gesichert.

Während wir die Abstimmung verfolgten, fühlte ich, wie mein Mund trocken wurde. Es war der Anfang vom Ende. Was wir schon die ganze Zeit über in der Ruhephase vor dem Parteikonvent befürchtet hatten, wurde nun zur niederschmetternden Realität. Innerlich stemmte ich mich gegen ein Gefühl der Verzweiflung, das mich zu überwältigen drohte. Schließlich mußte ich für den Senator stark sein. Andere Mitarbeiter unseres Stabs waren nicht so zurückhaltend und ließen ihren Emotionen freien Lauf. Sie reagierten mit Tränen auf die neue Situation.

Als der Senator miterlebte, wie seine Kandidatur vom Konvent abgeschmettert wurde, sah er mich mit einem finsteren Lächeln an. Seine Augen verbargen nicht den Schmerz. Doch ich konnte ihm auch ansehen, daß er entschlossen war, sich weiter tapfer zu schlagen. Schließlich war er ein Kennedy.

Wir kehrten ins Waldorf-Astoria zurück, wo der Senator Präsident Carter in Camp David anrief und ihm gratulierte. Allerdings legte er sich in zwei Schlüsselfragen noch nicht fest: ob er an der Kampagne für den Präsidenten teilnehmen und ob er am Donnerstagabend nach Carters Dankesrede zusammen mit ihm auf dem Podium auftreten werde.

Nach dem Telefonanruf hielt der Senator eine Pressekonferenz in dem prunkvollen Festsaal des Waldorf-Astoria ab. Er mied absichtlich die Halle, in der der Parteikonvent stattfand, um es nicht zu Demonstrationen seiner Anhänger kommen zu lassen. Er erntete Applaus, als er sagte: »Wir sind nicht in diese großartige Stadt New York gekommen, um uns kampflos geschlagen zu geben.« Dann fuhr er fort: »Ich bin Realist und weiß, was dieses Ergebnis bedeutet. Mein Name wird bei der Nominierung nicht erscheinen.«

»Nein!« schrie einer der Anwesenden.

Der Senator versicherte seinen Anhängern, er werde weiterhin »für ein wahrhaft demokratisches Wahlprogramm« kämpfen, und erinnerte sie daran, daß er am Abend des folgenden Tages über Wirtschaftsfragen reden werde, »die das Hauptanliegen meiner Kampagne« gewesen seien.

Als er den Saal verließ, begannen die Anwesenden zu skandieren: »Vierundachtzig, vierundachtzig, vierundachtzig!«

Reporter lauerten dem Senator in der Hotelhalle auf und einer stellte ihm die momentan brennendste Frage: Würde der Senator nun Carters Kandidatur unterstützen? Seine Antwort lautete: »Wenn ein Schiedsrichter beim Baseball oben im Yankee-Stadion einen Ball über das Schlagmal hinausgehen sieht, entscheidet er auch erst in diesem Moment, ob es ein Treffer war oder ein falscher

Wurf ... Wir treffen dann Entscheidungen, wenn wir die Dinge hören und sehen.«

Im Madison Square Garden hörte Hamilton Jordan diesen Ausspruch Kennedys und sagte sofort, er habe »volles Vertrauen«, daß der Senator den Präsidenten bei seiner Kampagne unterstützen werde. »Ich nehme an, daß Senator Kennedy uns dabei helfen möchte, die Einheit dieser Partei wiederherzustellen«, betonte er. Jordan wandte sich telefonisch an Paul Kirk und bot an, die ganze Nacht hindurch Gespräche zu führen, um die unterschiedlichen Standpunkte zwischen dem Senator und dem Präsidenten zu klären und so gegenüber der Nation Geschlossenheit zu demonstrieren. Kirk gab zur Antwort, man werde sich auf keine Kompromisse einlassen. Wenn Carter nicht bereit sei, bei allen Vorschlägen des Senators für das Wahlprogramm nachzugeben, sehe er keinen Anlaß, sich zusammenzusetzen. Robert Strauss und Richard Moe wirkten abwechselnd am Telefon auf Kirk ein, um ihn zu überreden, wenigstens einem Treffen zuzustimmen.

Kirk lehnte ab.

»Wir haben sie, wo wir sie haben wollten«, scherzte Rick Stearns einem Reporter gegenüber. Er nannte die Abstimmung über das Wahlverfahren »nur einen Trick, um die Anhänger Carters in Sicherheit zu wiegen«.

In Wahrheit jedoch war die Sache gelaufen, und wir konzentrierten uns nun auf die Rede des Senators am Dienstagabend. Der Senator hatte Rückenschmerzen und war wie wir alle erschöpft. Seine Stimmung war jedoch überraschend gut. Ich erzählte einem Reporter: »Er hat der Situation gelassener hingenommen als wir alle zusammen, sowohl gestern abend als auch heute morgen«.

Wir verbrachten fast den ganzen Tag damit, seine Rede vor dem Parteikonvent auszufeilen. Der Senator nahm sich die Zeit, mit seiner Schwester Pat Lawford in deren Apartment an der East Side zu Mittag zu essen, kehrte dann aber zurück, um in einem Nebenzimmer im Madison Square Garden seine Rede einzuüben. Mit Lesepult und Teleprompter versuchten wir die Podiumsumgebung zu simulieren. Nach dem Willen des Senators sollten nur Parker und Shrum die Maschine bedienen, da sie am besten auf den richtigen Tonfall achten konnten. So mußten also die beiden Männer, die bereits über dem Redetext gebrütet hatten, ihn sich auch noch zusammengepfercht in einem kleinen Kabuff außer Sichtweite des Publikums anhören.

»Oh Gott ... «, gab der Senator während der Probe laut seiner Befürchtung Ausdruck, »wenn nun das Textband plötzlich nicht mehr funktioniert und ich vor allen Leuten ohne Hilfe dastehe?« Er packte mich und zeigte auf eine kleine Nische unmittelbar hinter ihm. »Rick, passen Sie da hinein?«

»Wozu soll das gut sein?«

»Nun, Sie können das Manuskript mitverfolgen. Sollte der Teleprompter den Geist aufgeben, könnte ich von Ihnen ein Zeichen bekommen, wo ich gerade im Text bin.«

»Ausgezeichnet, Herr Senator«, sagte ich. »Soll ich dann vor laufenden Fernsehkameras wie ein Kuckuck den Kopf rausstrecken und sagen: ›Sie sind jetzt auf Seite acht?‹«

Am Dienstagabend, als das Ringen um das Parteiprogramm unmittelbar bevorstand, saßen der Senator und ich allein in einem Raum in der Nähe der Versammlungshalle und sprachen ein letztes Mal einzelne Punkte der Rede durch. Ich riet dem Senator: »Was immer auch passiert, verbreiten Sie gegen Ende der Rede eine herzliche Stimmung. Streicheleinheiten gratis an alle.«

Er wußte, daß ich vor allem auf Joan anspielte, die zusammen mit Kara, Teddy und Patrick in einem Zimmer nebenan wartete. Selbst in der Niederlage erwarteten seine Anhänger, sie alle zusammen zu sehen, die Illusion der glücklichen Familie wenigstens ein letztes Mal präsentiert zu bekommen. Wahrscheinlich, dachte ich bei mir, ist es ein Abschied für den Senator. Es erschien mir unmöglich, daß wir es noch einmal schaffen könnten, eine Kampagne wie diese gemeinsam mit Joan und den Kindern auf die Beine zu stellen. Im Leben von ihnen vollzogen sich Veränderungen.

Zur festgesetzten Zeit schlossen wir uns Joan und den Kindern an. Der Senator versuchte einen kleinen Scherz und sagte zu Patrick: »Ich hoffe, daß ich keinen Flop lande«.

Geschützt von einer Phalanx von Beamten des Secret Service schritten wir einen langen, schmalen Flur entlang. Die Beamten und ich warteten am Eingang zur Rednertribüne des Parteikonvents, während der Senator und seine Familie auf die Bühne ins grelle Scheinwerferlicht des Madison Square Garden traten.

Der vollbesetzte Saal brach in frenetischen Beifall aus.

Die Delegierten schoben ihre Verpflichtungen, die sie diesem oder jenem Parteioberen gegenüber hatten, beiseite und zollten dem berühmten Senator von Massachusetts ihren Tribut. Wie auf ein geheimes Kommando sprangen die Leute von ihren Sitzen auf,

klatschten und schrien. Eine Musikband spielte, und ein Meer von
KENNEDY-Schildchen bewegte sich im Takt dazu. Eine Zeitlang erfüllte ein rhythmisches »Wir wollen Ted! Wir wollen Ted! Wir wollen Ted!« den ganzen Saal.

Von meinem Standort am Eingang konnte ich Parker und Shrum
sehen, die unter der Textbandmaschine kauerten und äußerst nervös wirkten.

Ich hatte die Rede unzählige Male während der Proben gehört,
doch als er sie nun vortrug, zweiunddreißig Minuten lang das Wort
an die Abgeordneten, die Nation und die ganze Welt richtete, hatte
ich Tränen in den Augen. Der Text war passagenweise von geradezu lyrischer Schönheit. Der Senator trug ihn packend und emotions-
geladen vor und bot die beste Vorstellung seit Beginn der langen
Kampagne. Parker und Shrum bedienten den Teleprompter virtuos.
Während die Wörter auf dem Band abrollten, wußte ich auch, daß
jeder – unabhängig von seiner politischen Richtung – dies als einen
denkwürdigen Moment in Erinnerung behalten würde.

Er ging auf Reagan ein, von dem er sagte, der nominierte Kandidat der Republikaner »ist kein Freund der Arbeiter ... dieser Kandidat ist kein Freund dieser Stadt und auch nicht der anderen großen städtischen Zentren ... dieser Kandidat ist kein Freund der
älteren Mitbürger unseres Landes.« Er griff Reagans Ruf nach dra-
stischen Kürzungen der staatlichen Ausgaben an:

»Es stimmt sicherlich, daß wir Probleme nicht dadurch lösen
können, daß wir für sie immer mehr Geld ausgeben. Es stimmt aber
auch, daß wir unsere nationalen Probleme nicht mit Gleichgültigkeit behandeln und sie auf den Müllhaufen der Geschichte werfen
können. Den Armen zu helfen, mag politisch nicht gerade in Mode
sein, doch auch sie haben Anspruch auf ein menschenwürdiges
Dasein. Mag die Mittelklasse auch zornig sein, so hat sie doch noch
nicht ihren Traum verloren, daß alle Amerikaner vereint voran-
schreiten können.«

Insgesamt nannte er Reagans Weltanschauung »eine Reise in die
Vergangenheit«.

Er kam auch auf andere aktuelle Themen zu sprechen. So unterstrich er, wie wichtig die Durchsetzung der Novelle zur Gleichberechtigung sei und wie dringend ein Programm für eine staatliche Gesundheitsfürsorge gebraucht werde. Er erinnerte die
Abgeordneten an die Verpflichtung der Partei, für soziale Gerechtigkeit zu sorgen, und nannte dies das »Anliegen, das mich über-

haupt dazu bewogen hat, in den Wahlkampf zu ziehen, und das
mir neun Monate lang über hunderttausend Meilen hinweg Kraft
gab«.

Wohl am eindringlichsten sprach er über den Mangel an Ar-
beitsplätzen. Er bezeichnete diesen Sachverhalt als »eine Frage der
Moral« und forderte Carter und dessen Leute heraus: »Mit uns wird
es keine Kompromisse geben.« Damit meinte er unser umstrittenes
Minderheitswahlprogramm, das im Kern aus der Forderung nach
einem staatlichen Arbeitsbeschaffungsprogramm in Höhe von 12
Milliarden Dollar bestand. Er drängte die Abgeordneten »zu gelo-
ben, daß es Stellen für alle Arbeitslosen geben werde«.

Dann ging er zu persönlicheren Themen über. »Es 'gab schwere
Etappen auf unserem Weg«, sagte der Senator, während einige Delegierte hemmungslos weinten. Er fuhr fort:

»Oft segelten wir gegen den Wind, aber nie wichen wir von
unserem Kurs ab. So viele von euch blieben diesem Kurs treu und
teilten unsere Hoffnungen. Ihr habt uns nicht nur eure tatkräftige
Unterstützung angeboten, sondern, was mehr ist, eure Herzen.
Euch ist es zu danken, daß die Kampagne so gut verlaufen ist ...
Denke ich an all die Meilen, all die Monate und all die Erinnerungen
zurück, dann denke ich immer an euch.«

Er zitierte aus A. E. Housmans »Ein Bursche aus Shropshire«:
»Was für teure Freunde hatte ich doch.«

Die Fernsehkameras fingen ergreifende Szenen im Publikum
ein: eine tränenüberströmte Schwarze, die einen Hut mit der Aufschrift »Kennedy« trug, ein junges Paar, beide mit Kennedy-Postern
in den Händen, das sich weinend in die Arme fiel.

Auf ein Stichwort hin kam Joan, strahlend vor Erleichterung, daß
die Kampagne endlich überstanden war, mit Kara, Teddy und Patrick
auf das Podium und stellte sich vor den Augen des Publikums aus
allen Teilen des Landes neben den Senator. Die Nation lauschte hin-
gerissen, als der Senator seine Rede mit den Worten schloß:

»Irgendwann, lange nach diesem Parteikonvent, wenn die Pla-
kate schon längst abgehängt sind, die Menschenmengen nicht mehr
jubeln und die Bands nicht mehr spielen, wird man vielleicht einmal von unserer Kampagne sagen, daß wir unser Wort gehalten
haben. Möge man von unserer Partei des Jahres 1980 sagen, daß
sie ihren Glauben wiedergefunden hat. In guten wie in schlechten
Tagen soll man mit den Worten Tennysons, die meine Brüder sehr
geliebt und oft zitiert haben und die jetzt eine besondere Bedeutung

für mich erhalten haben, von uns sagen können: ›… Streben, suchen, finden und nicht aufgeben.‹

Vor wenigen Stunden ist für mich diese Kampagne zu Ende gegangen. Für all diejenigen, deren Sorgen unser Anliegen war, geht die Arbeit weiter, wir kämpfen weiter für unsere Sache. Unsere Hoffnung ist immer noch ungebrochen, und unsere Träume werden nie untergehen.«

Der Saal erbebte erneut unter dem teils gesteuerten, teils spontanen Jubel. Meinen Rat befolgend, eilte der Senator zu Joan und umarmte sie liebevoll. Er führte sie und die Kinder nach vorn an den Rand des Podiums, wo die Familie der verzückten, vor Rührung völlig außer sich geratenen Menge zuwinkte.

Für einen Moment war König Artus wiedererstanden.

Die Versuche des Vorsitzenden Tip O'Neill, sich Gehör zu verschaffen, gingen im Donner der stehenden Ovationen unter. Das Spektakel hielt noch dreißig Minuten an, da verschiedene demokratische Parteigrößen sich einen Weg zum Podium bahnten, um dem Senator die Hand zu schütteln.

Im NBC-Studioraum bemerkte David Brinkley: »War das nicht die beste Rede, die wir je von Ted Kennedy gehört haben?« Ted Koppel vom Fernsehsender ABC nannte sie »vielleicht … die beste Rede in seiner langen, erstaunlichen Karriere«. Bill Moyers von CBS sprach wehmütig vom »Zauber der Kennedys«. Sogar die Pressereferentin des Präsidenten, Jody Powell, bezeichnete die Rede als »eine Wucht«.

Nach einer Weile wurden Joan und die Kinder unauffällig zur Seite geführt. Der neben mir stehende Sicherheitsbeamte warf mir einen auffordernden Blick zu, woraufhin wir uns auf dem Podium in der Nähe der Familie postierten.

Während die begeisterte Stimmung immer noch anhielt, ordnete das Carter-Lager seine Truppen neu. Mit Blick auf unseren Vorschlag eines 12 Milliarden Dollar teuren Arbeitsbeschaffungsprogramms räumte Richard Moe nun ein: »Wir werden von euch regelrecht in die Pfanne gehauen.« Es war nicht abzustreiten, daß der Senator, obwohl er die Abstimmung über das Wahlverfahren verloren und sich aus dem Wahlkampf zurückgezogen hatte, an *diesem* Abend der Sieger war. Schon vor der Rede des Senators hatten Carter und seine Leute damit gerechnet, die Abstimmung über den Programmpunkt, der die staatlichen Arbeitsbeschaffungsmaßnahmen zum Gegenstand hatte, mit einem Unterschied von 300 Delegiertenstimmen zu verlieren. Jetzt aber schien es sogar im Bereich des Möglichen, daß die begeisterten Delegierten alle vier Programmpunkte der vom Senator angeführten Minderheitsfraktion billigen und dem Präsidenten damit eine vernichtende Niederlage zufügen könnten. Um ihre Verluste möglichst niedrig zu halten und größtmögliche Einigkeit zu demonstrieren, bekundeten Carters Berater die Bereitschaft zu Gesprächen.

Als heftige Diskussionen zwischen dem Carter- und dem Kennedy-Team direkt auf dem Podium ausgetragen wurden, bestand Tip O'Neill darauf, diesem vor laufenden Kameras ausgetragenen Zwist ein Ende zu setzen. Falls kein Kompromiß in Sicht wäre, wollte er wenigstens mit der namentlichen Abstimmung fortfahren und die Sache zum Abschluß bringen.

Tim Smith, der als juristischer Berater des Präsidenten während der Kampagne fungierte, rief eiligst Hamilton Jordan in Carters Troß an und kehrte mit einem schnellen Kompromißvorschlag zurück: Wenn wir bei unserer Forderung nach Lohn- und Preiskontrollen einen Rückzieher machten, würde Carter der Annahme unserer drei anderen Programmpunkte zustimmen, einschließlich des kritischen Arbeitsbeschaffungsprogramms. Alles könnte durch mündliche Abstimmung erledigt werden. Wir waren einverstanden, und O'Neill war erleichtert.

Während der allgemeinen Begeisterung hatten der Senator und ich von Zeit zu Zeit Blickkontakt. Seine unausgesprochene Botschaft lautete: Wenn ich dir ein Zeichen gebe, verschwinden wir schleunigst von hier.

Als er schließlich das Podium verließ, verebbte der Applaus und Tip O'Neill verschaffte sich rasch wieder Gehör. Unter Einsatz des schweren Hammers bat er um mündliche Abstimmung über die vier umstrittenen Wahlprogrammpunkte. Von überallher tönte es ja und nein, so daß eine Auszählung unmöglich schien, doch O'Neill behauptete, den Überblick behalten zu haben. Er verkündete, daß drei der Kennedy-Programmpunkte angenommen worden seien. Lediglich die Forderung nach Lohn- und Preiskontrollen hatten wir nicht durchsetzen können.

Von seinem Beobachterposten aus bemerkte der NBC-Kommentator John Chancellor: »Vier Stunden Arbeit in zwei Minuten«.

Carter würde somit zwar nominiert werden, war aber gezwungen, sich nach unserem Wahlprogramm zu richten.

Zurück im Waldorf-Astoria trafen wir uns an diesem Abend zu einem Umtrunk, um das Ende der Kampagne zu begießen. Der Alkohol floß in Strömen, und sowohl Wahlhelfer als auch Presseleute nahmen gleichermaßen regen Anteil. Bevor ich selbst dem Alkohol zusprechen konnte, nahm mich Paul Kirk beiseite. Er berichtete, Hamilton Jordan habe ihn angerufen, um Präsident Carters Glückwünsche zu der großartigen Rede zu übermitteln. Jordan und Kirk hatten dann Spekulationen über das nächste Thema angestellt: Würde der Senator nun öffentlich Carters Kandidatur unterstützen? Kirk hatte Jordan darüber informiert, daß Kennedy zu diesem Punkt noch keine Entscheidung getroffen habe.

Als die Party ihrem Höhepunkt zustrebte, sahen die Mitarbeiter und Helfer der Kennedy-Truppe ihre Chance gekommen, stürmten gemeinsam auf mich los und schütteten mir ihr Bier über den Kopf. Dann überreichten sie mir eine Karte, auf der sie mir versicherten, ich hätte sie zwar bisweilen ruppig behandelt, aber trotz allem seien sie mir immer herzlich zugetan gewesen.

Der Senator schluckte trübsinnig einen Scotch nach dem anderen; er war etwas verärgert. Wir hatten ihm gesagt, es sei besser, wenn er wegen der Anwesenheit von Reportern diesen Abend in Joans Gesellschaft verbringe. Daher nahm Cindy nicht an der Party teil; sie war bereits unterwegs zum Kap, wo der Senator in ein paar Tagen mit ihr zusammentreffen würde.

»Es ist traurig, daß er verloren hat«, gestand Melody Miller einem Reporter ein, »doch Gott sei Dank hat er es lebend überstanden.«

Mehrere Stunden später gab mir der Senator das Zeichen, dem Gelage ein Ende zu setzen. Ich machte die Runde und teilte mit, daß die Party sich dem Ende zuneige. Allmählich leerte sich der Raum. Joan begab sich in ihre eigene Suite. Der Senator sagte, er sei erschöpft und gehe zu Bett. Er bat mich, ihn am nächsten Morgen zu wecken.

Er zog sich in sein Schlafzimmer zurück, und nur eine Wahlhelferin blieb mit mir im Salon. Ich kannte sie gut, sie hatte immer loyal zum Senator gestanden, war aber stets darauf bedacht gewesen, ihr Verhältnis ausschließlich auf die berufliche Ebene zu beschränken.

Sie sah, daß ich erschöpft war und schlug vor: »Rick, warum legst du dich nicht aufs Ohr, und ich räume hier noch rasch auf. Ich schließe dann hinter mir ab.«

»Gut, abgemacht«, stimmte ich zu. Ich ging die Hintertreppe zu meiner eigenen Suite hinunter und fiel todmüde ins Bett.

Einige Stunden später wurde ich durch ein mir nur allzu bekanntes rhythmisches Geräusch aus meinem unruhigen Schlaf gerissen. Es dauerte einige Sekunden, bis mein Kopf soweit klar war, daß ich das Geräusch dem Quietschen einer Matratze im Zimmer über mir zuordnen konnte. Augenblicklich begriff ich, welcher Film da oben lief. Ich war außer mir vor Wut. Der Senator hatte vorsätzlich gegen eine unserer heiligsten Regeln verstoßen: Er hatte das Tabu mißachtet, mit dem der innere Kreis der Mitstreiter seiner Kampagne belegt war.

Als ich am nächsten Morgen das Zimmer des Senators betrat, um ihn zu wecken, fand ich unsere Mitarbeiterin mit ihm zusammen im Bett. Sie starrte mich verblüfft an – sie war sprachlos und verlegen. Sie gewann dann jedoch rasch ihre Fassung zurück und machte sich davon.

Während er sich den Schlaf aus den Augen rieb, setzte der Senator sein einfältiges Grinsen auf.

Das war ein Schlag ins Gesicht, über den ich nicht weiter nachdenken wollte. Ich kehrte in mein Zimmer zurück, um mich etwas zu beruhigen.

Als ich dann mit dem Senator zusammen frühstückte, bemerkte er scharf: »Eines möchte ich Ihnen noch sagen, Rick. Lassen Sie ihren Zorn jetzt nicht an ihr aus.«

»Das habe ich auch gar nicht vor«, erwiderte ich. »Allerdings finde ich, daß so etwas nicht hätte passieren dürfen.«

»Ich habe mich vergessen«, sagte er, während er sich Kaffee einschenkte.

Ich hatte immer noch eine Wut im Bauch, stieß meinen Stuhl zurück und fing an, im Zimmer auf und ab zu wandern. »Wie konnten Sie nur so etwas machen«, sagte ich fassungslos. »Ich kann es einfach nicht glauben.«

Diesmal war er wirklich zu weit gegangen. Nicht zum ersten Mal, aber nunmehr mit Macht, drängte sich mir der Gedanke auf: Ich will hier weg.

BIS ZUR BITTEREN NEIGE

»Ich hoffe, daß er mich unterstützen wird, aber die Entscheidung
liegt bei ihm«, antwortete der Präsident auf die Frage, ob der
Senator ihm nun den Rücken stützen würde.

Ein Beobachter meinte dazu, was gerade noch versohlt werden
sollte, wurde nun auf Händen getragen.

Es war eine heikle Frage, die auch grundsätzliche Dinge berührte.
Sollte der Senator sofort seine Unterstützung für Präsident Carter
bekanntgeben? Sollte er am Donnerstagabend mit ihm zusammen
auf dem Podium erscheinen? Tip O'Neill ließ verbreiten, er erwarte,
daß der Senator die richtige Entscheidung treffen und sich dem nominierten Kandidaten zur Verfügung stellen werde. Einiges schien in
diese Richtung zu deuten: Beispielsweise sendeten sowohl CBS als
auch NBC eine zwanglose Unterhaltung, die zufällig auf dem Podium
des Parteikonvents mitgeschnitten worden und nicht für die Übertra-
gung im Fernsehen bestimmt war. Der Vorsitzende der Demokraten,
John White, sagte: »Wenn ich richtig verstanden habe, macht Kennedy ... nur mit, sofern der Präsident ihn persönlich dazu auffordert.«

O'Neill erwiderte: »Na hör mal, er muß einfach mitmachen.«

Als O'Neill bei einer anderen Gelegenheit Reporter in der Nähe
wußte, kündigte er an, daß er mit dem Senator sprechen und ihn
ermuntern wolle, zusammen mit Carter aufzutreten. Er werde ihm
sagen: »Ted, für einen Fighter, der in den ersten drei Runden mehrmals zu Boden gegangen ist, hast du dich wirklich gut gehalten ...
Nun beiß dir nicht selbst ins Bein.«

Dennoch schien mehr gegen eine Unterstützung von Carter zu
sprechen als dafür. Jemand machte den Vorschlag, der Senator
solle sich die Antwort von Senator David B. Hill zu eigen machen,
der 1896 im Rennen um die Nominierung gegen William Jennings
Bryan unterlegen war. Auf die Frage eines Journalisten, ob er immer noch ein Demokrat sei, hatte Hill geantwortet: »Ja – immer
noch, aber ein kaltgestellter.«

Carters Leute ließen nicht locker. Vizepräsident Mondale rief den
Senator an und versuchte, eine persönliche Zusammenkunft zu arrangieren, jedoch ohne Erfolg. Dick Drayne dementierte eine Meldung, wonach der Senator in ein Treffen mit dem Präsidenten eingewilligt habe. »Die lassen nichts unversucht. Wahrscheinlich
intrigieren sie auch noch im Schlaf.«

Der Dreh- und Angelpunkt war schließlich das Geld. Der Senator vertrat öffentlich den Standpunkt, er werde Carter nur unterstützen, wenn der Präsident der Aufnahme des 12 Milliarden Dollar teuren Arbeitsbeschaffungsprogramms in die Wahlplattform zustimme. Steve Smith und Paul Kirk brachten gegenüber Hamilton Jordan heimlich noch ein anderes Thema zur Sprache. »Wir brauchen Hilfe«, gab Smith zu. Er legte detailliert unsere enorme Schuldenlast offen, die sich in der Zeit der Kampagne angehäuft hatte. Unsere Einnahmen waren noch unter der Grenze geblieben, die Phil Bakes selbst bei seiner pessimistischsten Prognose angenommen hatte.

Smith und Kirk stellten klare Bedingungen. Wenn Carter und seine Anhänger sich damit einverstanden erklärten, in einem erheblichen Umfang zur Tilgung der Schulden aus der Kampagne beizutragen, würde ihn der Senator auch öffentlich unterstützen.

Am Mittwochmorgen hatten David Brinkley und John Chancellor von der Nachrichtensendung des NBC einen Interviewtermin mit dem Senator im Louis XIV.-Saal des Waldorf-Astoria. In der Annahme, auch sie würde befragt werden, bereitete Joan sich auf ihren Auftritt vor. Als sie den Saal betrat, mußte sie jedoch erstaunt zur Kenntnis nehmen, daß lediglich ein Stuhl vor der Kamera aufgestellt war.

»Werde ich nicht interviewt?« Mit dieser Frage wandte sie sich an den neben mir stehenden Dick Drayne.

»Äh, nein«, antwortete Dick. »Eigentlich war nur der Senator für das Interview vorgesehen.«

»Nun denn«, sagte Joan pikiert. »Dann brauche ich ja nicht länger hierzubleiben.«

Später erfuhr ich, daß Joan verstimmt war. Da es vermutlich auf absehbare Zeit das letzte Mal war, daß sie und der Senator zusammen waren, konnte ich ihren Wunsch verstehen, ihm auch in der Stunde seiner Niederlage den Rücken stärken zu wollen. Es war jedoch die Entscheidung des Fernsehsenders und nicht unsere, den Senator allein zu interviewen.

Statt dessen aß der Senator mit Joan in »The Box Tree«, einem exklusiven Restaurant an der East Side, zu Mittag. Er glaubte, das sei eine gute Gelegenheit, Joan für ihre Arbeit während der Kampagne zu danken. Leider ließ die Presse damals den Senator keinen Augenblick aus den Augen und tauchte auch im Restaurant auf, so daß kein richtiges Gespräch zwischen ihnen zustande kam. Dieser Tag stand für sie unter keinem guten Stern.

Nach dem Mittagessen begleitete der Senator seine Frau bis zum
Auto, das sie zum Flughafen brachte; von dort kehrte sie nach
Washington zurück. Dann sagte der Senator eine Verabredung zu
einem Tennismatch ab, um gegebenenfalls für Verhandlungen mit
Carter über das Arbeitsbeschaffungsprogramm zur Verfügung zu
stehen.

An jenem Nachmittag verbrachte Tip O'Neill viel Zeit am Telefon
in der Garderobe der New York Rangers, eines Hockeyvereins, die
sich direkt unter dem Podium der Halle befand. Er bemühte sich
angestrengt darum, eine für beide Seiten akzeptable Position auszuhandeln. Schließlich kam Hamilton Jordan ins Waldorf-Astoria
und überbrachte eine schriftliche Erklärung des Präsidenten, wie
er sich zu den einzelnen Punkten des Parteiprogramms stelle. Wir
gingen das Papier sorgfältig durch. Im Grundsatz akzeptierte Carter
das Arbeitsbeschaffungsprogramm, schreckte aber noch vor der
Höhe der damit verbunden Kosten zurück.

Um 16.15 Uhr nahm der Senator einen Telefonanruf des Präsidenten entgegen. Wir bezeichneten das Telefonat gegenüber der
Presse als »Privatgespräch« und gaben keine näheren Einzelheiten
bekannt. Tatsächlich war es so, daß der Präsident und der Senator
verschiedene ungeklärte Sachfragen miteinander diskutierten. Der
Präsident wiederholte gegenüber dem Senator, was er bereits in
seiner schriftlichen Erklärung dargelegt hatte: Er akzeptiere den
Entwurf eines Arbeitsbeschaffungsprogramms, wolle sich aber
nicht auf eine Summe von zwölf Milliarden Dollar verpflichten lassen. Der Senator teilte dem Präsidenten seinerseits mit, er werde
die Kampagne des Präsidenten unterstützen, lehne aber einen
gemeinsamen öffentlichen Auftritt am Donnerstag ab.

Die beiden Männer vermieden es, die Schuldenlast aus unserer
Wahlkampagne direkt anzusprechen. »Ich weiß, Paul und Jordan
haben gewisse Fragen erörtert«, sagte der Senator zum Präsidenten. »Und ich muß sicher sein, daß auf diese Fragen eine zufrie-
denstellende Antwort gefunden wird, bevor ich Sie öffentlich unterstützen kann.«

»Wir werden uns bemühen, zu einer für beide Seiten befriedi-
genden Lösung zu kommen«, antwortete der Präsident.

An diesem Abend hielt ich mich mit dem Senator in seiner Suite
auf. Anwesend waren außerdem noch Sargent Shriver, Carey Parker, Bob Shrum, Dick Drayne und ein langjähriger Freund des Senators, der Washingtoner Anwalt John Douglas. Der Senator be-

sprach sich wiederholt mit Paul Kirk, der auch auf dem Parteikonvent dabei war. Gemeinsam gaben sie dem Wortlaut einer Erklärung den letzten Schliff. Ich kümmerte mich um die terminliche Abstimmung. Jeder von uns hatte einen Drink in der Hand, und wir folgten mit halbem Ohr der Fernsehübertragung des Parteitags. Wir blickten kurz auf, als der Gouverneur von Florida, Bob Graham, Carters Name auf die Nominierungsliste setzte, und ließen dann die endlosen, eintönigen Reden an uns vorbeirauschen, die zur Unterstützung der Nominierung gehalten wurden. Als vor den Abgeordneten eine Erklärung Carters verlesen wurde, die unseren umstrittenen Arbeitsbeschaffungsantrag im Prinzip billigte, waren wir zunächst erfreut, ärgerten uns dann jedoch über den Vorbehalt, daß »die Höhe der finanziellen Mittel zur Durchsetzung unserer Ziele notwendigerweise von den wirtschaftlichen Rahmenbedingungen abhängen werden«.

Die meisten von uns hatten dem Alkohol kräftig zugesprochen und winkten resigniert ab, als die nach Listen durchgeführte Abstimmung begann. Der Name des Senators tauchte noch nicht einmal auf der Nominierungsliste auf, trotzdem hielt er beträchtliche Stimmenblöcke. Carters Delegierte standen freilich nicht nur aus Loyalität zu ihm, sondern waren auf die Befolgung der Abstimmungsregeln verpflichtet worden. Alles verlief ganz undramatisch. Nach der letzten Stimmenabgabe ließ der Senator folgende Erklärung verlesen:

»Ich gratuliere Präsident Carter zu seiner erneuten Nominierung.

Ich billige das Wahlprogramm der Demokratischen Partei. Ich werde mich für die Wiederwahl Präsident Carters einsetzen und ihn unterstützen. Es ist zwingend notwendig, daß wir Ronald Reagan 1980 schlagen. Ich fordere alle Demokraten nachdrücklich auf, sich meinem Beispiel anzuschließen.«

Als daraufhin frenetischer Beifall ausbrach, rief O'Neill: »Gemeinsam werden wir es schaffen!«

Am Donnerstagabend war die Halle mit 20 000 Leuten bis auf den letzten Platz gefüllt. Die überwiegende Mehrheit bestand aus Carter-Anhängern, die an allen passenden Stellen, an denen der Präsident eine Pause einlegte, begeistert jubelten. Carter hatte bereits einen guten Teil seiner Rede hinter sich gebracht, und wir in der Hotelsuite des Senators schenkten ihr kaum noch Beachtung. Mit einem Drink in der Hand schritt der Senator im Zimmer auf und ab und hielt nur gelegentlich inne, um sich mit seinen Beratern zu besprechen.

Doch plötzlich schauten wir alle zum Bildschirm, als ein lautes Geknatter zu vernehmen war. Ein Mitglied der Kommunistischen Arbeiterpartei hatte ein paar Feuerwerkskörper gezündet, die es zuvor in den Saal hatte schmuggeln können. Als der Senator begriff, daß der Lärm eine harmlose Ursache hatte, konnte er sich ein Grinsen nicht verkneifen. Er schaute zu, wie der jetzt aus dem Konzept gebrachte Präsident sich bei seinem nächsten Satz hoffnungslos verhaspelte. Die Demokratische Partei, so fuhr der Präsident fort, sei »die Partei eines großen Mannes, der Präsident hätte werden sollen, ja, der einer der großartigsten Präsidenten in der Geschichte Amerikas geworden wäre, Hubert Horatio *Hornblower* ...«[*] Dieser Schnitzer übertraf noch die Stilblüten des Senators, und wir brüllten alle vor Lachen.

Der Präsident mußte schreien, um sich in dem heißen, überfüllten Madison Square Garden Gehör zu verschaffen. Nach kurzer Zeit war sein Gesicht schweißbedeckt. Unter diesen Umständen war es schwierig, die gehobene Stimmung aufrechtzuerhalten.

Plötzlich blickte der Präsident direkt in die Fernsehkamera und nuschelte: »Ich würde gern ein privates Wort an Senator Kennedy richten.« Jede Unterhaltung im Raum verstummte. Der Senator stand gerade in einer Tür, in der einen Hand hielt er sein Glas. Er lauschte aufmerksam, als der Präsident sagte:

»Ted, Sie sind ein harter Konkurrent und ein phantastischer Wahlkämpfer – ich kann das bezeugen. Mit Ihrer Rede auf dem Konvent haben Sie auf eine großartige Weise verdeutlicht, was die Demokratische Partei eigentlich ist, was sie für die Bevölkerung unseres Landes bedeutet und warum ein Sieg der Demokraten in diesem Jahr so wichtig ist. Ich reiche Ihnen heute abend die Hand und ebenso all jenen, die Sie in Ihrer mutigen und leidenschaftlich geführten Kampagne unterstützt haben.

Ted, Ihre Partei braucht Sie – und ich brauche Sie –, Ihren Idealismus und Ihre Hingabe, mit der Sie für unsere Sache kämpfen. Zweifellos liegen noch größere Herausforderungen vor Ihnen – und

---

[*] Bei Horatio Hornblower handelt es sich um eine Figur – einen britischen Seehelden – aus einem Roman von C. S. Forester. Der große Mann, den der Präsident eigentlich im Sinn hatte, war Hubert Horatio Humphrey, der 1968 als Präsidentschaftskandidat gegen Richard Nixon unterlegen und der 1978 gestorben war.

wir sind dankbar, auf Ihre wertvolle Partnerschaft bei der Bewälti-
gung der großen Aufgabe zählen zu können, der Sie Ihr Leben
gewidmet haben. Ich danke Ihnen für Ihre Unterstützung. In diesem
Herbst werden wir großartige Partner bei unserem Sieg über die
Republikaner sein.«

Nach und nach wurde es wieder geschäftig in unserer Suite. Niemand sagte etwas zu den sehr persönlichen Worten des Präsidenten.

Der Alkohol und die Erschöpfung hatten mich ganz betäubt. Nur
noch ein Gedanke bewegte mich: Ich will hier raus. Ich will das hier
endlich hinter mich bringen.

Nachdem er fast eine Stunde lang gesprochen hatte, kam Carter allmählich zum Schluß seiner Rede. Das wilde Hurrageschrei,
das als Antwort auf seine Rede vorgesehen war, sollte durch ein
besonderes Signal ausgelöst werden: durch Tausende von Ballons,
die aus zwei an der Decke hängenden Plastikbehältern fallen sollten. Carter wartete verlegen, als die Ballons an ihrem Platz ver-
harrten; sein berühmtes »Strahlemann-Lächeln« wirkte gezwungen. Fernsehkameras zeigten einige Arbeiter, die zur Decke empor
kletterten, um die Ballons loszumachen. Ein paar schwebten
schließlich frei im Raum, und die Menge der Carter-Anhänger bemühte sich, darauf programmgemäß mit einem Freudentaumel zu
reagieren.

Honoratioren aus der Demokratischen Partei bahnten sich einen
Weg zum Podium. Jeder Auftritt war zeitlich so abgestimmt, daß
der Applaus immer weiter gesteigert wurde. Inzwischen sah sich
der Präsident um, offensichtlich auf der Suche nach dem Senator.

Zu diesem Zeitpunkt waren wir immer noch im Waldorf-Astoria
und tranken weiter. Wir hatten mit Carters Leuten vereinbart, daß
wir in dem Moment, in dem seine Rede vorüber war, zum Parteikonvent aufbrechen würden.

»Ach Ricky, muß das wirklich sein?« fragte der Senator.

»Ja, es muß sein«, beharrte ich und versuchte, nicht daran zu
denken, wie demütigend dieser Auftritt für uns beide sein würde.
»Geben Sie sich einen Ruck. Alle anderen sind schon im Auto.«

Seine Augen waren blutunterlaufen, und er sagte kein Wort. Ich
rückte seine Krawatte zurecht. »Wir kommen zu spät«, mahnte
ich.

»Das ist mir egal«, knurrte er.

»Sie wissen doch, wenn Sie den Auftritt verpatzen, lassen uns
Carter und Konsorten auf unseren Schulden sitzen.«

Das gab ihm einen Ruck. Widerwillig ließ er sich von mir aus
der Hotelsuite zum Fahrstuhl führen.

Als wir schließlich mit einiger Verspätung im Madison Square
Garden eintrafen, wofür wir einen Verkehrsstau als Entschuldigung
anführten, ging die Huldigung für Carter schon ihrem Ende entgegen. Wir begaben uns auf direktem Weg zum Warteraum, wo der
Senator sich noch einen Drink genehmigte, bevor wir von Mitgliedern aus Carters Stab aus der Tür geschoben und den Flur hinunter
geführt wurden.

»Ricky, ich möchte das nicht machen«, klagte der Senator, laut
genug, daß alle es hören konnten.

Doch jetzt grinste er schon wieder. Irgendwo tief in seinem Innern hatte er seine letzten Energiereserven angezapft. Ich wußte,
daß er mich nur neckte. Ich knurrte ihn an: »Reißen Sie sich zusammen. Wir müssen die Sache jetzt hinter uns bringen.«

Ich schob ihn auf die Bühne. Mit resigniertem Gesichtsausdruck
trat er nach vorn. Sein Erscheinen löste den größten Tumult des
Abends aus – einen bedeutend größeren als bei der Rede des Präsidenten –, und in manchen Ecken des Saals skandierten die Delegierten: »Wir wollen Ted! Wir wollen Ted!«

Der Senator schüttelte dem Präsidenten halbherzig die Hand
und klopfte ihm fast herablassend auf die Schulter. In der Zwischenzeit tobte die Menge weiter. Er schaute zu Rosalynn Carter hinüber,
doch keiner von beiden machte Anstalten, die Anwesenheit des
anderen durch irgendeine Geste zu bestätigen. Dann ging er auf
eine Seite des Podiums und reckte die geballte Faust empor. Er
wußte besser als jeder andere, welchen Effekt das im Fernsehen
machen würde. Der Kommentator Theodore White beschrieb es als
»die Geste eines Grandseigneurs ... eines Edelmannes, der dem
Kutscher ein Trinkgeld zuwirft.«

Der Senator verließ das Podium, bevor die Fotografen Gelegenheit hatten, eine Aufnahme von ihm und dem Präsidenten zu machen, als sie gemeinsam mit hocherhobenen Armen den traditio-
nellen Siegesgruß ausführten.

»Jetzt aber raus hier«, sagte er zu mir.

Eine Eskorte des Secret Service bahnte uns mit blinkendem Rotlicht rasch einen Weg durch den Verkehr und brachte uns zum
Flughafen La Guardia, wo ein von Gewerkschaftsanhängern ge-

charterter Learjet bereitstand, um den Senator nach Washington zu bringen. Ich mußte noch bleiben, um organisatorische Details im Zusammenhang mit dem Parteikonvent zu erledigen.

Die Kampagne war nun offiziell beendet und damit auch der Schutz durch den Secret Service; die Beamten hatten ihre Pflicht getan.

Als der Senator allein die Gangway zum Flugzeug hinaufging, überkam mich plötzlich das Gefühl, ihn noch nie so verletzlich gesehen zu haben.

AM ABGRUND

RÜCKZUGSGEFECHTE

Cindy hatte beschlossen, alle Brücken hinter sich abzubrechen und ein unabhängiges Leben zu beginnen. Sie mietete ganz in meiner Nähe eine Wohnung.

Ich sah sie häufig. Zeitweise stand sie fest zu ihrem Entschluß, ihren eigenen Weg zu gehen. Dann wiederum hatte ich den Verdacht, sie verheimliche mir, daß sie gerade mit dem Senator zusammengewesen war.

Als ich sie eines Abends zum Essen abholen wollte, bat sie mich zuerst auf einen Drink zu sich herein. Einige Minuten lang plauderte sie über Belanglosigkeiten, bis sie unvermittelt sagte: »Ich bin schwanger.«

»Bist du dir sicher?« fragte ich.

»Ja. Ich weiß nicht, was ich tun soll. Nein, natürlich weiß ich, was ich zu tun habe.«

Genau dieselben Worte hatte ich schon einmal von ihr gehört. Ich fragte sie: »Was hast du denn beim vorigen Mal gemacht?«

»Ich bin nach Kalifornien geflogen.«

»Ich erinnere mich, daß du ganz schön Angst hattest.«

»Das stimmt«, gab sie zu. »Ich mache jetzt das gleiche nochmal.«

Ich war neugierig und fragte: »Wußte er es das letzte Mal?«

»Nein. Ich habe ihm nichts gesagt.«

»Weiß er es diesmal?«

Cindy bejahte. »Ja, diesmal weiß er Bescheid. Er sagte, er werde tun, was ich für richtig halte.«

Wir sprachen über die Angelegenheit. Cindy wurde bei dem Gedanken nicht froh, in ihrer jetzigen Situation Mutter zu werden. Sie wußte nicht, was sie mit ihrem Leben anfangen sollte. Es gab immer noch Zeiten, in denen sie sich einbildete, der Senator könnte einen phantastischen Ehemann abgeben. Dann wieder hatte sie das Gefühl, daß er sich nie wirklich ändern würde.

Sie flog nach Kalifornien; bei ihrer Rückkehr fragte ich sie, wie die Sache gelaufen sei.

»Gut«, sagte sie mit verkniffenem Mund.

Im Büro schien sich wenig verändert zu haben. Eines Tages sah ich, als ich an meinem Schreibtisch vorüberging, daß Gertrudes vertraute Schachtel mit Schokoladenkeksen wieder eingetroffen war. Ich nahm sie an mich und brachte sie zusammen mit einigen Akten in das Büro des Senators.

Er strahlte, riß die Packung auf, steckte einen Keks in den Mund und griff nach dem nächsten.

Als ich mit ihm unseren Tagesplan durchsprach, fiel mir auf, daß Gertrudes Kekse in Rekordgeschwindigkeit verschwanden.

»Sie wollen doch wohl nicht etwa die ganze Schachtel aufessen?« fragte ich ihn.

»Ich mache, was ich will«, antwortete er in einer Pause zwischen zwei Keksen.

Da wir noch immer auf Schulden von der Kampagne saßen, willigte der Senator widerstrebend ein, in drei Fernsehspots zur Unterstützung der Carter/Mondale-Wahlkampagne aufzutreten. Während der Aufnahmen mußte der Produzent den Senator einmal nachdrücklich auffordern, »etwas mehr Begeisterung« an den Tag zu legen. Als Gegenleistung für die Hilfe des Senators forderte das Weiße Haus die Mitglieder der Demokratischen Partei öffentlich auf, dem Senator bei der Tilgung seiner Wahlkampfschulden in Höhe von 1,7 Millionen Dollar behilflich zu sein.

Der Präsident hatte dem Senator auch das Versprechen abgerungen, sich mit mehreren Auftritten für den Erfolg seiner Kampagne einzusetzen.

Uns wurde eine – nunmehr kleinere – Abteilung von Beamten des Secret Service zugewiesen, die uns begleiteten, wenn wir für Carters Kampagne unterwegs waren. Bei den seltenen Gelegenheiten, bei denen der Senator und der Präsident gemeinsam auftraten, wurde der Senator in schöner Regelmäßigkeit viel herzlicher empfangen. Die Presse berichtete, daß dies dem Senator peinlich sei, doch insgeheim grinste er meistens und sagte: »Ricky, haben Sie das gehört? Haben Sie gehört, wie die Leute gejubelt haben?«

Kurz darauf flogen wir in einem von Carter gestellten Jet nach Texas, stießen dort aber bei unserem Einsatz für Carters Kandidatur auf wenig Begeisterung. Ein Reporter des »Wall Street Journal«

konstatierte, der Senator mache bei seinen Wahlkampfauftritten für
Carter den Eindruck, als müsse er Rizinusöl schlucken. Derselbe
Reporter stellte auch fest, daß der Senator besonders um den Bauch
herum zugenommen habe.

Den ergreifendsten Moment der Reise erlebten wir am 22. Oktober in der John F. Kennedy High School in San Antonio. Präsident
Kennedy hatte den Bauplatz am Tag vor seiner Ermordung besichtigt und versprochen, zur Einweihungsfeier der Schule wiederzu-
kommen. Der Senator schwelgte während seiner Rede in Erinnerungen. »Die tausend Tage sind so schnell vergangen wie ein Abend
dahingeht, aber sie sind nicht vergessen.« Seine Stimme bebte, als
er sagte: »Wenn wir uns an John erinnern, erinnern wir uns an das
Beste in unserem Land und in uns selbst.«

Hinter ihm stand auf einem Transparent zu lesen: EIN EINZIGER
MENSCH VERMAG ALLES ZU ÄNDERN, UND JEDER MENSCH SOLL-
TE ES VERSUCHEN.

Von Texas fuhren wir weiter nach Puerto Rico. Es gelang uns,
die Termine so zu legen, daß der Senator dort einen kostbaren
Nachmittag mit Patrick und seinem Vetter Dougie Kennedy verbringen konnte. Wir fuhren alle zum Tiefseefischen, wobei wir von
Beamten des Secret Service im Boot begleitet wurden. Andere bezogen auf den Felsen vor der Küste Stellung, und ein Beamter pa-
trouillierte in einem weiteren Boot in unserer Nähe.

Vom hohen Seegang war uns allen ein wenig übel. Nach einiger
Zeit fühlten sich Patrick und Dougie so schlecht, daß sie ins Wasser
springen wollten, nur um nicht mehr dem Schaukeln des Bootes
ausgesetzt zu sein. Der Senator war damit einverstanden – zur
größten Bestürzung eines Agenten, der befürchtete, es könnten
Haie in der Nähe sein. Der Senator lachte und half den Jungen, über
Bord zu springen. Er warf mir einen Blick zu, und ohne ein Wort
zu wechseln, sprangen wir beide ins Wasser. Wir tobten mit den
Jungs herum, während die Agenten mit ihren Gewehren auf alles
zielten, was wie eine Haifischflosse aussah.

Am 26. Oktober sollte der Senator eine Rede im Hiram-Bithron-
Fußballstadion halten. Ursprünglich hatten wir mit etwa 25 000 Zuschauern gerechnet, doch schon am Morgen des 26. teilten uns
Beamte des Secret Service besorgt mit, daß von überallher begeisterte Puertoricaner anreisten, die Zufahrtsstraßen blockierten und
ganz erpicht darauf wären, einen Blick auf den Senator zu werfen.
Der Secret Service schätzte, daß mindestens 250 000 Leute an der

Veranstaltung teilnehmen würden. Eine solche Menschenmenge hatte der Ort noch nicht gesehen.

Beamte erkundeten das Gebiet mit einem Panzerspähwagen. Scharfschützen postierten sich auf dem Dach der Haupttribüne, die eine Seite des Fußballfelds säumte. Sie machten keinen Hehl aus ihrem Unbehagen.

Unser Wohnmobil mußte sich dem Stadion über ein Labyrinth von Nebenstraßen nähern, um den Verkehrsstau zu umgehen. Wir betraten die Haupttribüne durch einen separaten Hintereingang.

Als wir kurz anhielten, um auf den Senator zu warten, holte ich eine kugelsichere Weste hervor. Der Senator zögerte aber, sie anzulegen, denn es herrschte eine fürchterliche Hitze. »Sie zeigen sich dort draußen nur, wenn Sie sich hiermit schützen«, befahl ich. Er gehorchte, doch während wir über die Rampen gingen, die zur Tribüne hinaufführten, klagte er fortwährend über unerträgliche Rückenschmerzen.

Als der Senator das Podium erreichte, begrüßte er unseren Gastgeber, Rafael Hernández-Colón, den Kandidaten der Demokraten für den Posten des Gouverneurs in Puerto Rico. Ich suchte mir einen günstigen Platz mit einer guten Aussicht, und betrachtete die Menge, die sich hier versammelt hatte. Vor meinen Augen breitete sich ein Meer von Menschen aus, das sich weit über den Rand des Fußballfelds hinaus auf die Parkplätze und auf die Wiesen im Hintergrund erstreckte. Kaum hatten sie den Senator erblickt, da brachen sie in frenetischen Jubel aus und schrien: »Kennedy! Kennedy! Kennedy!« Nach einiger Zeit flauten die Sprechchöre ab, doch als der Senator dann vorgestellt wurde, fing das ganze wieder von vorn an. »Kennedy! Kennedy! Kennedy!« skandierten die schrillen, immer lauter werdenden Stimmen.

»Er muß sich beeilen«, riet mir ein Beamter vom Secret Service. »Die Menge wird zum Mob.« Am äußeren Rand des Feldes konnten wir sehen, wie Zäune einstürzten, als die Leute versuchten, einen besseren Platz zu ergattern. Besonders beunruhigte die Beamten, daß nun, da die Zäune eingerissen waren, ein Teil der Menge auf die Rückseite der Haupttribüne hätte stürmen und uns einkreisen können.

Dann begann der Senator zu sprechen. Anfangs mußte er brüllen, um sich Gehör zu verschaffen. Das Publikum verhielt sich schließlich ruhig genug, um zuhören zu können. Seine Rede, die von sozialer Gerechtigkeit und Gleichheit sprach, gewann durch die besondere Atmosphäre an Eindringlichkeit und Kraft. Seine Zuhörer reagierten darauf mit überschwenglicher Begeisterung.

Anschließend mußten Beamte des Secret Service die Menge energisch zur Seite schieben, um uns einen Weg zurück zur Fahrzeugkarawane zu bahnen. Selbst als wir schon in unserem Wagen saßen, waren wir noch nicht sicher. Erregte Gesichter preßten sich an die Autofenster. Unser Fahrer fuhr zielstrebig weiter, zwar vorsichtig, aber mit grimmiger Entschlossenheit. Als die Menge kleiner wurde und wir schneller werden konnten, verfolgten uns einige Autos. Einmal drehte ich mich um und sah, wie ein Wagen des Secret Service eines der Verfolgerfahrzeuge von der Straße abdrängte.

Auf dem Rückflug nach Washington war der Senator damit beschäftigt, Dankesbriefe an seine wichtigsten Mitarbeiter bei der Kampagne zu verfassen. Unterdessen ertappte ich mich dabei, wie ich über die Szene im Fußballstadion nachgrübelte. Die Eindrücke dort waren so heftig und überwältigend gewesen, daß ich wirklich keinen Moment Zeit gehabt hatte, darüber nachzudenken. Nun, in der Stille des Abends, dachte ich bei mir: Wenn nun jemand auf die Idee gekommen wäre, den ganzen Platz in die Luft zu sprengen, hätte ich auch dran glauben müssen …

Wieder zurück in Washington, entdeckte ich, daß während unserer Abwesenheit ein blaßblauer Brief mit der Post gekommen war. Er trug den Poststempel des 23. Oktober 1980, war adressiert an »Angelique Voutselas, Büro des Senators Ted Kennedy« und mit dem Vermerk PERSÖNLICH versehen. Er mußte von jemandem stammen, dem verborgen geblieben war, daß ich vor mehr als drei Jahren Angeliques Platz eingenommen hatte. Als Absender waren nur die Initialen des Briefschreibers angegeben: L. C. Der üblichen Prozedur folgend, öffnete ich den Brief und las seinen Inhalt.

Er stammte von Lana Campbell, der Gräfin, die von sich behauptete, eine lange Affäre mit dem Senator gehabt zu haben. Ihre Äußerungen waren in der Presse häufig zitiert worden und bildeten einen festen Bestandteil der Legenden und Gerüchte, die sich um Chappaquiddick rankten. Der Senator hatte zu Protokoll gegeben, er sei am Tag der Tragödie zum erstenmal in Chappaquiddick gewesen, doch Frau Campbell hatte gegenüber der »New York Post« versichert, daß er sich bereits früher manchmal dort aufgehalten habe, und zwar erstmals 1966, als die Beziehung zwischen ihr und dem Senator begonnen habe. Sie hatte außerdem angegeben, den Senator drei Wochen nach dem Unfall heimlich in McLean getroffen zu haben, wo

er ihr gesagt habe, daß sie ihre Affäre aufgrund der gesteigerten
öffentlichen Aufmerksamkeit beenden müßten.

Nun beteuerte sie, den Senator aufrichtig zu lieben, und berichtete in herzzerreißendem Ton von einem kürzlichen Zusammentreffen mit Lem Billings, der ihr gesagt habe, der Senator würde ihr
»nie im Leben« verzeihen, so indiskret mit den Reportern geplau-
dert zu haben. Sie wies darauf hin, daß auch andere Politiker ein-
gestandene Untreue beruflich überlebt hätten, und fügte hinzu, daß
die Leute nicht so puritanisch seien, wie der Senator und seine
Berater vielleicht glaubten. Nachdem der Senator auf sie wiederholt
einen »unglücklichen und verhärmten Eindruck« gemacht habe, sei
in ihr der Entschluß gereift, ihn zu »retten«. Sie habe daher der
»New York Post« erzählt, der Senator sei in den späten sechziger
Jahren der Trunksucht verfallen gewesen und habe als Folge dieser
Exzesse öfter »Blackouts« gehabt. Sie hoffe, daß ihre Enthüllungen
die Tragödie von Chappaquiddick erklären würden.

Ich steckte den fünf Seiten langen Brief in den Umschlag zurück,
verstaute ihn in der Aktentasche des Senators und dachte: Hoffentlich erweist sie uns nicht noch mehr solcher Liebesdienste.

Die Tage und Wochen vergingen, der Senator kam seinen ungelieb-
ten Pflichten nach, wie er es Carter versprochen hatte, und wir
fühlten uns alle noch deprimierter als vor dem Parteikonvent. Von
Cindy wußte ich, daß der Senator enorm viel trank, und daß sein
Kokainkonsum stetig stieg. Da wir durch seine Beteiligung an der
Kampagne des Präsidenten wieder unter dem Schutz des Secret
Service standen, sah sich der Senator genötigt, für viele seiner
amourösen Abenteuer mein Schlafzimmer zu benutzen. Einmal
fand ich zwei sorgfältig gezogene Linien Kokain sowie einen Zettel
auf der Glasplatte meines Nachttischs, auf den der Senator in seiner
fast unleserlichen Handschrift gekritzelt hatte, ich solle das als ein
»Geschenk« betrachten.

In meinem Briefkasten fand ich eine weitere, ebenfalls handge-
schriebene Nachricht auf dem persönlichen Briefpapier des Senators.

Lieber Ricky,
wir haben auf unseren Reisen für die Senatskampagne und die
1980er Kampagne viele Meilen gemeinam zurückgelegt. Ich darf
vertraulich werden und Dir, Ricky, für Deine Hilfe danken, die Du

mir in so vieler Hinsicht – auch in familiären Angelegenheiten – bei der Leitung des Senatsbüros gewährt hast. Ich danke dir dafür, daß Du an meiner Seite warst, als wir 1980 die Partei und das Land herausgefordert haben ...

Danke für Deine Aufmerksamkeit, Deine Anständigkeit, Deine Loyalität und Deine Freundschaft.

Dein Ted

Im Verlauf des Wahlkampfes attackierten die Republikaner den amtierenden Präsidenten erbarmungslos. Dabei zerstörten sie systematisch die Ideale, die uns am Herzen lagen. Der Senator hatte allen Grund, so deprimiert zu sein.

Doch erst als wir im November das ganze Ausmaß von Carters Niederlage ermessen konnten, wurde uns klar, welch unglaublichen Schaden die Partei genommen hatte. Nun sah es so aus, als würden die Republikaner das Weiße Haus wenigstens für die nächsten acht Jahre in ihrer Hand behalten.

»Es wird sich einiges ändern«, räumte der Senator offen ein, als ihn ein Reporter nach seiner Ankunft auf dem Flughafen Logan in Boston mit Fragen verfolgte. Während des Interviews fiel ihm ein Geldschein aus der Tasche. Er bückte sich trotz seines schmerzenden Rückens, hob ihn auf und sagte: »Fünf Mäuse. Die brauchen wir, um unsere Schulden abzuzahlen.«

Von unserem Standpunkt aus betrachtet war das schlimmste, daß die Republikaner nicht nur das Weiße Haus übernahmen, sondern auch den Senat beherrschten. So wurden im Januar 1981, als der 97. Kongreß einberufen wurde, die demokratischen Vorsitzenden von fünfzehn wichtigen Senatsausschüssen zugunsten von Republikanern aus ihrem Amt gedrängt. Ebenso mußten die demokratischen Vorsitzenden und das Personal von ungefähr einhundert weiteren Ausschüssen und Unterausschüssen gehen. Der Senator verlor seinen Vorsitz im Rechtsausschuß an den 78jährigen konservativen Senator Strom Thurmond. Dieser kündigte auch prompt an, er werde sich für die Wiedereinführung der Todesstrafe stark machen, wolle die Straffreiheit von Abtreibungen begrenzen, die Beförderung von Schulkindern in andere Bezirke aus Gründen rassischer Parität abschaffen und die gesetzlichen Bestimmungen im sozialen Wohnungsbau lockern.

Alles, wofür sich der Senator in den vergangenen zehn Jahren eingesetzt hatte, zerrann uns zwischen den Fingern. Der Senator verlor auch die Leitung von zwei maßgeblichen Unterausschüssen, die sich mit Gesundheits- und Energiefragen befaßten. Damit wurde sein politischer Einfluß empfindlich eingeschränkt.

Als Mitglied der Minorität war der Senator nun in der Rolle eines Politikers, der auf die Vorschläge des Vorsitzenden nur noch reagieren konnte. Er mußte sich wieder in den parlamentarischen Prozeß mit all seinen Verfahrensvorschriften einschalten und gleichzeitig sein Image als überlebensfähiger Kandidat der Zukunft unter Beweis stellen. Die Frage war allerdings, ob er sich überhaupt für diesen Kurs entschied.

Es war nun nicht mehr nötig, daß der Senator sein Büro in der Nähe der Räume des Rechtsausschusses hatte. Er wollte aus Eastlands alter Suite im Dirksen-Gebäude ausziehen und in das Russell-Gebäude zurückkehren. Mir fiel die Aufgabe zu, die Räumlichkeiten des Senats zu prüfen, um zu entscheiden, wieviel Platz uns zur Verfügung stehen würde.

Das eigentliche Problem war jedoch nicht, wo wir unterkommen, sondern wen wir mitnehmen würden. Im Lauf der Jahre hatte ich miterlebt, wie die Zahl der Mitarbeiter im Büro und in den Ausschüssen von etwa fünfundzwanzig auf mehrere hundert Leute angewachsen war. Wegen der Präsidentschaftskampagne hatten wir noch zusätzliche Mitarbeiter eingestellt und waren so bei einem Stab von über dreihundert Beschäftigten angelangt. Wahlkampfhelfer wurden nicht mehr gebraucht, außerdem büßten wir mehr als fünfzig Personalstellen im Rechtsausschuß ein. Dutzende von langjährigen Mitarbeitern, die einschneidende Gehaltseinbußen in Kauf genommen hatten, um bei der Kampagne mitzuwirken, wollten nun auf ihre Stellen im Senat zurückkehren, die allerdings gar nicht mehr existierten.

Der Senator brachte es nicht übers Herz, seinen Mitarbeitern die schlechten Nachrichten zu verkünden. Zwar unternahm er einige schüchterne Versuche, den leitenden Angestellten die Wahrheit zu sagen, fand aber zu keiner klaren Sprache. Einer von ihnen hielt sich ein paar Minuten lang im Büro des Senators auf und hörte sich an, wie dieser herumdruckste und vage Andeutungen machte, er solle sich eine neue Stelle suchen. Als der bedauernswerte Mann aus dem Büro kam, sagte er zu mir: »Ich glaube, mir ist gerade gekündigt worden. Kann das stimmen, Rick?«

Nach ein paar weiteren Versuchen entschied der Senator verdrießlich: »Übernimm du die Sache, Rick.«

Ich mußte an einen meiner besten Freunde herantreten und ihm mitteilen, daß er seine Stellung verloren hatte. Mir fiel die Aufgabe zu, Männer und Frauen zu kränken, die ein Jahrzehnt lang meine engsten Kollegen gewesen waren. Manchmal konnte ich die Tränen nicht zurückhalten. Häufig verspürte ich eine seltsame, aber heftige Regung von *persönlicher Schuld*. Ich verhalte mich zunehmend irrational, sagte ich zu mir selbst. Kein Zweifel, ich geriet mehr und mehr in eine Depression.

Doch es war für alle eine deprimierende Zeit, vor allem aber für den Senator. Er legte beträchtlich an Gewicht zu. Wenn er besonders niedergeschlagen war, sprach er davon, mit seiner Arbeit im Senat aufzuhören und ein Unternehmen zu kaufen. Er spielte öfter mit dem Gedanken, Generalsekretär der Vereinten Nationen zu werden. Der amtierende Generalsekretär Kurt Waldheim näherte sich dem Ende seiner zweiten fünfjährigen Amtszeit, und der Senator sprach mit einigen Beratern über die Möglichkeit, sein Nachfolger zu werden und diesem Amt zu mehr Gewicht und Ansehen zu verhelfen.

In der Vergangenheit hatte er Kokain fast ausschließlich an den Wochenenden genommen. Eines Morgens kam er mit tränenden Augen und laufender Nase ins Büro und machte einen schwer angeschlagenen Eindruck.

»Aus deiner Nase kommt Koks.« Ich stieß einen Seufzer aus, denn sein Anblick zeigte mir deutlich, daß er ziemlich am Ende war.

Er protestierte nicht, als ich ihn an den Schultern packte und ihn vor mir her in sein separates Badezimmer schob. »Oh, Ricky«, sagte er, als ich seine Krawatte zurechtrückte und ihn halbwegs präsentabel machte, bevor ich ihn in den Plenarsaal des Senats der Vereinigten Staaten schickte.

Bei einer anderen Gelegenheit kam Larry Horowitz aus dem Büro des Senators und bemerkte: »Gestern war er doch noch völlig in Ordnung. Und heute hat er eine so schlimme Erkältung? Seine Nase läuft.«

»Ich weiß es nicht … keine Ahnung«, sagte ich bloß. Ich war es leid, mir immer neue Entschuldigungen auszudenken.

Sobald Larry fort war, ging ich zu ihm hinein und polterte: »Menschenskind, sogar Larry hat gleich gemerkt, daß mit dir etwas nicht stimmt.«

Ein weiteres Mal kam ein Mitarbeiter aus dem Büro des Senators und warnte mich ohne Umschweife: »Aus seiner Nase kommt Koks«.

Ich raffte mich auf und ging in sein Büro. Er schien mit Eifer bei der Arbeit und hatte nicht gemerkt, daß eine Spur weißen Pulvers am Rand eines Nasenlochs zu sehen war.

Das ist kompletter Wahnsinn, dachte ich. Erneut stieg in mir die Überzeugung auf: Ich muß hier raus.

Um alles noch viel schlimmer zu machen, gab das Nationale Politische Aktionskomitee der Konservativen bekannt, daß es den Namen des Senators auf seine Abschußliste von Spitzenparlamentariern gesetzt habe, die es 1982 zu besiegen gedenke. Eine Gruppe von Abtreibungsgegnern machte ihn zu ihrer Hauptzielscheibe. Zu allem Überfluß ließen auch noch die Verantwortlichen der 1981er Ausgabe des »Social Register«, des amerikanischen Who's who der feineren Gesellschaft, den Senator und Mrs. Kennedy streichen.

An diesem Abend rief ich Cindy an und bat sie zu mir. »Wir müssen etwas besprechen«, sagte ich. Wir beratschlagten ausführlich, was wir tun könnten, um den Senator zu zügeln. Dabei entging uns die bittere Ironie, daß wir beide selbst in steigendem Maß Kokain konsumierten und ebenfalls allen Grund hatten, uns zu mäßigen.

Doch wenigstens für den Moment war ich entschlossen, den Schein zu wahren. Als die Feiertage näher rückten, nahm ich mir vor, zum zweitenmal eine Weihnachtsparty steigen zu lassen. Cindy war bereit, die Gastgeberin an meiner Seite zu spielen. Ich lud den Senator, Mitarbeiter aus unserer Wahlkampftruppe und dem Senatsbüro, Freunde und zahlreiche Pressevertreter aus Washington ein, darunter Mary McGrory, Tom Oliphant und Susan Spencer.

»Meinst du, ich sollte auch Mudd einladen?« fragte ich den Senator.

Er verzog das Gesicht. Wir wußten beide, daß sowohl Mudd als auch Dan Rather alle Hebel in Bewegung setzten, um Walter Cronkite als Moderator der CBS-Sendung »Abendnachrichten« abzulösen. Er war ein wichtiger Mann in Washington und konnte bald sogar noch an Bedeutung gewinnen. Wir kamen überein, daß meine Weihnachtsparty die passende Gelegenheit für den Senator sein könnte, sein Image etwas aufzupolieren. Wir richteten also eine Einladung an Mudd, seine Frau und seinen Sohn.

»Bitte keine Szenen oder dergleichen«, beschwor ich den Senator. Er versprach, sich gut zu benehmen.

In der Zwischenzeit tauchte ein anderes Problem auf. Am Donnerstag, den 18. Dezember, einen Tag vor der Party, klingelte das Privattelefon des Senators. Ich nahm den Hörer ab und hörte seinen Sohn Teddy sagen: »Rick, ich sitze in der Klemme ...«

Teddy sollte eigentlich auf dem Weg von der Wesleyan-Universität nach Hause sein, um dort die Feiertage zu verbringen. Er wollte rechtzeitig zu meiner Party hier eintreffen. »Wo brennt's denn?« erkundigte ich mich.

»Mich hat's erwischt«, sagte er. Er erklärte, ein Polizist in Upper Pittsgrove in New Jersey habe ihn angehalten und ihn beschuldigt, mit seinem Jeep im Stadtgebiet die Höchstgeschwindigkeit von 50 Meilen in der Stunde erheblich überschritten zu haben. Der Polizist hatte in den Wagen geschaut und ein kleines, halboffenes Holzkästchen bemerkt, das eine verdächtige Substanz enthielt.

Ich spitzte die Ohren und fürchtete schon, das Wort Kokain würde fallen.

»Nur ein bißchen Pot«, sagte Teddy.

Nun, das erleichterte die Sache ein wenig. Trotzdem mußten wir rasch handeln. Der Senator beauftragte mich, John Douglas anzurufen, der eine Anwaltskanzlei in New Jersey mit dem Fall betraute. Bald darauf konnte Teddy aus dem Polizeigewahrsam entlassen werden und seinen Heimweg fortsetzen. Dennoch war der Vorfall nicht dazu angetan, die Feiertagsstimmung zu heben.

Früh am darauffolgenden Abend, als erst wenige Gäste eingetroffen waren, kam Mary McGrory eilig auf mich zu. »So ein Pech!« klagte die unbequeme, aber ehrliche Reporterin. »Ich habe mir das Kleid zerrissen.«

Ich wandte mich an meine Haushälterin und sagte ihr, wir würden ihre Hilfe brauchen.

Wir begaben uns zu dritt in mein Schlafzimmer. Mary ging ins Badezimmer und zog ihr Kleid aus. Dann kam sie, in ein Badetuch gehüllt, wieder herein, überreichte ihr zerrissenes Kleid meiner Haushälterin und setzte sich an den Rand meines Bettes. Ich setzte mich neben sie und wir plauderten.

Ein paar Minuten später steckte Roger Mudd seinen Kopf zur Tür herein, peilte kurz die Lage, lachte und bemerkte: »Na, das gibt eine heiße Story!«

Wir lachten alle. Dann sagte Mudd ganz ernsthaft: »Vielen Dank für die Einladung.«

Wir beschlossen, uns wieder unter die Partygäste zu mischen. Ich stand gerade auf der Treppe – Mudd war hinter mir –, als ich sah, daß der Senator zusammen mit Patrick eingetroffen war. Da der Senator gerade mehrere Leute begrüßte, sah er uns nicht kommen.

Mudd erreichte den Treppenabsatz, sah den Senator an und streckte ihm freundlich die Hand entgegen.

Der Senator weigerte sich jedoch, ihm die Hand zu schütteln. Wortlos wandte er sich ab und ging in ein anderes Zimmer.

Ich stammelte einige Entschuldigungen, doch Mudd verließ die Party auf der Stelle.

Ich suchte nach dem Senator, entdeckte ihn, als er gerade einen Drink kippte, und fragte ihn vorwurfsvoll: »Warum hast du das gemacht?«

»Weil der Kerl mich durch den Dreck gezogen hat.«

»Aber ich hatte dich doch vorher um Erlaubnis gebeten ...«

»Ja, schon – aber ich habe eben spontan beschlossen, daß ich doch nichts mit ihm zu tun haben will.«

Dafür gab es andere Dinge, mit denen er sehr wohl etwas zu tun haben wollte.

Als er sich während der Feiertage in Aspen aufhielt, begegnete der Senator zwei Frauen, die Anfang zwanzig sein mochten. Die neue Bekanntschaft mündete in eine ausgelassene Nacht. Eine der Frauen prahlte anschließend mit der Geschichte.

Bald darauf erhielten wir einen Brief von einer Kennedy-Anhängerin, die durch jene Frau von der Sache gehört hatte und wissen wollte, wie ein Senator der Vereinigten Staaten sich so benehmen konnte. Sie drohte damit, die Geschichte an die Presse weiterzugeben.

Der Senator mußte lachen, als er den Brief las.

»Hast du dich auch gut amüsiert?« erkundigte ich mich grimmig.

Er lachte erneut, sagte dann aber: »Das könnte Ärger geben. Setz dich lieber mit ihr in Verbindung. Kümmere dich um die Sache.«

Ich rief die erzürnte Briefschreiberin an und bemühte mich nach Kräften, sie zu beruhigen. Es gelang mir, die unangenehme Situation zu bereinigen, doch bestärkte mich die ganze Angelegenheit in meiner Überzeugung, daß uns die Dinge allmählich über den Kopf wuchsen. Kurz darauf bemerkte ich, daß der Senator Betty McKay, einer unserer Mitarbeiterinnen, besondere Aufmerksamkeit schenkte. Die Sache machte mir zu schaffen, nicht nur, weil sie zum Mitarbeiterstab gehörte, sondern weil der Senator genau wußte,

daß sie seit langem die Freundin eines kürzlich entlassenen Wahl-
kampfhelfers war. Diesen Mann zählte ich immer noch zu meinen
guten Freunden. Sie erzählte ihm, daß der Senator sie mit Telefon-
anrufen belästige, was der Freund dann an mich weitergab. »Du
mußt mit ihm sprechen«, flehte er.

»Ich hoffe nur, daß sich zwischen dir und Betty nichts abspielt«,
sagte ich zum Senator, der die Bemerkung mit einem Schulterzuk-
ken abtat.

An einem Sonntagabend rief Bettys Freund aufgeregt bei mir an.
»Rick, irgend etwas muß passiert sein. Sie ist ganz außer sich und
will auch nicht mit mir sprechen.« Ich fuhr hinüber zu Betty und
traf sie völlig verwirrt an. Ich sagte knapp: »Ich weiß schon, du hast
mit ihm geschlafen. Wie ist es passiert?«

Sie erzählte, sie habe schließlich, zermürbt durch seine ständigen Anrufe, nachgegeben und eingewilligt, ihn in McLean zu besuchen. Sie hatten etwas zusammen getrunken. Sie hatten Kokain
geschnupft. Sie waren miteinander ins Bett gegangen. »Was soll ich
jetzt machen?« weinte sie. »Soll ich im Büro kündigen?«

»Beruhige dich«, riet ich, obwohl ich inzwischen selbst nur
mühsam die Fassung wahren konnte. Ich dachte an die vielen Gelegenheiten, bei denen ich diese Worte bereits anderen Frauen gegenüber gebraucht hatte, die nach ähnlichen Erfahrungen mit dem
Senator völlig aufgelöst gewesen waren. »Wir müssen miteinander
sprechen. Möchtest du auf einen Drink mit mir ausgehen?«

Wir gingen zu »Morgan's«, einem relativ neuen Restaurant mit
Tanzbar, und ertränkten dort unseren Kummer. Nach einer Weile
begann sie sich, im Gegensatz zu mir, besser zu fühlen. Diese ständigen Konflikte zehrten an mir.

Als ich Betty gegen zwei Uhr morgens nach Hause brachte,
merkte sie plötzlich, daß sie ihre Schlüssel vergessen hatte. »Neben
der Hintertür habe ich einen Zweitschlüssel versteckt«, sagte sie.
Ich fuhr in eine schmale Gasse, die an der Seite ihres Hauses ent-
langführte. Dann hob ich sie über einen hohen Zaun.

Ich stand auf dem Weg und spähte über den Zaun, ob Betty ihren
Schlüssel gefunden hatte, als ich ein blinkendes Rotlicht bemerkte.
Auch das noch, dachte ich. Ein Polizeibeamter trat auf mich zu und
fragte schroff, was ich hier treibe.

Ich war ziemlich betrunken und obendrein fiel mir zu meinem
Entsetzen ein, daß ich eine Kapsel Kokain in der Tasche hatte.
Irgendwie mußte ich mich aus der Sache herausreden. Ich stotterte:

»Äh – meine Freundin hat ihren Schlüssel vergessen. Und ich war gerade dabei, ihr zu helfen ...«

»Zeigen Sie mir doch mal Ihren Führerschein«, forderte mich der Beamte auf.

Als ich nach meiner Brieftasche tastete, kam mir die rettende Idee. Ich zog meine Dienstkarte vom Senat hervor, die mich als Verwaltungsreferent des Senators Edward Kennedy auswies. Ich händigte dem Beamten das Dokument aus, ließ ihm einen Augenblick Zeit, es zu studieren, und entschuldigte mich dann: »Oh, tut mir leid. Ich habe Ihnen die falsche Karte gegeben.«

Der Beamte fragte ruhig: »Sind Sie in der Lage, nach Hause zu fahren?«

»Auf jeden Fall.«

»Seien Sie vorsichtig«, riet er mir.

Als ich den Senator am Montag wiedersah, sagte ich zu ihm: »Ich dachte, wir hätten eine Vereinbarung getroffen. Die Mitarbeiter sollten doch tabu sein. Außerdem ist Betty seit vier Jahren die Gefährtin eines meiner Freunde.«

Der Senator grinste und zuckte dann mit den Schultern, als er bemerkte, daß ich auf sein Grinsen nicht einging.

»Ich hätte es wissen müssen.« Ich machte auf dem Absatz kehrt und verließ eilig das Büro.

Alles schien sich aufzulösen und außer Kontrolle zu geraten. Fortwährender Streß und Kokainkonsum brachten mich in einen Zustand, in dem sich meine Ängste und Enttäuschungen immer mehr steigerten. Und zu alledem wuchs auch noch mein Zorn. Ich wußte nicht, was ich tun sollte, und meine Lage wurde für mich immer undurchschaubarer. Einerseits versuchte ich, wie bisher mit meiner Arbeit weiterzumachen, andererseits ertappte ich mich wiederholt bei dem Gedanken: Ich muß hier raus.

Aber wie? Noch etwas anderes ließ mir keine Ruhe und sollte in den folgenden Wochen eine verhängnisvolle Wirkung auf mich haben: Obwohl alles in mir drängte, den Senator zu verlassen, wollte ich trotzdem sein Freund bleiben, ein akzeptiertes Mitglied seines Kreises. Ich wußte von dem Senator, daß er einen Mitarbeiter, der ihn im Stich gelassen hatte, mit eisiger Miene geschnitten und als Verräter gebrandmarkt hatte. Krankheit, Scheidung, persönliche Krisen – diese Gründe würde er wahrscheinlich akzeptieren, andere jedoch nicht. Die noch immer anhaltende Animosität des Senators gegenüber Jim King, der früher für die Vorbereitung seiner Wahlauftritte verantwortlich gewesen und dann zum Staatlichen Amt für Verkehrssicherheit übergewechselt war, spukte mir im Kopf herum. King hatte mir eine Nachricht geschickt, in der er sein Bedauern darüber ausdrückte, nicht zu meiner Weihnachtsparty kommen zu können. Der Senator sah die Notiz und kritzelte das Wort »pfui« darauf. Als ich ihn fragte, warum er das mache, sagte er: »Weil ich Jimmy King nicht gern bei der Party dabei gehabt hätte.«

Wenn ich auch zornig auf ihn war, so schreckte ich doch etwas vor der Vorstellung zurück, von ihm so abgelehnt zu werden.

Am Morgen des 19. Januar sagte der Senator: »Rick, kannst du mal zu mir hereinkommen?«

Ich schnappte mein Notizbuch, ging ins Büro und schloß die Tür hinter mir.

Der Senator wirkte müde und bedrückt. Er sagte leise: »Joan und ich lassen uns scheiden.«

Ich war betroffen, nicht nur wegen der Nachricht an sich, sondern weil mir klar wurde, daß er das Thema mit Joan und Dr. Hawthorne diskutiert hatte und ich nichts davon wußte. Noch nie war ich von einer so wichtigen Angelegenheit des Senators ausgeschlossen worden.

»Ruf Carey und Bob herein«, sagte der Senator. »Wir müssen zusammen eine Erklärung aufsetzen.«

Zwei Tage später, während sich die meisten der Beamten in Washington von den tags zuvor abgehaltenen Feierlichkeiten zur Amtseinführung des neuen Präsidenten erholten und die Presse ihr Hauptaugenmerk auf die langersehnte Freilassung der amerikanischen Geiseln richtete – welche die Iraner so gelegt hatten, daß sie mit Präsident Reagans Machtübernahme zusammenfiel –, verkündete der Senator offiziell, daß er und Joan nach zweiundzwanzig Ehejahren die Scheidung anstrebten. Die sorgfältig formulierte Erklärung lautete:

»Mit Bedauern, doch in gegenseitiger Achtung und Rücksichtnahme, sind wir übereingekommen, unsere Ehe zu beenden. Wir sind gemeinsam zu diesem Entschluß gelangt, im Einvernehmen mit unseren Kindern und nach seelsorglicher Beratung. Die nötigen rechtlichen Schritte werden zu gegebener Zeit eingeleitet werden. Wir haben die Absicht, alle Angelegenheiten im Zusammenhang mit der Auflösung unserer Ehe in Güte und Freundschaft zu regeln.«

Pater James English, der Pfarrer der Dreifaltigkeitskirche in Georgetown, teilte mit, daß er die Situation sowohl mit Joan als auch mit Ted erörtert habe. »Sie sind beide vortreffliche und reife Menschen«, sagte er in seiner Stellungnahme, »und als sie sich zu dem Entschluß durchgerungen hatten ... sagte ich zu ihnen, daß es so das beste für sie sei.« Er fügte hinzu: »Sie sind sich darüber im klaren, daß die Kirche die Scheidung nicht anerkennt.«

Die »New York Post« brachte einen reißerisch aufgemachten Artikel über die Scheidungsmeldung, der streckenweise einem »Who's who« der »Gespielinnen« des Senators gleichkam. Genannt wurden unter anderem das Ski-As Suzie Chaffee, Gräfin Lana Campbell, die in der amerikanischen High-Society wohlbekannten Damen Helga Wagner und Amanda Burden, das frühere Mannequin Louise Steel und Angela Wepper aus Deutschland. Die »Post« zitierte Suzie Chaffee: »Ich finde es sehr traurig, ... sie ist eine wunderbare Frau.« Als die Rede auf den Senator kam, sagte sie: »In den Jahren, in denen ich Kontakt mit ihm hatte, ... konnte ich feststellen, daß er Humor, Mitgefühl und eine gehörige Portion Energie besaß.«

Gemeinsam mit Paul Kirk vertieften der Senator und ich uns in die Unterlagen über die Familienausgaben der vergangenen fünf Jahre, um eine angemessene Alimentenzahlung festzulegen. Einmal sagte Paul: »Teufel, hier sind aber eine Menge Ausgaben in bar aufgeführt.« Er verfolgte jedoch diesen Punkt nicht weiter.

Der inzwischen vierzehn Jahre alte Patrick Kennedy zog nach Boston, um in der Nähe seiner Mutter zu sein. Die einundzwanzigjährige Kara besuchte das Trinity College in Massachusetts, und der neunzehn Jahre alte Teddy war wohlbehalten zurück in Wesleyan, nachdem er dreißig Dollar Geldstrafe und die Gerichtskosten gezahlt hatte. Trotz Teddys kürzlicher Verhaftung und anderen, eher unbedeutenden Problemen, hielt ich alle drei für großartige, vielversprechende Kinder. Ich wußte, daß der Senator sie vermissen würde.

Das Haus in McLean war nur noch eine leere Schale.

EIN WAHNWITZIGER PLAN

In den frühen Morgenstunden des 6. Februar 1981, einem Freitag, war ich zu Hause in meinem Schlafzimmer und schon im Morgenmantel, als ein Geräusch heraufdrang, das sich wie ein Türklopfen anhörte.

Ich ging nach unten. Als ich in die Küche trat, sah ich einen Schwarzen im Innenhof, der versuchte, in die Küche einzudringen. Er sah aus wie ein Stadtstreicher. In panischer Angst schrie ich ihn an: »Wer zum Teufel sind Sie?«

Erschrocken drehte er sich um und trat einen Schritt auf mich zu.

Ich floh nach oben und schloß die Schlafzimmertür hinter mir ab. Einige Minuten vergingen, in denen ich mich krampfhaft bemühte, Atmung und Herzschlag wieder unter Kontrolle zu bringen. Ich lauschte angestrengt nach unten, hörte aber nichts mehr.

Nach einiger Zeit wagte ich mich wieder aus dem Zimmer und inspizierte das Haus von oben bis unten. Erleichtert stellte ich fest, daß der Eindringling, der wohl ebenso erschrocken gewesen war wie ich, das Weite gesucht hatte.

Ich rief die Polizei an und meldete einen versuchten Einbruch. Gestohlen worden sei nichts, und der Mann sei geflohen.

Der diensttuende Polizeibeamte nahm die Anzeige zu Protokoll und teilte mir höflich mit, daß ein Beamter irgendwann in den nächsten zwei bis drei Tagen bei mir vorbeikommen werde, um einen Bericht abzufassen. Ich weiß nicht, ob ich bei normaler Gemütslage ähnlich reagiert hätte, doch bei meinen angespannten Nerven brachte mich der Gleichmut der Polizei zur Weißglut. Zwei oder drei *Tage?*

Als ich am Freitag im Büro von dem Vorfall berichtete, erkundigte sich einer meiner Kollegen: »Hast du eigentlich keine Waffe? Du solltest dich mehr vorsehen. Dein Haus ist ziemlich groß.«

Ich rief einen befreundeten Beamten vom Secret Service an, schilderte ihm den versuchten Einbruch und gestand ihm: »Der Vorfall hat mich ziemlich mitgenommen. Ich mache mir Sorgen.«

Der Beamte versprach, mir seinen Ersatzrevolver zu leihen. Als wir uns später am selben Tag trafen, nahm er sich viel Zeit, um mir den Gebrauch der Waffe genau zu erklären. Später kamen ihm allerdings Bedenken. Schließlich hatte ich keinen Waffenschein. Er gab mir dann aber doch den Revolver, und ich bewahrte ihn für alle Fälle im Nachttisch neben meinem Bett auf.

Ein schwieriges Wochenende lag vor mir. Ich fühlte mich depressiv und verbrachte viel Zeit zu Hause, hörte Musik, schnupfte Kokain und trank Whisky. Wie konnte ich nur so tief sinken?

Ich brütete über der Frage, warum die Polizei so träge reagiert hatte. Was zum Teufel muß eigentlich passieren, damit diese Burschen endlich mal aufmerksam werden?

Von Freitagabend bis Samstagnacht verstärkte sich der Aufruhr in meinem Kopf. Ohne daß ich es gemerkt hätte, ballte sich in mir die angestaute Energie wie bei einem Tornado zu einer wandernden Säule irrationalen Verhaltens. Ich betone das Wort »irrational«, weil mir Freunde später, nach den Ereignissen dieser Nacht und der drei folgenden Wochen, immer wieder die Frage stellten: »Warum hast du das bloß gemacht?« Sie boten mir mögliche Erklärungen an und versuchten dabei stets, rational zu argumentieren: »Vielleicht hast du es aus einem Überlebensinstinkt getan, um ganz sicher zu gehen, daß du den Senator auch wirklich verlassen würdest?« oder »War es vielleicht ein Hilferuf?« und so weiter. Ich konnte immer nur ratlos den Kopf schütteln, da mein Verhalten in dieser Zeit so widersprüchlich war, daß jeder Versuch, eine klare, logische Erklärung dafür zu finden, von vornherein zum Scheitern verurteilt war. Ein Mann, der auf die Frage, warum er eine bestimmte ungeheuerliche Torheit begangen hat, antwortet: »Ich war betrunken«, hat zwar keine Rechtfertigung parat, doch gibt er damit möglicherweise die plausibelste Erklärung ab, die er zu bieten hat. Ein Mann, der aus Frustration etwas zerbricht oder zerschlägt, etwa einen kostbaren Gegenstand, den er in normalem Zustand immer sehr geschätzt hat, erklärt sein Handeln – und auch wieder nicht –, wenn er sagt: »Ich glaube, ich bin einfach ausgerastet.«

In dem immer reißenderen Strudel aus Kokain, Alkohol, Übermüdung, Streß, zunehmenden Depressionen und steigender Nervosität begann an diesem Samstagabend ein Keim zu sprießen – diesen Keim als Beginn einer »Idee« zu bezeichnen, hieße wahrscheinlich, ihm zuviel Ehre anzutun; der Begriff »Impuls« dürfte eher zutreffen –, und dieser Keim sollte sich rasch und mit verheerenden Folgen in mir ausbreiten.

Die ganze Sache begann relativ harmlos mit meinem Entschluß, die Polizei auf mich aufmerksam zu machen. Mein Ärger über ihre blasierte Haltung hatte sich in meinem aufgewühlten Innern so hochgeputscht, daß ich in ihrem Verhalten jetzt nur noch eine unerträgliche Brüskierung sehen konnte.

Offensichtlich hatten sie auf meine Meldung über den versuchten Einbruch nicht reagiert, weil ihnen die Umstände zu harmlos erschienen. Nun, dem konnte ich abhelfen!

So heckte ich in meiner fieberhaften Erregung den Plan zu einem *vorgetäuschten* Einbruch aus. Und ich führte den Plan lückenlos aus, mit allem, was dazugehört: Ich schlug ein Fenster ein, löste

Alarm aus, wählte den Notruf 911, und als die Polizei erschien, was diesmal in Windeseile geschah, hatte ich auch für das Hauptbeweisstück gesorgt – ein in meiner Schlafzimmertür steckendes Küchenmesser. Ein Triumphgefühl stieg in mir auf. Endlich nahm mich die Polizei ernst. Damit war ich allerdings auch endgültig ausgeflippt.

Am Sonntag rief mich Betty verärgert an. »Hast du nicht mit dem Senator gesprochen, Rick?«

»Doch, das habe ich«, antwortete ich.

»Nun, dann hat es nichts genützt. Er hat eben wieder angerufen und wollte, daß ich zu ihm komme.«

»Das glaube ich einfach nicht!« sagte ich, während meine Wut auf ihn wuchs. »Ich habe wirklich mit ihm gesprochen und ihn ermahnt, die Mitarbeiterinnen in Ruhe zu lassen. Ein für allemal.«

»Dann hat er nicht auf dich gehört. Er hat gesagt, er wolle mich sehen.«

»Und was hast du ihm geantwortet?«

»Daß er sich zum Teufel scheren soll.«

Verdammt! Ich schäumte innerlich vor Wut. Nicht nur die Bullen, auch der Senator dachte gar nicht daran, mich ernst zu nehmen! Am Montagabend war ich wieder einem Zusammenbruch nahe und verfiel in Depressionen und Unruhe. Noch mehr Kokain und Whisky. Ein bohrendes, wenn auch vages Gefühl sagte mir, daß ich vom rechten Kurs abkam, doch verspürte ich gleichzeitig das dringende Bedürfnis, irgend etwas zu *tun*. Ich mußte mein Leben ändern, ich konnte nicht so weitermachen, sonst würde ich verrückt werden. So plapperte ich vor mich hin.

Mich ans Steuer setzen und ein bißchen Auto fahren, das brauchte ich jetzt. Diesem Haus für eine Weile den Rücken kehren, um wieder einen klaren Kopf zu bekommen. Mein neuer Begleiter namens Verfolgungswahn flüsterte mir zu: Nimm den Revolver, man kann nie wissen. Gut so! Eine großartige Idee! Mein drogenumnebeltes, überreiztes Gehirn hörte auf die Einflüsterungen, und ich warf den Revolver ins Handschuhfach.

Dann fuhr ich los.

Ich kann mich nicht mehr mit völliger Sicherheit an alle Gedanken erinnern, die mir in dieser Nacht durch den Kopf schossen. Ich weiß auch nicht mehr, wohin ich zuerst fuhr. Ich erinnere mich aber noch, wie mir die Tränen kamen und ich im Auto laut betete: »Oh Herr, hilf mir doch.«

Schließlich fand ich mich auf der anderen Seite des Flusses wieder, in Virginia, in der Nähe der CIA-Zentrale. Um mich herum war menschenleeres, waldreiches Gebiet. Ich fuhr von der Straße herunter und parkte den Wagen. Ein Spaziergang in der kühlen Nachtluft würde mir guttun. Den Revolver steckte ich ein. Die Umrisse eines wahnwitzigen neuen Plans nahmen in meinem Kopf Gestalt an.

Ich mußte loskommen vom Senator, aber ich wußte nicht, wie ich das anstellen sollte. Ich konnte nicht einfach meine Sachen packen und gehen. Dann würde er mich für immer abschreiben, und diesen Gedanken konnte ich einfach nicht ertragen. Doch mein Leben war dabei, in die Brüche zu gehen. Und zu allem Übel hatte ich jetzt auch noch einen Einbrecher auf dem Hals, der mich bedrohte.

Irgendwann im Laufe dieser quälenden, verworrenen Überlegungen müssen sich mehrere dieser Gedankenfetzen miteinander verknüpft haben. Nun kristallisierten sich die letzten Einzelheiten meines wahnwitzigen Plans heraus. Aber war es wirklich so? Ich kann nicht so tun, als könnte ich mich heute, elf Jahre später, mit untrüglicher Sicherheit noch an alle Gedanken dieser verworrenen Nacht erinnern. Inwieweit meine Tat einem vorgefaßten Plan entsprach, der die These untermauern sollte, daß mein Leben bedroht sei – »Ted, du wirst Verständnis dafür haben, daß ich von der Bühne abtreten muß, so sehr es mir auch schwerfällt, dich zu verlassen« –, und inwieweit ich mit diesem zerstörerischen Akt einfach nur ein Ventil für meine angestaute Wut suchte, werde ich nie wissen.

Und dann geschah es. Plötzlich stand ich wieder bei meinem Auto. Ich hob den Revolver, den ich mitgenommen hatte, zielte auf das Rückfenster an der Fahrerseite – und drückte ab.

Ich fühlte den Rückstoß, hörte den Knall und sah, wie das Fenster in tausend Stücke zerbarst. Und doch nahm ich das Ganze für Sekundenbruchteile nicht als real wahr – ähnlich wie wir im Schlaf manchmal eine Stimme oder das Klingeln des Telefons dem Traumgeschehen anpassen, bis wir abrupt aufwachen und merken, daß es tatsächlich klingelt.

So ging es auch mir. Wieder in die Realität zurückversetzt, war ich plötzlich hellwach, sah ein zerschmettertes Fenster vor mir und überlegte, was um Himmels willen noch alles kaputtgegangen sein mochte.

Rückblickend erkenne ich heute, daß ich in jenem Augenblick hätte sagen können, vielmehr hätte sagen müssen: »Hier, das ist der untrügliche Beweis, daß ich den Boden unter den Füßen verloren habe. Ich erkläre die Sache dem Senator und sage ihm, er wisse ja, daß ich ihn nie aus freien Stücken verlassen würde, aber nun müsse er doch erkennen, daß ich dem Streß nicht mehr gewachsen sei. Ich sei ausgebrannt – oder wie auch immer man meinen Zustand nennen wolle – und könne ihm nicht mehr von Nutzen sein. Ich müsse weggehen und mich erholen, und so weiter.«

Dennoch tat ich es nicht.

Nein. Eine solche Entscheidung hätte eine ausgeglichene, vernünftigen Überlegungen zugängliche seelische Verfassung vorausgesetzt, und obwohl der Revolverschuß mich aus meinem Dämmerzustand gerissen hatte, war ich alles andere als in einer ruhigen, von Drogen und Alkohol unbeeinflußten Gemütsverfassung. Ebenso fehlte mir die Kraft, die inzwischen schon automatisch ablaufenden Reflexe der letzten zehn Jahre abzuschütteln. Es handelt sich hier um eine Krise! Was ist zu tun beim ersten Anzeichen einer Krise? Imagekontrolle.

Nicht die Wahrheit. Imagekontrolle. Ich habe gerade das Rückfenster meines eigenen Autos zerschossen? Wie kann man angesichts einer solchen Entgleisung am besten eine Rufschädigung vermeiden? Indem man möglichst alles vertuscht, niemandem etwas erzählt, den Wagen gleich am nächsten Morgen in die Werkstatt bringt und das Fenster ersetzen läßt, kurz, das Übel verschwinden läßt. Aber wie konnte ich nur so etwas tun? Wie konnte ich auf meinen eigenen Wagen schießen? Vergiß das für den Augenblick. Du kannst später darüber nachdenken. Jetzt ist erst einmal Imagekontrolle angesagt. Jeder Gedanke an den Plan, den mein Gehirn ausgebrütet hatte und wonach ich Bedrohungen ausgesetzt sei, war wie weggeblasen – vorerst.

Ich fuhr nach Hause und stellte den Wagen in der Einfahrt ab. Ein paar Minuten darauf kamen ein paar Freunde vorbei, die trotz der späten Stunde noch ein wenig mit mir plaudern wollten. Einen ungünstigeren Moment hätten sie sich kaum aussuchen können. Der Wagen stand direkt in ihrem Blickfeld.

»Was ist denn mit dem Fenster passiert?«

Ich schaute auf das Fenster, dann sah ich meine Freunde an, und in diesem Moment wurde aus Rick Burke, dem Experten für Schadensabwendung, ein Experte für Schadensvermehrung.

»Äh, ich war in der Einfahrt, und gerade als ich in mein Auto steigen wollte, hat jemand ... einen Schuß abgefeuert.«

»Oh Gott, das ist ja schrecklich!« rief einer meiner Freunde.

Ein anderer schlug vor: »Wir müssen die Polizei benachrichtigen.«

Das war zwar das letzte, was ich wollte, aber es gab nichts, was ich dagegen hätte einwenden können. Wir riefen also die Polizei, und mir war, als hätte ich eine Zündschnur angesteckt und die Funken stoben nun von mir weg auf ein Pulverfaß irgendwo in der Ferne zu.

Die Polizei kam angerast – alles in allem fünf Funkstreifen –, begutachtete den entstandenen Schaden und nahm ein Protokoll auf. Ich erzählte den Beamten, ich sei gerade dabei gewesen, in mein Auto einzusteigen, als jemand – wer, wisse ich nicht – einen Schuß abgefeuert habe.

Das Ganze stimmte vollkommen mit meinem ursprünglichen Plan überein, wonach mir jemand nach dem Leben trachten würde. Dennoch konnte ich in dieser Nacht keinen Schlaf finden. Am nächsten Morgen war meine Bettwäsche naßgeschwitzt. Wie wird das noch enden? Ich hatte meine Akte um einen weiteren falschen Polizeibericht vermehrt. Ich versuchte mir einzureden, daß sich alles bald wieder beruhigen würde, doch als ich in die private Tiefgarage unter den Senatsbüros fuhr, warf der Wächter einen Blick auf das geborstene Fenster und bemerkte: »Oh ... ich habe schon gehört, was passiert ist.«

Im Büro hatte sich die Nachricht wie ein Lauffeuer verbreitet. Ich mußte meine Geschichte zahlreichen teilnahmsvoll lauschenden Mitarbeitern schildern. Der Senator arbeitete an diesem Tag zu Hause, und ich klammerte mich an die Hoffnung, er werde nicht erfahren, was passiert war. Wie er dann allerdings, ohne überhaupt von dem nächtlichen Vorfall erfahren zu haben, in meine Kündigung hätte einwilligen oder sie mir sogar hätte nahelegen sollen, mit der Begründung, das sei besser als mein Leben zu riskieren, das hätte man mich nicht fragen dürfen. Ich habe ja bereits zugegeben, daß Logik nicht das hervorstechendste Merkmal bei meinen Handlungen in diesen letzten Tagen mit dem Senator war.

Aber natürlich erfuhr er von der Sache. Irgendwann am Nachmittag rief er an und versuchte, sich seine Verwirrung darüber, daß ich ihm die Neuigkeit nicht selbst erzählt hatte, nicht anmerken zu lassen. »Was war los?«

Den kurz aufflackernden Wunsch, ihm ehrlich zu sagen, daß ich selbst auf den Wagen geschossen hatte, unterdrückte ich sofort wieder. Eine solche Offenheit glaubte ich mir jetzt nicht mehr leisten zu können. Denn mittlerweile handelte es sich bereits um *zwei* Eingeständnisse: Ich hatte auf den Wagen geschossen und zudem gegenüber der Polizei eine Falschaussage gemacht. Der Polizeibericht war nun amtlich – und falsch. Er würde Zustände bekommen, wenn er das hörte. So weit ließ ich es nicht kommen. Ich holte tief Luft und wiederholte die Lüge, die ich der Polizei aufgetischt hatte. Ich tat dies mit einer merkwürdigen, widersprüchlichen Mischung aus Furcht und Hoffnung – der Furcht, er würde mir nicht glauben und die Sache ginge schief, und der Hoffnung, daß ich ihn überzeugen könnte und die Dinge sich bald wieder beruhigten; der Furcht, er könnte mir tatsächlich glauben, und der Hoffnung, daß er mich durchschauen und mir irgendwie helfen werde, diese von mir selbst nicht mehr zu bremsende Talfahrt zu beenden.

Doch er schenkte meiner Schilderung Glauben.

Seine einzige Sorge war, jemand könnte versuchen, mich zu erpressen. »Das könnte ein ernstes Problem werden, Rick ... stell dir bloß vor, jemand versucht, Geld von dir zu bekommen oder, schlimmer noch, Informationen? Informationen über ... über mich? Wir verständigen wohl am besten das FBI.«

In der Tat rief der Senator, sobald er den Hörer aufgelegt hatte, Walter Sheridan an, den ehemaligen FBI-Agenten, der als Sicherheitsberater für Robert Kennedy und später für den parlamentarischen Rechtsausschuß gearbeitet hatte. Er war ein Profi und verständigte sofort das FBI.

Als ich davon hörte, wurde mir noch mulmiger. Nun befaßte sich sogar schon die Bundeskriminalpolizei mit der Angelegenheit.

Am selben Abend befragten mich zwei FBI-Beamte bei mir zu Hause. Sie waren höflich und sehr sachlich, doch in meiner zerrütteten Verfassung fiel mir nichts Besseres ein, als strikt an meiner Lügengeschichte festzuhalten.

In den folgenden Tagen wurde alles nur noch schlimmer. Ich dachte gar nicht daran, mir durch den Verzicht auf Drogen und Alkohol die Chance zu geben, reinen Tisch zu machen. Nein, ich versuchte weiterhin, in einem unkontrollierbaren Rauschzustand nach meinem konfusen Drehbuch »Regie« zu führen.

Ich blieb also bei meinem ursprünglichen Plan, wonach ich von jemandem bedroht wurde. Ich verstieg mich dazu, telefonische Drohungen zu erfinden und zu melden.

Bill McMannus, ein Freund, der im District of Columbia bei der

Polizei arbeitete und früher als Verteidiger bei den Philadelphia Eagles gespielt hatte, bot mir an, für einige Zeit in meinem Haus zu wohnen. Er wollte alle hereinkommenden Anrufe aufnehmen.

Eines Abends kritzelte ich auf einen Zettel Drohungen, die gegen mich und Präsident Reagans Sohn Ronald gerichtet waren, und heftete ihn an meinen Briefkasten. Dann verließ ich das Haus und kehrte erst zurück, als ich sicher sein konnte, daß McMannus schon da gewesen war. Er hatte mir tatsächlich eine Nachricht hinterlassen, in der er mir von der Notiz berichtete und schrieb, er nehme sie mit, um sie im FBI-Labor abzugeben. Meine Reaktion bestand, wie bei jedem neuen Schachzug in diesem doppelbödigen Spiel, in einer widersprüchlichen Mischung aus aufkeimender Hoffnung und Angst.

Die Bedrohung der Präsidentenfamilie ließ nun den Secret Service auf den Plan treten, der sich in die Ermittlungen einschaltete.

Zufällig mußte ich nach Boston reisen, und ich verband dies mit einem kurzen Besuch bei meinen Eltern in Connecticut. Als ich auch ihnen die Geschichte erzählte, riet mir mein Vater: »Besorge dir, wenn es nötig ist, entsprechenden Schutz.«

»Ich habe die Sache im Griff«, beteuerte ich.

Ich hatte die Sache insofern »im Griff«, als ich neue Drohbriefe fabrizierte und Telefonate erfand und mich von Tag zu Tag mehr in meine Lügengespinste verstrickte. Ich engagierte Mitarbeiter der Vance-Agentur, die von Bill Vance betrieben wurde, einem ehemaligen Beamten des Secret Service, der Susan Ford geheiratet hatte. Für Walter Sheridan verfaßte ich einen an den Haaren herbeigezogenen Bericht über die Ereignisse.

Mutter schrieb mir: »Ich bete Tag und Nacht, daß dieser Alptraum bald ein Ende finden wird.«

Die Reporter stürzten sich auf die Geschichte und bombardierten mich mit Anrufen, um nähere Einzelheiten in Erfahrung zu bringen.

Eines Tages kamen wieder die zwei Beamten vom FBI zu mir nach Hause und fragten, ob wir uns irgendwo privat unterhalten könnten. Ich bat sie herein. Auf dem Weg in den Salon bemerkten sie: »Einige Punkte in Ihrer Geschichte widersprechen sich. Möchten Sie Ihre Aussage korrigieren oder widerrufen? Wenn ja, vergessen wir die ganze Sache einfach.«

Sie zählten ein paar Widersprüche auf, die sie in meinen Aussagen entdeckt hatten, machten mir das Angebot, alles noch einmal in Ruhe zu überdenken und zogen sich dann in ein anderes Zimmer zurück. Kurze Zeit später sagte ich ihnen, daß ich an meiner Aussage festhielte.

Ein paar Tage später unternahm ich abends eine ausgedehnte Autofahrt. Zwei Stunden lang fuhr ich kreuz und quer durch die Hauptstadt und ihre Randbezirke. Eine ungewohnte Nüchternheit ließ mich meine Lage klarer einschätzen. Ich wußte, daß mein Lügengebäude allmählich unter seinem eigenen Gewicht zusammenstürzen würde. Das FBI kam mir langsam auf die Schliche. Es war nur noch eine Frage der Zeit, bis ich meine Tat eingestehen mußte. Als ich wieder zu Hause ankam, war mir ganz klar, daß es keine Alternative mehr gab: Ich mußte den Ermittlungsbeamten die Wahrheit sagen. Der Gedanke, dem Senator gegenüberzutreten, war mir zwar immer noch unerträglich, doch gegenüber der Polizei wollte ich ein Geständnis ablegen.

Als ich in die Einfahrt einbog, erwarteten mich dort zwei Beamte vom Secret Service. Ich bat sie ins Haus.

»Wo waren Sie, und welches Spiel treiben Sie eigentlich?« fragte einer der Beamten.

»Warum?« erkundigte ich mich.

»Im Lauf unserer Ermittlungen tauchen immer mehr Fragen auf«, sagte er.

Zu dem an diesem Abend gefaßten Entschluß, ein Geständnis abzulegen, hatte sicherlich die Erkenntnis beigetragen, daß die Beamten mein falsches Spiel immer mehr durchschauten.

Aber es war auch die pure Erschöpfung und das Bedürfnis, die erdrückende nervliche Anspannung loszuwerden, mit der ich das ganze absurde Theater bisher aufrechterhielt. Und nicht zuletzt verspürte ich wieder den viel zu lange unterdrückten Wunsch, einfach die Wahrheit sagen zu dürfen.

Trotzdem fiel es mir nicht leicht, meinen Entschluß in die Tat umzusetzen. Einige Minuten lang brachte ich kein Wort heraus. Schließlich hatte ich eine Idee, wie ich vorgehen könnte, und sagte knapp: »Bringen Sie mich zu Paul Kirk.«

Die Beamten versprachen, gleich am nächsten Morgen mit mir zu ihm zu fahren.

Nach einer weiteren schlaflosen Nacht stand ich Kirk in seiner Anwaltskanzlei gegenüber. »Paul«, gestand ich, »der Schuß und die Drohungen, das war alles aus der Luft gegriffen.«

Kaum waren diese Worte über meine Lippen gekommen, da

brach in mir eine Sturzflut von Gefühlen los; das vorherrschende war das einer ungeheuren Erleichterung.

Kirk hörte schweigend zu, während ich mir die Geschichte von meiner gemeinsamen Zeit mit dem Senator von der Seele redete. Dann wählte er die Nummer eines Psychiaters an der namhaften George-Washington-Universitätsklinik und fuhr mich zu einer Untersuchung dorthin.

Nachdem der Arzt entschieden hatte, daß ich keine physische Bedrohung für mich oder andere darstellte, rief ich den Senator an und bat ihn um eine sofortige Aussprache. Unmittelbar bevor ich ging, erledigte Kirk noch einen weiteren Telefonanruf, sagte aber nicht, mit wem er gesprochen hatte, und ich fragte ihn auch nicht danach.

Der Senator und ich trafen uns in seiner Bibliothek in McLean.

»Ich habe alles erfunden«, begann ich mein Geständnis. Ich legte ihm die wahren Gründe für die Ereignisse der letzten Wochen dar und zog als Fazit: »Ich bin einfach ausgebrannt. Ich brauche dringend Abstand, um herauszufinden, welchen Weg ich einschlagen und was ich tun soll.«

»Weißt du Ricky, ich habe mir wirklich Sorgen um dich gemacht«, sagte er leise. »Wenn ich dir irgendwie helfen kann, bin ich selbstverständlich für dich da.«

Wir sprachen noch über ein paar organisatorische Fragen. Meine Assistentin Connie sollte, zumindest für eine gewisse Zeit, den größten Teil der anfallenden Arbeit im Büro übernehmen. Paul Kirk würde auf Abruf bereitstehen, wenn Not am Mann wäre. Ich war einverstanden, mit beiden in Verbindung zu bleiben.

Als ich mich von ihm verabschiedete, fragte ich: »Hattest du eine Vorstellung davon, weshalb ich kommen würde?«

Er gab zu, daß er bereits Bescheid wußte. »Paul hat mit Walt Sheridan telefoniert, gleich nachdem du mit ihm gesprochen hattest. Aber ich wollte es von dir persönlich hören.«

Meine Schwester Peg und mein Bruder Len kamen mit dem Flugzeug aus Connecticut, um mir beizustehen. Wir führten stundenlange Gespräche miteinander. Ich erzählte ihnen, wie schmerzlich es für mich gewesen sei, in den letzten Monaten so vielen meiner Freunde ihre Kündigung mitteilen zu müssen. Ich deutete auch an, wie belastend die ständigen Frauengeschichten des Senators für mich gewesen waren, vor dem Thema Drogen schreckte ich jedoch zurück.

Als Peg zu mir sagte: »Ich werde immer stolz auf dich sein«, traten mir Tränen in die Augen.

Wie sollte es nun weitergehen? fragte ich mich. Ich erinnerte mich an die Bemerkung eines Beamten vom Secret Service, der einmal festgestellt hatte, daß nicht nur mein Aussehen und mein Tonfall dem des Senators ähnele, sondern daß ich sogar schon wie er denken würde. Was konnte ich anderes tun, als für den Senator zu arbeiten? Meine soziale Stellung, mein Arbeitsplatz, meine ganze Identität waren mit seiner Person verknüpft. Ich konnte mir nur schwer eine andere Tätigkeit für mich vorstellen. War das der Grund, warum langjährigen Mitarbeitern wie Angelique, Eddy und Paul der Abschied so schwergefallen war? Am 25. Februar veranstalteten meine Kollegen zu meinem achtundzwanzigsten Geburtstag eine Party für mich, obwohl nur sehr wenige zu diesem Zeitpunkt wußten, daß ich gehen würde. Der Senator nahm zusammen mit Cindy daran teil.

Er wartete einen geeigneten Moment ab und zog mich in ein Badezimmer, wo wir unter vier Augen sprechen konnten. Er umarmte mich, und ich sah zum erstenmal in den zehn Jahren – außer im Umgang mit seinen Kindern – Tränen in seinen Augen schimmern.

Wieviel bedeutete mir dieser Mann? fragte ich mich. Wieviel bedeutete ich ihm? In den letzten, hektischen Jahren war ich ihm Mitarbeiter, Freund, Bruder und Sohn gewesen, sein Imageberater, Vertrauter und – wenn auch unzulänglich – sogar sein Gewissen. Wir feierten gemeinsam unsere Erfolge. Wir litten beide gleichermaßen unter Niederlagen. Wir tranken zusammen. Wir teilten uns Drogen. Wir rivalisierten um Frauen.

Er schenkte mir einen Abzug des von Jamie Wyeth geschaffenen Porträts von John F. Kennedy. Der Künstler hatte den Druck signiert, und auch der Senator hatte ihn mit seiner Unterschrift und einer Widmung versehen: »Für Rick, der das Schiff auf Kurs hält.«

Er sagte: »Rick, du hast mehr für mich getan als jeder andere.«

Am 19. März gab der Senator eine Erklärung heraus: »Mit Bedauern habe ich Rick Burkes Kündigung angenommen. Ich empfinde ihm gegenüber tiefe Dankbarkeit für die außergewöhnlichen Dienste, die er mir als Verwaltungsreferent erwiesen hat. Ich schätze seine Freundschaft sehr; er war mir in dieser schwierigen Zeit eine große Stütze.«

Richter Reggie B. Walton vom Bezirksgericht des District of Columbia in Washington nahm meine Aussage entgegen. Ich erklärte mich im Sinne der Anklage für schuldig, eine Pistole mit mir geführt zu haben, ohne im Besitz eines Waffenscheins zu sein. Die Anklage wegen Falschaussagen gegenüber der Polizei wurde fallengelassen. Der Richter verurteilte mich zu einem Jahr Gefängnis, setzte die Vollstreckung aber aus und gab mir drei Jahre zur Bewährung unter Aufsicht mit der Auflage, eine Geldbuße von eintausend Dollar zu zahlen und mich einer Therapie zu unterziehen. Unter Berücksichtigung früherer psychiatrischer Gutachten, wonach mein Verhalten »durch die außergewöhnlichen Umstände« meines Berufes ausgelöst worden sei, und weil ich in der Therapie motiviert mitarbeitete, reduzierte der Richter später das Strafmaß auf ein Jahr Bewährung ohne Aufsicht.

Wer eine Position aufgibt, in der er im Rampenlicht der Öffentlichkeit gestanden hat, muß erleben, daß sich das allgemeine Interesse auch auf andere richtet, denen er im Leben verbunden ist. So erging es auch meiner Familie, und ich hatte große Schuldgefühle, weil ich sie in diese Sache mit hineingezogen hatte. Meine Mutter war zwar voller Mitgefühl, aber auch sehr verwirrt.

Vater riet mir: »Zieh weg aus Washington.«

»Aber meine Rechtsanwälte sind dort«, protestierte ich. Mehr noch, alle meine Freunde hatten sich in Washington niedergelassen. Ich besaß ein Haus in Georgetown. Meine Therapie machte sehr gute Fortschritte. Ich hatte mehrmals in der Woche Sitzungen bei einem Psychiater, mit dessen Hilfe ich zum Kern meiner persönlichen Probleme vorstieß. In beruflicher Hinsicht hatte ich sogar schon begonnen, meine Fühler ein wenig auszustrecken.

»Du kannst auch in einer anderen Stadt einen guten Therapeuten finden«, beharrte Vater.

Schließlich ließ ich mich davon überzeugen, daß sein Vorschlag Hand und Fuß hatte. Mittlerweile gewann ich auch in meinem Kampf gegen das Kokain die Oberhand, denn ich hatte eingesehen, daß auch ohne diese zusätzliche Komplikation das Leben noch schwer genug war. Meinen Alkoholkonsum hatte ich ebenfalls stark eingeschränkt; ich trank jetzt nur noch gelegentlich zum Abendessen ein Glas Wein. Bei meinem Kampf gegen die Sucht nahm ich nicht an Entziehungskuren teil, sondern arbeitete mit dem Therapeuten zusammen. Seinem Ratschlag folgend, wollte ich diese Dämonen aus eigener Kraft besiegen. Da ich mir über meine weiteren

Zukunftspläne noch nicht im klaren war, flog ich nach Connecticut und führte ein langes Gespräch mit meinem Vater. Es war das erste Mal, daß wir ausführlich über meine Jahre in Washington sprachen.

Ich betrachtete ihn aufmerksam. Aus meinen Kindertagen hatte ich ihn als eine eher ferne Gestalt in Erinnerung. Natürlich liebte er uns, doch er war kein Vater »zum Anfassen«. Nun schien er etwas zugänglicher zu sein. Seine Geschäfte gingen gut. Zum erstenmal, seit er im Berufsleben stand, gestattete er sich etwas Muße. Ich glaubte in seinem Gesicht eine Spur von Bedauern erkennen zu können, daß er nicht mehr Zeit mit seinen Kindern verbracht hatte, als sie noch jünger waren. Nun schien er bestrebt zu sein, das nach Möglichkeit nachzuholen. Er war zum Helfen bereit.

Er erinnerte mich an den Abend im Jahr 1979 kurz vor der Präsidentschaftskampagne, als er und Mutter nach Washington gekommen waren und ich sie zum Essen ins »Foundry« ausgeführt hatte. Mir war dieser Abend noch sehr gut im Gedächtnis, und mir wurde ganz unbehaglich zumute, als ich mir das Gefühl von damals vergegenwärtigte, mit ihnen meine »kostbare« Zeit zu vergeuden.

»Erinnerst du dich noch, wie du dich entschuldigt hast, um einen Telefonanruf zu erledigen?« fragte er.

Ich nickte.

Er erzählte, daß Mutter während meiner Abwesenheit eine Bemerkung über all die Leute in dem Restaurant gemacht hatte, die mich zu kennen schienen. Sie hatte gesagt: »Ist es nicht wundervoll, daß Ricky so viele Freunde hat?«

Vater hatte ihr darauf zur Antwort gegeben: »Wenn du glaubst, daß diese Leute hier seine Freunde sind, täuschst du dich. Das sind keine Freunde. Das sind Leute, die etwas von ihm wollen.«

Er ließ diese Worte eine Weile auf mich wirken und sagte dann: »Ich habe immer befürchtet, daß du dich vom trügerischen Glanz des Lebens blenden läßt.« Er fügte ohne Umschweife hinzu: »Ich bin sicher, daß du und Kennedy einiges hinter euch habt. Den Berichten deiner Schwester nach zu urteilen, muß ich annehmen, daß Drogen und Sex dabei eine erhebliche Rolle gespielt haben.«

»Ja, das stimmt«, gab ich zu. »Ich habe Dinge getan, von denen ich nie geglaubt hätte, daß ich dazu fähig sein würde.«

»Du brauchst nicht näher darauf einzugehen«, sagte er rasch. »Aber ich habe mir schon gedacht, daß es sich um dergleichen drehen würde.« Lange Zeit sagte er nichts mehr, dann fragte er leise: »Wie soll es nun in deinem Leben weitergehen?«

Ich sah keine andere Möglichkeit, als nochmals von vorn zu beginnen. Außerdem hielt auch ich es nun für dringend geboten, Washington zu verlassen. Ich machte also Pläne, mein Haus zu verkaufen und entweder nach New York zu ziehen oder nach Connecticut zurückzukehren. Mir schwebte vor, einen Platz in der Geschäftswelt zu finden. »Natürlich«, sagte ich, »wird es etwa ein Jahr dauern, bis ich über die Sache hinweg bin.«

Woraufhin mir mein Vater prophezeite: »Du kannst von Glück sagen, wenn dir die Geschichte in fünf bis sechs Jahren nicht mehr zu schaffen macht.«

EPILOG

BLICK ZURÜCK OHNE ZORN

Mein Vater sollte recht behalten. Tatsächlich macht mir diese Geschichte mehr als zehn Jahre später immer noch zu schaffen.

In dem Jahrzehnt, das seit meinem Ausscheiden aus dem Mitarbeiterstab des Senators vergangen ist, hat es in meinem Leben einige Überraschungen, hat es Höhen und Tiefen gegeben.

In den ersten sechs Monaten nach meiner Kündigung ging ich regelmäßig zu einem Therapeuten. Mit seiner Hilfe kämpfte ich gegen meine Kokainabhängigkeit. Als mein Vater 1983 starb, war ich schon so weit, daß ich nur noch selten zu Drogen griff. Mitte der achtziger Jahre war ich dann frei von Drogen und bin es bis heute geblieben.

Von treuen Freunden aus dem Mitarbeiterstab des Senators erfuhr ich 1984, daß der Senator mit dem Gedanken spielte, sich erneut für das Amt des Präsidenten zu bewerben.

»Du kannst unmöglich zulassen, daß er antritt«, flehte mich eine enge Freundin an, eine Frau, die fast so viel über den Senator wußte wie ich. »Es wäre heller Wahnsinn, diesen Mann am Rennen um die Präsidentschaft teilnehmen zu lassen.« Es war nicht leicht für mich, dies zu hören und dabei gelassen zu bleiben, doch ich wußte, daß sie recht hatte. Wenn es auch nicht in seiner Absicht lag, so brachte der Senator doch weiterhin Unruhe in mein Leben – und in das anderer Menschen. In meiner Phantasie malte ich mir einen Präsidenten aus, der vor gewichtigen Entscheidungen stand und dabei immer noch mit den Nachwirkungen jener Exzesse zu kämpfen hatte, zu denen Ted Kennedy neigte. Ja, ich mußte etwas unternehmen, wenn er sich tatsächlich für den Präsidentschaftswahlkampf aufstellen lassen wollte.

Zu meiner großen Erleichterung tat er es dann doch nicht. Ich konnte mich wieder meinem eigenen Leben widmen, das neu zu ordnen alle meine Kräfte beanspruchte. Da ich die Leistung des

Senators in der Gesetzgebung bewunderte und mich auch immer
noch nach dem alten, mitreißenden Schwung seiner Glanzzeit zu-
rücksehnte, hoffte ich für ihn, daß ihm beim Kampf gegen seine
persönlichen Schwächen mehr Erfolg beschieden sein würde. Allerdings war er nun schon in den Fünfzigern. Doch kamen mir im
Lauf der Jahre in regelmäßigen Abständen Berichte über sein Verhalten zu Ohren, die mich nur den Kopf schütteln ließen.

Neben meinen anderen beruflichen Aktivitäten wurde ich 1985
auch Mitglied des Verwaltungsausschusses der Martha Graham
Dance Company. Im Jahr 1987 wurde ich zu deren Vorsitzendem
gewählt. Meine Hauptaufgabe bestand darin, ein Etatdefizit in Höhe
von 1,5 Million Dollar auszugleichen. Die Staatliche Kunststiftung
wies unseren Antrag auf einen Zuschuß ab, daher wendeten wir
uns mit der Bitte um finanzielle Unterstützung direkt an den Kongreß. Martha Graham, Michail Baryschnikow und ich fuhren nach
Washington, um unser Anliegen persönlich vorzutragen. Wir saßen
im Büro von Robert Byrd, dem Führer der parlamentarischen
Mehrheit im Senat, und sprachen mit verschiedenen einflußreichen
Parlamentariern, als plötzlich Ted Kennedy ins Zimmer kam.

»Rick!« rief er, ehrlich überrascht.

Wir schüttelten uns die Hand, und zum erstenmal seit sechs
Jahren trafen sich für einen kurzen Moment unsere Blicke. Er verhielt sich uns gegenüber höflich und korrekt, ich konnte allerdings
bei diesem Treffen in der Öffentlichkeit Unbehagen und Sorge in
seinen Gesichtszügen erkennen. Mir fiel eine Bemerkung ein, die
ein Freund und früherer Kollege einmal hatte fallen lassen: »Der
Senator hat Angst vor dir. Er befürchtet, du könntest ausplaudern,
was du weißt.« Ich hatte auch gehört, daß er einen ähnlichen Hinweis von einem seiner Berater kurz nach meiner Kündigung bekommen hatte: »Sie müssen sich von Rick distanzieren – er weiß
zu viel.« Ich war jedoch nach Washington gekommen, um über
Martha Grahams Geschäfte zu sprechen, nicht über die des Senators oder über meine. Die Begegnung verlief sehr förmlich, bis wir
alle – ohne persönliche Worte ausgetauscht zu haben – auseinan-
dergingen.

Im selben Jahr, 1987, investierte ich in eine kurz vor dem Kon-
kurs stehende Handelsgesellschaft und willigte ein, die Geschäftsführung zu übernehmen, weil ich glaubte, einen Weg zu ihrer Sa-
nierung zu kennen. Tatsächlich gelang es uns auch, aus den roten
Zahlen zu kommen – bis die Rezession hereinbrach. Gläubiger for-

derten ihre Einlagen zurück, für die ich mit meiner Person gebürgt hatte. Für mich endete das Ganze mit dem Bankrott im Jahre 1991.

1991 war auch für Ted Kennedy ein schlechtes Jahr. Die Ereignisse in Palm Beach, die dazu führten, daß sein Neffe William Kennedy Smith wegen Vergewaltigung angeklagt wurde, hatten verheerende Folgen für sein Bild in der Öffentlichkeit. Die Vorstellung, daß der Senator höchstpersönlich seinen Sohn Patrick und seinen Neffen Willie angestiftet hatte, zu später Stunde noch einen Streifzug durch verschiedene Nachtbars anzutreten, und daß diese Zechtour dann mit einer Festnahme geendet hatte, erregte bei Millionen von Menschen Abscheu.

Im Juni sprachen ihn besorgte Freunde auf seinen enormen Alkoholkonsum an, er wies den Gedanken an eine Abhängigkeit jedoch weit von sich. »Ich habe keine Probleme damit«, verkündete er öffentlich.

Nachdem das Fernsehen wochenlang über Willie Smith und den Senator berichtet hatte, teils vor den Schranken des Gerichts, teils vor dem privaten Hintergrund, machte im Sommer 1991 ein befreundeter Schriftsteller, der einen Teil meines beruflichen Werdegangs kannte, seinem Agenten den Vorschlag, sich mit mir in Verbindung zu setzen. Ich hörte mir an, was er zu sagen hatte.

Anfang Oktober traf ich mich dann zum erstenmal mit einem Verleger und unterzeichnete einen Vertrag. Ende Oktober begannen wir mit dem Buch.

Auslöser für die Verhandlungen mit dem Verlag und für den Beginn der Arbeit an dem Buch war ein Auftritt des Senators im Fernsehen gewesen. Nie zuvor hatte er so verkrampft und so wenig überzeugend vor der Kamera gewirkt. Es ging um Clarence Thomas, den für den Obersten Gerichtshof vorgeschlagenen Richter, dem eine frühere Angestellte, Anita Hill, vorwarf, sich ihr in unschicklicher Weise genähert zu haben. Während über das Thema sexuelle Belästigung am Arbeitsplatz diskutiert wurde, war der Senator offensichtlich zum Schweigen verurteilt. Er bot das klassische Bild eines Politikers, der durch seinen privaten Lebenswandel das Recht verwirkt hatte, für die Belange der Allgemeinheit einzutreten.

Im Oktober hielt er in Harvard eine Rede, die rasch als seine öffentliche Abbitte, als seine »mea culpa«-Rede, gehandelt wurde. »Ich bekenne mich zu meinen eigenen Unzulänglichkeiten – den Fehlern in meinem privaten Lebenswandel«, gestand er der Zuhörerschaft in seiner Heimat Massachusetts. »Mir ist klar, daß ich allein für diese Fehler verantwortlich bin, und daß mir die Aufgabe zukommt, mich ihnen zu stellen.«

Das war also die ganze Abbitte, und vielen genügte sie nicht. »Uns ist nur eine schmale Kostprobe hingeworfen worden«, schrieb Michael Putzel im »Boston Globe«, »wir vermissen jedoch Hinweise, worin diese Fehler eigentlich bestehen oder wie er sie zu bekämpfen gedenkt.«

»Er schien die Angelegenheit nur ganz am Rande zu erwähnen«, schrieb Curtis Wilkie, ebenfalls vom »Globe«, »so als spreche er darüber, daß er sich nicht nach jeder Mahlzeit die Zähne putzt oder sein Zimmer zu selten aufräumt.«

Ich sah in alledem keinen Grund, mein Buchprojekt nicht weiter voranzutreiben.

Wie nicht anders zu erwarten war, hatte der Senator binnen weniger Monate von dem geplanten Buch erfahren. Eine Flut von Anrufen folgte.

Alte Bekannte interessierten sich plötzlich für mich und mein Wohlergehen. Darunter waren viele, von denen ich seit meinem Weggang aus Washington vor zehn Jahren nichts mehr gehört hatte.

Diese »Freunde« fragten mich höflich aus: Wie fühlte ich mich? Woran arbeitete ich gerade? Gleichzeitig bemühten sich andere aus der Umgebung des Senators um Kontakte mit leitenden Mitarbeitern des Verlags.

Manchmal kam es zu erbitterten Auseinandersetzungen. Es gab versteckte Drohungen. Man lockte aber auch mit vagen Versprechungen, daß mir geschäftliche Erfolge sicher seien, wenn ich das Buchprojekt fallenließe.

Schließlich trat eines Tages in einem privaten Klub Paul Kirk an mich heran, der frühere Vorsitzende des Demokratischen Nationalen Komitees. Er war es gewesen, an den ich mich elf Jahre zuvor gewandt hatte, um reinen Tisch zu machen.

Er war nun ein erfolgreicher Anwalt in Washington und immer noch eng befreundet mit dem Senator. Ohne Umschweife fragte er mich, ob ich an einem Buch schreibe. Ich hatte nicht die Absicht, diese Frage zu beantworten, zumal mir vertraglich Stillschweigen auferlegt war. Andererseits durfte auch der Verleger vor der Veröffentlichung des Buches nicht bestätigen, daß es geschrieben wurde. Als ich ihm die Antwort schuldig blieb, sagte er mir, er wisse sehr wohl, daß ich ein Buch schreibe, und kündigte an, daß die Freunde des Senators jedes Mittel, jede rechtliche Möglichkeit, jede einflußreiche Verbindung nutzen würden, um das Erscheinen des Buches zu verhindern.

Er hielt mir vor, daß der Zeitpunkt für die Veröffentlichung eines solchen Buches denkbar schlecht sei. Das Image des Senators habe einen Tiefpunkt erreicht; es sei so schlecht wie unmittelbar nach der Chappaquiddick-Tragödie.

Ich gab ihm zu bedenken, daß es nie einen richtigen Zeitpunkt gebe. Es fände sich immer ein angeblich triftiger Grund, sei es eine bevorstehende Wahl, schlechte Umfrageergebnisse oder irgendeine andere persönliche Kontroverse.

Kirk brauste zornig auf: »Ich kenne manches von dem, was du über den Senator weißt, und mir ist bekannt, daß es noch vieles mehr gibt. Warum tust du das? Kannst du nicht einfach vergessen, was du gesehen hast?«

»Nein«, sagte ich.

»Na großartig. Du willst also an der Seite von Lee Harvey Oswald und Sirhan Sirhan in die Geschichte eingehen.«

Erbost über diese Verleumdung stand ich auf und ging, mehr denn je entschlossen weiterzumachen.

Doch die Leute aus der Umgebung des Senators gaben nicht auf. Während dieses Buch geschrieben und die Endredaktion vorgenommen wurde, riefen sie unermüdlich an. Ich ließ mich auf keine langen Gespräche mit ihnen ein und beschränkte mich auf bloße Floskeln, doch schließlich ließen sie die Katze aus dem Sack: Sie bedauerten, daß sie mir Ende der achtziger und zu Beginn der neunziger Jahre bei meinem geschäftlichen Neuanfang nicht unter die Arme gegriffen hätten. Von meinem Bankrott hätten sie gehört. Sollte ich das Buchprojekt fallenlassen, deutete einer der Freunde des Senators an, wäre er bereit, eine Investorengruppe zusammenzubringen, die eine Firma kaufen würde, die dann ihrerseits meine aufkaufen würde; oder sie würden mir über verschiedene Kreditgeber mehrere Millionen Dollar als Betriebskapital zur Verfügung stellen.

Die zur Debatte stehende Summe war um ein Vielfaches höher als der Vorschuß, den ich für das Buch bekommen würde. Sie lagen durchaus richtig mit ihrer Annahme, daß ich den Vorschuß nötig hatte, gingen aber mit ihrer Vermutung fehl, daß es *das Wichtigste überhaupt* war. Ich sagte ihnen, es sei nichts zu machen.

Ich habe dieses Buch aus mehreren Gründen geschrieben. Vor allem bin ich der Überzeugung, daß ich etwas mitzuteilen habe, nicht nur über den Senator, sondern auch über mich selbst. Die Leser, die ich mit meiner persönlichen Geschichte unmittelbar ansprechen will, sind all jene Menschen, die mir seit Jahren nahestehen. Ich bin aber überzeugt, daß es darüber hinaus eine breite Leserschaft gibt, für die mein Bericht nützlich sein könnte: einmal als Warnung, dann aber auch als eine Hilfe, das Schicksal eines Menschen zu verstehen, der ihnen vielleicht nahesteht und nun zu einem bestimmten Zeitpunkt seines Lebens vom rechten Weg abgekommen ist.

Als Beobachter aus der Ferne habe ich miterlebt, wie Mitglieder der Familie des Senators sich von Mißgeschicken nicht entmutigen ließen und in ihrem Leben vorangekommen sind. Joe Kennedy ist ein angesehener kompetenter Kongreßabgeordneter; Bobby hat seine Probleme überwunden, kümmert sich um seine Familie und ist im Umweltschutz engagiert; auch Chris Lawford hat eine Familie gegründet und eine erfolgreiche Karriere in Kalifornien begonnen. Wenn ich sehe, wie die Kennedy-Kinder sich mit ihren Problemen auseinandersetzen und erfolgreich ihren Weg gehen, fühle ich mich in meiner Überzeugung bestätigt, daß die Menschen, wenn sie nur wollen, durchaus ihre inneren Dämonen überwinden können.

Ich schäme mich für manches, was ich getan und worüber ich in diesem Buch berichtet habe. Es schien mir jedoch aus vielerlei Gründen beim Schreiben unerläßlich zu sein, möglichst nah an der Wahrheit zu bleiben. Es ging mir keinesfalls darum, mich in der fraglichen Zeit als großartig, unschuldig oder untadelig darzustellen. Niemand hat mich jemals mit brachialer Gewalt zu Boden gezwungen und mir Kokain in die Nase gepustet, niemand verlangte von mir, das FBI oder, was für mich in der Erinnerung noch schmerzlicher ist, meine Freunde und meine Familie anzulügen.

Es gab Menschen, die ich damals benutzt, Menschen, die ich hintergangen, und Menschen, die ich schwer gekränkt habe. Sie bitte ich um Vergebung. Einer breiteren Leserschaft bin ich das Bekenntnis schuldig, daß meine Entgleisungen, einschließlich meines Drogenmißbrauchs, dazu führten, daß ich die Tauglichkeit für ein Amt verlor, bei dem kritische Urteilskraft gefordert war. Ich muß dies offen eingestehen.

Ich bin jedoch nicht der einzige, der sich zu einem Eingeständnis durchringen sollte.

Mir wurde gesagt, man werde solche offenen Bekenntnisse meinerseits zu verhindern wissen. Tatsächlich gab es solche Versuche sogar schon vor der Veröffentlichung dieses Buches; das Team für Imagekontrolle leistete gute Arbeit.

Das vordringlichste Ziel eines solchen Teams muß es sein, das Erscheinen eines Buches wie des vorliegenden zu verhindern. Falls dies aber nicht gelingt, muß das Team dafür sorgen, daß keiner den Behauptungen des Buches Glauben schenkt.

Insbesondere wurde ich vorgewarnt, daß die klassische Methode, gegen Kritik vorzugehen – entweder die kritische Information zu unterdrücken oder, sofern dies nicht mehr möglich ist, den Wahrheitsgehalt der Information anzuzweifeln –, immer darauf abzielt, den Urheber in der Öffentlichkeit zu diskreditieren. Er ist ein Lügner, er ist verrückt, er macht es nur wegen des Geldes.

Schon beim Schreiben dieses Epilogs hat die Kampagne eingesetzt. Wenn Sie diese Zeilen lesen, bedeutet dies, daß das erste Ziel der Kampagne nicht erreicht wurde; der Versuch, das Erscheinen des Buches zu vereiteln und Ihnen seinen Inhalt vorzuenthalten, schlug fehl.

Die ursprünglich interessierte Verlegerin machte tatsächlich einen Rückzieher. Welche Gründe sie auch dazu bewogen haben mochten, ihrer Aussage nach sei es *nicht* darauf zurückzuführen gewesen, daß sie die Geschichte, die ich hier erzählt habe, für unwahr gehalten hätte.

Für den Verlag St. Martin's Press war die einzig wichtige Frage: Entspricht der Inhalt des Buches in jeder Hinsicht der Wahrheit?

Der Verleger hat mein Eingeständnis gelesen, daß ich 1981 die Unwahrheit gesagt hatte. Er wußte, daß ich sechs Monate lang bei einem Psychotherapeuten in Behandlung gewesen war. In stundenlangen Gesprächen erfuhr er noch erheblich mehr über mein Privat- und Geschäftsleben in den Jahren seit 1981. Er bekam Anrufe, die darauf abzielten, ihn zu beeinflussen und mich zu diskreditieren. Er schickte mich zu den Anwälten des Verlags, damit ich ausführliche Gespräche mit ihnen führte.

Dann hat er das Buch gelesen.

Daraufhin ist er zu folgendem Schluß gekommen: Ja, er halte das für wahr, was in dem Buch stehe. Auf welche Weise man auch immer an ihn herangetreten sein mochte, nie war es jemandem gelungen, ihn davon zu überzeugen, daß das Buch in wesentlichen Dingen die Unwahrheit verbreite.

Er machte mich darauf aufmerksam, daß ich damit rechnen müßte, daß das Buch von meinen Widersachern akribisch geprüft würde, mit der Absicht, irgendeine Ungenauigkeit bei Uhrzeit-, Datums- oder Ortsangaben zu entdecken. Solche Details würden dann hochgespielt werden und als ausreichender Grund dafür dienen, das Buch als unseriös abzustempeln: Wie kann man einem solchen Buch trauen? Ich habe mein Gedächtnis angestrengt, meine Terminkalender zu Hilfe genommen und bin allen erdenklichen Hinweisen nachgegangen, um solche Dinge nachzuprüfen. Ich *glaube,* daß ich jedes Detail korrekt notiert habe, doch ganz gewiß *weiß* ich: Jedes in diesem Buch beschriebene Ereignis hat sich tatsächlich zugetragen. Haben wir wirklich das alles geplant und durchgeführt, das alles gesagt? Ja, alles hat sich tatsächlich so abgespielt.

Der Verleger schloß die Möglichkeit rechtlicher Schritte gegen mich nicht aus, die den Verlag St. Martin's daran hindern könnten, mir überhaupt ein Honorar zu zahlen. Er fragte mich, ob ich auch bei dem Risiko, keine Einnahmen aus dem Buch zu beziehen, immer noch weitermachen wolle? Ich bejahte die Frage.

John F. Kennedy sagte einmal: »Wem viel gegeben wurde, von dem wird auch viel verlangt. Und wenn dereinst das Weltgericht über jeden einzelnen von uns sein Urteil fällt – und prüft, ob wir in in der kurzen Spanne unseres Dienstes für das Gemeinwesen auch allen Verpflichtungen nachgekommen sind –, wird der Entscheid über Erfolg oder Mißerfolg, in welchem Amt auch immer, von den Antworten auf vier Fragen abhängen: Haben wir wirklich Mut bewiesen? Haben wir wirklich unseren Verstand gebraucht? Haben wir wirklich rechtschaffen gehandelt? Haben wir wirklich mit Hingabe unsere Pflicht getan?«

Ich stimme dem zu – mit Ausnahme der Vorstellung, daß das Urteil erst einem fernen Weltgericht vorbehalten sein soll. Die Wähler sind mit Recht der Meinung, daß sie dieses Urteil an jedem Wahltag fällen sollen. Ja, es ist sicher nicht falsch zu sagen, daß ihnen das Recht zusteht, an jedem Tag, an dem ein Volksvertreter im Amt ist, ihr Urteil zu fällen.

Auch wenn man dieser Ansicht zustimmt, wäre es Wahn, Perfektion zu verlangen. Im praktischen Handeln geht es immer darum, nach dem Guten zu streben und manches weniger Gute mit in Kauf zu nehmen. Doch beim Abwägen zwischen dem Guten und dem Schlechten, den günstigen Gelegenheiten und den Gefahren, ist Klarheit des Denkens gefordert, ist die Wahrheit unverzichtbar.

Die Geschehnisse, die in diesem Buch geschildert werden, haben sich tatsächlich zugetragen. Dieses Buch kann nicht den Anspruch erheben, die ganze Wahrheit darzustellen, doch ist es ein Teil der Wahrheit, und es ist zweifellos nichts als die Wahrheit.

REGISTER

»Meyer Lansky ... war der cleverste
Verbrecher aller Zeiten« (Der Spiegel)

Robert Lacey

Meyer Lansky

Der Gangster und sein Amerika.

Man nannte Meyer Lansky den Paten der Paten und den
Bankier der Mafia. Er galt als einer der reichsten Männer
Amerikas. Auf der Leinwand wurde er als Hyman Roth in *Der
Pate. Teil 2* verewigt. Er war das Gehirn des amerikanischen
organisierten Verbrechens. Lansky:»Mein ganzes Geschäft
habe ich unter meinem Hut.«
In den sechzig Jahren der Karriere von Meyer Lansky ist es
keinem Staatsanwalt gelungen, diesen mutmaßlichen Boß der
Bosse, Kumpanen und Rivalen von »Mooney« Giancana,
»Lucky« Luciano und »Bugsy« Siegel, für eine nennenswerte
Zeit hinter Gitter zu bringen.
Die Wahrheit über das Leben dieses Gangsterbosses ist pak-
kender als es ein Film oder ein Roman jemals sein könnten.

Aus dem Amerikanischen von Bernd Rullkötter,
Klaus Pemsel und Peter Schmidt
607 Seiten, 70 Abbildungen,
gebunden mit Schutzumschlag

Gustav Lübbe Verlag

Die Geschichte des größten Mafia-Bosses der USA

Sam und Chuck Giancana

Giancana
Der Pate der Macht

GIANCANA
erzählt die Lebensgeschichte des erfolgreichsten und mächtigsten Mafia-Bosses der USA: Sam »Mooney« Giancana. Er war
der Mann, der die Geschicke in Politik und Wirtschaft lenkte,
der Herr über Tod und Leben.

GIANCANA
enthüllt zum erstenmal, warum die amerikanische Mafia die
politischen Karrieren der Kennedy-Brüder John F. und
Robert F. zunächst förderte, die beiden dann aber aus dem
Weg räumen ließ.

GIANCANA
belegt, daß der »Selbstmord« von Marilyn Monroe in
Wahrheit keiner war.

GIANCANA
ist ein Stück bislang ungeschriebener amerikanischer
Geschichte.

*Aus dem Amerikanischen von Anita Krätzer,
Ulrich Lubda, Bernd Rullkötter und Uwe Wuttke
560 Seiten, 30 Abbildungen,
gebunden mit Schutzumschlag*

Gustav Lübbe Verlag